Kortländer · Heine

Bernd Kortländer

Heinrich Heine

Philipp Reclam jun. Stuttgart

Mit 17 Abbildungen

Universal-Bibliothek Nr. 17638
Alle Rechte vorbehalten
© 2003 Philipp Reclam jun. GmbH & Co., Stuttgart
Gesamtherstellung: Reclam, Ditzingen. Printed in Germany 2003
RECLAM und UNIVERSAL-BIBLIOTHEK sind eingetragene Marken
der Philipp Reclam jun. GmbH & Co., Stuttgart
ISBN 3-15-017638-7

www.reclam.de

Inhalt

Für Paul und Jenny

Zum Geleit

Die Annäherung an Heinrich Heine wird von Gedenktag zu Gedenktag leichter und schwieriger zugleich. Leichter, weil die intensive Forschung der letzten Jahrzehnte – jetzt wieder besonders angefacht durch den 200. Geburtstag im Jahr 1997 – eine Fülle neuer historischer Dokumente und Fakten ans Tageslicht gefördert, eine Menge neuer Interpretationsergebnisse erbracht hat, die uns seine Person und sein Werk noch genauer erkennen, noch tiefer begreifen helfen. Schwieriger deshalb, weil mit jedem weißen Fleck, der aus der Biographie des Dichters verschwindet, mit jedem gelösten Verständnisproblem scheinbar ein Stück jener Offenheit, jener Verheißung verloren geht, für die Heinrich Heine doch gerade steht. Angesichts der Bibliotheken, von denen wir umstellt sind, ist es überlebenswichtig, unserem Blick auf die Geschichte das Offene zu bewahren, ihrer Beschreibung jene Form der Abgeschlossenheit zu nehmen, die ihr die Dokumente nur scheinbar geben. Um nichts hat Heine sich so sehr bemüht, wie um ein Offenhalten der Geschichte, und für nichts steht er mit seiner Biographie und mit seinem Werk deutlicher ein. Eine biographisch-monographische Darstellung dieses Dichters und seines Werks muss, jenseits aller selbstverständlich notwendigen Dokumentation, diesen Aspekt zum Mittelpunkt machen, muss, genau wie der Autor selbst, immer auch nach der Rück- und Gegenseite fragen, sich nicht mit dem ersten Anschein zufrieden geben, aber doch die Fakten ja nicht gering achten. Denn wenn die Heine-Forschung in den letzten Jahrzehnten eins gelernt hat im Umgang mit ihrem Autor, so dies, dass es immer lohnt, ihn auch wörtlich zu nehmen.

Andererseits war Heine selbstverständlich wie jeder
Künstler ein Konstrukteur, ein Spieler auch mit dem Material der eigenen Biographie, der seine Gedanken und
Einfälle lange und ausdauernd befeilte, modellierte, veränderte. Die Arbeitsmanuskripte sind eindrucksvolle Belege
für die Anstrengung des Schreibens, die eben vor allem ein
Bemühen um diese Offenheit war. Gelegentlich ist es, als
scheue Heine die Niederschrift eines Wortes: Er setzt an,
schreibt einen Buchstaben, bricht ab, schreibt dann ein
Wort, streicht, schreibt ein zweites Wort, eine Wortfolge;
ein erster Satz, eine erste Strophe entstehen, werden korrigiert, insgesamt gestrichen; die Arbeit beginnt von vorn,
wenngleich auf einer neuen Ebene. Die Taten des Dichters
bestehen »eigentlich in Worten«, heißt es dazu in der
Denkschrift über *Ludwig Börne* (11,120). Heines Manuskripte sind wirkliche Dokumente eines Sprachkünstlers.
Hier geht es nicht mehr um Einfälle, um gute Ideen oder
Gedanken, dieses Stadium hat der Dichter, wenn er den
Schreibvorgang beginnt, bereits hinter sich; jetzt interessiert ihn nur mehr die sprachliche Verwirklichung des
Themas. Jene vielgerühmte Lockerheit und Offenheit zu
erreichen, das Bewegliche und Lebendige seines Stils,
bedeutete echte Anstrengung, häufig genug harte und
schwere Arbeit.

Wenn des Dichters Taten seine Worte sind und sein Leben die Summe seiner Taten ist, so wäre das klassische
Dichterleben ein »Wortleben«. Kaum ein anderer deutscher Autor erfüllt diese Definition des Dichterlebens so
sehr wie Heinrich Heine. Aus seiner – nach der gängigen
Meinung – immerhin doch auch 58 Jahre und 2 Monate
umfassenden Lebenszeit haben sich nur ganz wenige Reliquien erhalten, die direkt seinem Privatleben entstammen
und nicht in dieses »Wortleben« gehören: ein Schreibtisch,
Bankauszüge, einige Morphium-Rezepte, ärztliche Gut-
achten, ein Fahrschein, eine Mietquittung, eine Haarlocke,
ein Opernglas, das seiner Frau Mathilde gehört haben soll,

eine Uhr von zweifelhafter Herkunft, kaum mehr. Sonst
ausschließlich Geschriebenes und Gedrucktes, Worte
eben. Die Gründe für die magere Ausbeute, die unsere auf
Reliquien fixierte Erinnerungssucht nur sehr ungenügend
befriedigt, sind vielfältig. Die äußeren Umstände spielen
eine Rolle: Heines Wechsel nach Paris reduzierte die Verbindung nach Deutschland und zur Familie auf das geistige Band; persönlicher Krimskrams und mögliche Fami-
lienerbstücke blieben zurück; auch in Paris hat Heine, der
ständig umzog, kaum feste Besitztümer angesammelt.
Eine offensichtlich entscheidendere Rolle spielte aber, dass
er seine Wirkung schon zu Lebzeiten und über den Tod
hinaus strategisch zu planen versuchte, an dem, was als
Erinnerung an ihn auf die Mitwelt und die Nachwelt
kommen sollte, mit großer Energie arbeitete. Wie so oft
stellt er sich dabei in die unmittelbare Nachfolge Goethes,
indem er dessen Vorgehensweise genau umkehrt. Während nämlich der »Kunstgreis«, wie Heine ihn im Gedicht
An einen ehemaligen Goetheaner tituliert, seinen Lebens-
lauf detailliert für die zukünftige Biographik aufbereitete,
sein Wohnhaus noch selbst zur Ausstellungsreife brachte
und schließlich ganz Weimar als das Museumsdorf konzipierte, zu dem es dann auch geworden ist, während Goethe also Stilisierung durch Fülle und Überfülle suchte, sti-
lisierte Heine durch Weglassen, Verheimlichen, Verun-
deutlichen: Da ist die bekannte Unsicherheit bezüglich
des genauen Geburtsdatums; Verwischungen beim Namen
seiner Mutter (»v.« Geldern für »van« oder »von«); das
Versteckspiel mit seinem Judentum; die verschiedenen von
ihm selbst initiierten Pressekampagnen. Auch die Darstellung seiner äußeren Erscheinung hat er mit Erfolg zu kon-
trollieren gewusst, was so viel heißt wie: Er hat eine wirk-
lichkeitsgetreue Abbildung verhindert. Wir verfügen heute deshalb über kein Porträt, von dem wir mit Gewissheit
sagen könnten: so hat er ausgesehen. Dabei hätte es ja die
Möglichkeit einer fotografischen Abbildung durchaus be-

reits gegeben: Obwohl Heine befreundet war mit dem berühmten Nadar, ist er eine der wenigen Figuren aus der
Pariser Künstlerszene, die nicht fotografiert wurde.

Erst unmittelbar nach seinem Tod und sicher völlig gegen seinen Willen ist dann doch mit der Abnahme der
Totenmaske noch ein naturgetreues Abbild entstanden. Diese Missachtung des Willens eines Toten, einer
lebenslangen Anstrengung hat einerseits etwas Verletzen-
des und Abstoßendes an sich, zumal Heine Totenmas-
ken verabscheute. Noch mehr verletzt gefühlt hätte er
sich allerdings schon bei dem bloßen Gedanken daran, seine Privatbriefe könnten an die Öffentlichkeit gezogen
werden, hatte er doch testamentarisch verfügt, dass kein
einziges Wort, das er nicht ausdrücklich freigegeben hatte,
publiziert werden sollte. In seinen *Memoiren* heißt es
dazu:

> Es ist eine unerlaubte und unsittliche Handlung auch
> nur eine Zeile von einem Schriftsteller zu veröffent-
> lichen, die er nicht selber für das große Publikum be-
> stimmt hat. Dieses gilt ganz besonders von Briefen,
> die an Privatpersonen gerichtet sind. Wer sie drucken
> läßt oder verlegt, macht sich einer Felonie schuldig,
> die Verachtung verdient. (15,59)

Aber waren nicht solche Drohungen und Verurteilun-
gen Ausdruck eines verzweifelten Wunsches, dessen Vergeblichkeit ihm klar war? Hatte er nicht bereits in *Ideen.
Das Buch Le Grand*, also als 28-Jähriger, davon gespro-
chen, dass sein Geburtshaus einst Verehrer aus aller Welt
anziehen und man ihm in Düsseldorf ein Denkmal setzen
werde? Heine lebte bewusst in diesem Zwiespalt von privater und öffentlicher Existenz, schlug daraus den Funken
für seine Texte. Er selbst war der Einzige, der zwischen einem privaten und einem öffentlichen Heine unterscheiden
konnte. Bereits für seine Umwelt und erst recht für uns ist
der ›private‹ Heine ebenso eine literarische Figur wie der

öffentliche, der Autor Heine, sind Dokumente, die sein
Privatleben betreffen, etwa manche Briefe oder die Testamente, Belegstücke für beides. Zugleich wird ihm sein
eigenes Leben in seinen Texten immer wieder zur Klammer von Individualität und Allgemeinheit, von Menschheitsgeschichte und Weltgeschichte. Das erreicht seinen
emblematischen Höhepunkt im Zusammenfall von per-
sönlichem gesundheitlichem Zusammenbruch und Februarrevolution des Jahres 1848: Lebensgeschichte und Weltgeschichte bilden sich in idealer Weise gegenseitig ab und
liefern vielfältigsten Stoff für die Verschränkung beider
Aspekte. Denn, wie Heine bereits in der *Reise von München nach Genua* feststellte: Unter jedem Grabstein liegt
eine ganze Weltgeschichte (vgl. 7,71).

Was bedeutet andererseits im Zusammenhang eines
Dichterlebens ein Begriff wie ›privat‹? Hat die Heine-Forschung und haben die Heine-Verehrer nicht lediglich konsequent das Spiel des Dichters weitergespielt, das darauf
zielte, die Privatperson in eine öffentliche Person zu über-
führen? Offensichtlich hat der persönliche Wille eines
Dichters, und sei es in Form einer rechtskräftigen testa-
mentarischen Anordnung, keinerlei Chance gegen das öffentliche Interesse an möglichst vielen Details auch noch
aus den entlegensten Winkeln der Biographie. Damit wird
der Begriff des Privatlebens aber aufgehoben, wird Priva-
tes in Öffentliches überführt. Eine öffentliche Figur, eine
Figur aus dem Zwielicht von Geschichte und Literatur
wie Heine, hat als solche gar kein Privatleben, eine Einsicht, die aus dem Abstand von 200 Jahren sicher sehr viel
leichter zu formulieren ist als aus der Nähe. Sie ist von
Anfang an eine Kunstfigur, eine Figur, der man über
Quellen und Dokumente zwar weitere Farben und Striche
hinzufügen kann, die dann möglicherweise immer kom-
pletter, vielleicht auch geschlossener aussieht, aber schließlich doch erst durch Interpretation der Texte, durch Verstehen zum Sprechen gebracht wird. Dieses Verstehen der

Texte und damit auch der Figur Heine möchte der vorliegende Band befördern, ermöglichen und anleiten.

Er ist dabei verschiedenen Vorarbeiten verpflichtet.
An erster Stelle ist hier die Düsseldorfer Historisch-kritische Heine-Ausgabe zu nennen, die seit dem Jubiläumsjahr 1997 in 16 Bänden geschlossen vorliegt und mit ihren
Text- und vor allem den umfangreichen Apparatteilen
ohne Zweifel den zuverlässigsten Zugang zu Heines Werk
und damit auch zur Figur Heinrich Heine als ganzer ermöglicht. Die Ausgabe ist zu den einzelnen Werkkomplexen ständig herangezogen und auch durchgängig unter
Nennung von Bandnummer und Seitenzahl zitiert worden. Benutzt wurden auch die vorliegenden Bände der
Heine-Säkularausgabe; nach ihr wird der Text von Heines
Briefwechsel zitiert, wobei die Angabe von Empfänger
oder Schreiber und des Datums zur Auffindung ausreichen.
Die Ergebnisse der inzwischen weit ausufernden Sekundärliteratur zu Heine sollten und konnten nicht im Vordergrund dieses schmalen Einführungsbandes stehen. Ich
habe mich deshalb entschieden, jeweils am Ende der Kapitel die wichtigsten neueren Titel anzuführen, deren Ergebnisse eingeflossen sind, im Text selbst aber auf Verweise ganz zu verzichten. Zusätzlich bietet das Literaturverzeichnis weiterführende Literatur. Einen Überblick über
den Stand und die wichtigsten Fragerichtungen der Heine-
Forschung liefert das 1997 in 2., überarbeiteter Auflage erschienene *Heine-Handbuch* von Gerhard Höhn. Dort
wird das Bild von Heine als dem Prototyp des modernen
Intellektuellen entworfen. Diesem Heine-Bild ist auch
meine Darstellung, gegen manche postmoderne oder gar
mystifizierende Tendenz der allerjüngsten Forschung, verpflichtet.

Heines Leben

Kindheit und Jugend (1797–1819)

Geboren wurde Harry Heine, der erst nach seiner Taufe 1825 den Namen Heinrich führte, in Düsseldorf. Wenigstens so viel steht fest. Doch sowohl über das Jahr wie über dem genauen Datum der Geburt liegt der Schleier des Geheimnisses. Es ist einerseits ein Geheimnis, das den historischen Umständen entwachsen ist, andererseits aber auch ein selbst gemachtes Geheimnis. Zunächst zu den historischen Umständen.

Harry Heine war das älteste von vier Kindern des Ehepaares Samson Heine (1764–1828) und Betty (Peira) van Geldern (1771–1859). Seine Geschwister hießen Charlotte (1800–1899), Gustav (1805–1886) und Maximilian (1807–1879). Beide Eltern entstammten bedeutenden jüdischen Familien, wobei die Familie der Mutter eine Reihe bekannter Ärzte und Geschäftsleute in Düsseldorf und am Niederrhein hervorgebracht, in der Zeit von Heines Geburt aber an Einfluss verloren hatte; die weitverzweigte Familie des Vaters dagegen, deren Stammsitz in Bückeburg lag, entwickelte sich gerade zu Heines Zeit zu voller Blüte und stellte mit Heines Onkel Salomon Heine einen der reichsten Bankiers im damaligen Deutschland, der auch über familiäre Kontakte zu Finanzkreisen in verschiedenen europäischen Ländern verfügte.

Doch stand, als Samson Heine seine Ansiedlung in Düsseldorf plante, diese Karriere seines Bruders erst noch bevor. Die beiden Eheleute hatten deshalb erheblichen Widerstand zu brechen, Widerstand, der sowohl von den Behörden wie auch von der jüdischen Gemeinde ausging. Zwar lebte die Düsseldorfer Judenschaft frei zusammen mit den christlichen Mitbürgern und war nicht in einem

Ghetto zusammengezogen; doch war sowohl die Frage
der Ansiedlung wie auch die der Gründung eines neuen
Hausstandes durch Vorschriften genau geregelt, die u. a.
ein willkommenes Instrument in der Abwehr unliebsamer
Konkurrenz war. Der tatkräftigen Peira gelang es durch
verschiedene Eingaben, die Besorgnisse der Behörden zu
zerstreuen; und auch die jüdische Gemeinde gab schließlich nach, so dass Samson sich 1797 als Schutzjude in Düsseldorf ansiedeln und, wie eine Zeitungsannonce vom
6. Juni 1797 verkündet, ein Geschäft für Velvet (Baum-
wollsamt) eröffnen konnte.

   Die Familie wohnte zunächst in einem recht bescheidenen Haus Bolker Straße 53 (heute), bestehend aus verschiedenen Gebäudeteilen, das einer Verwandten mütterli-
cherseits gehörte. Dort sind alle vier Heine-Kinder geboren; wo genau in diesem Haus Harry Heine zur Welt kam,
ist unsicher; sicher ist, dass vom ursprünglichen Haus
durch Umbau und Kriegszerstörung bis auf einige Reste
der Grundmauern nichts mehr erhalten ist. Samsons Geschäfte gingen anfangs gut, und so konnte die Familie
1809 in das Haus Bolker Straße 42 (heute) umziehen, ein
repräsentatives, dreistöckiges Wohn- und Geschäftshaus
mit Garten. Auch dieses Haus steht heute nicht mehr in
dem damaligen Zustand. Recht bald nach diesem Umzug
begann bereits der Niedergang des Geschäftes. Die Gründe lagen sowohl in der politischen Entwicklung wie im
privaten Bereich. Bedingt durch die Kontinentalsperre
(seit 1806) war der Handel mit England unterbunden; der
Krieg lastete schwer auf dem Land und seinen Bewohnern. Obendrein wurde Samson krank, er litt an Epilepsie,
was ab 1820 jede kaufmännische Tätigkeit ausschloss; bereits 1819 hatte er Konkurs anmelden müssen.
   Zu dieser Zeit hatte Harry Düsseldorf bereits endgültig
verlassen. Den wirklichen Niedergang des väterlichen Geschäfts erlebte er zumindest nicht aus der Nähe mit, was

ein Grund dafür gewesen ist, dass er die Stadt Düsseldorf und seine Kindheit in ihr sein Leben lang in guter Erinnerung behielt. Sowohl in *Ideen. Das Buch Le Grand* wie auch im *Memoiren*-Fragment erscheint diese Kindheit geradezu in verklärtem Licht. Aber auch über das Rheinland und seine Bewohner äußert Heine sich später stets freundlich, gelegentlich zwar mit gutmütigen Spott, wenn er etwa den Kölner Dialekt charakterisiert, aber doch ohne Bitterkeit.

Das Rheinland stand zur Zeit von Heines Geburt bereits unter der ganz konkreten Bedrohung durch die französischen Revolutionsheere. 1797 waren sie bis zum linken Rheinufer vorgerückt und beschossen von dort aus auch Düsseldorf, das damals Hauptstadt des Herzogtums Jülich-Berg und herzoglicher Regierungssitz war. Allerdings hatte der regierende Herzog Karl Theodor, dem neben Berg und der Pfalz durch Erbfolge auch Bayern zugefallen war, seine Residenz seit längerem nach München verlegt. Dennoch glänzte Düsseldorf mit Überresten der Hofhaltung, wie der Oper, der – ersten öffentlichen – Gemäldesammlung, die allerdings 1805 nach München verbracht wurde, und einer gut bestückten Bibliothek, die dann auch der junge Harry Heine benutze; die Stadt war Verwaltungsmetropole und Winteraufenthalt für die landadeligen Familien des Umlandes, die ihre Stadthäuser häufig in der Karlstadt am südlichen Stadtrand hatten, dort, wo heute das Heinrich-Heine-Institut zu Hause ist. Der Erbe Karl Theodors hieß Maximilian Joseph; der Anordnung Napoleons folgend, zog er sich 1805 ganz nach Bayern zurück und trat das Herzogtum Berg an Frankreich ab. Auf diese Weise wurde Heine, der diese Abdankungsszene im Reisebild *Ideen. Das Buch Le Grand* auf hoch komische Art und Weise schildert, bereits als Kind französischer Staatsbürger mit allen Vorteilen, die die Revolution den französischen Bürgern in Gestalt des Code civil,

der Aufhebung des Lehnswesens, der Gleichstellung der
Konfessionen usw. gebracht hatte, aber auch mit deren
Nachteilen in Form von hohen Abgaben an Geld und
Menschen an den größenwahnsinnigen Kaiser. 1813 wurden die Franzosen vertrieben und 1815 im Zuge des Wiener Kongresses die Rheinlande an Preußen gegeben. Düsseldorf wurde Hauptstadt eines preußischen Regierungs-
bezirks, was zu einem Niedergang der Stadt führte, die
ihren Glanz verlor. Zwar blieb der Code civil gültig, aber
viele Fortschritte wurden rückgängig gemacht, so z. B. die
Gleichstellung der Juden. Heine nahm das sehr sensibel
bereits zur Kenntnis, schrieb allerdings gleichzeitig ein pa-
triotisches Gedicht über die Befreiung Deutschlands aus
der französischen Fremdherrschaft.

Seine Einstellung zu Frankreich, zur Französischen Revolution und auch zu Napoleon wurde durch die positiven kindlichen und familiären Erfahrungen wesentlich geprägt. Er sah im Kaiser immer zuerst den Sohn der Revolution, der deren Freiheits- und Gleichheitsbotschaft mit
seinen Heeren in ganz Europa verbreitet hatte. Im *Buch
Le Grand* schildert er Napoleons Ritt durch den Hofgar-
ten in Düsseldorf Anfang November 1811, dem der Kna-
be Harry als Augenzeuge beiwohnte, wie den Triumph-
zug eines Messias der neuen Religion der Freiheit. Und
sein populäres Gedicht *Die Grenadiere* hat seinen Teil zur
deutschen Napoleon-Legende beigetragen, die ja ein erstaunlich positives Bild dieses überaus blutrünstigen Dik-
tators transportiert, positiver selbst als das französische.
Noch in seinen Pariser Exil-Jahren profitierte Heine im
Übrigen von der Tatsache, dass er als ehemaliger französischer Staatsbürger Residenzrecht für Frankreich erworben
hatte; das von Preußen zeitweilig betriebene Auswei-
sungsgesuch blieb auf diese Weise erfolglos.

Aus Heines allerersten Jahren ist nur wenig Konkretes
bekannt. Er selbst gibt im *Memoiren*-Fragment einen Ein-

blick in das Familienleben der Heines in Düsseldorf, einen Einblick freilich, der auf vielfache Weise literarisiert und damit stilisiert ist. Frau Heine erscheint in der Schilderung des Sohnes als eine aufgeklärte, tatkräftige, entschlossene Frau aus gebildetem Hause, die durch die Erziehungsideale der französischen Aufklärung, insbesondere Rousseaus *Emile* beeinflusst ist, ihre Kinder selber stillt und für ihren Ältesten hochfliegende, allerdings häufig wechselnde Berufspläne ausheckt. Nur einen Beruf, da ist die Mutter sich sicher, soll ihr Sohn nicht ergreifen: »sie hatte nemlich damals die größte Angst, daß ich ein Dichter werden möchte; das wäre das Schlimmste, sagte sie immer, was mir passiren könne.« (15,62) Heine behielt zu seiner Mutter, die ihn überlebte, stets ein liebevolles und hochachtungsvolles Verhältnis. Auch der Bruder der Mutter, Simon van Geldern, taucht in den *Memoiren* auf, der die Bildung des kleinen Harry durch seine Persönlichkeit und seine Bibliothek beeinflusste. Überhaupt bildet die in Düsseldorf und Umgebung ansässige Familie der Mutter den Hintergrund für das kindliche Leben: »Nur über die großen Kämpen des mütterlichen Clans konnte [...] mein junges Gemüth frühe Eindrücke empfangen« (15,75 f.).

Den genauen Gegensatz zur Mutter und ihrer Familie bildet das Bild, das die *Memoiren* von Heines Vater entwerfen. Der tatkräftigen, männlich starken Mutter steht der gutmütige, eher weiblich-schwache Vater gegenüber. In der Darstellung der *Memoiren* ist Samson Heine gemüt- und seelenvoll, schön, eitel, weich: »Eine grenzenlose Lebenslust war ein Hauptzug im Charakter meines Vaters. Er war genußsüchtig, frohsinnig, in seinem Gemüthe war beständig Kirmeß« (15,80). Seine Familie, die in Norddeutschland siedelte, spielte zunächst für das Leben Harrys naturgemäß keine so große Rolle. Was an dieser Beschreibung zutrifft, ist schwer zu sagen, da es über Heines Vater keine Quellen gibt. Nicht einmal eine bildliche Darstellung hat sich erhalten. Ohne Zweifel haben die

Memoiren aber die Tendenz, einen Gegensatz zwischen den beiden Elternteilen zu verstärken, der in scharfem Kontrast zur Elterngeschichte von Heines großem Antipoden steht, der Elterngeschichte Goethes. ›Frohnatur‹ und ›Lust zum Fabulieren‹ sind bei Heine väterliches und nicht mütterliches Erbe, wie bei Goethe, während das ›ernste Führen‹ zur Rolle von Heines Mutter gehört. Er gibt dem Leser mitten im *Memoiren*-Text einen expliziten Lesehinweis, wenn er vom Goetheschen, der als »gestrenger Herr Schultheiß auf dem Römer zu Frankfurt präsidirte« (15,74), auf den eigenen Großvater väterlicherseits zu sprechen kommt. Sein Vater hatte ihm auf entsprechende Nachfrage lachend zur Antwort gegeben, dieser Großvater sei ein kleiner Jude mit einem großen Bart gewesen. Anderntags bekommt Harry für die Weitergabe dieser Beschreibung eine furchtbare Tracht Prügel, Prügel, die ihm im Gedächtnis blieben samt dem Anlass, »und jeder wird leicht begreifen daß ich seitdem keine große Neigung empfand nähere Auskunft über jenen bedenklichen Großvater und seinen Stammbaum zu erhalten oder gar dem großen Publikum wie einst dem kleinen dahinbezügliche Mittheilungen zu machen« (15,76). Hier schimmert durch die literarische Verarbeitung – verstärkt noch durch die Goethe-Referenz – die existenzielle Erfahrung bereits des Kindes Heine mit seiner Außenseiterrolle als Jude in Deutschland hindurch, die auch für die heitere und ungetrübte Kindheit im ghettofreien Düsseldorf die doch bereits erkennbare Folie abgibt.

Die Forschung hat sorgsam zusammengesucht, was sich sonst an halbwegs gesicherten Fakten über Heines Ausbildung sagen lässt: 1801 kam er in eine Art Vorschule zu Frau Hindermann, der später in dem Gedicht *Citronia* kein sonderlich rühmendes Denkmal gesetzt wird. Ab 1803 besuchte er dann die jüdische Privatschule von Herrn Rintelsohn. Dort erhielt er jüdischen Religions-

unterricht und lernte ein wenig Hebräisch, so dass er mit
13 Jahren das Bar Mizwah ablegen konnte, eine Art jüdische Konfirmation. Von damals datieren Heines Grund-
kenntnisse des religiösen Lebens der Juden.

1804 bezog er die Normalschule, die im früheren Düsseldorfer Franziskanerkloster untergebracht war; dort
herrschte der Prügelpädagoge Pater Dickerscheid, der
1812 unter dem Vorwurf der Unzucht mit seinen Schülern
spurlos verschwand. In den Jahren 1809–1814 besuchte
Heine das im selben Franziskanerkloster untergebrachte
humanistische Lyzeum. Der dortige Rektor Ägidius Jacob
Schallmayer, katholischer Geistlicher und Freigeist zugleich, wurde Heines wichtigster Lehrer, der ihm früh ein
Beispiel dafür gab, »wie ohne Heucheley Religion und
Zweifel ruhig neben ein ander gingen« (15,61). Hier lernte
er Französisch, was teilweise sogar Unterrichtssprache
war. Er verließ das Lyzeum ohne Abschluss, war, nach allem was man weiß, nur ein mittelmäßiger Schüler. Allerdings hatte er früh die Begeisterung für das Lesen entdeckt. Der entscheidende Anstoß scheint vom Onkel Simon van Geldern (1768–1833) ausgegangen zu sein, einem
Eigenbrötler und Privatgelehrten, der dem Jungen in seinem »Arche Noäh« genannten Haus an der Düsseldorfer
Mertensgasse die Bibliothek und seine merkwürdigen
Sammlungen öffnete. Dort las er auch das Manuskript seines Großonkels Simon van Geldern, des »Chevaliers«, einem der großartigen Scharlatane des 18. Jahrhunderts, den
Heine verehrte. Die *Memoiren* geben einen interessanten
Einblick in diese Phase seiner Jugend. Später benutzte er
dann auch die alte Kurfürstliche Bibliothek, die damals
bereits 20 000 Bände umfasste; teilweise lassen sich seine
Ausleihen, darunter z. B. der *Don Quichotte* des Cervantes, aus den Registern noch rekonstruieren.

Für Heines Familie scheint aber außer Frage gestanden
zu haben, dass der Älteste Kaufmann werden sollte wie
sein Vater. Deshalb muss Harry in den Jahren 1814/15

eine Handelsschule in Düsseldorf besuchen, wo er u. a. auch Englisch lernt. 1815 nimmt ihn der Vater mit auf die Herbstmesse nach Frankfurt a. M., lässt ihn für einige Wochen bei einem befreundeten Bankier und einem Kaufmann zurück, um ihm einen Einblick in die praktische Arbeit zu geben. Im Juni 1816 wird Heine schließlich zu einer zweijährigen Ausbildung an das Bankhaus Heckscher und Co. in Hamburg geschickt, an dem sein Onkel Salomon Heine damals bereits beteiligt war.

Damit gerät Heine in die Einflusssphäre dieses jüngeren Bruders seines Vaters, aus der er sich, obwohl er den Onkel um 12 Jahre überlebte, sein Leben lang nicht mehr befreit hat. Salomon Heine (1767–1844) war durch Fleiß, kaufmännisches Geschick und eine gute Heirat mit der Bankierstochter Betty Goldschmidt in der Hamburger Finanzwelt zu Ansehen und Reichtum gekommen. 1819 gründete er sein eigenes Bankhaus und gehörte bald zu den reichsten Männern nicht nur Hamburgs, sondern ganz Deutschlands. Salomon Heine war ein durchsetzungsfähiger, willensstarker Geschäftsmann; er konnte, nicht nur den Schilderungen seines Neffen zufolge, jähzornig und despotisch, ja ausfallend sein, war recht ungebildet und hatte wenig Sinn für die schönen Künste. Aber er war gleichzeitig ein Wohltäter der Hamburger jüdischen Gemeinde, und vor allem fühlte er sich in ganz außerordentlicher Weise verantwortlich für die Großfamilie Heine und stand mit seinem Einfluss und seinem Vermögen auch praktisch für diese Verantwortung ein. Diesen Familiensinn musste er dann besonders in seiner Beziehung zur Sippe seines Bruders Samson unter Beweis stellen.

Der Bankier, der in Ottensen am Ufer der Elbe ein großes Haus unterhielt, hatte zwei Söhne und vier Töchter. Zwei dieser Töchter, Amalie und Therese, verfolgte der junge Harry mit seiner Verehrung, die sich im Laufe der Jahre zu einer schwärmerischen Zuneigung auswuchs.

Blickt man auf die Dokumente, war diese Zuneigung eine völlig einseitige und auch lediglich von der Einbildungskraft des Dichters befeuerte Angelegenheit. Die beiden jungen Damen hatten offenbar keinerlei Interesse an ihrem Verehrer, und es war wohl nicht einmal eine Frage der sozialen Kluft zwischen Millionärstöchtern und Bankrotteurssohn, wenn letzterer abgewiesen wurde. Die Forschung hat zuletzt, im Gegensatz zu früher üblichen, sehr direkt biographischen Deutungsmodellen, immer auf das artifizielle, inszenatorische Moment der Konstellation hingewiesen, aus der der junge Dichter die Funken für seine frühe Liebeslyrik schlägt. Die hoffnungslose Liebessehnsucht mit ihren über das Emotionale weit hinausgehenden gesellschaftlichen Konnotationen wird Heine zum Spiegel seines Verhältnisses zum Leben und zur Welt ganz allgemein.

Andererseits hat er während seiner Hamburger Jahre durchaus manche sehr reale Kränkung und Zurücksetzung erfahren, wenn er in der Villa seines Onkels in Ottensen zu Gast war, wo es, wie es in einem Brief heißt, »sehr geziert und geschwänzelt« zuging (an Christiani, 20. November 1816); dafür spricht nicht zuletzt das späte Gedicht *Affrontenburg* mit seinen zahlreichen Anspielungen. Nach Abschluss seiner Lehre im Bankhaus Heckscher hatte Samson dem Sohn Harry 1818 eine Kommissionshandlung für englische Manufakturwaren als Filiale zum eigenen Düsseldorfer Geschäft eingerichtet, in bester Lage in der Nähe von Rathaus und Börse: Harry Heine et Comp. Heine wurde damals auch Mitglied der jüdischen Gemeinde Hamburgs. Doch die Filiale wurde in den Niedergang des väterlichen Geschäftes mit hineingezogen und zusammen mit diesem im Frühjahr 1819 liquidiert. Als sich Samsons Gesundheitszustand immer weiter verschlechterte und sich der Bankrott seines Düsseldorfer Geschäfts nicht mehr aufhalten ließ, hatte Salomon zusammen mit seinen Brüdern die Entmündigung Samsons

betrieben und für die Übersiedlung der Familie zunächst
nach Hamburg, für medizinische Kuren in Bad Oldesloe
und schließlich vom Juli 1822 bis zum Frühsommer 1828
für eine Unterbringung in Lüneburg, dann wieder in
Hamburg gesorgt. Heine hat seinen ersten langen Aufenthalt in Hamburg, wo er insgesamt fünfeinhalb Jahre seines
Lebens verbringen sollte, in schlechter Erinnerung behal-
ten. Aus der Erinnerung schreibt er: »mein inneres Leben
war ein brütendes Versinken in den düstern, nur von
phantastischen Lichtern durchblitzten Schacht der Traum-
welt; mein äußeres Leben war toll, wüst, cynisch, absto-
ßend, mit einem Worte, ich machte es zum schneidenden
Gegensatze meines innern Lebens, damit mich dieses
nicht durch sein Übergewicht zerstöre.« (An Wohlwill,
7. April 1823)

Heine kehrt 1819 nach Düsseldorf zurück, wo im August 1820 das Haus an der Bolker Straße verkauft wird. In
dieser schwierigen Situation bewährte sich Salomons Familiensinn in ganz besonderer Weise: Auch nach Samsons
Tod im Dezember 1828 hat er sich um das Auskommen
der Witwe und der Kinder gekümmert. Den drei Söhnen
ermöglichte er ein Studium, und dem einen, Heinrich
Heine, der es, wie er später schreibt, auf dieser schönen
Erde zu nichts brachte, aus dem nichts geworden war,
»nichts als ein Dichter« (15,55), dem zahlte er sogar über
das Studium hinaus einen Zuschuss zu seinen jährlichen
Lebenshaltungskosten in Paris, der eine wesentliche und
tragende Säule in seinem Budget darstellte.

Studium (1819–1825)

Heine kam im Juni 1819 aus Hamburg nach Düsseldorf mit
der Zusage des Onkels in der Tasche, ihm für vier Jahre ein
Jurastudium zu finanzieren. Als Studienort hat er sich zu-

nächst die von den Preußen neu gegründete und sehr gut
ausgestattete Universität Bonn ausgesucht. Im Oktober
nimmt er sein Studium der Rechte in Bonn auf, muss aber
im Dezember erst einmal in einer Prüfung die Studienbe-
rechtigung erwerben, da er ja keinen gültigen Schulab-
schluss besaß. Schon vorher hatte er die besonderen historischen Umstände, unter denen seine Studienzeit stehen
sollte, hautnah kennen gelernt: Als Folge der Teilnahme an
einem Fackelzug zum Gedenken an die Leipziger Völker-
schlacht muss Heine vor dem Universitätsrichter erscheinen, der wegen »demagogischer Umtriebe« ermittelte, wie
das damals hieß. Im September 1819 waren die Karlsbader
Beschlüsse durch den Bundestag ratifiziert worden. Das
bedeutete eine rechtliche Absicherung und Etablierung des
Spitzelstaates mit harten Zensurgesetzen, Aufhebung der
Versammlungs- und Pressefreiheit, willkürlicher Verfolgung der nationalen und liberalen Bewegung, Verbot der
studentischen Burschenschaften und besonders scharfe
Überwachung der Universitäten. Die Zeit zwischen 1819
und der Julirevolution von 1831, also die Jahre, in denen
Heine studierte und dann vergeblich einen Platz in der
deutschen Gesellschaft suchte, gehört zu den besonders repressiven Abschnitten der neueren deutschen Geschichte.

   Heines Bonner Studien waren ausgesprochen breit angelegt; Jura spielt nur eine Nebenrolle. Immerhin hört er
hier Karl Theodor Welcker, einen der Hauptgegner der
historischen Rechtsschule, die auch er später heftig angrei-
fen wird und zu der Gustav Hugo, sein Doktorvater in
Göttingen, und Friedrich Karl von Savigny, sein Berliner
Lehrer, gehörten. Vor allem interessiert er sich in Bonn für
Geschichte, Literatur und Sprachwissenschaft und belegt
u. a. Vorlesungen bei den Professoren August Wilhelm
Schlegel und Ernst Moritz Arndt.
   Schlegel, ein Gelehrter von internationalem Rang und
wirklicher Kenner der europäischen Literatur, der sich da-

mals allerdings nicht mehr im Zenit seines Ruhmes be-
fand, was er durch besonders eitles Betragen zu kompen-
sieren suchte, wurde für Heine auch über das Studium
hinaus zu einer wichtigen Bezugsfigur. Mit ihm diskutier-
te der junge Mann literarische Fragen, insbesondere wohl
solche der Metrik. In einigen auch später nicht zurückge-
nommenen Widmungsgedichten hat er den Meister gefeiert, und ihn doch gleichzeitig in den 30er-Jahren als
Haupt der romantischen Schule mit einer gnadenlosen
Kritik überzogen.

Unter seinen Kommilitonen trifft er selbstverständlich
einige Düsseldorfer Bekannte wieder, macht aber auch
neue Bekanntschaften wie die mit Wolfgang Menzel, dem
späteren »Denunzianten« und Franzosenfresser, Friedrich
Steinmann, der dann durch eine Reihe von Heine-Fäl-
schungen auffallen sollte, oder dem Dichter und Herausgeber Johann Baptist Rousseau. Gleichzeitig nimmt er ak-
tiv am studentischen Leben teil und schließt sich im Sommer 1819, wie die Hälfte der 400 Bonner Studenten, der
Burschenschaft »Allgemeinheit« an, bis auch diese 1820
verboten wird. Nach der Liquidierung der Burschenschaften konzentrierte sich das studentische Leben dann auf die
so genannten »Landsmannschaften«, in denen sich die
›Landsleute‹ im Sinne der regionalen Herkunft trafen.

Im September 1820 verließ Heine Bonn und immatriku-
lierte sich zum ersten Mal an der Universität Göttingen.
Auch hier belegt er in erster Linie literarische und historische Vorlesungen, u. a. bei dem liberalen Historiker Georg
Sartorius, der seine Gedichte schätzt. Insgesamt langweilt
er sich in Göttingen, »diesem gelehrten Neste« mit seiner
Ansammlung »patenter Pomadenhengste, Prachtausgaben
wässrichter Prosaiker, plastisch ennuyanter Gesichter« (an
von Beughem, 9. November 1820). Schließlich gerät er in
einen Streit mit dem Studenten Wibel, der bis zu einer
Duellforderung auf Pistolen eskaliert. Die Universitäts-
verwaltung erfährt von der Sache, und Heine wird mit ei-

nem halbjährigen Universitätsverweis bestraft. Zuvor war
er aus der Burschenschaft ausgeschlossen worden, vorgeblich wegen Verletzung des burschenschaftlichen Keusch-
heitsprinzips, möglicherweise aber aus antisemitischen
Gründen. So endet dieser erste Göttingenaufenthalt im
Februar 1821 schneller als geplant und unter unangeneh-
men Begleitumständen.

Heine fährt zum Onkel Salomon nach Hamburg, wo
sich die angebetete Amalie inzwischen verlobt hat, und
besucht den kranken Vater in Bad Oldesloe. Salomon bewilligt ihm Geld für eine Fortsetzung des Studiums in
Berlin, wo Heine am 20. März eintrifft. Berlin ist in den
20er-Jahren von extremen Widersprüchen geprägt, die sich
auch in Heines Wahrnehmung der Stadt widerspiegeln.
Einerseits ist Berlin mit rund 200 000 Bewohnern auf dem
Weg, eine europäische Großstadt und das geistige Zentrum Deutschlands zu werden, ein Ort voller Dynamik,
voller Veränderung und Zukunftsorientierung, mit enorm
steigender Einwohnerzahl, unablässiger Bautätigkeit, einem ausgedehnten und angeregten kulturellen Leben und
der am besten besetzten Universität. In krassem Gegensatz dazu steht allerdings die Rückständigkeit der herrschenden politischen Klasse des Adels mit ihrer rigorosen
Unterdrückungspolitik und dem Abbau der wenigen im
Zuge früherer Reformen zugestandenen Bürgerrechte, wie
etwa 1822 die Aufhebung des Judenbefreiungsedikts von
1812, wodurch den Juden erneut der Zugang zu Lehräm-
tern in Schule und Universität verstellt wird. Preußen begründet in dieser Zeit seine Stellung als Hort der Reaktion
und des Militarismus in Europa.

Heine genießt die Vorzüge der Großstadt, deren lär-
mende Geschwindigkeit er in der atemlosen Stadtbe-
schreibung seiner *Briefe aus Berlin* mitzuteilen versucht.
Er findet in den – freilich bescheidenen – Salons der Rahel
Varnhagen und Elise von Hohenhausen endlich Gesprächspartner, die ihn verstehen und von denen er lernen

kann, findet in Rahel Varnhagen selbst eine Lehrmeisterin
des Herzens, die er lebenslang verehrt. Heine trifft auf
arrivierte Dichter wie Adelbert von Chamisso, Friedrich
de la Motte-Fouqué, er lernt Altersgenossen wie Michael
Beer, Friedrich von Üchtritz und Christian Dietrich
Grabbe kennen, begegnet dem Philosophen Georg Wilhelm Friedrich Hegel auch außerhalb der Vorlesung, dem
Verleger Friedrich Wilhelm Gubitz, der endlich seine Gedichte druckt und nimmt brieflich Kontakt zu Karl Immermann auf, der diese Gedichte so verständnisvoll besprochen hatte.

Politisch ist Berlin in dieser Zeit eine tote Stadt: Es
herrscht rigorose Unterdrückung nach innen und Reprä-
sentation nach außen. Die Universitäten sind streng regle-
mentiert; die Erleichterungen des jüdischen Lebens werden langsam zurückgenommen. Sicher auch aus Empörung über diese Maßnahmen der preußischen Regierung,
aber auch angeregt durch eine Gruppe jüdischer Kommilitonen und Freunde, beginnt Heine in Berlin, sich ernsthaft mit der jüdischen Tradition und Geschichte, aber
auch mit dem aktuellen Schicksal der Juden in Deutschland und nicht zuletzt mit seiner eigenen jüdischen Herkunft auseinanderzusetzen. Am 4. August 1822 tritt er
dem »Verein für Cultur und Wissenschaft der Juden« bei,
der es sich zum Ziel gesetzt hat, die Bildung der jüdischen
Unterschicht zu heben und so ihre Chancen zu verbes-
sern. Gerade die ostjüdische Zuwanderung stellte für das
damalige Berlin ein ernstes Problem dar. Vier praktische
Ziele hatte der Verein: wissenschaftliche Arbeit insbesondere zur Geschichte des Judentums; die Herausgabe einer
Zeitschrift; Unterricht für junge Ostjuden; Aufbau eines
Archivs zur jüdischen Kultur. Heine arbeitete zwischen
September 1822 und Mai 1823 als Lehrer in dem Projekt
mit. Große Hoffnungen scheint er auf die möglichen Er-
folge der Vereinsarbeit allerdings nicht gesetzt zu haben.
Immerhin kam er so in engeren Kontakt zu Gleichgesinn-

ten und Freunden wie Ludwig Marcus, dem er später in
Paris noch einen Nachruf schreiben wird, dem Hegelianer
und Dozenten Eduard Gans, Moses Moser, Leopold Zunz
oder Immanuel Wohlwill, die er teilweise bereits von der
Universität kannte. Insbesondere in den Briefen an Moses
Moser, der in den nächsten Jahren sein vertrautester Brief-
partner wird, kommt Heine immer wieder auch auf die
Schwierigkeiten zurück, als Jude in Deutschland zu leben.
Er spricht vom Plan zu einem Aufsatz für die Vereinszeitschrift über »den großen Judenschmerz« (an Moser,
18. Juni 1823), und versichert dem Freund, dass er »für die
Rechte der Juden und ihre bürgerliche Gleichstellung en-
thousiastisch sein werde«, ohne freilich ein »Enthousiast
für die jüdische Religion« zu sein (an Moser, 23. August
1823).

Heine hatte sich im April in Berlin für das Jurastudium
immatrikuliert, hörte allerdings kaum Jura und hat im ersten Berliner Semester lediglich drei Vorlesungen testiert
bekommen, darunter eine von Hegel. Zu seinen Kommilitonen zählten viele Polen, von denen einige seine Freunde
wurden. Einen davon, Eugen von Breza, hat er im Au-
gust/September 1822 in Polen besucht, gewissermaßen der
Auftakt zu seinen späteren europäischen Reisen, den er
dann auch in einem Text *Über Polen* beschrieben hat. Er
erschien, genau wie die drei *Briefe aus Berlin*, in einer
westfälischen Zeitung und gibt einen ersten Vorgeschmack
auf den späteren *Reisebilder*-Autor.

Im Frühjahr 1823 lief das vom Onkel Salomon für das
Studium des Neffen ausgesetzte vierjährige Stipendium
aus. Heine verließ die Berliner Universität und zog zu den
Eltern, die inzwischen – ebenfalls mit Hilfe Salomon Heines, der eine Art Vormundschaft über seinen kranken
Bruder übernommen hatte – in Lüneburg angesiedelt waren. Schwierig war diese Ansiedlung insbesondere wegen
der Schikanen, die dem Zuzug jüdischer Bürger damals

entgegengestellt wurden und die von Salomon ein be-
trächtliches finanzielles Engagement verlangten. Heine litt
denn auch besonders unter der antisemitischen Stimmung
in der Kleinstadt, der »Residenz der Langeweile« (an die
Embdens, 15. September 1823): »Bildung ist hier gar keine; ich glaube auf dem Rathhause steht ein Culturableiter«
(an Charlotte Embden, 6. November 1823).

Immerhin trifft er in Lüneburg seinen Schulfreund
Christiani wieder, der ihm das Leben etwas einfacher
macht. Er selbst ist ausschließlich »mit Kopfschmerz und
Jurisprudenz« beschäftigt, bereitet also die Fortsetzung
seines Studiums vor (an Moser, 6. November 1823). Außerdem entsteht in der Lüneburger Zeit, die bis Anfang
1824 andauert, eine Fülle von Gedichten, die später als
Zyklus *Die Heimkehr* das zentrale Stück des *Buchs der
Lieder* bilden. Unterbrochen wird der eintönige Aufenthalt von Juli bis September durch einen Besuch in Cuxha-
ven, Heines erste Begegnung mit dem Meer. Es ist aber
mehr eine mondäne Begegnung: Er residiert in Ritzebüt-
tel, verspielt das Geld des Onkels und besucht zur Verbes-
serung seiner angegriffenen Gesundheit die Seebäder. Gesundheitliche Probleme, Beschwerden über Kopfschmerzen und Migräneanfälle zumeist, ziehen sich wie ein roter
Faden durch alle Briefe bereits des Studenten Heine. Der
Aufenthalt an der See bedeutete für ihn offenbar eine
wirkliche Entlastung, und so hat er sein ganzes Leben versucht, in den Sommermonaten ans Meer zu reisen, in
Deutschland zunächst in die damals aufstrebenden Bäder
Norderney und Helgoland, in Frankreich dann an die Kanalküste, nach Boulogne, Granville, Dieppe.

Ende 1823 bewilligt ihm Onkel Salomon eine zweijähri-
ge Verlängerung des Stipendiums zum Abschluss des Studiums. Heine trifft am 24. Januar 1824 voller guter Vorsät-
ze in Göttingen ein und schreibt schon zwei Tage später
an Christiani: »Ich sitze hier schon ganz eingerichtet und
athme Pandektenluft und Langeweile. Letztere treibt mich

zum Arbeiten«. Und am 2. Februar heißt es in einem Brief an Moser: »Ich lebe jetzt ganz in meiner Jurisprudenz.« Und tatsächlich quält er sich rechtschaffen mit der juristischen Materie, obgleich er noch immer »die Titel der skottschen Romane und die Novellen des Bockaz oder Tieks viel besser als die Titel und Novellen im Corpus Juris« kennt (an Christiani, 7. März 1824). Aber im Sommer heißt es dann schon: »Ich stecke bis am Hals in meiner Jurisprudenz, und Gott lob! ich kriege den Wust allmählig in den Kopf.« (An Moser, 20. Juli 1824) Durch das Tagebuch des Studienkollegen Eduard Wedekind sind wir recht gut über diesen Aufenthalt unterrichtet. Heine gönnt sich nur wenige Unterbrechungen: einen Ausflug nach Berlin im April – mit einer Visite bei Immermann in Magdeburg – und nach Kassel im August und schließlich im September 1824 die berühmte Fußwanderung durch den Harz, die der späteren *Harzreise* zugrunde liegt.

> Ich habe zu Fuß und meistens allein den ganzen Harz durchwandert, über schöne Berge, durch schöne Wälder und Thäler bin ich gekommen und habe wieder mahl frey geathmet. Über Eisleben, Halle, Jena, Weimar, Ehrfurt, Gotha Eisennach, und Kassel bin ich wieder zurückgereist, ebenfalls immer zu Fuß. Ich habe viel herrliches und Liebes erlebt, und wenn nicht die Jurisprudenz gespenstisch mit mir gewandert wäre, so hätte ich wohl die Welt sehr schön gefunden. Auch die Sorgen krochen mir nach. (An Moser, 25. Oktober 1824)

Auf der Rückreise war Heine in Weimar am 2. Oktober mit Goethe zusammen getroffen. Viel zu sagen hatten sich der junge und der alte Dichter nicht. Heine scheint durch ironische Bemerkungen über einen geplanten *Faust* den Dichterfürsten noch gereizt zu haben, der ihn offenbar mehr oder weniger vor die Tür setzte. Genaue Berichte über diesen Besuch gibt es allerdings nicht.

Am 3. Mai 1825 besteht Heine das Promotionsexamen
mit der Note 3; am 20. Juli verteidigt er in öffentlicher
Disputatio seine Thesen in lateinischer Sprache. Der De-
kan, Professor Gustav Hugo, hob in seiner Laudatio Heines poetische Fähigkeiten mindestens ebenso hervor wie
seine juristischen.

Noch vor dem Abschluss des Studiums, das den frisch
gebackenen Dr. jur. doch eher ratlos zurückließ, zeitlich
zwischen Examen und Disputatio, erfolgte jene Taufpro-
zedur, die für die folgende tiefe Lebenskrise Heines eine
entscheidende Bedeutung hatte. Am 28. Juni 1825 legt er
bei Pastor Christian Grimm im preußischen Heiligenstadt
die für Konvertiten vorgeschriebenen Prüfungen ab; danach wird er in den Räumen des Pastorats auf die Vornamen Christian Johann Heinrich getauft. Heine war sich
bewusst, dass es ein Akt schierer Anpassung war, den er
vollzog; er meinte das »Entre Billet zur Europäischen
Kultur« zu lösen, wie er es später ausdrückte (10,313),
wusste, dass er angesichts der antisemitischen Stimmung
in Deutschland als Jude keine Chance haben würde, eine
akzeptable Stellung zu finden. Doch gleichzeitig war ihm
klar, dass der »nie abzuwaschende Jude« (an Moser, 8. August 1826) ihn weiterhin begleiten würde, was die Prozedur umso demütigender machte. Es dauert über ein halbes
Jahr, bis er in seinen Briefen zum ersten Mal auf diese Erfahrung eingeht: »Ich bin jetzt bey Christ und Jude verhaßt. Ich bereue sehr daß ich mich getauft hab« (an Moser,
9. Januar 1826).

Reisezeit (1825–1831)

Die folgenden Jahre in Heines Biographie sind gekenn-
zeichnet von Unruhe und Krisen. Unverkennbar ist einerseits sein Bemühen, in der christlich-deutschen Ge-

Heinrich Heine
Radierung von Ludwig Emil Grimm
nach einer Porträtskizze vom 9. November 1827
(Heinrich-Heine-Institut, Düsseldorf)

sellschaft Fuß zu fassen, sich »irgendwo einzunisteln«
(an Varnhagen, 14. Mai 1826), ein ehrbarer Hamburger
Rechtsanwalt und Notar oder Literaturprofessor in Berlin
oder München zu werden; gleichzeitig ist aber ebenso unübersehbar der Ekel vor dieser Gesellschaft, das Bewusstsein ein Außenseiter zu sein, woraus schließlich der Entschluss zu einer Existenz als Berufsschriftsteller erwächst.
Zu Recht hat Wolfgang Hädecke auf das Zirkelhafte der
Verhältnisse hingewiesen: Heine interpretiert das Scheitern
seiner Integration in die bürgerliche Gesellschaft, die er nur
halbherzig betreibt, als gesellschaftliche Intrige gegen sich,
und je mehr er öffentlich wie privat gegen diese Intrige an-
kämpft, desto sicherer wird das Scheitern seiner Pläne.

Zunächst pendelt er unschlüssig zwischen Lüneburg,
dem Wohnsitz der Eltern, den Nordseeinseln, vor allem
der Insel Norderney, wo er Stärkung seiner angegriffenen
Gesundheit suchte, und Hamburg, dem familiären Kraft-
zentrum, das ihm allerdings auch deshalb besonders verhasst ist. »Hamburg ist am Tage eine große Rechenstube
und in der Nacht ein großes Bordell«, heißt es sarkastisch
im Brief vom 6. Dezember 1825 an Christiani. Immer wieder taucht der Plan auf, Deutschland zu verlassen, nach
Paris zu gehen. Mehr nebenbei betreibt er seine literarische Karriere, die dann durch die Begegnung mit dem
Verleger Julius Campe Ende Januar 1826 den entscheidenden Schub erhält. Campe bringt bereits im Mai den ersten
Band *Reisebilder* heraus und drängt unmittelbar auf eine
Fortsetzung. Auch für ihn war das der Start in seine sehr
erfolgreiche Verlegerkarriere.

Julius Campe (1792–1867) entstammte einer Buchhänd-
lerdynastie mit verwandtschaftlichen Beziehungen zu anderen bekannten Buchhändlerfamilien der Zeit wie Vie-
weg, Reclam, Westermann und Brockhaus. Er war nach
Lehr- und Wanderjahren 1823 in die Buch- und Verlags-
handlung seines Halbbruders August in Hamburg einge-
stiegen, die dieser wiederum von seinem Schwiegervater

Benjamin Gottlob Hoffmann übernommen und unter
dem Namen Hoffmann und Campe weitergeführt hatte.
Neben einem ausgesprochen kaufmännischen Geschick
besaß Campe ein hohes Maß an Liberalität und einen sicheren ästhetischen Geschmack. Alles zusammen machte
ihn, wie Heine es im 23. Caput des *Wintermährchens* ausdrückt und wie es viele Zeitgenossen bestätigen, für die
junge Literatur in Deutschland zu »aller Verleger Blüthe«.
Sein kaufmännisches Geschick bewies er in der Pro-
grammgestaltung, die nicht nur auf Belletristik, sondern
auch auf Sachbücher setzte und so eine zu große Einseitigkeit vermied; er bewies sie aber auch in seinem cleveren
Umgang mit den Behörden, der Polizei und der Zensur
vor allem, und es gelang ihm immer wieder, die Lücken in
der schwerfälligen Bürokratie der 36 souveränen deutschen Staaten zu finden, um Verbote auszuhebeln. Die relativ milde Hamburger Zensur und die wirtschaftsliberale
Einstellung in der Stadt kamen ihm dabei zustatten. Gelegentlich führten solche Tricks allerdings zu behördlichen
Maßnahmen, einmal, von Dezember 1841 bis Juni 1842,
sogar zu einem Totalverbot aller Verlagsprodukte Campes
in Preußen. Womit bereits etwas gesagt ist über die politische Haltung des Hamburger Verlegers. Campe war sicher
kein Revolutionär und Umstürzler, aber er hatte eine
durch und durch liberale Gesinnung, war vor allem interessiert an einem freien und ungehinderten Austausch, von
Waren ebenso wie von Meinungen. Gerade die etwas un-
durchschaubare Unterfütterung seiner politischen Ideale
mit geschäftlichen Interessen, die ihn bei einem Manuskript immer auch nach dessen Verkaufschancen fragen
ließ, machten ihn zu einem idealen Verleger. Mit der jungen Literatur, der er sich in ganz besonderer Weise widmete, verband Campe das Interesse an Bewegung, an Lebendigkeit, und es ist nicht verwunderlich, dass gerade die
heineschen *Reisebilder*, in denen genau diese Eigenschaften einer in tiefe Lethargie versunkenen deutschen Gesell-

schaft entgegengehalten werden, für beide, für den Verleger wie den Autor, zum Karrierestart werden. Neben Heine hat Campe in der Folge auch weitere herausragende Autoren des Jungen Deutschland und des Vormärz verlegt, darunter Ludwig Börne, Ludolf Wienbarg, Karl Gutzkow, Franz Dingelstedt, Georg Herwegh, Georg Weerth, um nur einige zu nennen.

Um keinen seiner Autoren hat er sich aber so intensiv gekümmert wie um Heine, dem er nicht nur persönlicher Freund und Berater, sondern zugleich unermüdlicher literarischer Antreiber und Vertrauensmann war. Auch Campes ständigem Ermahnen ist es zu verdanken, wenn Heine, der sehr langsam arbeitete, schließlich doch seine Manuskripte abschließt, umarbeitet, bevorwortet. Mit sicherem Gespür nimmt Campe die deutsche Kritik vorweg und ermöglicht es dem Autor, der durch die Entfernung den Kontakt zu seinen deutschen Lesern auf die Dauer doch etwas verlor, seine Texte vorab darauf einzustellen. Gelegentlich überzeugt er ihn davon, Texte wegzulassen oder einzufügen, und meist hat er Recht damit. Zu ernsthaften Unstimmigkeiten kam es, als Heine 1838/39 im Zusammenhang mit seinem zweiten Gedichtband das Gefühl hatte, eine Camarilla im Umkreis Campes habe erfolgreich gegen ihn intrigiert. Campe seinerseits brach den Kontakt zu Heine im Mai 1848 ab, als dieser mehrfach unterstellt hatte, der Verleger versuche aus seinem langsamen Sterben Kapital zu schlagen; erst im Juli 1851 kam es bei einem Paris-Besuch Campes zur Versöhnung. Ansonsten beschränkten sich die allerdings unermüdlichen Kämpfe des Autors mit seinem Verleger auf Fragen der Zensur und des Honorars. Was die Zensur anging, waren Campes Möglichkeiten häufig kleiner, als der ungeduldige Heine wahrhaben wollte. In Gelddingen hatte Campe einen sehr sicheren Blick für das Machbare, auch wenn er, wie Heine einmal feststellt, gelegentlich nur aus Prinzip sparte. Außerdem war Heine, entgegen seiner hohen Mei-

nung von sich selbst, kein sonderlich geschickter Verhand-
lungspartner und dem Verleger in diesem Punkt hoffnungslos unterlegen.

Die spannungsreiche Beziehung zu seinem Verleger
hielt bis zu Heines Tod und schwankte zwischen herzli-
cher Freundschaft und Beleidigung. Campe war ehrgeizig,
geschäftstüchtig und gleichzeitig doch so selbstbewusst,
dem nicht sonderlich geschickten Feilschen Heines im
Vorfeld des *Romanzero* eine dreijährige Eiszeit entgegen-
zusetzen (1848–51), während der er keinen Brief seines
berühmten Autors mehr beantwortete.

Am Tage des Erscheinens von *Reisebilder. 2. Teil* mit
Ideen. Das Buch Le Grand und *Nordsee*, am 12. April
1827, ist Heine bereits auf dem Weg nach England, hat
seine Geschäfte dem treuen Hamburger Freund Friedrich
Merckel übertragen. Er fürchtet sich vor der politischen
Wirkung des neuen Buches. Der Onkel hat ihn mit einem
außerordentlich hohen Kreditbrief ausgestattet, gedacht
gewissermaßen als Eintrittskarte zur guten Gesellschaft,
den er bereits am Tage nach seiner Ankunft wider alle Absprache einlöst. Er lebt gut in London, genießt das groß-
städtische Leben, seine Klubs, Spielsalons, Theater und
Museen. Verschiedene Abstecher führen ihn an die englische Kanalküste. Gleichzeitig entwickelt sich aber während dieses Aufenthaltes seine lebenslange Abneigung
gegen England, gegen die karge Nüchternheit der frühin-
dustriellen Verhältnisse, in denen Heine hellsichtig die
Vorboten des heraufziehenden kapitalistischen Zeitalters
erkennt. Mitte August 1827 beendet er seinen England-
Aufenthalt, setzt nach Holland über, macht einige Besich-
tigungstouren durchs Land und reist von dort weiter nach
Norderney, wo er allerdings nicht lange bleiben kann: Seine Invektiven gegen die Insulaner und gegen den das Ba-
deleben prägenden Hannöverschen Adel im *Nordsee*-Rei-
sebild zwingen ihn zur Abreise nach Wangerooge: »[...] es
ist kein Spaß auf wüster Insel von einem vernunftlosen,

erbitterten Barbarengesindel umgeben zu seyn. Man hat
den Weibern dort gesagt ich hätte sie als gar zu häßlich geschildert« (an Christiani, 7./8. September 1827). Als er
schließlich am 24. September 1827 wieder in Hamburg
eintrifft, gibt es die zu erwartende Auseinandersetzung
mit Salomon wegen des eingelösten Kreditbriefes. Bei dieser Gelegenheit soll Heine dem Onkel gesagt haben, das
Beste an ihm sei schließlich doch, dass er seinen Namen
trüge. In Hamburg erreicht ihn im Oktober durch Vermittlung von Karl August Varnhagen von Ense das Angebot des Cotta-Verlages, am Aufbau der Zeitschrift *Neue
Allgemeine politische Annalen* mitzuarbeiten, deren Redaktion in München sitzt. Heine entscheidet sich zur
Übernahme dieser Aufgabe und tritt Ende Oktober die
Reise nach München an, die er zugleich zum Besuch von
alten und neuen Freunden nutzt: In Kassel trifft er neben
Jacob und Wilhelm auch Ludwig Emil Grimm, der ihn bei
dieser Gelegenheit zeichnet; in Frankfurt verbringt er drei
Tage mit Ludwig Börne; in Heidelberg lernt er Hermann
Detmold kennen, mit dem ihn dann eine lebenslange
Freundschaft verband und besuchte seinen Bruder Maximilian Heine; in Stuttgart begrüßt er den Studienkollegen
und späteren Erzfeind Wolfgang Menzel, der bereits für
Cotta arbeitete. Der Cotta-Verlag, damals das beherr-
schende Verlagsimperium vor allem im Süden Deutschlands mit den journalistischen Flaggschiffen der Augsburger *Allgemeinen Zeitung* und dem Stuttgarter *Morgenblatt
für gebildete Stände*, war ernsthaft daran interessiert, Heine, dessen Einstellung in die Redaktion zum 1. Januar
1828 erfolgte, längerfristig zu binden. Man stellte ihm den
erfahrenen Journalisten Friedrich Lindner an die Seite, der
für die Tagesarbeit verantwortlich war und erhoffte von
Heine eine Profilierung der *Annalen* ebenso wie der Zeitung *Das Ausland*. Für beide hat er geschrieben, anfangs
durchaus in der Absicht, dem Verleger und dem Publikum
zu beweisen, dass er mehr kann »als unsre Sonnettirenden

Almanachspoeten« (an Merckel, 30. Dezember 1827), freilich ohne den erwünschten Erfolg zu haben. Das lag teilweise an der besonderen Situation in München, wo es für
eine politisch-literarische Zeitschrift, wie sie Heine vor-
schwebte, kein Publikum gab, und wo von katholischer
Seite bald eine Kampagne gegen ihn angezettelt wurde,
insbesondere als bekannt wurde, dass er sich mit Hilfe seines Düsseldorfer Landsmanns, des späteren bayrischen
Innenministers Eduard von Schenk, beim König um eine
Professur bewarb. Heine fühlte sich umgeben von »Feinden und intriguirenden Pfaffen« (an Detmold, 15. Februar
1828).

Teil dieser Kampagne sind Artikel in der Zeitschrift
Eos, zu deren Umkreis auch der Dichter August von Platen gehörte, über dessen orientalisierende Dichtungen
Karl Immermann sich in einem Gastbeitrag zu Heines
Nordsee-Reisebild mokiert hatte. Auch in der damaligen
Situation ist Heines Haltung, ähnlich wie bereits 1825/26
in Hamburg, nicht entschieden, sondern unschlüssig und
zaudernd, gewissermaßen »zerrissen« zwischen dem Versuch, im erzkonservativen Milieu des bayrischen Hofes
Fuß zu fassen und dem entschiedenen Widerwillen gegen
dieses Milieu und heftigster Kritik an seinen Protagonisten. Es ist das typische Problem eines bürgerlich-liberalen
Schriftstellers unter Produktionsbedingungen, die, zumindest in Deutschland, immer noch von der adlig-konserva-
tiven Schicht bestimmt wurden.

Hinzu kam, dass Heine das Münchner Klima nicht ver-
trug und ständig gesundheitliche Probleme hatte. Noch
bevor sein Gesuch beim König negativ beschieden wird,
ist Heine, dessen Vertrag mit Cotta zunächst bis Juli be-
fristet war, schon auf dem Weg nach Italien: Am 6. August
bricht er auf in das Traumland der Deutschen und ist erst
am 11. Dezember 1828 wieder zurück in München, wo inzwischen alle seine Hoffnungen gescheitert sind: die Pläne
für die Professur ebenso wie Ideen zu einer Fortführung

der *Annalen*. Heine beendet daraufhin die Münchner Episode und reist schleunigst ab, zumal ihn die Nachricht vom Tode des Vaters (2. Dezember 1828) zusätzlich zur Eile antreibt.

Er sieht Italien mit anderen Augen als die vielen deutschen Autoren, die ihm vorausgingen und die er in seinem Reisebericht ironisch zitiert, allen voran natürlich Goethe. Seine Perspektive ist radikal subjektiv, ganz auf die eigene Wahrnehmung, Stimmung, Befindlichkeit konzentriert, in der sich der empirische Hintergrund der Reise bricht, und zwar in so hohem Maße, dass ein italienischer Forscher kürzlich ironisch fragen konnte: »War Heine überhaupt in Italien?« Stationen, an denen er sich in Italien nach der Durchquerung von Österreich und Südtirol länger aufhielt, waren: Trient (ein Tag), Verona (2), Mailand (3), Genua (5), Livorno (9), schließlich Lucca, wo er die Bäder benutzte und insgesamt drei Wochen im September blieb. Zurück ging es dann über Florenz, wo Heine die Monate Oktober und November verbrachte, Venedig (5), Trient und Innsbruck. Noch unterwegs beginnt er seine *Reise von München nach Genua* zu konzipieren und auszuführen.

Nach der überstürzten Weiterreise von München nach Hamburg, zieht er sich von Februar bis Juli 1829 zunächst nach Berlin, später Potsdam zurück und arbeitet, geplagt von anhaltenden gesundheitlichen Beschwerden und durch den Tod des Vaters innerlich aufgewühlt, an *Reisebilder*, Band 3, der außer der *Reise von München nach Genua* noch *Die Bäder von Lukka* enthält, einen der bis heute aufsehenerregendsten Texte Heines. Er bringt die furchtbare Abrechnung mit dem Dichter August Graf von Platen, der damals in Deutschland einen Namen insbesondere als formaler Könner und Meister der orientalischen Mode im Gefolge Rückerts und Goethes hatte und dem Heine in München in wenig erfreulichen Umständen begegnet war. Auf den eher zurückhaltenden Angriff Immermanns im Anhang des zweiten *Reisebilder*-Bandes gegen

Platens Orientalismus hatte dieser in seinem Drama *Der romantische Ödipus* von 1829 mit massiven Attacken gegen Immermann und antisemitischen Invektiven gegen Heine geantwortet. Heine seinerseits schlägt jetzt erbarmungslos zu und rückt Platens Homosexualität, ein damals hoch tabuisiertes Thema, ins Zentrum der öffentlichen Debatte. Das kam in der Tat einem »Vernichtungskrieg« gleich, wie Heine selbst an Immermann schreibt (26. Dezember 1829), und doch bestand er auch noch, nachdem die Wogen der öffentlichen Empörung hoch schlugen, darauf, dass die Auseinandersetzung eine andere, übergeordnete Ebene besaß und keine bloße Privatfehde war. Er trifft in Platen in erster Linie den »Repräsentanten seiner Partey«, der Partei des Standesdünkels und der Intoleranz (an Varnhagen, 3. Januar 1830). Andererseits ist die vernichtende Abrechnung mit dem homosexuellen Dichter aber auch verzweifelter Ausdruck der eigenen Außenseiterexistenz, deren Ausweglosigkeit ihm durch die Münchner Erfahrungen immer klarer werden musste.

Während des Aufenthaltes in Berlin und Potsdam erneuert er alte Berliner Freundschaften wie die mit Moses Moser und Friederike Robert und erhält wichtige Anregungen, so etwa von Varnhagen den Hinweis auf die sozial-revolutionäre Bewegung des Saint-Simonismus in Paris und deren Zeitung *Le Globe*, die auch Goethe zu dieser Zeit noch zur Kenntnis nahm.

Im August 1829 kehrt Heine dann nach Hamburg zurück, das jetzt bis zur Abreise nach Paris im April 1831 sein Hauptdomizil bleibt. Zweimal flieht er jeweils für mehrere Wochen auf die Insel Helgoland zum Baden, inzwischen ein festes Ritual in Heines Jahresablauf. Das Meer war ihm zum »wahlverwandten Element« (an Moser, 6. August 1829) geworden. Andererseits wächst durch die Nähe zur Familie und insbesondere zum Onkel, seinem Haupternährer, auch der Druck, eine tätige Existenz aufzubauen. Heine erkennt immer klarer, dass sein

Wunsch, Schriftstellerei und bürgerlichen Beruf unter einen Hut zu bringen, scheitern muss. Inzwischen hatte der dritte Band der *Reisebilder* wegen der Platen-Kapitel einen heftigen Skandal gemacht. An Varnhagen schreibt Heine am 4. Februar 1830, er wisse selbst, »daß ich mir durch das Platensche Kapitel unsäglich geschadet«, dass er aber »ein Exempel statuiren mußte. Der Nazionalservilismus und das Schlafmützenthum der Deutschen wird sich bey dieser Gelegenheit am Glänzendsten offenbaren.«

In den folgenden Monaten arbeitet Heine am vierten Band der *Reisebilder*, der dann direkt nach Erscheinen im April 1831 von der preußischen Zensur verboten wird. Die Verhältnisse in Deutschland ließen seiner Schreibart keinen Raum. Heine drängte es nach Paris, wo er nach der Julirevolution von 1830 mit der Vertreibung des restaurativen Bourbonen-Regimes und der Installation des Bürgerkönigs Louis-Philippe auf dem Thron die Alternative zur deutschen Gesellschaft zumindest einmal kennen lernen wollte. Außerdem lockte ihn der Saint-Simonismus: Er »träume jede Nacht ich packe meine Koffer und reise nach Paris, um frische Luft zu schöpfen, ganz den heiligen Gefühlen meiner neuen Religion mich hinzugeben« (an Varnhagen, 1. April 1831). »Ich ging, weil ich mußte«, wird er später über diese Flucht aus der Enge der deutschen Zustände sagen (5,370), und man darf daraus zurecht ableiten, dass Heine seinen Frankreichaufenthalt zunächst noch nicht als Exil auffasste und durchaus eine Rückkehr erwogen hat.

Paris (1831–1840)

Paris war nicht nur die Stadt der Revolutionen und »Hauptstadt des 19. Jahrhunderts«, wie Walter Benjamin sagt, es war für Heine sogar »die Spitze der Welt« (an

Varnhagen, 27. Juni 1831). Als größte Stadt auf dem Kon-
tinent hatte Paris zur Zeit von Heines Ankunft etwa
800 000 Einwohner, wuchs zu Beginn der 40er-Jahre zur
Millionenstadt und beherbergte 1846 eine Kolonie von
60 000 deutschen Auswanderern, die meisten von ihnen
Wirtschaftsflüchtlinge. Drei Viertel der Bevölkerung lebte
auch nach zwei Revolutionen in bitterer Armut; unter der
Julimonarchie bildete sich eine neue Mittelschicht heraus,
die Kleinbourgeoisie der Ladenbesitzer und Kleinunter-
nehmer, die aufgrund des herrschenden Zensuswahlrechts
nur allmählich in die politischen Entscheidungen einzugreifen begann. Auch die Entwicklung der Infrastruktur
der Stadt, ihr Umbau von der noch mittelalterlich gepräg-
ten zur modernen Metropole, vollzog sich langsamer, als
es in Heines Schriften gelegentlich scheinen mag. Erst mit
den durch den Präfekten und Städteplaner Baron Georges-
Eugène Haussmann betriebenen radikalen Veränderungen
des Stadtbildes seit den 50er-Jahren wurden Probleme wie
Kanalisation, Wasserversorgung oder Straßenbeleuchtung
in größerem Stil in Angriff genommen. Heine hat von seinem Sterbebett aus vom Beginn dieser Arbeiten noch Notiz genommen: »ganz Paris ist mit Bauen beschäftigt. Alles
wird umgerissen und neu gebaut, und man weiß kaum
mehr, wo die alten Pißwinkel zu finden sind«, schreibt er
am 3. Dezember 1853 an seine Mutter. Aber auch in seinen
gesunden Tagen interessierte er sich für Paris ausschließlich als moderne Stadt; die mittelalterliche Stadt, der er in
den 30er- und 40er-Jahren noch auf Schritt und Tritt begegnet ist und deren langsames Verschwinden etwa von
seinem Freund Gérard de Nerval noch nostalgisch betrauert wird, spielt in seiner Wahrnehmung auffälliger Weise
überhaupt keine Rolle. Paris ist die Stadt der Prachtstra-
ßen, der Gasbeleuchtung, der Passagen und luxuriösen
Geschäfte, alles damals eher noch die Ausnahme als die
Regel. Er suchte sich seine vielen verschiedenen Pariser
Wohnungen denn auch ausschließlich in der Nähe der gro-

ßen Boulevards, am liebsten im Umkreis des Boulevards Montmartre, insgesamt die bevorzugten Wohnviertel der wohlhabenderen Bevölkerung.

Als Heine nach Paris kam, war er auf diesen Aufenthalt gut vorbereitet. Er hatte die Revolutionsgeschichte studiert, hatte sich mit den sozial-revolutionären Gedanken des Saint-Simonismus auseinandergesetzt, sprach passabel Französisch und hatte so beste Voraussetzungen, schnell Kontakte herzustellen. Und tatsächlich baut er rasch ein großes Netz von Beziehungen auf, und zwar in alle möglichen Richtungen. Er war in den 30er-Jahren gern gesehener Gast in den Salons von Gesellschaftsdamen wie Caroline Jaubert, der Fürstin Belgiojoso oder Betty Rothschild; er trat in Beziehung zu den führenden romantischen Schriftstellern Frankreichs wie Victor Hugo, Honoré de Balzac, Alexandre Dumas, Théophile Gautier, George Sand und Gérard de Nerval; zu Musikern wie Hector Berlioz, Giacomo Meyerbeer, Franz Liszt, Frédéric Chopin; zu einem Maler wie Eugène Delacroix; aber auch zu den beiden späteren Ministerpräsidenten und bedeutenden Historikern François Guizot und Adolphe Thiers. Durch solche Kontakte öffneten sich ihm auch schnell französische Zeitungen und Zeitschriften; er fand Verleger wie Eugène Renduel, in dessen Verlag zwischen 1833 und 1835 fünf Bände Heines in französischer Übersetzung erschienen, und Michel Lévy, dessen Haus ab Februar 1855 eine französische Gesamtausgabe seiner Werke herausbrachte; und er begann bald seine Rolle als Vermittler zwischen Deutschland und Frankreich zu spielen, die, wie er später in seinem Testament formuliert, zur »grande affaire« (wichtigsten Aufgabe) seines Lebens wurde (15,210). In einem Brief Heines, der am 11. April 1833 in der Zeitung *Unser Planet* abgedruckt wurde, heißt es:

[...] ich habe vielleicht überhaupt die pacifike Mission, die Völker einander näher zu bringen. Das aber fürchten die Aristokraten am meisten; mit der Zerstörung der nationalen Vorurtheile, mit dem Vernichten der patriotischen Engsinnigkeit schwindet ihr bestes Hülfsmittel der Unterdrückung. Ich bin daher der inkarnirte Kosmopolitismus, ich weiß, daß dieses am Ende die allgemeine Gesinnung wird in Europa.

Das Medium, in dem er seine Ziele verfolgte, war vor allem die Presse. Heine schrieb über *Französische Zustände*, insbesondere politische und soziale Zustände, aber auch über französisches Theater oder die Pariser Kunstausstellungen für deutsche und umgekehrt über deutsche Literatur und Philosophie für französische Zeitschriften und Zeitungen. Darunter waren auf französischer Seite so kurzlebige Blätter wie die mit großen Ambitionen und entsprechendem Aufwand gegründete *Europe littéraire*, aber auch die langlebige Zeitschrift *Revue des deux Mondes*; auf deutscher Seite veröffentlichte Heine hauptsächlich in Cottas *Allgemeiner Zeitung* und dem *Morgenblatt*. Er war einer der damals bereits recht zahlreichen deutschen Korrespondenten in Paris, und hatte wie diese auch mit der scharfen deutschen Pressezensur zu kämpfen. Immer wieder werden Artikel Heines abgelehnt, von der Zensur verunstaltet oder bereits von der redaktionsinternen Vorzensur entschärft. 1832 führt eine direkte Intervention der österreichischen Regierung bei Cotta gegen Heines Berichte dazu, dass seine Arbeit schließlich ganz abbricht. Das Verbot des Jungen Deutschland vom Dezember 1835 unterbrach dann Heines Arbeit für die Presse bis zum Jahre 1840, als er die Berichterstattung für Cottas *Allgemeine* wieder aufnimmt. Heine hatte unter den Korrespondenten in gewisser Weise eine Sonderrolle, die sich dadurch ergab, dass er sich nicht als journalistischer Lohn- und Tagesschreiber, sondern als Schriftsteller ver-

stand und bei seinen Korrespondenzen den literarischen
Anspruch nicht aufgab.

Als Schriftsteller hat er es per se erheblich schwerer,
sich wirklich dem französischen Kulturbetrieb zu assimi-
lieren, schwerer zumindest als ein Musiker wie z. B. Meyerbeer. Heine schreibt seine Texte weiterhin und bis zum
Schluss stets zunächst in deutscher Sprache und lässt sie
dann, meist unter seiner Anleitung, übersetzen. Er bleibt
stets ein »deutscher Dichter«, ein Ehrentitel, auf den er bis
zu seinem Tode stolz ist (vgl. 14,84), für den er aber den
Preis bezahlen muss, auch in Frankreich nicht wirklich
seinen Platz zu finden: Er ist in der französischen Szene
stets ein Außenseiter geblieben, von der französischen
Kritik im Vergleich zur deutschen nur relativ wenig und
häufig genug recht kritisch wahrgenommen, während er
gleichzeitig in Deutschland als der deutschen Entwicklung
entfremdeter Wahlfranzose galt.

Ganz zwangsläufig fand Heine auch Anschluss an die
deutsche Emigrantenszene in Paris mit ihren unterschiedlichen Fraktionen. Er traf den ihm bereits bekannten Ludwig Börne wieder, der seit 1830 in der französischen
Hauptstadt lebte und so etwas wie der Kopf der republikanischen Gruppe der Deutschen in Paris war. Heine und
Börne wurden in der deutschen, aber auch in der französischen Presse häufig nebeneinander gestellt. Heines Verhältnis zu Börne und seinen Freunden blieb aber ebenso
reserviert und zurückhaltend wie seine Beziehung zu den
radikaleren Gruppierungen, die sich in Paris gebildet hatten, wie etwa der »Bund der Geächteten«. Spätestens nach
Börnes entsprechender Kennzeichnung in seiner Besprechung von Heines *Französischen Zuständen* 1835 ging ihm
der Ruf eines politisch unzuverlässigen Ästheten voraus,
dem ein guter Vers wichtiger sei als seine Gesinnung. Immer wieder wurden auch Gerüchte gestreut, er sei von den
Regierungen gekauft (vgl. Brief an Max Heine, 5. August
1837). Solche eher zwiespältigen Urteile über Heine fin-

den sich auch in den Berichten der vielen Spitzel, die damals für die deutschen Regierungen, insbesondere die Österreichs und Preußens, in der deutschen Kolonie in Paris unterwegs waren.

Auch den Kontakt zur Familie, zu Mutter und Schwester in Hamburg, und zu einigen Freunden in Deutschland wie Varnhagen von Ense, die Schriftsteller August Lewald, Heinrich Laube und Hermann Detmold, natürlich auch die weiterhin höchst spannungsreiche Beziehung zu Julius Campe hielt Heine aufrecht. Sein Vetter Carl Heine, Sohn von Onkel Salomon, besuchte ihn 1832 in Paris, erkrankte an der damals grassierenden Cholera und wurde von Heine gepflegt. Später vermittelte er die Hochzeit dieses Vetters mit der französischen Bankierstochter Cécile Furtado. Das Verhältnis zum Onkel, der weiterhin seine Zahlungen leistet, hatte sich Anfang der 30er-Jahre entspannt. Heine geht es gut in diesen Jahren; er ist nur wenig krank, wird dick und fühlt sich wohl in Paris »wie ein Fisch im Wasser«, oder, wie er es in einer witzigen Formulierung zuspitzt: »wenn im Meere ein Fisch den anderen nach seinem Befinden fragt, so antwortet dieser: ich befinde mich wie Heine in Paris« (an Hiller, 24. Oktober 1832).

Unruhe in dieses zunächst sehr entspannte Leben Heines in Paris brachte dann die Begegnung mit einer Frau: Er lernte im Oktober 1834 – angeblich in einem Schuhgeschäft in der Nähe des Justizpalastes – die Verkäuferin Augustine-Crescence Mirat (1815–1883) kennen und verliebte sich in sie. Die beiden zogen zunächst ohne Trauschein zusammen, bis Heine die Frau, die er ›Mathilde‹ nannte, dann 1841 am Vorabend eines Duells ehelichte. Die Ehe blieb kinderlos. Die Beziehung zu Mathilde, die in dem Dorf Le Vinot de la Trétoire im Departement Seine-et-Marne nahe Paris als uneheliche Tochter in einfachsten Verhältnissen aufwuchs, war eine absolute Mesalliance, von der ihm alle seine Freunde dringend abrieten. Auch Heine selbst war das klar; er quälte sich lange mit

Trennungsversuchen, flüchtete im Frühsommer 1835 für
einige Wochen auf den Besitz der Prinzessin Belgiojoso,
der er gestehen musste, dass er seine Göttlichkeit kompro-
mittiert hatte und in den Schmutz menschlicher Leidenschaften hinabgestiegen war (»dessendu dans la fange des
passions humaines«; an Belgiojoso, 4. Juni 1835). Dem
Schriftsteller Heinrich Laube, der rasch zu einem seiner
Vertrauensleute in Deutschland geworden war, gestand er
am 27. September 1835 sogar: »Ich bin verdammt nur das
niedrigste und thörichtste zu lieben [...] begreifen Sie wie
das einen Menschen quälen muß, der sehr stolz und sehr
geistreich ist?« Im Oktober/November 1836 reiste Heine
nach Südfrankreich, um Abstand zu seinen Gefühlen zu
gewinnen, aber am Ende siegte die Anziehungskraft der
hübschen und sehr lebhaften Mathilde, seiner von ihm so
genannten »Verbrengerin« (an die Mutter, 7. Juni 1847
u. ö.), mit ihren naiven Vorlieben für Shawls, Hüte und
hübsche Kleider, für das Theater, die Opéra comique und
populäre Tanzvergnügen. Sie erheiterte ihm das Leben
»durch beständige Unbeständigkeit der Laune« (an Lewald, 3. Mai 1836). In der Folge entwickelt Heine dann
ein beinahe väterliches Verhältnis zu der sehr viel jüngeren
Frau, die offenbar nie wirklich einen Begriff davon hatte,
was ihr Mann machte und welche Bedeutung er besaß. Er
bemühte sich um ihre Ausbildung und schickte sie zu diesem Zweck monatelang in ein Pensionat, sorgte sich um
ihre Zukunft und tat alles, um ihr ein angenehmes Leben
zu ermöglichen. Gleichzeitig war er aber in hohem Maße
eifersüchtig und vergiftete einmal sogar ihren Papagei, den
sie seiner Meinung nach mehr liebte als ihn, kaufte angesichts ihrer kindlichen Verzweiflung aber sofort einen
neuen. Mathilde stand ihm dann während der langen acht
Jahre in der Matratzengruft treu zur Seite.

    Eines der Hauptmotive für Heines Paris-Reise war sein
Interesse an der Lehre des Saint-Simonismus gewesen, die

er schon in Hamburg als »mein neues Evangelium« bezeichnete (an Hesse, 10. Februar 1831). Diese auf die
Schriften des Grafen Saint-Simon zurückgehende utopi-
sche Soziallehre hatte zu Beginn der 30er-Jahre eine Reihe von Anhängern gefunden und unter der Leitung von
Prosper Enfantin Züge einer Sekte angenommen. Die Mitglieder verstanden sich als Vertreter einer neuen, ganz
diesseitigen Religion, einer Religion der Freiheit und der
Menschenliebe. Ihr Weltbild war dabei streng rational angelegt: Von der Entwicklung der Wissenschaften und in
ihrem Gefolge der Technik und Industrie erhofften sie
sich die Überwindung von Armut und Unterdrückung.
Gleichzeitig, und dies interessierte Heine besonders, ver-
kündeten die Saint-Simonisten die Wiedereinsetzung des
Menschen in seine »Gottesrechte«, eine gegen die christliche Jenseitshoffnung gerichtete Form von »Diesseitsreli-
giosität«, die das Recht auf jede Art von Genuss und Vergnügen einschloss: »ich interessire mich eigentlich nur für
die religiösen Ideen«, schrieb Heine in diesem Zusammenhang an Varnhagen (Mitte Mai 1832). Insbesondere die se-
xuelle Libertinage, die so genannte »Emanzipation des
Fleisches«, rief die Polizei auf den Plan. Die Zusammen-
künfte der Saint-Simonisten wurden, kurz nachdem Heine
am 22. Januar 1832 an einer solchen teilgenommen hatte,
verboten. Ihn faszinierte die Wendung, die der Gegensatz
von Körper und Geist, den er aus der Philosophie des
christlich-deutschen Idealismus kannte, hier genommen
hatte. Genau das wird das Zentralprogramm Heines in
den 30er- und beginnenden 40er-Jahren: Die zweitausend-
jährige Alleinherrschaft des christlichen Spiritualismus ist
zu Ende, der unterdrückte Sensualismus kehrt zurück in
sein angestammtes Recht. Es geht jetzt vorrangig um

[…] das materielle Wohlseyn des Volkes. Die bisheri-
ge spiritualistische Religion war heilsam und noth-
wendig, solange der größte Theil der Menschen im

Elend lebten und sich mit der himmlischen Seeligkeit
vertrösten mußten. Seit aber, durch die Fortschritte
der Industrie und der Öconomie, es möglich geworden die Menschen aus ihrem materiellen Elende her-
auszuziehen und auf Erden zu beseligen, seitdem –
Sie verstehen mich. Und die Leute werden uns schon
verstehen, wenn wir ihnen sagen, daß sie in der Folge
alle Tage Rindfleisch statt Kartoffel essen sollen, und
weniger arbeiten und mehr tanzen werden. – Verlassen Sie sich darauf, die Menschen sind keine Esel.
(An Laube, 10. Juli 1833)

Die Pointierung des Gegensatzpaares Spiritualismus -
Sensualismus und die damit verbundene Typologie von
Nazarener und Hellene nahm Heine aus seiner Beschäftigung mit dem Saint-Simonismus mit und machte sie zu einem zentralen Baustein seines Denkens. Die Bewegung
zerfiel dann relativ bald; mit einigen Mitgliedern wie Michel Chevalier blieb Heine aber weiter in Verbindung.

Ende 1835 wird der Paris-Aufenthalt für Heine dann
tatsächlich zum Exil. Die preußische Zensur hatte sich seit
Erscheinen des vierten *Reisebilder*-Bandes 1831 zuneh-
mend auf Heine eingeschossen: Bis 1848 entgingen außer
dem *Buch der Lieder* nur noch *Atta Troll* und *Shakspeares
Mädchen und Frauen* dem sofortigen Verbot. Mitte der
30er-Jahre zog sich die Schlinge immer enger. Im Zentrum
stand eine von den Behörden zusammengestellte und mit
dem Namen »Das Junge Deutschland« versehene Gruppe
junger liberaler Autoren, die sich selbst nie als feste Gruppe konstituiert hatte, als deren Haupt und Vorbild aber
allgemein Heine galt. Einer der Rädelsführer der Reaktion
in diesem Zusammenhang war Heines Bonner Kommili-
tone und kurzzeitiger Kollege als Cotta-Mitarbeiter, der
Literaturkritiker Wolfgang Menzel. Er hatte die Schriften
des Jungen Deutschland und insbesondere den Roman

Mathilde Heine
Fotografie nach einem verschollenen Gemälde
von Alexandre Laemlin, um 1870

Wally, die Zweiflerin von Karl Gutzkow in einer langen
Artikelserie »Unmoralische Literatur« in seinem einflussreichen *Literaturblatt* zum Cottaschen *Morgenblatt* als
›zersetzend‹, ›gottlos‹, antideutsch-profranzösisch und vor
allem natürlich als ›unsittlich‹ denunziert. Menzel war dabei allerdings nur die prominenteste Stimme einer breiten
Front konservativer Kritiker, die alle in diese Richtung
zielten und schließlich Erfolg hatten. Am 10. Dezember
1835 erreichte Preußen, das seinerseits bereits am 14. November entsprechende Maßnahmen angeordnet hatte, ein
Verbot aller schon erschienenen und zukünftigen Schriften der Schriftsteller Heine, Gutzkow, Heinrich Laube,
Ludolf Wienbarg und Theodor Mundt für das gesamte
Verbreitungsgebiet des Deutschen Bundes. Das kam einem Berufsverbot gleich. Gutzkow und Laube wurden in
der Folge zusätzlich zu Haftstrafen verurteilt, Mundt eine
Dozentur an der Berliner Universität verweigert. Auch
wenn das Verbot selbst schon relativ bald aufgeweicht
wurde, so darf man die abschreckende Wirkung des harten Vorgehens der Behörden doch nicht unterschätzen.
Auch Heine wurde sicher einmal mehr bestärkt in seiner
Entscheidung, Deutschland vorerst zu meiden. Er kannte
die übrigen Mitglieder der verbotenen Gruppe kaum, soli-
darisierte sich dennoch mit ihnen und verfasste einen offenen Brief »An eine hohe Bundesversammlung«, von ihm
selbst als »kindlich syroblich submisser Brief« bezeichnet
(»Der Bundestag wird gerührt seyn«; an Campe, 4. Februar 1836), in dem er – ohne Wirkung – die Unhaltbarkeit
der Vorwürfe belegt. Insgesamt macht Heine sich zunächst noch keine großen Sorgen, hält das Vorgehen für
einen Schreckschuss und das Verbot zukünftiger Bücher
einfach nur für lächerlich. Tatsächlich wurden die Maßnahmen relativ bald gelockert, allerdings waren solche Lo-
ckerungen an strenge Zensurauflagen geknüpft. Die Kon-
sequenzen waren für Heine schließlich doch härter als er
zunächst gedacht hatte, noch nicht einmal der äußerlichen

Behinderungen, Verbote und Konfiskationen wegen, sondern vor allem durch den Druck, der dadurch auf sein
Schreiben ausgeübt wurde. Campe gegenüber klagt er
über »die bittere Stimmung [...] worin mich die Nothwendigkeit versetzt jeden Gedanken den ich denke im
Kopfe gleich zu zensiren, zu schreiben, während das Cen-
surschwert an einem Haare über meinem Kopfe hängt –
das ist um wahnsinnig zu werden!« (20. Dezember 1836)
Auch finanziell spürt er die Folgen des Verbots; unter
dem Druck schwindender Einnahmen handelt er im April
1837 mit Campe einen Vertrag über die Gesamtausgabe
seiner Werke aus, deren Rechte er an seinen Verleger verkauft, kündigt aber zugleich öffentlich an, die Ausgabe
werde nicht eher erscheinen, »als bis Verfasser und Verleger, ohne Mißverständnissen ausgesetzt zu seyn, auf das
unpartheyische Wohlwollen der resp. Censurbehörden
Deutschlands rechnen dürfen« (1. Mai 1837).

Hinzu kommen Schwierigkeiten mit Onkel Salomon,
der auch in diesen Jahren die finanzielle Grundsicherung
von Heines Pariser Existenz gewährleistet, wenngleich
seine Zuwendungen nicht unbedingt üppig ausfallen. Bei
seinem Bruder Max beschwert sich der Autor darüber,
dass er im Umkreis des Onkels beständig verleumdet
wird: »Alles Gewürm was an meinem guten Leumund
zehren wollte, fand in diesem Hause immer die reichlichs-
te Atzung« (an Max Heine, 5. August 1837). Ganz zu Unrecht fühlt er sich vom Onkel beschuldigt, zum Tode von
dessen Frau nicht angemessen kondoliert zu haben, entschuldigt sich dann aber doch bei ihm in einem devoten
Schreiben, obwohl er dem Bruder gegenüber betont, der
Onkel sei es, der sich entschuldigen müsse. Hier haben
wir wieder das Dilemma von Heines Schriftsteller-Exis-
tenz: Solange er sich ganz auf das Schreiben konzentrieren
will, ist und bleibt er materiell abhängig. Voller Pessimis-
mus schaut er in die Zukunft:

Wie es mir im Alter gehen wird? Ehrlich gesagt, ich wage nicht daran zu denken! Ich werde wahrscheinlich die Zahl jener edelsten und größten Männer Deutschlands vermehren, die mit gebrochenem Herzen und zerrissenem Rock ins Grab steigen. In Düsseldorf wird mir dann wohl ein Monument gesetzt werden. (An Max Heine, 29. August 1837)

Im September 1838 kommt Salomon Heine anlässlich der Hochzeit seines Sohnes Carl mit der französischen Bankierstochter Cécile Furtado nach Paris und söhnt sich mit seinem Neffen aus, der nicht unwesentlich am Zustandekommen der Heirat beteiligt war. Von Beginn des Jahres 1839 an zahlt Salomon ihm dann eine großzügiger bemessene Jahresrente.

Heine produziert verhältnismäßig wenig in der zweiten Hälfte der 30er-Jahre; das deutsche Publikum verliert ihn etwas aus den Augen, begegnet ihm allenfalls im Zusammenhang mit diversen öffentlichen Auseinandersetzungen und Polemiken gegen Menzel, die schwäbischen Dichter und Gutzkow. Auch er beginnt ein wenig, den Kontakt zu den deutschen Verhältnissen zu verlieren. So plant er 1837/38, in völliger Verkennung der noch immer gegen ihn bestehenden Vorurteile insbesondere der preußischen Behörden, die Herausgabe einer deutschen Pariser Zeitung, ein Unternehmen, in das er viel Energie steckt, das aber durch die brüske Ablehnung seitens der preußischen Regierung, die, wie er erstaunt feststellt, »doch noch nicht von der lächerlichen und ungerechten Proscripzion meines Namens ablassen« will, keine Chance erhält (an Meyerbeer, 24. März 1838).

Auf dem Höhepunkt der Auseinandersetzung mit Karl Gutzkow wegen des geplanten zweiten Gedichtbandes fasst er selbst den Unterschied zwischen deutscher und französischer Perspektive zusammen, rückt ihn freilich

gleichzeitig auf eine allgemeinere Ebene, wenn er auf Einwände gegen die angebliche Frivolität seiner Texte, die das
deutsche Publikum nicht verstehen werde, in einem Brief
an Gutzkow vom 23. August 1838 antwortet:

> Ein eigentliches Urtheil können nur wenige Deutsche
> über diese Gedichte aussprechen, da ihnen der Stoff
> selbst, die abnormen Amouren in einem Welttollhaus,
> wie Paris ist, unbekannt sind. Nicht die Moralbedürf-
> nisse irgend eines verheuratheten Bürgers in einem
> Winkel Deutschlands, sondern die Autonomie der
> Kunst kommt hier in Frage. Mein Wahlspruch bleibt:
> Kunst ist der Zweck der Kunst, wie Liebe der Zweck
> der Liebe, und gar das Leben selbst der Zweck des
> Lebens ist.

Am 12. Februar 1837 war Ludwig Börne gestorben,
und Heine beginnt an einem Buch zu arbeiten, in dem er
sich aus der Perspektive des »Sensualismus-Spiritualis-
mus-Gegensatzes« mit Tendenzen des Republikanismus in
der deutschen Emigrantenszene und der Neigung zu
Gleichmacherei und moralischem Rigorismus auseinan-
dersetzt. Sein Verhältnis zur politischen deutschen Opposition in Paris war von Anfang an gespalten: Zwar wusste
er sich ihren Vertretern im gemeinsamen Kampf gegen die
Reaktion verbunden; jedoch hörten die Gemeinsamkeiten
jenseits dieser allgemeinen Ebene abrupt auf. Das galt im
Übrigen für beide Seiten. Heine fühlte sich von den Oppositionellen verleumdet und denunziert. Sucht man nach
den Gründen für deren Feindseligkeit, so lese man nur die
Schilderung Heines über seinen Besuch einer politischen
Versammlung im dritten Buch des *Ludwig Börne*: Der
Ekel über den Tabaksqualm, die schmutzigen Kragen und
den »krummbeinigten Schustergesellen«, der behauptet,
alle Menschen seien gleich (11,70).
Das von Heine nach einer längeren Durststrecke mit so
viel Enthusiasmus dem Verleger angepriesene *Börne*-Buch

(»das beste Werk, das ich geschrieben«; an Campe, 18. Februar 1840) markierte dann den Tiefpunkt seines Ansehens in Deutschland. Jetzt hat er nicht nur die Konservativen, sondern auch die Liberalen gegen sich, denn Börne war, zumal nach seinem Tod, zu einer Ikone des deutschen Liberalismus geworden. Der Verleger, der Heine vor dem Börne-Thema immer wieder gewarnt hat, beklagt das schlechte Verkaufsergebnis nicht nur des *Börne*, sondern der gesamten Produktion der letzten Jahre. Immerhin wird Heine im März 1840 vom französischen Ministerpräsidenten Adolphe Thiers eine jährliche Pension ausgesetzt, die er auch unter dem anschließenden Ministerium François Guizot und bis zum Umsturz der Februarrevolution von 1848 bezog. Dabei waren die Motive Thiers möglicherweise tatsächlich von dem Gedanken getragen, sich die wichtige Feder Heines – er hatte damals gerade seine Berichterstattung für die Augsburger *Allgemeine Zeitung* wieder aufgenommen – geneigt zu machen. Heine wies in einem offenen Brief an die Zeitung *Le Constitutionnel* vom 7. Juni 1840, der dort zwei Tage später abgedruckt wurde, Vorwürfe, er sei gekauft, zurück und darauf hin, dass er wohl das Genie Thiers, nicht aber dessen Politik bewundere. Gänzlich unwahrscheinlich wird eine solche Konstellation dann für die Fortsetzung der Pension unter Thiers Gegenspieler Guizot, der keinen direkten Anlass hatte, Heine weiterhin zu unterstützten. Dieser hat das in seiner ausführlichen Rechtfertigung in dem in die *Lutezia* eingeschobenen Artikel »Retrospektive Aufklärung« vom August 1854 im Einzelnen erläutert. Tatsächlich waren es letztlich humanitäre Gründe, die die französische Regierung in solchen Fällen zur Unterstützung veranlassten. Bereits am 15. Mai 1848 hatte Heine in einer öffentlichen Erklärung geschrieben:

Nein, die Unterstützung welche ich von dem Ministerium Guizot empfing, war kein Tribut, sie war eben nur eine Unterstützung, sie war, ich nenne die Sache bey ihrem Namen, das große Almosen, welches das französische Volk an so viele Tausende von Fremden spendete, die sich durch ihren Eifer für die Sache der Revoluzion in ihrer Heimath mehr oder weniger glorreich kompromittirt hatten und an dem gastlichen Heerde Frankreichs eine Freystätte suchten. (14,298)

Paris (1840–1848)

Das Jahr 1840 stellt die Weichen in Heines Biographie neu. Politisch ist es in Deutschland wie in Frankreich ein Jahr der krisenhaften Aufbrüche: im Juni mit dem Thronwechsel in Preußen (Friedrich Wilhelm IV., der ›Romantiker‹ auf dem Thron, folgt seinem Vater), im Juli mit dem Konflikt zwischen Frankreich und den übrigen europäischen Großmächten wegen der Machtverhältnisse im Vorderen Orient (›Orientkrise‹). Der daraus entstehende deutsch-französische Streit und Frankreichs lautstarke Forderung nach der Rheingrenze löst in Deutschland eine nationalistische Flutwelle aus, die sich unter anderem in dem massenhaften Erscheinen politischer Gedichte Ausdruck verschafft. Die Gattung der ›Tendenzlyrik‹ wird, nachdem das Junge Deutschland und sein Umkreis ganz der Prosa verhaftet waren, zur neuen Modegattung; ihre wichtigsten und populärsten Vertreter sind die Lyriker Georg Herwegh, Franz Dingelstedt, August Hoffmann von Fallersleben und Ferdinand Freiligrath, deren wichtigste Gedichtbände in den Jahren zwischen 1840 und 1844 erscheinen.

Für Heine stellt sich, zumal nach der niederschmetternden Reaktion auf den im August 1840 erschienenen *Börne*, zu Anfang der 40er-Jahre die Frage nach dem Fortgang seiner Karriere. Zunächst nimmt er in diesem Jahr die Be-

richterstattung aus Paris wieder auf, nachdem er das journalistische Genre nach dem Verbot von 1835 mehr oder
weniger notgedrungen ganz vernachlässigt hatte. Er
schreibt Artikel über Politik und Kultur in Frankreich,
diesmal für Cottas renommierte Augsburger *Allgemeine
Zeitung*, relativ regelmäßig bis 1843, danach bis 1848 nur
mehr sporadisch. 1854 gibt er eine überarbeitete und ergänzte Auswahl aus diesen Artikeln unter dem Titel *Lutezia. Berichte über Politik, Kunst und Volksleben* heraus.
Zugleich öffnet Heine sich aber der neuen Entwicklung
und beginnt ebenfalls politische Verse zu schreiben.

Seine Gesundheit verschlechtert sich im Winter 1840/41
zusehends. Vor allem seine Sehkraft ist angegriffen, und er
klagt gegenüber Campe am 11. März 1841: »lesen kann ich
fast gar nicht und schreiben nur mit großer Mühe«. Teile
des Gesichts sind von Lähmungserscheinungen betroffen,
und Heine entschließt sich 1841 zu einem Kuraufenthalt
im Pyrenäenbad Cauterets, wo er Ende Juni 1841 eintrifft.
Dort entwickelt er die Idee zu seinem Versepos *Atta Troll.
Ein Sommernachtstraum*, das das Genre der politischen
Versdichtung einerseits selbst bedient, andererseits zugleich kritisiert. Der Aufenthalt in Cauterets wird ihm
durch die Nachricht vergällt, Salomon Strauß ließe ver-
breiten, er habe Heine wegen einiger gegen seine Frau
Jeannette Wohl-Strauß gerichteten Beleidigungen im *Börne*-Buch zur Rede gestellt und auf öffentlicher Straße ge-
ohrfeigt. Der sehr ehrbewusste Heine, der im Laufe seines
Lebens mehrfach in Ehrenhändel verwickelt war (»Geld
ist nicht die Hauptsache, Gesundheit ist viel mehr, aber
die Ehre ist Alles«; an Campe, 28. Februar 1842), sah keine andere Möglichkeit, den auch in der Presse kolportier-
ten Behauptung entgegenzutreten, als Strauß zu einem
Duell auf Pistolen zu fordern. Er brach die Kur in Cauterets vorzeitig ab, kehrte Anfang August nach Paris zurück, setzte alle Hebel in Bewegung, um sich gegen die inzwischen in der Presse breitgetretenen Vorwürfe zu weh-

ren und bereitete das Duell vor. Zuvor heiratete er am
31. August 1841 Mathilde kirchlich nach katholischem Ri-
tus, am 1. September standesamtlich und duelliert sich
schließlich im Morgengrauen des 7. September 1841 bei
Saint-Germain mit Strauß. Er wird durch einen Streif-
schuss an der Hüfte verletzt, bezeichnet seine Wunde aber
selbst als »sehr unbedeutend«: »Das Duell selbst war keine Satisfakzion, sondern eine Manifestazion« (an Kuran-
da, 17. September 1841). Einer, der ihm bei der Affäre publizistisch zur Seite stand, war der junge Ferdinand Lassalle, dessen Artikel Heine auffällt.

Seine Krankheit wird durch den Pyrenäenaufenthalt
nicht gestoppt, sondern verschlimmert sich im Gegenteil
immer mehr: Lähmungssymptome, erhebliche Beeinträch-
tigung der Sehfähigkeit und starke Kopfschmerzen setzen
ihm zu. Seit dem Brand Hamburgs Anfang Mai 1842, bei
dem seine alte Mutter ihre Wohnung samt Hab und Gut
verlor und ernsthaft in Gefahr geriet, wächst Heines Sehnsucht danach, die Familie noch einmal wiederzusehen. Der
Briefwechsel mit seiner Mutter ist das ganze Jahr 1843 sehr
rege, und endlich entschließt er sich relativ kurzfristig zu
seinem ersten Deutschlandbesuch seit 12 Jahren. Am
21. Oktober 1843 bricht er auf und gelangt über Brüssel,
Köln, Münster, Bremen nach Hamburg. Sein Aufenthalt
gilt vor allem dem Wiedersehen mit der Familie und den
Verhandlungen mit dem Verleger. Im Dezember reist er
über Hannover, Minden, Paderborn, Hagen, Köln und
Brüssel nach Paris zurück, wo er am 16. Dezember eintrifft. Die Route der Rückreise legte er dann in umgekehrter Reihenfolge dem Versepos *Deutschland. Ein Wintermährchen* zugrunde, das er unmittelbar nach der Rückkehr zu konzipieren begann. Es bildet nicht nur den
Höhepunkt von Heines politischer Dichtung insgesamt,
sondern spiegelt zugleich die Radikalisierung seiner Position wieder, ohne dass Heine freilich frühere Grundsätze
aufgegeben hätte. So tritt er Ende 1843 auch in Kontakt zu

Karl Marx und seinen radikalen Freunden, seine Haltung
bleibt aber von denen der Kommunisten weiterhin deutlich unterschieden. Zwar hatten Heine und Marx sicher
dasselbe Ziel einer freien und gerechten Gesellschaftsord-
nung, kämpften sie Schulter an Schulter und auch in gemeinsamen Publikationen wie den *Deutsch-Französischen
Jahrbüchern* und dem *Vorwärts!* gegen Ausbeutung und
Unterdrückung, doch blieben Heine die marxschen Theorien fremd, glaubte er zudem immer weniger an die Möglichkeiten radikaler und gewaltsamer Lösungen. Marx seinerseits hat Heine, wie seinem Stil unschwer anzumerken
ist, sehr genau gelesen und ihn gegen die linke Kritik in
Schutz genommen; er gehörte aber bereits einer neuen Generation von Hegel-Schülern an mit einer neuen Lesart
seiner Geschichtsphilosophie. Heine hatte auch gegenüber
den Kommunisten an der Utopie einer über die Existenz-
sicherung hinaus zum Genuss befreiten Menschheit festgehalten und damit zugleich den Anspruch des Ästhetischen,
der Kunst behauptet, die bloß sozialkritische und theoretische Perspektive zu übersteigen.

Im Juli 1844 fährt Heine erneut nach Hamburg, diesmal
zusammen mit seiner Frau. Er benutzt aus Furcht vor
Verhaftung das Schiff von Le Havre aus. Der Besuch steht
unter einem ungünstigen Stern; es kommt kurzfristig zu
Verstimmungen mit dem Onkel und seiner Familie; Mathilde fühlt sich nicht wohl in Deutschland und reist vorzeitig nach Paris zurück, was wiederum Heine unruhig
macht; die Verhandlungen mit Campe wegen der Zensur
der *Neuen Gedichte*, die u. a. die politischen *Zeitgedichte*
und das *Wintermährchen* enthalten, sind schwierig und
unerfreulich. Immerhin kann er noch die fünfte und endgültige Auflage des *Buchs der Lieder* persönlich vorbe-
reiten und von Hamburg aus die Druckbogen mit dem
Wintermährchen an Marx zum Abdruck im *Vorwärts!*
schicken. Der Gesundheitszustand wird während des
Hamburg-Aufenthaltes wieder schlechter, er leidet unter

seinem Augenübel und unter Migräne. Fluchtartig reist er schließlich im Oktober erneut auf dem Seeweg nach Amsterdam und von dort nach Paris zurück.

Inzwischen hatte Preußen aufgrund von Heines Veröffentlichung in den *Deutsch-französischen Jahrbüchern* und seiner engen Kontakte zum *Vorwärts!* die Maßnahmen gegen ihn verschärft: Bücher von Heine durften in Preußen nicht verkauft, sein Name in Zeitungen, die in Preußen gedruckt wurden, nicht genannt werden, bereits im Juli 1844 wurde ein erster Haftbefehl auf ihn ausgestellt, dem im Februar 1845 ein Steckbrief angehängt wurde, wo Heine wie ein Schwerverbrecher porträtiert ist: »Heinrich Heine, Literat; – alt 50 Jahre, mittlerer Gestalt, Nase und Kinn spitz, von markirtem jüdischen Gepräge. Er ist ein Wüstling, dessen gesunkener Körper das Dickwerden bemerken läßt.« (Nach: *Jahreszeiten. Hamburger Neue Mode-Zeitung*, 1845. 4. Jg., Bd 1., S. 855) Bald nach seiner Rückkehr erreicht ihn die Nachricht vom Tode des Onkels Salomon Heine (23. Dezember), seines lebenslangen Gönners. Damit beginnt ein eineinhalbjähriges Ringen mit dem Vetter Carl Heine (1810–1865) um die Fortsetzung der jährlichen Zahlungen, von denen Heine selbstverständlich ausging, die das Testament des Onkels aber nicht vorsah. Diese Zahlungen waren einerseits das Fundament für Heines Budget im teuren Paris, das durch seine ständige Krankheit für ihn noch teurer geworden war, er selbst beziffert ihren Anteil auf ein Drittel seiner Einkünfte; andererseits hatte er sich von der Übertragung der Zahlungen auf Mathilde auch deren Zukunftssicherung versprochen. Testamentarisch war Heine einmalig ein Betrag von Marc Banko 8000 zugesprochen worden und sonst nichts. Er beruft sich auf mündliche Zusagen des Onkels; der Vetter bietet reduzierte jährliche Zahlungen an, will dafür aber den Gesamtbetrag zurückhalten. Heine seinerseits erklärt sich bereit, auf Veröffentlichung von familiären Dingen zu verzichten, verlangt dafür die

Erbschaft plus Fortsetzung der Zahlungen. Der Vetter
überweist die Erbschaft, stellt sich aber ansonsten stur.
Jetzt beginnt ein erbittertes Gefecht gegen die Position des
Vetters, bei dem Heine so ziemlich alles aufbietet, was ihm
an Personal wie an Öffentlichkeit zur Verfügung steht:
Varnhagen, der Fürst Pückler, Campe intervenieren, es erscheinen von Heine lancierte Pressemeldungen, der junge
Ferdinand Lassalle reist nach Paris, um Heine Rechtsbei-
stand zu leisten. Allerdings besaß Heine, was er selbst
wusste, keinerlei Rechtstitel, auf den er sich hätte berufen
können, und so waren seine Chancen denkbar schlecht.
Nach langem Zögern folgt dann im Juni 1846 der Kompo-
nist Giacomo Meyerbeer, mit dem Heine seit kurzem aufs
Erbittertste verfeindet ist, doch einer früheren Bitte, beim
Vetter zu intervenieren, und so wie es seinerzeit bereits
seinem Einfluss zuzuschreiben war, dass Onkel Salomon
die Unterstützung in eine regelmäßige Rente umgewan-
delt hatte, so erreicht er auch diesmal eine Wende. Carl
Heine lässt sich nochmals versichern, dass die Familie aus
den weiteren Schriften Heines herausgehalten wird und
genehmigt die Fortsetzung der jährlichen Zahlungen. 1847
versöhnen die Vettern sich dann anlässlich eines Paris-Be-
suches von Carl, der in der Folge seine Unterstützung sogar noch ausdehnt.

Der Erbschaftsstreit hatte Heines Kräfte stark angegriffen und zur weiteren Verschlimmerung seiner Krankheit
geführt. Im Juni 1846 suchte er erneut Stärkung in einem
Pyrenäenbad, musste die Kur aber abbrechen und reiste
nach Paris zurück in dem Bewusstsein, »daß ich nicht
mehr zu retten bin, daß ich aber vielleicht noch eine Wei-
le, ein oder höchstens zwey Jahre, in einer trübseligen
Agonie mich hinfristen kann« (an Campe, 1. September
1846). In Deutschland ist gerade zu dieser Zeit die Falsch-
meldung von Heines Tod in Umlauf gebracht worden,
was Heine zwar mit der ironischen Bemerkung: »ihren
eignen Nekrolog zu lesen wird selten den Sterblichen ge-

boten« (an Laube, 19. Oktober 1846) quittiert, was ihn in
Wahrheit aber tief erschreckt hat. Die Krankheit und der
mögliche nahe Tod ergreifen in dieser Zeit immer mehr
Besitz von seinem Denken und Tun. Er sorgt sich um Mathilde, versucht durch die Übernahme lukrativer Auf-
tragswerke wie zweier Ballett-Libretti für die Londoner
Oper und durch mit wechselndem Glück ausgeführte Ak-
tienspekulationen Rücklagen zu bilden. Auch bemüht er
sich erneut vergeblich, Campe zum Beginn der längst ver-
traglich festgelegten Gesamtausgabe zu bewegen, hält dem
Verleger bei dieser Gelegenheit vor: »Es scheint als ob Sie
meinen Tod zur Herausgabe der Gesammtausgabe, als
fördernde Reklame, abwarten wollten […]. Seyn Sie ohne
Sorge, diese Reklame wird nicht ausbleiben, nicht lange.«
(An Campe, 20. Juni 1847) Dieser Vorwurf führte zu einer
nachhaltigen Störung des Verhältnisses zwischen Autor
und Verleger, der nach einer weiteren ähnlichen Bemerkung Heines seit April 1848 keinen seiner Brief mehr beantwortete. Erst im Juli 1851 bei einem Paris-Besuch
Campes kam es zu einer Versöhnung. Einem missglückten
Umzug in eine ländliche Wohnung in Montmorency vor
den Toren von Paris folgt der endgültige Zusammenbruch.
Heine ist jetzt zeitweise auch »an beiden Füßen und dem
ganzen Unterleib gelähmt, so daß ich nicht gehen kann«
(an Weill, 22. September 1847) und begibt sich im Februar
1848 zur Behandlung in eine Pariser Klinik.

Paris (1848–1856)

Heines körperlicher Zusammenbruch fällt zusammen mit
dem Zusammenbruch der Julimonarchie in Frankreich
und dem Ausbruch von Revolutionen gegen die absolutis-
tischen Regime in ganz Europa. Nach anfänglichen Erfolgen und relativ breiter Zustimmung in der Bevölkerung

hatte die Julimonarchie sich in den 40er-Jahren vor allem
in der sozialen Frage ins Abseits manövriert. Das Bürgertum drängte auf mehr Mitbestimmung in allen Bereichen
des Staates, insbesondere solchen, die den Handel und die
Wirtschaft betrafen. Die mit revolutionärer Gewalt verlangten Reformen sollten, wie sich bald herausstellte, vor
allem der Bourgeoisie nutzen und nicht den Massen der
Arbeiter und Besitzlosen. Am 22. Februar war die Revolution ausgebrochen, der König flüchtete zwei Tage
später nach England, und eine provisorische Regierung
aus Republikanern installierte sich in Paris. Das zunächst
sehr breite Bündnis aus unterschiedlichsten politischen
Kräften brach bald auseinander. Die bürgerliche Seite
drängte nach vorne und beantwortete die Arbeiteraufstände vom 23.–26. Juni mit Massenerschießungen und -ver-
haftungen. Und als im Dezember dann Louis Napoleon
zum Präsidenten gewählt wurde, lag klar zu Tage, dass die
Revolution allenfalls den Spielraum des Großbürgertums
gegenüber dem Adel für ein Mehr an Kapitalismus erweitert, nicht aber eine grundlegende Veränderung der Gesellschaft gebracht hatte.

Heine hatte die Revolution mit einer Mischung aus an-
fänglicher Begeisterung und wachsender Abneigung erlebt. »Daß ich einen Augenblick furchtbar bewegt wurde,
daß es mir kalt über den Rücken und die Arme hinauf wie
stechende Nadeln lief, Das wird Sie nicht verwundern.
Nun, es ist vorüber gegangen«, schrieb er an Alfred Meißner am 12. April 1848. Und nach der Niederschlagung der
Arbeiteraufstände schreibt er an Campe: »Über die Zeit-
ereignisse sage ich nichts; das ist Universalanarchie, Welt-
kuddelmuddel, sichtbar gewordener Gotteswahnsinn!«
(9. Juli 1848)

Heine hielt sich bei Ausbruch der Kampfhandlungen im
Februar noch im Krankenhaus auf und war damit be-
schäftigt, mit seinem Freund Gérard de Nerval dessen
Übersetzungen aus dem *Buch der Lieder* durchzusehen.

Der Kontrast hätte größer nicht sein können, und Heine nutzt ihn wieder einmal zur Stilisierung seiner biographischen Situation: Er lässt sein Publikum das Zusammenbrechen der Julimonarchie und seinen körperlicher Zusammenbruch als Parallele von Welt- und Individualgeschichte erleben. Mit der alten Welt, die jetzt endgültig in Scherben liegt und nur mehr mühsam vom Kleister des Profits zusammengehalten wird, geht auch die Welt der alten Kunst unter. Im »Nachwort zum Romanzero« hat Heine diesen komplexen Zusammenhang in einer wunderschönen allegorischen Geschichte zusammengefasst:

Es war im May 1848, an dem Tage, wo ich zum letzten Male ausging, als ich Abschied nahm von den holden Idolen, die ich angebetet in den Zeiten meines Glücks. Nur mit Mühe schleppte ich mich bis zum Louvre, und ich brach fast zusammen, als ich in den erhabenen Saal trat, wo die hochgebenedeite Göttin der Schönheit, Unsere liebe Frau von Milo, auf ihrem Postamente steht. Zu ihren Füßen lag ich lange und ich weinte so heftig, daß sich dessen ein Stein erbarmen mußte. Auch schaute die Göttin mitleidig auf mich herab, doch zugleich so trostlos, als wollte sie sagen: siehst du denn nicht, daß ich keine Arme habe und also nicht helfen kann?   (3,181)

Seit dem Mai 1848 ist die heimtückische Krankheit, die ihn seit so vielen Jahren ständig attackierte, voll zum Ausbruch gekommen: »Seit 8 Tagen bin ich ganz und gar gelähmt, so daß ich nur im Lehnsessel und auf dem Bette seyn kann; meine Beine wie Baumwolle und werde wie ein Kind getragen. Die schrecklichsten Krämpfe. Auch meine rechte Hand fängt an zu sterben [...]. Diktiren peinigend wegen der gelähmten Kinnladen. Meine Blindheit ist noch mein gringstes Übel«, schreibt er am 7. Juni 1848 an Campe. Um welche Krankheit genau es sich gehandelt hat, ist heute trotz intensiver Forschung nicht mehr zu klären.

Vieles spricht dafür, dass Heine mit seiner Vermutung
Recht hatte, es handele sich um die Spätfolgen der Syphi-
lis. Eine andere These geht von einer »myatrophischen La-
teralsklerose« aus, einer mit Muskelschwund verbundenen
Rückenmarkserkrankung. Charakteristisch für den Verlauf
der Krankheit bei Heine ist, dass seine geistige Kraft in
keiner Weise beeinträchtigt und er bis zum Schluss vollständig Herr seiner Sinne ist. In den Jahren seines Leidens
haben verschiedenste Ärzte alle möglichen und unmögli-
chen Formen von allo- und homöopathischen Therapien
an ihm ausprobiert. Den körperlichen Verfall konnte keiner aufhalten, den geistigen gottlob nicht herbeiführen. In
den letzten Jahren wurden ihm dann regelmäßig hohe Do-
sen Morphium gegen die Schmerzen verabreicht. Die
Krankheit verursachte zugleich enorme zusätzliche Kosten, ein wesentlicher Grund, warum in diesen Jahren die
Krankheit und das Geld in Heines Briefwechsel alle anderen Themen an den Rand drängen: »Es ist schon theuer genug, in Paris zu leben; aber in Paris sterben ist noch un-
endlich theurer. Und dennoch könnte ich jetzt daheim in
Deutschland oder in Ungarn so wohlfeil gehenkt werden!«, schreibt er am 16. November 1849 an Campe.

   Die weitere politische Entwicklung in Deutschland und
Frankreich nimmt Heine durch die Schleier wahr, die sein
Krankenbett umgeben: das Scheitern des Paulskirchen-
Parlaments, dem er von Anfang an misstraut hatte wie der
ganzen revolutionären Bewegung in Deutschland; den
Staatsstreich durch Louis Napoleon am 2. Dezember
1851, den er als Tyrannen kritisierte, als Neffen des gro-
ßen Kaisers aber auch bewunderte:

Aber [...] mein alter Bonapartismus hält nicht Stich
gegen den Kummer, der mich überwältigte, als ich die
Folgen jenes Ereignisses übersah. Die schönen Ideale
von politischer Sittlichkeit, Gesetzlichkeit, Bürgertu-
gend, Freyheit und Gleichheit, die rosigen Morgen-

träume des achtzehnten Jahrhunderts, für die unsere
Väter so heldenmüthig in den Tod gegangen, und die
wir ihnen nicht minder martyrthumsüchtig nach-
träumten – da liegen sie nun zu unseren Füßen, zer-
trümmert, zerschlagen, wie die Scherben von Porzel-
lankannen, wie erschossene Schneider – [...].

(An Kolb, 13. Februar 1852)

Mittelpunkt von Heines Welt wird notgedrungen das
Zimmer und jenes als »Matratzengruft« bezeichnete Bett,
an das er beinahe acht Jahre lang gefesselt bleibt. Einige
private Fehden beschäftigen ihn, Geld- und Verlagsge-
schäfte zumeist, so der Streit mit Ferdinand Friedland wegen einer Fehlspekulation in Aktien und die Dauerfehde
mit Campe wegen der sehnlich gewünschten deutschen
Gesamtausgabe, die dann nicht mehr zu Lebzeiten erscheint. Aber auch der Kampf gegen unrechtmäßige
Übersetzungen und Nachdrucke plagen den bettlägerigen
Dichter, der für das Lesen und – mit wenigen Ausnahmen – das Schreiben auf wechselnde Sekretäre zurückgreifen muss. Erstaunlich ist allerdings, welche Geschäftigkeit
von dieser bis aufs Skelett abgemagerten Gestalt ausgeht,
wie er Texte schreibt, bearbeitet, zusammenstellt, mit allen
möglichen Leuten verhandelt, streitet, zusammenarbeitet,
wie er Besuche empfängt und Geldgeschäfte abwickelt.
Dazwischen schieben sich immer längere Phasen, in denen
gar nichts geht, wo der Schmerz und das Morphium, mit
dem er ständig lebt, ihn unfähig machen zu jeder Tätigkeit.

Geholfen hat der Patient sich selbst, indem er Gott für
sich wieder erfand, ein »Prinzip« gegen ein anderes aus-
tauschte:

[...] ich habe [...] den Hegelschen Gott oder vielmehr
die Hegelsche Gottlosigkeit aufgegeben und an dessen Stelle das Dogma von einem wirklichen, persönlichen Gotte, der außerhalb der Natur und des Men-

Morphiumrezept für Heine,
ausgestellt am 4. März 1850
(Heinrich-Heine-Institut, Düsseldorf)

schen Gemüthes ist, wieder hervorgezogen. [...] Hegel ist bei mir sehr heruntergekommen und der alte
Moses steht in Floribus.

(An Laube, 25. Januar 1850)

Dieser Gott wird ihm zum Gesprächspartner in den
langen Nächten seiner Krankheit, ein sehr privater Gott,
der keineswegs eine umfassende innere Veränderung bei
ihm bewirkte. Ihm war lediglich klar geworden, dass unglückliche, vom Schicksal geschlagene Menschen andere
Ansprüche und Bedürfnisse haben, als sie von der Vernunft eingelöst werden können. Deshalb schreibt er an
Heymann Lassal: »moquiren Sie Sich nicht über meine religiöse Erleuchtung; wenn man so viel klaren Verstand
hat, wie Sie, so kann man freilich die Religion entbehren«
(Anfang Mai 1850). Über Heines so genannte Konversion
ist schon zu seinen Lebzeiten viel geschrieben worden,
und er sah sich sogar genötigt, öffentlich dazu Stellung zu
nehmen. Sicher ist, dass er nicht im landläufigen Sinne
fromm wurde, schon gar nicht im Sinne einer irgendwie
konfessionell gearteten Religiosität, und er bestand darauf,
dass seine veränderte Einstellung eine Frage des Denkens
mehr als des Gefühls war; »Gedanken, Blitze des Lichtes«
waren über ihn gekommen, aber nicht »die Phosphor-
dünste der Glaubenspisse« (an Campe, 1. Juni 1850).
   Heines Wohnung in Paris, in der er die längste Zeit
seiner Krankheit verbrachte (September 1848 – August
1854), lag an der Rue d'Amsterdam und war viel zu eng,
seinen Bedürfnissen keineswegs entsprechend, zudem laut
und dunkel. Am Ende (November 1854) bezog er seine
Sterbewohnung an der Avenue Matignon, einer kleinen
Seitenstraße der berühmten Champs Elysées. In den Briefen aus den ersten Jahren der Krankheit ist häufig von einem Umzug nach Hamburg die Rede; überhaupt sucht
Heine verstärkt die Nähe zu seiner Familie, knüpft sogar
die gänzlich abgebrochene Beziehung zu seinem Bruder

Gustav Heine wieder an. 1852 besuchen ihn sein Bruder
Max, 1855 Gustav, die Schwester Charlotte und auch der
Hamburger Verleger noch einmal. Seiner Mutter hat Heine seinen wahren Zustand stets verschwiegen. Er lässt sich
durch Campe, die Familie und Freunde aus Deutschland
mit Büchern aus Leihbibliotheken versorgen, vielfach Un-
terhaltungsliteratur der Zeit, die er sich genau wie französische Romane, etwa die seines Freundes Alexandre Dumas, vorlesen lässt. Die Jahre sind zudem angefüllt mit
Auseinandersetzungen mit dem Verleger erst um den Gedichtband *Romanzero*, der im Oktober 1851 erscheint
und ein ungeheurer Verkaufserfolg wird, dann um die
Vermischten Schriften, wo Heine sich am Ende in den
Schlingen fängt, die er Campe zwecks Steigerung des Honorars gelegt hat. Zuletzt arbeitet er dann an der französischen Gesamtausgabe im Verlag Lévy, deren erste Bände,
im Gegensatz zur deutschen, noch zu seinen Lebzeiten erscheinen. Auch das Erscheinen der unrechtmäßigen Ausgabe seiner Werke in Amerika hat Heine noch erlebt, teils
verärgert, teils aber auch geschmeichelt von diesen ersten
Anzeichen seines einsetzenden Weltruhms. Er sah hier zugleich eine mögliche neue Einnahmequelle, wie überhaupt
die Sorge um die Finanzierung seiner Krankheitskosten
und um die Zukunft Mathildes ihn nie losließen. Er begann mit einigem Glück in Aktien zu spekulieren, wurde
auch durch das Bankhaus Rothschild kostenlos an verschiedenen Aktienemissionen beteiligt, die erheblichen
Gewinn abwarfen. Als Heine starb, war es ihm auf diese
für die damalige Zeit noch sehr ungewöhnliche Weise tatsächlich gelungen, ein Vermögen anzuhäufen, das Hau-
schild/Werner auf heute bezogen mit 800 000 Euro ange-
ben, bei weitem ausreichend also, um seiner Frau ein Auskommen zu ermöglichen.

Im Juni 1855 setzte sich die Schriftstellerin Elise Krinitz
(1825–1896) an Heines Krankenbett, deren wahre Identität erst vor wenigen Jahren aufgrund neuer Aktenfunde

Heines Totenmaske
Abgenommen von dem Gipsformer Joseph Fontana
(Heinrich-Heine-Institut, Düsseldorf)

gelüftet werden konnte. Sie war als Johanna Müller in Belgern bei Torgau an der Elbe als Tochter eines Handwerkers geboren worden. Die Mutter starb bei der Geburt, und der Vater gab sie wenig später zur Adoption durch den Kaufmann Adolph Krinitz und seine Frau Emilie frei, die damals seit einigen Jahren in Paris wohnten. Zuvor wurde der Vorname des Kindes noch in Elise verändert. Elise wuchs in Paris auf, verliebte sich in den Schriftsteller Alfred Meißner, über den der Kontakt zu Heine hergestellt wurde, lebte später einige Zeit mit dem Philosophen Hypolite Taine zusammen und machte sich unter dem Pseudonym Camille Selden einen gewissen Namen als Schriftstellerin. 1884 erschienen auf Französisch ihre Erinnerungen an Heine, *Les derniers jours de Henri Heine*, die noch im selben Jahr auch in englischer und deutscher Übersetzung herauskamen (*Heinrich Heines letzte Tage*) und einiges Aufsehen erregten. Krinitz hat Heine zuletzt fast täglich besucht. Er nannte sie nach der Fliege in ihrem Siegelring »Mouche«, widmete ihr mehrere seiner späten Gedichte und baute eine seltsam vertraute Beziehung zu ihr auf, eine Art »Gesundheitsliebe«, wie er selbst es in einem dieser Texte nannte.

Am 17. Februar 1856 starb Heine aus Schwäche nach einem Blutsturz. Am 19. wurde ihm die Totenmaske abgenommen, am 20. Februar wurde er dann auf dem Pariser Montmartre-Friedhof zu Grabe getragen. Etwa 100 Trauergäste folgten dem Sarg, darunter die Dichter Alexandre Dumas und Théophile Gautier, auf ausdrückliche testamentarische Anordnung des Verstorbenen hin aber kein Priester.

Literatur

Aus der Fülle der vorhandenen biographischen Literatur (siehe Bibliographie) sind herauszuheben und wurden für diesen Abschnitt besonders herangezogen: Mende, B 7.1: ²1981; Hädecke, B 7.1: 1985; Hauschild/Werner, B 7.1: 1997. *Neuere Literatur zu einzelnen Aspekten: Zur Familiengeschichte:* Kruse, B. 7.1: 1997, 1–44. – *Zum »Culturverein«:* Lutz, B 7.1: 1997. – *Zu Elise Krinitz:* Folkerts, B 7.1: 1999, 133–151. – *Zur Krankheit:* Montanus, B 7.1: 1996; Auf der Horst/Labisch, B 7.1: 1999, 105–131.

Heines Selbstverständnis.
Politik und Poesie

Heinrich Heine entwarf und interpretierte sich selbst als
Mann der Gegensätze, als jemanden, der die Zerrissenheit
der modernen Welt in seinem Werk auf einen Nenner gebracht hat. Er war zutiefst geprägt von dem Bewusstsein,
einer Übergangszeit anzugehören: »Um meine Wiege
spielten die letzten Mondlichter des 18ten und das erste
Morgenroth des 19ten Jahrhunderts«, schreibt er (10,339).
Und in den *Geständnissen* heißt es: »mit mir ist die alte
lyrische Schule der Deutschen geschlossen, während zugleich die neue Schule, die moderne deutsche Lyrik, von
mir eröffnet ward« (15,13). Als »letzten und abgedankten
Fabelkönig« im »Reich der Romantik« hat er sich bezeichnet (an Varnhagen, 3. Januar 1846), und er verstand
sich positiv als historische Mittlerfigur zwischen Tradition
und Moderne, mit einer »double mission de destructeur
initiateur« (15,121), einer doppelten Aufgabe als Zerstörer
überholter und Begründer neuer Traditionen, aber auch
als jemanden, der sich bei aller Kritik des Vergangenen bemühte, die besseren Teile der deutschen Tradition mit in
die Moderne hinüberzuretten und damit die Basis des
Neuen, des Werdenden zu bilden.

Diese historische Selbsteinordnung entsprach einer Vor-
liebe für das dialektische Denken in Gegensätzen und Widersprüchen, die er aus der Tradition des deutschen Idealismus geschöpft hat und insbesondere durch die Beschäftigung mit Hegel und mit dem Saint-Simonismus über das
rein Philosophische hinaus zur Grundlage seiner Weltsicht
machte. So sah er geistesgeschichtlich die Entwicklung
eingespannt in den Gegensatz von Hellenentum und Na-
zarenertum, Heidentum und Christentum, Sensualismus
und Spiritualismus. Seine eigene, vermittelnde Position ist

meist schwer zu verorten, bewegt sich in den Grenz- und
Zwischenbereichen, ist offen und schwankend, bezieht die
Gegen- und Rückseiten mit ein in die Überlegung, bildet
gewissermaßen die Bewegung des Nachdenkens ab – ein
ständiges Ärgernis für Interpreten, denen es um Gewissheiten zu tun ist.

Schon seine Zeitgenossen, linke wie rechte, haben aus
dieser Eigenart seines Schreibens auf Charakterlosigkeit
geschlossen und Heine als begabten Ästheten, als ›Talent‹
bezeichnet, dem es aber an ›Charakter‹ fehle und der politisch ein höchst unsicherer Kantonist sei. Von dort war es
dann nicht mehr weit zu den antisemitischen Schmähungen des 20. Jahrhunderts und der Ausgrenzung aus einer
sich vor allem als ›deutsch‹ verstehenden Literatur. Eine
weit verbreitete Variante war bis in die 60er-Jahre des vorigen Jahrhunderts die Trennung des ›poetischen‹ vom
›politischen‹ Heine: Während der erste als Verfasser romantischer Lieder und ironischer Reiseberichte geduldet,
gelegentlich auch verehrt wurde, lehnte man den zweiten,
den politischen Heine ab. Teile der – wohlmeinenden –
Heine-Philologie bemühen sich bis heute, die Bewegungen des heineschen Denkens durch solche Aufspaltungen
zu neutralisieren. Das ist aber unangemessen und entspricht in keiner Weise Heines Selbstverständnis. Man
kann ihn durchaus beim Wort nehmen, wenn er in der
Vorrede zur zweiten Auflage des *Buchs der Lieder* von
1837, von der Höhe der Pariser Weltspitze zurückbli-
ckend auf den alten deutschen Märchenwald, schreibt:

Bemerken muß ich jedoch, daß meine poetischen,
ebenso gut wie meine politischen, theologischen und
philosophischen Schriften, einem und demselben Gedanken entsprossen sind, und daß man die einen
nicht verdammen darf, ohne den andern allen Beyfall
zu entziehen.   (1,566)

In der Tat darf und soll man den poetischen Heine im Zusammenhang mit dem politischen Heine lesen, zitieren, zu verstehen versuchen; es erscheint geradezu notwendig, die Texte und Themen zu überblenden und zu vermengen, damit der Autor nicht in viele verschiedene Facetten zerfällt und so seine Wirkung verliert, sich selbst neutralisiert.

Um Heines Selbstverständnis näher zu kommen, hilft ein Blick auf sein Verständnis von Politik und Poesie und ihrem wechselseitigen Verhältnis.

Politik

Politik, das ist für Heine, wie für seine Zeitgenossen, noch vorrangig das, was ganz allgemein mit der Organisation des Gemeinwesens, des Staates zu tun hat; insbesondere das Streben nach einer durch eine Rechtsordnung begründeten Gerechtigkeit, die durch Politik allererst praktisch wirksam gemacht werden kann. Ihre letzte Verankerung, ihre Norm findet Politik in den obersten Rechtsprinzipien des Menschen- und Völkerrechts, wie sie, wie Heine schreibt, »so siegreich emporstieg[en] aus jener allgemeinen Erkenntnißquelle, die wir Vernunft nennen« (7,267), jener ›demokratischen Offenbarungsart‹, deren Ergebnisse u. a. in den verschiedenen Menschenrechtserklärungen der Zeit niedergelegt waren. Ihnen zum Durchbruch und zur Durchsetzung zu verhelfen, muss ideales Ziel jeder Politik sein, oder, um es in der poetischen Sprache der heineschen Texte zu sagen: Letztes Ziel von Politik als »Wissenschaft der Freiheit« in diesem sehr allgemeinen Verständnis ist »die Volkwerdung der Freyheit« (14,68). Heine liegt insoweit, was seinen Politikbegriff angeht, auf der Linie der idealistischen Philosophie von Kants einflussreicher Schrift *Zum ewigen Frieden* bis zu Hegels geschichtsphilosophischen Vorlesungen. Insbesondere die herausragende Stellung der Freiheit als der, mit Hegel zu sprechen, »Grundbestimmung« des Menschen, hat Heine in immer neuen Variationen herausgestellt und am Ende der *Englischen Fragmente* emphatisch zur »Religion der neuen Zeit« ausgerufen, dabei politische Hoffnung und christliche Tradition überblendend, auch dies ein erneuter Versuch, den Gedanken seines Lehrmeisters Hegel die revolutionäre Schärfe zurückzugeben:

> [...] die Freyheit ist eine neue Religion, die Religion unserer Zeit. Wenn Christus auch nicht der Gott dieser Religion ist, so ist er doch ein hoher Priester derselben [...]. Die Franzosen sind aber das auserlesene Volk der neuen Religion, in ihrer Sprache sind die ersten Evangelien und Dogmen verzeichnet, Paris ist das neue Jerusalem, und der Rhein ist der Jordan, der das geweihte Land der Freyheit trennt von dem Lande der Philister. (7,269)

Doch ging Heine, beflügelt durch eigene historische Erfahrungen und durch die Theorien seiner frühsozialistischen Zeitgenossen, insbesondere der Saint-Simonisten, bei der Bestimmung dessen, was die Freiheit und damit das Ziel der Politik zu sein habe, über seine idealistisch-philosophischen Lehrmeister hinaus, zumindest interpretierte er sie neu. Freiheit war ihm nicht ein bloßes Menschenrecht, sondern ein »Gottesrecht des Menschen«. Nicht um irgendeine formale, juristische Bestimmung der Freiheit konnte es gehen, sondern es ging ums Ganze, es ging um Inhalte. In der berühmten Stelle aus *Zur Geschichte der Religion und Philosophie in Deutschland* heißt es dazu:

> Wir kämpfen nicht für die Menschenrechte des Volkes, sondern für die Gottesrechte des Menschen. Hierin [...] unterscheiden wir uns von den Männern

der Revoluzion. Wir wollen keine Sanskülotten seyn, […] wir stiften eine Demokrazie gleichherrlicher, gleichheiliger, gleichbeseligter Götter. Ihr verlangt einfache Trachten, enthaltsame Sitten und ungewürzte Genüsse; wir hingegen verlangen Nektar und Ambrosia, Purpurmäntel, kostbare Wohlgerüche, Wollust und Pracht, lachenden Nymphentanz, Musik und Comödien.   (8,61)

Im *Wintermährchen* entspricht dem jenes kindlich-heitere Paradies, in dem es »Zuckererbsen für Jedermann« (Cap. I) gibt. Diese europäische bzw. kosmopolitische Utopie liefert hier, aber auch in den anderen Werken Folie und Maßstab für die Beschreibung der realen politischen Misere in Deutschland und anderswo. Sie ist der einzige Maßstab, den Heine in politischen Dingen anerkennt, und er hat ihn nie und in keiner Form aufgegeben oder dementiert. In der Vorrede zum anderen Versepos *Atta Troll. Ein Sommernachtstraum* hält Heine seinen linken Kritikern, die ihm vorwerfen, er verrate in diesem Werk »jene Ideen, die eine kostbare Errungenschaft der Menschheit sind und für die ich selber so viel gelitten und gestritten habe«, entgegen: »Nein eben weil dem Dichter diese Ideen in herrlichster Klarheit und Größe beständig vorschweben, ergreift ihn desto unwiderstehlicher die Lachlust, wenn er sieht wie roh, plump und täppisch von der beschränkten Zeitgenossenschaft jene Ideen aufgefaßt werden können […]. Es gibt Spiegel, welche so verschoben geschliffen sind, daß selbst ein Apollo sich darin als eine Karikatur abspiegeln muß« (4,11). Heine beschreibt hier genau das Dilemma, in das sich sein auf so erhabenem Niveau angesiedelter Begriff von Politik zwangsläufig hineingestellt sieht. Nur in ganz wenigen Fällen vermögen politisch Agierende und politische Aktionen diesem Anspruch zu genügen: Die Völker im Moment der Revolution z. B., das französische, aber auch das polnische oder das ungarische

Volk sind solche idealen politischen Akteure, sie sind in der Lage zu »schönen Handlungen«, wie Heine schreibt, hier auf bezeichnende Weise ästhetische und politische Kategorie ineinssetzend: »die Völker, die Partheyen, die Massen selber sind die Helden der neuern Zeit« (12,185).

Doch die ›schöne Tat‹ bleibt selbst in der Revolution die Ausnahme, und schon knapp unterhalb dieses allerhöchsten Niveaus beginnt Heines Kritik. Von allem Anfang an lässt er keinen Zweifel daran, dass weder die deutschen und französischen Republikaner noch die Kommunisten, noch die Monarchisten aller Spielarten den Ansprüchen, die er an die politische Befreiungsarbeit stellt, genügen können. Wohl gibt es immer wieder einzelne Äußerungen, wo Heine unter den jeweils gegebenen Bedingungen eine bestimmte politische Form oder auch Person für besonders geeignet hält zur spontanen bzw. aktuellen Problemlösung. Dennoch bleibt die große Distanz zum eigentlichen Ethos der Politik unübersehbar bestehen, ist die Frage der Staatsform für Heine politisch eine absolut sekundäre Frage: Die »tieferen Fragen« der Revolution betreffen, wie er am 10. Juli 1833 an Heinrich Laube schreibt, »weder Formen noch Personen, weder die Einführung einer Republik, noch die Beschränkung einer Monarchie: sondern sie betreffen das materielle Wohlseyn des Volkes«. Diese Haltung führt dazu, dass dieselben Regierungen und Personen, die gerade noch belobigt wurden, wenige Seiten später nach allen Regeln der satirischen Kunst bloßgestellt werden können. Es ist genau dieser Abstand zwischen seiner Idee einer Gemeinschaft freier Völker und den existierenden Mächten aller Art, den Heine im Blick hat, wenn er im *Schwabenspiegel* schreibt:

[...] ach! wenn man bedächte, wie die Strategie eines Autors, der für die Sache der europäischen Freyheit kämpft, wunderlich verwickelt ist, wie seine Taktik

allen möglichen Veränderungen unterworfen, wie er
heute etwas als äußerst wichtig verfechten muß, was
ihm morgen ganz gleichgültig seyn kann, wie er heute
diesen Punkt, morgen einen andern zu beschützen
oder anzugreifen hat, je nachdem es die Stellung der
Gegenparthey, die wechselnden Allianzen, die Siege
oder die Niederlagen des Tages erfordern!   (10,274)

Die Sprünge und Brüche, das Unsystematische in Heines politischem Urteil, sind aus diesem Abstand zwischen
der politischen Idee und der politischen Realität zu erklären. In einem der *Lutezia*-Artikel stellt er alle Politiker
grundsätzlich unter Korruptionsverdacht: »Die meisten jener Opposizionsmänner«, schreibt er, »wollen nur ihre
Parthey ans Regiment bringen, um dieses, gleich den Con-
servativen, in ihrem Privatinteresse auszubeuten. Die Prinzipien sind auf beiden Seiten nur Losungsworte ohne Bedeutung; es handelt sich im Grunde nur darum, welche
von beiden Partheyen die materiellen Vortheile der Herrschaft erwerbe.« (14,66)

Poesie

Heines Vorstellung von der Poesie ist im Kern seiner Poli-
tikvorstellung sehr verwandt. Poesie ist für ihn zunächst
Zentrum aller Kunst, höchste Stufe des geistigen Vermö-
gens des Menschen, höchster Ausdruck seiner Bestimmung zur Freiheit. Wenn er über Chopin sagt: »er ist
nicht bloß Virtuose, er ist auch Poet, er kann uns die Poesie, die in seiner Seele lebt, zur Anschauung bringen, […]
er stammt aus dem Lande Mozarts, Raffaels, Goethes, sein
wahres Vaterland ist das Traumreich der Poesie« (12,290),
so wird diese weite Bedeutung des Poesie-Begriffs sichtbar, die uns noch an vielen anderen Stellen begegnet.

In literarischer Hinsicht meint Poesie natürlich, im Unterschied zur Prosa, die Versdichtung. Für die deutsche Poesie – und damit vor allem auch für seine eigene Dichtung – nimmt Heine eine Vorrangstellung innerhalb der europäischen Literaturen an: »Man ist viel, wenn man ein Dichter ist, und gar wenn man ein großer lyrischer Dichter ist in Deutschland, unter dem Volke, das in zwey Dingen, in der Philosophie und im Liede, alle andern Nazionen überflügelt hat.« (15,55)

Die Poesie ist für Heine, so viel lässt sich zunächst festhalten, etwas in jeder Hinsicht Herausgehobenes. In einer Vorstufe zum ›poetologischen‹ Caput III von *Atta Troll. Ein Sommernachtstraum* heißt es:

> Ja in guter Prosa wollen
> Wir das Joch der Knechtschaft brechen
> doch in Versen, doch im Liede
> Blüht uns längst die höchste Freyheit.
>
> Hier, im Reich der Poesie
> Hier bedarf es keiner Kämpfe
> Laßt uns hier den Tyrsus schwingen
> Und das Haupt mit Rosen kränzen.
>
> (4,216)

Das Reich der Poesie – Poesie hier in beiden der zuvor erörterten Bestimmungen – als das Reich der bereits vollendeten Freiheit: das ist die eigentliche und letzte Funktion der Dichtung bei Heinrich Heine, das ist auch ihr eigentliches und letztes Kriterium. Wie schon für seinen Politikbegriff steht Heine auch hier einerseits in der deutlichen Tradition des deutschen Idealismus, insbesondere des romantischen Begriffs autonomer Kunst, geht aber andererseits auch entschieden über diesen hinaus. Denn unter den modernen Bedingungen von Dampfmaschine und Gasbeleuchtung sind die weltabgewandten Lieder romantischer Innerlichkeit ganz offenbar nicht mehr möglich:

»der Kohlendampf verscheucht die Sangesvögel und der
Gasbeleuchtungsgestank verdirbt die duftige Mondnacht«
(10,336). Die romantische Poesie, die ursprünglich ange-
treten war, mit der Machtergreifung der Phantasie Kunst
und Leben miteinander zu versöhnen, steht vor dem Dilemma, sich entweder selbst aufgeben zu müssen, oder
den Kontakt zum bürgerlichen Leben zu verlieren.

Heines Modernität als Dichter besteht gerade darin,
dass er dieses Dilemma des Poesiebegriffs nicht verschweigt und zu überspielen versucht, sondern es stets offen ins Bild setzt und schon dadurch den Bezug zum Leben herstellt. Er schreibt dazu, Grundimpuls für die deutsche Lyrik sei »die Sehnsucht des isolirten Geistes nach
Verschmelzung mit der Erscheinungswelt« (10,336). Der
poetische Träumer sehnt sich danach, das Traumreich der
Poesie in die Realität der Erscheinungswelt zu überfüh-
ren, aber die Mittel der Kunst reichen dazu natürlich nicht
aus. Diese Mittel vermögen immerhin ein Traumreich der
Freiheit auf- und auszubauen, das mit all jenen Ingredienzien geschmückt ist, die Heine von seinem Freiheitspara-
dies erwartet, dem Reich, in dem sich die »gleichherrli-
chen, gleichheiligen, gleichbeseligten Götter« wohlfühlen
können. Sie reichen, richtig eingesetzt, schließlich auch so
weit, um die Herzen der Menschen zu entzünden und ihnen die Notwendigkeit und die Möglichkeit einer Einho-
lung der künstlichen Paradiese in ihre Realität nahe zu legen. Gerade dieser letzte Aspekt war es aber, den Heine in
der romantischen und u. a. ja auch in der Literatur Goethes vermisste.

Die Poesie als Sprache des Herzens im »Traumreich der
Freiheit« folgt, losgebunden von den Zwängen des Realen,
ausschließlich ihren eigenen bzw. den subjektiven Gesetzen
des Künstlers: »Kunst ist der Zweck der Kunst, wie Liebe
der Zweck der Liebe, und gar das Leben selbst der Zweck
des Lebens ist« (an Gutzkow, 23. August 1838). Dieses

deutliche Bekenntnis zur Artistik, zum gelungenen Kunstwerk als Ausdruck einer autonomen Selbstbestimmtheit,
als Ausdruck der Möglichkeit von Freiheit und Glück, ist
zugleich auch Abgrenzungskriterium zu einer Kunst, die,
statt frei zu sein und frei zu sprechen, nur über Freiheit
spricht. Denn die Freiheit in der Kunst zeigt sich »ganz besonders durch die Behandlung, durch die Form, in keinem
Falle durch den Stoff« (14,48). In den Vorstufen wird diese
aufschlussreiche Passage aus der *Lutezia* noch breiter ausgeführt. Dort schreibt Heine: »Die wahrhaft großen
Künstler waren nie Emanzipationspoeten, sie selber sind ja
von Haus aus emanzipirt« (14,563), und er bemerke dies,
weil zuletzt

> [...] von Liberalismus in der Kunst soviel die Rede
> ist, zumal in der Poesie, wo die Dichter, die in ihren
> Versen beständig die Freyheit predigen, als die eigent-
> lichen freyen Männer betrachtet werden. Nein, der
> freye Mann singt nie von Freyheit, sondern nur der
> Knecht, der sich halb emanzipirt hat und mit der ge-
> brochenen Kette klirrt. – Nichts ist mir in der That
> fataler als der sogenannte Liberalismus in der Kunst.
> Ich habe immer gefunden, daß es die dürftigsten und
> engbrüstigsten Naturen waren, die vernagelt bornir-
> testen Seelen waren, die das Gewerbe von Freyheits-
> prädikanten in der Kunst trieben. Ich habe wohl
> bemerkt wie bey gewissen Sängern unter der rothen
> Jakobinermütze der wohlbekannte Philisterzopf her-
> vorlauschte.   (14,557 f.)

Wieder wird, wie schon im Feld der Politik, der höchste
Anspruch zum Maßstab und zum Kriterium der Kritik.
Wieder hat Heine, diesmal in der *Romantischen Schule*,
gleich eine breite Anwendung seines Instrumentariums
mitgeliefert. Sein Urteil über Goethes »Meisterwerke«
lautet dort: »Sie zieren unser theueres Vaterland, wie
schöne Statuen einen Garten zieren, aber es sind Statuen.

Man kann sich darin verlieben, aber sie sind unfruchtbar: die goetheschen Dichtungen bringen nicht die That hervor [...]. Die That ist das Kind des Wortes, und die goetheschen schönen Worte sind kinderlos.« (8,155)

»Die That ist das Kind des Wortes«: Das führt zurück zum Ausgangspunkt, zur Frage nach dem Verhältnis von Poesie und Politik, und bestätigt die eingangs aufgestellte Vermutung, dass bei Heine beides eine untrennbare Verbindung eingegangen ist. »Was ist in der Kunst das Höchste?« hatte er in der *Lutezia* gefragt, um gleich mit Hegel zu antworten: »Das, was auch in allen anderen Manifestazionen des Lebens das Höchste ist: die selbstbewußte Freyheit des Geistes.« (14,48)

Freiheit als das Gottesrecht des Menschen ist in Heines Vorstellung Ziel der Politik, wie es Gegenstand der Poesie ist. In der Poesie gewinnt diese Freiheit eine Form, die Kunst verleiht ihr einen adäquaten Ausdruck in einer Welt, in der sie noch nicht wirklich realisiert ist, und zwar bezogen auf die konkrete Welt, in der sie entsteht und auf deren Bewohner. In der Politik ist diese Freiheit Maxime des Kampfes und des Handelns, Maßstab für die langsame Annäherung an eine bessere Welt, an deren Möglichkeit Heine glaubte.

Er hat diesen gemeinsamen Nenner von Politik und Poesie nicht nur wieder und wieder beschworen, er hat ihn in seinen Texten ständig aufs Neue zum Thema gemacht und bis zum Schluss an ihm festgehalten. Eine Aufspaltung des einen Heine in einen ›poetischen‹ und einen ›politischen‹ Teil muss deshalb zu Missverständnissen und Fehldeutungen führen.

Literatur

Würfel, B 7.2: 1986; Habermas, B 7.2: 1986, 453–468; Höhn, B 7.2: 1994; Bierwirth, B 7.2: 1995; Kortländer, B 7.2: 1998, 169–186.

Die Lyrik

Es gibt Lyriker in der deutschen Literatur, die uns immer nur eines, ihr ›wahres‹ Gesicht zeigen, denen wir stets abnehmen, dass sie es wirklich so meinen, wie sie es schreiben. Zu diesen Autoren gehört Heinrich Heine nicht. Genau im Gegenteil besteht der Reiz einer Heine-Lektüre gerade in den Überraschungen, in der großen Vielfalt und Wandlungsfähigkeit, die seine Lyrik auf allen Ebenen zu bieten hat. Schmelz und holperndes Geklapper, Pathos und Ironie, ausgeklügelte Reime und trivialste Herz/Schmerz-Muster, raffinierte Metrik und leichthin Geträllertes, Liebeslieder voller Entsagung und auch voller Körperlichkeit, Zeitgedichte gegen die Mächtigen und Denunzianten, aber auch gegen die falschen Töne der Mitkämpfer, Ausfälle gegen Gott und seine aus den Fugen geratene Welt, Todesgedichte voller Lebenssehnsucht: Jede Biegung von Heines lyrischem Werk gibt neue Perspektiven frei, macht anderes, bis dahin nicht Gesehenes sichtbar. Es ist ebenso naheliegend wie richtig, in dieser Eigenart von Heines Schreiben sowohl seine ungeheure Modernität wie auch seinen großen Erfolg beim Publikum begründet zu sehen.

Es fragt sich allerdings, welcher Heine genau nun so erfolgreich beim Publikum ist. Ist es der Dichter pathetisch-romantischer Liebesgesänge (»Mich hat das unglücksel'ge Weib / Vergiftet mit ihren Tränen«) und geistreichster oder leichthin geträllerter Spottverse (»Madame, ich liebe Sie!«) aus dem *Buch der Lieder* von 1827; der Verfasser sinnlich-erotischer Verse (»Diese holden Gliedermassen«), der demokratische Patriot (»Denk ich an Deutschland in der Nacht«) und scharfzüngige Kritiker der Macht (»Schlage die Trommel und fürchte dich nicht«) aus den

Neuen Gedichten von 1844; der standhafte Beobachter der
eigenen Krankheit zum Tode (»Wie langsam kriechet sie
dahin / Die Zeit, die schauderhafte Schnecke«) und iro-
nisch-abgeklärte Kritiker der Weltzustände (»Denn ein
Recht zum Leben, Lump, / Haben nur die etwas haben«)
aus *Romanzero* (1851) und *Gedichte. 1853 und 1854*
(1854)? Kann man überhaupt das eine lieben und das andere nicht, ohne Verrat zu begehen an dem Werk dieses
Autors, das doch unbezweifelbar eins ist. Sicher, die genannten vier Gedichtbände, die das allermeiste von dem
enthalten, was Heine zu seinen Lebzeiten als Gedicht publiziert hat und die ergänzt werden durch solche Gedichte
aus dem Nachlass, die aus welchen Gründen auch immer
nicht zum Druck kamen, sind zu unterschiedlichen Pe-
rioden seines Lebens entstanden und weichen formal wie
inhaltlich durchaus voneinander ab. Und doch hat Heine
sein lyrisches Gesamtwerk im Sinn, wenn er am Ende seines Lebens in den *Geständnissen* resümiert:

> Ich habe es, wie die Leute sagen, auf dieser schönen
> Erde zu nichts gebracht. Es ist nichts aus mir gewor-
> den, nichts als ein Dichter. Nein, ich will keiner
> heuchlerischen Demuth mich hingebend, diesen Na-
> men geringschätzen. Man ist viel, wenn man ein
> Dichter ist, und gar wenn man ein großer lyrischer
> Dichter ist in Deutschland, unter dem Volke, das in
> zwey Dingen, in der Philosophie und im Liede, alle
> andern Nazionen überflügelt hat.   (15,55)

Dichter, gar ›deutscher Dichter‹ ist für Heine ganz offensichtlich ein Ehrentitel, dessen nur wenige sich rühmen
dürfen. Gerade dem Prädikat ›deutsch‹ misst er dabei große Bedeutung zu. In dem 1854 niedergeschriebenen Artikel »Retrospektive Aufklärung« aus der *Lutezia* stellt er
deutsche und französische Lyrik einander gegenüber:

Es wäre für mich ein entsetzlicher, wahnsinniger Gedanke, wenn ich mir sagen müßte, ich sey ein deutscher Poet und zugleich ein naturalisirter Franzose. –
Ich käme mir selber vor wie eine jener Mißgeburten
mit zwey Köpfchen, die man in den Buden der Jahr-
märkte zeigt. Es würde mich beim Dichten unerträglich genieren, wenn ich dächte, der eine Kopf finge
auf einmal an, im französischen Truthahnpathos die
unnatürlichsten Alexandriner zu scandiren, während
der andre in den angeborenen wahren Naturmetren
der deutschen Sprache seine Gefühle ergösse. [...]
Wenn ich jene sogenannte *poésie lyrique* der Franzosen betrachte, erkenne ich erst ganz die Herrlichkeit
der deutschen Dichtkunst, und ich könnte mir alsdann wohl etwas darauf einbilden, daß ich mich rühmen darf, in diesem Gebiete meine Lorbeeren errun-
gen zu haben.   (14,84)

Heine hebt in dieser Beurteilung, die im Übrigen auch
vor Baudelaire schon sehr einseitig und ungerecht ist, ab
auf einen grundlegenden Unterschied zwischen der französischen Dichtung der klassischen Tradition und der
neuhochdeutschen Lyrik insgesamt. Während für die französische Metrik allein das silbenzählende Prinzip grundlegend war, die regelmäßige Alternation zwischen Hebung
und Senkung – gegebenenfalls auch ohne Rücksicht auf
den Wortton –, gilt für die neuhochdeutsche Poesie das
silbenwägende Prinzip; gliederndes Element ist die Folge
von starker und schwacher Betonung, wobei der Grund-
satz herrscht: metrische und sprachliche Betonungsord-
nung im Vers sollen sich nicht gegenseitig verletzen, die
›natürliche‹ Betonung bleibt auch gegen das metrische
Schema erhalten. Diese Möglichkeit zur ›freien Versfül-
lung‹ und die diese Möglichkeit vor allem bietenden lied-
haften Formen der neuhochdeutschen Dichtung hat Heine
im Sinn, wenn er von deren »Naturmetren« spricht und

ihr die metrische ›Unnatur‹ der romanischen Tradition
entgegenstellt, »eine wahre Zwangsjacke für Gedanken«,
wie es im *Memoiren*-Fragment heißt (15,61).

Der Lyriker Heine beherrschte sein technisches Hand-
werkszeug wie kaum ein anderer in seiner Zeit. Man muss
nur seinen Umgang mit dem im Deutschen schwierig zu
handhabenden Trochäus studieren, um dieses hohe Maß an
Virtuosität zu erkennen. Nach Auskunft Heines im Vorwort zum *Buch der Lieder* hat er die höheren metrischen
Weihen während seines Studiums 1820 in Bonn erhalten, als
er mit August Wilhelm Schlegel zusammen seine Poesien
durchging. Hier wurde der Grund gelegt für einen Schreib-
ansatz, der seine lyrische Arbeit bis zum Schluss prägen
sollte und dessen Ziel es war, den direkten, ungekünstelten
und unverstellten Ton des Volksliedes zu übernehmen –
und damit gewissermaßen auch den direktesten Weg zwischen Gemüt und Text; gleichzeitig aber ein auf der Höhe
der Zeit befindliches kritisch-ästhetisches Bewusstsein vorzuschalten, das die Qualitäten des Volkstones bricht, ohne
sie aufzuheben. Der schmale Grat zwischen einem Verfehlen des Volkstons und seiner bloßen Nachäffung erforderte
ein Höchstmaß an sprachlich-formaler Delikatesse und war
zugleich harte Arbeit, deren Spuren sich vielfältig in die
heineschen Manuskripte eingeschrieben haben.

In Bezug auf das *Buch der Lieder* hat Heine dieses sein
poetisches Grundprinzip in einem Brief mit der Bemerkung charakterisiert, die Form seiner Gedichte sei volks-
tümlich, doch gehöre ihr Inhalt ganz der »conventionel-
len Gesellschaft« an (an Müller, 7. Juni 1826); und wenn er
17 Jahre später in der *Lutezia* die politische Lyrik der frühen 40er-Jahre als »gereimte Zeitungsartikel« qualifiziert
(14,48) und schreibt, er wolle mit seinem Beitrag zu dieser
Gattung ihrer »prosaisch bombastischen« Erscheinungs-
form den Todesstoß versetzen (an Campe, 17. April 1844),
so zeigt dies nur, dass er dem Credo seiner frühen Jahre
treu geblieben ist.

Hier wird aber auch deutlich, dass die Idee von den lyrischen ›Naturlauten‹ der deutschen Sprache weiter reicht, als nur in den Bereich von Metrik und Form, dass sie Ausfluss ist von Heines oben bereits erörtertem Poesiekonzept ganz allgemein. Das ›Lied‹ als formaler Ausdruck jener natürlichen lyrischen Sprechweise hat er mehrfach als einen Gipfelpunkt in der Entwicklung des deutschen Geistes dargestellt (»Die höchste Blüthe des deutschen Geistes: Philosophie und Lied«, heißt es in den Prosanotizen; 10,336). Er nennt das Lied auch »das Kriterium der Ursprünglichkeit« eines Dichters, erhebt es gewissermaßen in den Rang einer Scheidemünze der Poesiegeschichte: »Alles kann er *machen*, nur kein *Lied*«, lautet sein Urteil über den Dichter Ferdinand Freiligrath. (10,328) Die Poesie ist, so hat Heine es einmal beschrieben, »Produkt des Spiritualismus obgleich der Stoff sensualistisch« (10,336), sie ist Erscheinung der ›Natur‹ in einer zur Unnatürlichkeit entstellten Welt. Diese Welt war spätestens nach der Revolution von 1789 endgültig zerrissen und der Weltenriss ging, so seine Diagnose, mitten durch das Herz des Dichters. Heine schrieb bereits bewusst für ein bürgerliches Publikum, und die Einsicht, dass die bürgerliche Welt sich nicht mehr in ein einziges Schema passen ließ, war ihm unumstößlich. Das unterschied ihn von den Autoren der deutschen Klassik und Romantik, die davon geträumt hatten, das bürgerliche Bewusstsein mittels der Kunst mit sich selbst zu versöhnen. Heine hat diesen Anspruch aufgegeben: Weder die bewunderte Schönheit der goetheschen Kunstwelt, deren Kälte er beklagte, noch die naive Natürlichkeitssuche der Spätromantiker und Biedermeierpoeten, deren Kunstlosigkeit er verachtete, schienen ihm Auswege aus dem Dilemma. Die Lyrik musste genau der Sehnsucht nach ›Natürlichkeit‹, nach Identität Ausdruck geben, ohne die veränderten Bedingungen der bürgerlichen Welt zu verleugnen. Das war die Herausforderung, und Heine hat sich ihr in jeweils verschiedenen historischen Momenten gestellt und verschieden auf sie reagiert. Immer aber hat er festgehalten daran, dass in gelungener Poesie etwas vom ›emanzipierten‹ Gegenentwurf zur Wirklichkeit sichtbar wird, die Umrisse einer Welt, in der der Einzelne mit dem Ganzen in Übereinstimmung zu leben vermag. Die Poesie ist utopischer Vorschein einer stets uneingelösten Hoffnung. Ganz zwangsläufig folgt aus solch einem Poesiebegriff, dass die Maßstäbe des Poetischen nicht von außen kommen können, sondern die Poesie eine eigene, unabhängige Wirklichkeit konstituiert, und zwar nach eigenen, unabhängigen Regeln und Gesetzen, die nicht mit den Maßstäben des gesellschaftlichen Lebens zu messen sind. Wir sahen bereits, wie dieses Festhalten am Autonomieanspruch der Kunst charakteristisch für Heine bleibt und sein Gesamtwerk von den frühesten Gedichten bis zur späten Prosa begleitet.

Buch der Lieder

Das *Buch der Lieder* wurde Heines berühmtester und zugleich populärster Gedichtband. Genau das war es auch, was er eingestandenermaßen mit dieser Sammlung werden wollte: berühmt und populär, berühmt wie Goethe und populär wie Uhland, nicht nur von der Elite goutiert, sondern vom ›Volk‹ gekannt, geliebt und gesungen. Der Vorstoß in die Dimension der ›Volkstümlichkeit‹, die sich den Hochdichtern nur selten öffnet, in der allerdings Verfassernamen auch kaum eine Rolle spielen, ist Heine immerhin mit seiner *Loreley* in der Vertonung durch Friedrich Silcher geglückt. Sie verkörpert inzwischen für die ganze Welt die deutsche Seele, das deutsche Gemüt, Deutschland insgesamt, manchmal auch jenes hässliche Deutschland, das schon Heine verachtete. Er selbst hatte sehr wohl erkannt, wo die Grenzen seiner Popularität lagen und worin sie bestanden:

Ich habe sehr früh schon das deutsche Volkslied auf mich einwirken lassen, späterhin, als ich in Bonn studirte, hat mir August Schlegel viel metrische Geheimnisse aufgeschlossen, aber ich glaube erst in Ihren Liedern den reinen Klang und die wahre Einfachheit, wonach ich immer strebte, gefunden zu haben. [...] In meinen Gedichten hingegen ist nur die Form einigermaßen volksthümlich, der Inhalt gehört der conventionnellen Gesellschaft.

Diese Passage im Brief an den Dichter Wilhelm Müller vom 7. Juni 1826, den Verfasser solcher Texte wie »Das Wandern ist des Müllers Lust«, lässt an deutlicher Selbsterkenntnis nichts zu wünschen übrig. In der zeitgenössischen Kritik des *Buchs der Lieder* bleibt die von Heine selbst konstatierte Trennung vom Volksliedtypus weitgehend unerkannt. Einer, der den Unterschied gesehen hat, war der Heine-Kritiker Wolfgang Menzel, Leiter des einflussreichen Stuttgarter *Literatur-Blattes* zum *Morgenblatt*, der Silchers *Loreley*-Vertonung am 17. April 1838 in seinem Blatt voller Häme kommentiert: »Das Lied ist bei aller scheinbaren Simplicität doch viel zu raffinirt, viel zu sehr Produkt der Kunst, um je Volkslied werden zu können. Die Melodie klingt indeß ganz volksthümlich.« Menzel hat zwar in diesem Fall gründlich falsch prognostiziert, doch sind Zweifel daran durchaus berechtigt, ob die schlichte und sehr eingängige Silchersche Melodie die Widersprüche und Brüche des Textes wiederzugeben in der Lage ist, wenngleich solche Zweifel angesichts der massiven Faktizität der Wirkung des Liedes spitzfindig erscheinen müssen. Immerhin ist nur so zu erklären, dass der Text auch noch in Liederbüchern der Hitlerjugend zu finden ist, wenngleich natürlich ohne Angabe des Verfassers. Jenes berühmte »Verfasser unbekannt«, das sich angeblich unter dem Abdruck des Gedichts in Lesebüchern der NS-Zeit gefunden haben soll, ist nach dem bisherigen Kennt-

nisstand Teil des nach Kriegsende konstruierten deutschen
Entlastungsmythos. Zumindest ließ sich bislang trotz intensiver Suche noch kein Beleg nachweisen.

Was einen unbefangenen Betrachter der Entstehungsgeschichte des *Buchs der Lieder* zunächst und vor allem
überrascht, ist das Geschick, mit dem hier ein junger, noch
weitgehend unbekannter und nicht übermäßig produkti-
ver Autor seine Gedichte in geradezu optimaler Weise
verkauft hat. Das *Buch der Lieder* gliedert sich in fünf
Hauptabschnitte; alle diese Hauptabschnitte wurden vorher in nur wenig oder gar nicht veränderter Form bereits
einmal als eigenständige Bücher bzw. Teile eines Buches
gedruckt. Neu hinzugeschrieben hat Heine für die Ausgabe des *Buchs der Lieder* von 1827 überhaupt nur sieben
Gedichte. Seine Hauptarbeit bestand in Umarbeitung,
Neuordnung und Kürzung. Aber erst die Masse der Erst-
drucke der Gedichte in Zeitungen, Zeitschriften, Almana-
chen, Taschenbüchern zeigt, in welchem Ausmaße Heine
Recht hat, wenn er selbst am 30. Oktober 1827 an seinen
Freund Moses Moser schreibt: »Das ›Buch der Lieder‹ ist
nichts als eine Gesammtausgabe meiner bekannten Gedichte«. Keinem anderen Autor der deutschen Literatur
ist es gelungen, seine frühe Lyrik so umfassend zu ver-
markten, wie Heine. Diese Art der vielfachen Verwendung von Texten hat er sein Leben lang beibehalten. Neben literarischen und politischen hatte dieses Vorgehen
später auch finanzielle Gründe. Die spielten im Laufe der
Vorgeschichte des *Buchs der Lieder* noch kaum eine Rolle,
und auch Heines Verleger Julius Campe behauptet, Heine
habe ihm seinerzeit das *Buch der Lieder* umsonst angebo-
ten, dann allerdings doch ein Honorar dafür erhalten.

Campe nahm im Übrigen die Gedichtsammlung eher
notgedrungen, um den gerade angeworbenen und mit den
Reisebildern sensationell erfolgreichen Autor nicht sofort

wieder zu verschrecken. Seine Skepsis hinsichtlich der
Verkäuflichkeit der Gedichte bestätigte sich zunächst: der
Absatz lief sehr schleppend. Erst 1837, 10 Jahre nach der
Erstausgabe, war eine zweite Auflage erforderlich; 1844
erschien dann mit der fünften Auflage die Ausgabe letzter
Hand, von Heine selbst während seines Hamburg-Aufenthaltes in den Druckfahnen sorgfältig korrigiert und
sehr weitgehend ohne Fehler. In den folgenden 12 Jahren
bis zu Heines Tod folgten noch neun weitere Auflagen
(13. Aufl. 1855), der Durchbruch war damit geschafft. Es
häuften sich die Übernahmen in Anthologien und die Vertonungen. Man darf davon ausgehen, dass das *Buch der
Lieder* bis heute zu den meistgedruckten Gedichtbüchern
der deutschen Sprache überhaupt zählt.

Der Lebensabschnitt, in den die Entstehung des *Buchs
der Lieder* fällt, reicht von den Düsseldorfer Jahren
1815/16 bis ins Jahr 1827, die Zeit nach Abschluss des
Studiums und nach der Taufe, als Heine vergeblich seine
Position innerhalb der deutschen Restaurationsgesell-
schaft suchte. Seine lyrischen Anfänge lagen in der Kultur
der Familie und der Freunde, wo das Dichten mit zu den
geselligen Übungen gehörte. Das vielberufene »Amalien-
Erlebnis«, die unglückliche und weitgehend auch unaus-
gesprochene Liebe zu seiner Hamburger Kusine Amalie
Heine, mag ihn dann weiter beflügelt und inspiriert haben. 1817 bereits erschienen seine sechs ersten Gedichte
unter dem Pseudonym ›Sy Freudhold Riesenharf‹ – ein
Anagramm aus seinem Namen – in der national-konserva-
tiven Zeitschrift *Hamburgs Wächter*. Den entscheidenden
Aufschwung nahm seine poetische Arbeit jedoch mit dem
Eintritt in die Universität. In Bonn, Berlin und Göttingen
fand er die nötige Anregung und Kritik, schließlich auch
die Kontakte zu Redaktionen, Herausgebern, Verlagen
und Kritikern, um einen erfolgreichen Start in die Welt
der Literatur zu versuchen.

Da die Teile des *Buchs der Lieder* in der Chronologie ihrer Entstehung gedruckt sind, lässt sich die Sammlung auch als Dokumentation von Heines dichterischem Entwicklungsgang lesen. Die »Jungen Leiden«, entstanden zwischen 1815 und 1821, waren 1822 unter dem Titel *Gedichte* als Heines allererste Buchveröffentlichung erschienen. Sie zeigen ihn noch im teilweise vergeblichen Bemühen, sich aus der klassisch-romantischen Epigonalität zu lösen: Der naive Ton der »Minnelieder« stimmt oft nicht ganz; die Gespenster in den »Traumbildern« sind dem Leser bereits bei Bürger und Goethe begegnet; und die »Sonette« wirken häufig wie formale Übungen. Dennoch finden sich unter den »Romanzen« mit *Belsatzar* und *Die Grenadiere* bereits zwei sehr bekannte Gedichte, von denen Heine sogar behauptet, sie seien noch in Düsseldorf, also bis 1816, entstanden. *Die Grenadiere* sind ein früher Ausdruck von Heines Napoleonbegeisterung, die das gesamte Frühwerk durchzieht. Napoleon war für ihn der Hohepriester der Revolution, der deren Errungenschaften durch ganz Europa getragen hatte. Später wird das Urteil differenzierter, bleibt aber insgesamt stets positiv geprägt.

Das »Lyrische Intermezzo«, ein Zyklus von 65 durchnummerierten Gedichten, entstanden 1821/22 und zuerst erschienen in dem Band *Tragödien, nebst einem lyrischen Intermezzo* von 1823, entwickelt dann jenen bekannten ›originalen‹ Heine-Ton der »maliziös-sentimentalen Lieder« wie Heine an Immermann schrieb (24. Dezember 1822), gefasst in raffiniert vereinfachte Formen. »Auf Flügeln des Gesanges« (Nr. 9) stammt ebenso aus diesem Zyklus wie »Ein Fichtenbaum steht einsam« (33), »Ein Jüngling liebt ein Mädchen« (39) oder »Sie saßen und tranken am Theetisch« (50).

Der zentrale Zyklus der »Heimkehr«, mit 88 ebenfalls schlicht durchnummerierten Zyklus-Gedichten und fünf angehängten längeren Texten (darunter die *Wallfahrt nach Kevlaar*), entstanden 1823–25, baut diese Ansätze aus:

Heine spielt mit den Möglichkeiten des neu gefundenen Tons, der jenes In- und Nebeneinander von Naivität und Ironie, Sentimentalität und Ergriffenheit, Harmonie und Zerrissenheit erlaubt, von dem die Texte leben, der ihnen ihre Authentizität gibt. Virtuos gelingt es ihm hier, die Figur der Selbstreflexion auf den Zusammenhang von Kunst und Leben mit in den Zyklus hineinzunehmen: »Ich hab mit dem Tod in der eigenen Brust / Den sterbenden Fechter gespielet.« Die »Heimkehr« enthält die bekanntesten Texte wie die *Loreley* (Nr. 2), »Das Meer erglänzte weit hinaus« (15) oder »Du bist wie eine Blume« (47).

Die abschließenden beiden *Nordsee*-Zyklen variieren das Grundthema des Liederbuches, die unglückliche Liebe, in einer anderen Tonart. Sie sind eigenem Erleben geschuldet: Heine hielt sich seit 1823 beinahe jährlich an der Küste auf und war als literarischer Entdecker dieser Landschaft prädestiniert. Der Erhabenheit des Themas und seiner Tradition von Homer bis Ossian entsprechend, wählte er freie Rhythmen und einen entsprechend hohen Ton für seine Langgedichte, in denen sich die Regungen der menschlichen Seele in den einfachen Elementen der Meereslandschaft abspiegeln und dabei verstärken.

Der Erfahrungshintergrund für jenes Grundthema der unglücklichen, unerfüllten Liebe, von dem Heine selbst sagt, dass es in den Gedichten des *Buchs der Lieder* auf geradezu monotone Weise wiederkehre, kann nun keineswegs, wie eine frühere, am Typus des Erlebnisgedichtes orientierte Forschung es versucht hat, auf die Biographie des Autors reduziert werden. Vielmehr drücken sich in den vielfältig variierten Formen des Liebesschmerzes ebenso vielfältige Schmerz- und Verlusterfahrungen aus. Anders als etwa ein Ludwig Uhland, dessen *Gedichte* in den 20er- und 30er-Jahren der Verkaufsschlager in Deutschland waren, passt das *Buch der Lieder* die romantische Tradition, aus der es zweifellos entspringt, eben

nicht affirmativ in die ideologischen Bedürfnisse des Bürgertums der Restaurationsepoche ein (wie Uhland es z. B.
in Form von auf die Region, aber auch auf ganz Deutschland bezogenen Identifikationsangeboten aus Natur und
Geschichte tut). Heine hält die ihrem Ursprung nach kritische Funktion der romantischen Tradition dadurch lebendig, dass er die unter den herrschenden Bedingungen noch
schneller wachsende Entfernung zwischen Sehnsucht und
möglicher Erfüllung mitreflektiert. Erst der Verzicht auf
die Einsicht, dass die sich konstituierende bürgerliche Welt
mit einem zunehmenden Identitätsverlust einherging, lieferte das romantische Poesiekonzept ja der Funktionalisie-
rung aus, untermischte ihm jenes Moment von Surrogat
und Lüge, mit dessen Hilfe einer sich selbst entfremdeten
Gesellschaft Bilder der heilen, schönen Welt vorgegaukelt
wurden. Heines eigenes Poesie-Konzept basiert zwar auf
einem strikten Festhalten an der Autonomie der Kunst, an
der Eigengesetzlichkeit der Kunstwelt und ihren Eigen-
rechten gegenüber der gesellschaftlichen Welt, enthält aber
die Einsicht, dass Kunstwelt und ›wirkliche Welt‹ auch im
Medium der Poesie nicht einfach zur Deckung gebracht
werden können, sondern im Gegenteil ihr Abstand völlig
unüberbrückbar geworden ist. Ihr Aufeinanderprallen
führt in den Gedichten zu jenen Zynismen und Sarkas-
men, zu dem für den ›Heine-Ton‹ so charakteristischen
Nebeneinander von echtem Gefühl und Pose, Wahrheit
und Lüge. Es ist eine Ironie der Geschichte, dass ausgerechnet Heines Haltung, die vor allem anderen den Vorzug
hat, durch und durch ehrlich und ohne Illusion zu sein,
von der Kritik von rechts wie von links einmütig mit dem
Vorwurf der Frivolität und der Verlogenheit belegt wurde.
Der Junghegelianer Arnold Ruge spricht in seinem Heine-
Porträt in den *Hallischen Jahrbüchern* (erschienen Nr.
25–29, 29. Januar – 2. Februar 1838, hier Nr. 238 vom
1. Februar) ähnlich wie Wolfgang Menzel im *Literatur-
Blatt* von der »Poesie der Lüge«. Ähnliches ist dann noch

von Karl Kraus in seiner Polemik »Heine und die Folgen« von 1911 und – zumindest in Anklängen – auch in Theodor W. Adornos Essay »Die Wunde Heine« von 1956 zu hören: Der Konstruktionscharakter von Heines früher Lyrik, ihre scheinbare Berechenbarkeit, wurde ihm von diesen Kritikern als mangelnde Tiefe und Oberflächlichkeit vorgehalten.

Den Siegeszug des *Buchs der Lieder* hat das jedoch nicht aufhalten oder unterbrechen können. Schon zu Lebzeiten bildete sich eine Schule von Heine-Epigonen aus, die sich in ganz Europa ausbreitete und weit bis ins 20. Jahrhundert hineinwirkte. Wichtiger noch als die literarischen Epigonen war für die Verbreitung des *Buchs der Lieder* und für den weltweiten Ruhm Heines als Lyriker jene Welle von Vertonungen, die sich auf Texte insbesondere des »Lyrischen Intermezzo« und der »Heimkehr« stützen. Robert Schumanns *Dichterliebe* und die kongenialen Kompositionen aus dem *Schwanengesang* von Franz Schubert, die Vertonungen von Felix Mendelssohn, Johannes Brahms, Peter Tschaikowski, Richard Strauß und vielen anderen namhaften und namenlosen Komponisten sorgen heute noch für eine ständige Präsenz heinescher Texte im Publikum. In den musikalisch gelungenen Liedern bleiben auch jene Bitterkeiten und Widersprüche aufbewahrt, die in manch süßlicher Melodie und dem Gesäusel der Epigonen unterging. Insgesamt ist das *Buch der Lieder* sicher das meist vertonte Gedichtbuch deutscher Sprache; von den rund 10 000 bekannten Heine-Vertonungen betrifft der ganz überwiegende Teil Texte aus dieser Sammlung.

Buch der Lieder

von

H. Heine.

Hamburg
bei Hoffmann und Campe.
1827.

Titelblatt der Erstausgabe

Loreley von H. Heine.

Ich weiß nicht was soll es bedeuten,
Daß ich so traurig bin;
Ein Mährchen aus alten Zeiten,
Das kommt mir nicht aus dem Sinn.

Die Luft ist kühl und es dunkelt,
Und ruhig fließt der Rhein;
Der Gipfel des Berges funkelt
Im Abendsonnenschein.

Die schönste Jungfrau sitzet
Dort oben wunderbar;
Ihr goldnes Geschmeide blitzet,
Sie kämmt ihr goldenes Haar

Sie kämmt es mit goldenem Kamme,
Und singt ein Lied dabei;
Das hat eine wundersame
Gewaltige Melodey.

Den Schiffer im kleinen Schiffe
Ergreift es mit wildem Weh;
Er schaut nicht die Felsenriffe,
Er schaut nur hinauf in die Höh'.

Handschrift der *Loreley* von 1838
Gedichtabschrift Heines für Alexandre Vattemare

Neue Gedichte

Die *Neuen Gedichte* von 1844, Heines zweiter Lyrikband nach dem *Buch der Lieder*, sind zum einen tief in diesem verwurzelt, haben sich andererseits aber auch weit davon entfernt. Eng verbunden sind beide Bände, weil die beiden ersten Abteilungen des neuen Bandes, »Neuer Frühling« und »Verschiedene«, sowohl entstehungsgeschichtlich wie inhaltlich-thematisch mit den Zyklen des Liederbuches zusammenhängen. Beide gehörten in den Jahren 1838/ 1839 zu einem noch heute rekonstruierbaren Manuskript, das unter dem Titel »Nachtrag zum Buch der Lieder« bereits bei der Druckerei lag. Zensurprobleme und Einwände von Seiten des Campe-Mitarbeiters und jungdeutschen Schriftstellers Karl Gutzkow führten dazu, dass der Fortsetzungsplan zunächst aufgegeben wurde (siehe im Kapitel »Schriften zu Literatur und Politik« den Abschnitt »Kampf gegen die Zensur«). Aber noch 1844 spricht Heine in der Vorrede zur fünften Auflage des *Buchs der Lieder* von seinen zeitgleich erscheinenden *Neuen Gedichten* als von einer »Sammlung poetischer Erzeugnisse, die wohl als der zweite Theil des ›Buchs der Lieder‹ zu betrachten ist« (1,567).

Getrennt wird das neue Gedichtbuch vom alten zunächst durch die neuen Erfahrungen, die Heine seit seiner Übersiedlung nach Paris im Mai 1831 gemacht hat. Diese Übersiedlung bedeutete für den Dichter viel mehr als einen bloßen Ortswechsel. Als Karl Gutzkow ihm 1838 im Zusammenhang der heftigen Auseinandersetzung um die Fortsetzung des *Buchs der Lieder* vorhielt, seine Gedichte müssten dem deutschen Publikum, dem er durch den langen Frankreich-Aufenthalt entfremdet sei, notwendig unsittlich vorkommen und er damit seinen guten Namen verspielen, konnte Heine ihm am 23. August betont kühl und voller Überlegenheit jede Berechtigung zu einem Urteil mit der Begründung absprechen, ihm sei »der Stoff selbst, die abnormen Amouren in einem Welttollhaus, wie Paris ist, unbekannt«. Hier wird deutlich, dass Paris nicht nur im Stofflichen, sondern insbesondere auch in der Weitung der Perspektive seine Wirkung hinterließ. Von der »Spitze der Welt« aus, wie Heine Paris nannte (an Varnhagen, 27. Juni 1831), sah man die Dinge anders als aus dem Schmutz von ›Krähwinkel‹-Deutschland. Heine bestand auf seiner europäischen Identität und verwahrte sich gegen eine vorschnelle Verquickung von ästhetischem und moralischem Urteil, eine gerade in Deutschland seit je und noch immer verhängnisvolle Gemengelage. Was die *Neuen Gedichte* schließlich doch vom *Buch der Lieder* trennt und was dann auch nach 1842 zu einem neuen Arbeitsansatz an diesem Band geführt hat, sind die Veränderungen, die die gesellschaftliche Entwicklung nach der französischen Julirevolution auch für die Literatur mit sich brachte. Um 1835, auf dem Höhepunkt der jungdeutschen Bewegung, bevorzugten die liberalen Schriftsteller der jüngeren Generation ganz einseitig die Prosa, ein Trend, den Heine vorgegeben hatte. Als um 1840 wieder jüngere Lyriker wie Georg Herwegh, Franz Dingelstedt oder August Hoffmann von Fallersleben ins Blickfeld rückten, hatte die Dichtung sich ganz neuen Ansprüchen an Literatur zu stellen. Heine hielt damals fest, die Zeit von Philosophie und Lied sei vorbei, »es gehört dazu die idyllische Ruhe, Deutschland ist fortgerissen in die Bewegung [...]. Der Dampfwagen der Eisenbahn giebt uns eine zittrige Gemüthserschüttrung, wobey kein Lied aufgehen kann« (10,336). Der wesentliche Beitrag Heines zu dieser allerneuesten deutschen Lyrik sind die 24 Texte der Gruppe »Zeitgedichte« (u. a. mit den berühmten *Nachtgedanken*) am Schluss des Lyrikteils der *Neuen Gedichte*, an die sich dann das Versepos *Deutschland. Ein Wintermährchen* anschließt; zu dieser Gruppe gehören einige Nachlasstexte, die zu Lebzeiten des Autors aus Zensurgründen nicht gedruckt oder nicht in die Ausgabe aufgenommen werden konnten (u. a. *Die schlesischen Weber*).

Nach der Wiederaufnahme der Arbeit am zweiten Gedichtband ab Februar 1842 hat Heine seine Pläne während des Deutschland-Besuchs 1843 mit dem skeptischen Campe diskutiert und schließlich im Juni 1844 das fertige Manuskript an den Verlag geschickt. Noch während seiner Anwesenheit in Hamburg anlässlich der zweiten Deutschland-Reise erschienen die *Neuen Gedichte* im September 1844.

Sieht man vom *Wintermährchen* ab, das ohne Zweifel das größte Skandalon der *Neuen Gedichte* war, so erregten innerhalb des Lyrikteils die »Verschiedenen« und die »Zeitgedichte« das meiste Aufsehen im Publikum und bei den Behörden – die *Neuen Gedichte* wurden, am 25. September ausgegeben, bereits am 4. Oktober in Preußen beschlagnahmt, wobei Preußen am 11. Oktober per Rundschreiben auch die übrigen Bundesstaaten zum Verbot aufforderte. In diesem Fall zeigten die besonders strikten Verbotsmaßnahmen der Behörden erhebliche Wirkungen: Heines Buch konnte in der Öffentlichkeit kaum diskutiert werden und verkaufte sich, besonders im Vergleich zu anderer Vormärzlyrik, nur schleppend. Erst 1852 wurde eine dritte Auflage nötig, die Heine zu einigen kompositorischen Veränderungen nutzte. So wurde das *Wintermährchen* jetzt durch die Tragödie *Ratcliff* ersetzt, eine neue Gedichtgruppe »Zur Ollea« wurde eingefügt und eine neue Vorrede verfasst. Der Verleger versprach sich von dem 1851 erschienenen und sensationell gut verkauften *Romanzero* Schwung auch für die *Neuen Gedichte*. So wird auf diese kommerzielle Weise der Zusammenhang von *Buch der Lieder* - *Neuen Gedichten* - *Romanzero* und die Mittelstellung der *Neuen Gedichte* noch einmal extra hervorgehoben.

Am wenigsten Probleme wird dem Zensor der *Neuen Gedichte* ohne Zweifel der unter »Neuer Frühling« zusammengestellte Gedichtzyklus gemacht haben, der die Texte versammelt, die zwischen dem Erscheinen des *Buchs der Lieder* und Heines Abreise aus Deutschland entstanden und in leicht variierter Gestalt bereits mehrfach verwertet worden waren – u. a. in der Neuauflage des zweiten *Reisebilder*-Bandes von 1831 und im zweiten Teil des *Salon* von 1835. Es sind Nachklänge der frühen Lyrik, darunter das bekannte »Leise zieht durch mein Gemüth«. Ein erheblicher Stein des Anstoßes waren dagegen die »Verschiedenen« mit ihrer für die deutsche Lyrik ungewöhnlich offen sinnlichen Erotik; Heine vergleicht seine Texte in dieser Hinsicht nicht ohne Stolz mit Goethes *Römischen Elegien*. Wie diese seien auch seine Texte »kein Futter für die rohe Menge. [...] Nur vornehme Geister, denen die künstlerische Behandlung eines frevelhaften oder allzu natürlichen Stoffes ein geistreiches Vergnügen gewährt, können an jenen Gedichten Gefallen finden«, heißt es im Brief an Karl Gutzkow vom 23. August 1838. In die »Verschiedenen« ist seine Beschäftigung mit Theorie und Praxis des Saint-Simonismus eingeflossen, wo die »Emanzipation des Fleisches« und der Kampf gegen die Körperfeindlichkeit des Christentums eine zentrale Rolle spielten; sein Nachdenken über die Dialektik von heidnischem Sensualismus und christlichem Spiritualismus; sicher auch die konkreten Erfahrungen des freieren Umgangs der Geschlechter miteinander innerhalb der Pariser Gesellschaft. Schließlich wird in diesen Texten auch ganz bewusst das Liebesmodell der Gedichte im *Buch der Lieder* durchbrochen: erfüllte, aber auch desillusionierte Liebe, Sinnlichkeit statt vergeblichem Schmachten und lustvollem Schmerz. Die Aufnahme der Körperlichkeit ins lyrische Inventar löste in Deutschland rechts wie links eine Flut von Schmähungen aus, die bezeichnenderweise stets vom Modell des Erlebnisgedichts her argumentierten und die Texte gewissermaßen als biographische Dokumente auffassten, auf deren Basis der Autor Heinrich Heine des unmoralischen Lebenswandels an-

geklagt wurde. Die Germanistik hat solche Bettgeschichten
gerne und z. T. bis heute fortgeschrieben, wobei sicher
auch eine Rolle spielt, dass die Gedichtgruppe in Zyklen
unterteilt ist, die jeweils einen weiblichen Vornamen (Sera-
phine; Emma; Diana usw.) zum Titel haben. Dabei ist der
starke politische Akzent dieser Gedichte nicht zu überse-
hen: Die Liebe im reaktionären Deutschland stand wie die
Politik für Entsagung, Unglück und Triebunterdrückung;
das revolutionäre Frankreich dagegen bringt in der Liebe
wie in der Politik Erfüllung, Glück und Sinnlichkeit. Gelegentlich kommt das auch direkt zur Sprache:

> Wenn ich, beseligt von schönen Küssen,
> In deinen Armen mich wohl befinde,
> Dann mußt du mir nie von Deutschland reden; –
> Ich kanns nicht vertragen – es hat seine Gründe.
>
> *(Angelique* 5)

Auch die in die »Verschiedenen« eingelegte *Tannhäuser*-
Legende formuliert offen politische Kritik an deutschen
Zuständen (siehe im Kapitel »Schriften zur Mythologie«
den Abschnitt *Elementargeister*) und leitet über zum Zyklus »In der Fremde«, in dem Heine seine Exilerfahrung
lyrisch ins Wort setzt. Der in der Fremde geträumte
Traum vom »schönen Vaterland« zieht sich in dem Ausdruck »ich liebe dich« zusammen. Wieder ist die Liebe,
diesmal allerdings vermittelt in der Sprachformel, das Medium, in dem politische Kritik und Vision zugleich transportiert werden. Das Stück Nr. III aus »In der Fremde«
(»Ich hatte einst ein schönes Vaterland«) ist eines der
schönsten Heine-Gedichte überhaupt.

Die beiden an die »Verschiedenen« anschließenden
Gruppen, die »Romanzen« – eine Form, die Heine zeitlebens fasziniert hat – und die Verlegenheitszusammenstel-
lung von 1852 »Zur Ollea«, bilden auch einen Puffer zu
den folgenden »Zeitgedichten«. Die »Romanzen« nehmen

insbesondere das Liebesthema noch einmal auf, diesmal, der Form gemäß, mehr anhand erzählerischer Beispiele.

Der Skandal der »Zeitgedichte«, der 24 in den *Neuen Gedichten* gedruckten ebenso wie der aus Zensurgründen dort nicht aufgenommenen, war ein doppelter. Heine setzt sich in ihnen einerseits mit deutscher Politik, andererseits mit deutscher politischer Lyrik kritisch auseinander. Seine Angriffe gegen die Reaktion im Allgemeinen und gegen den preußischen König in Sonderheit verzichten auf wohlfeiles Bramarbasieren und hohles nationales Pathos zugunsten einer manchmal mäßig umschriebenen, manchmal sehr direkten Aggressivität. Insbesondere der preußische König Friedrich Wilhelm IV. und Bayerns Ludwig I. sind Gegenstand schärfster Polemik und Satire. Das Reden zum Fenster hinaus, das Politisieren wie am Stammtisch, die folgenlose Sprücheklopferei kritisiert Heine an der um 1840 modischen Tendenzdichtung ebenso wie ihren übermäßigen rhetorischen Aufwand und ihre oft zweifelhafte ästhetische Qualität. In der Literatur kommt es nun einmal nicht auf die Gesinnung an, sondern auf den richtigen Umgang mit der Sprache; die Taten des Dichters sind seine Worte und nur diese zählen wirklich. Genau das versucht Heine durch die äußerst kunstvolle und virtuose Struktur seiner Gedichte sichtbar zu machen. Das reicht von der sehr geschlossenen und dichten Strukturierung des Einleitungsgedichts *Doktrin* (»Schlage die Trommel und fürchte dich nicht«) bis hin zu grotesken und mit allen formalen Mitteln spielenden Texten wie *Zur Beruhigung*, wo es um den politischen Quietismus der Deutschen geht und sich nicht von ungefähr »Größe« auf »Klöße« und »Fürsten« auf »Würsten« reimt.

Die »Zeitgedichte« und damit der Lyrikteil der *Neuen Gedichte* schließen mit dem berühmten und vielzitierten »Denk ich an Deutschland in der Nacht«, einem Text, der bereits hinüberweist auf Heines dritten großen Gedichtband, den *Romanzero* von 1851.

Romanzero

»[...] die dritte Säule meines lyrischen Ruhmes wird vielleicht ebenfalls von gutem Marmor, wonichtgar von besserem Stoffe sein«, schreibt Heine am 28. September 1850 an seinen Verleger Campe, mit dem er überkreuz ist und der seit Mai 1848 auf keinen seiner Briefe mehr geantwortet hat. Gedacht war das als Anreiz für den Verlag des *Romanzero*, hatte aber einen recht makabren Nebensinn. Denn aus welchem Stoff die Gedichte waren, die er damals zu einem neuen Buch zusammenstellte, hatte Heine am 16. November 1849 an Campe gemeldet: »Es ist also im wahren Sinn des Wortes mein versifiziertes Lebensblut, was ich solchermaßen gebe.«

Heine war seit Beginn der 40er-Jahre ernsthaft krank. Sein Zustand verschlechterte sich rapide bis zum völligen körperlichen Zusammenbruch im Mai 1848, von dem er sich nicht mehr erholte. Seit dieser Zeit lag er in seiner von ihm so genannten »Matratzengruft«, eine Art lebender Toter, mit fast abgestorbenem Körper, aber unerhört wachem Geist. Die Gedichte des *Romanzero* datieren – mit einer einzigen Ausnahme – aus dieser Zeit der Krankheit. Zwar wurden nicht alle zwischen 1848 und 1851 auf dem Krankenbett geschrieben, wie Heine in seinem »Nachwort« behauptet. Die Hälfte der 64 Texte entstand zwischen 1844 und 1848, allerdings durchweg die kürzeren, so dass die überwiegende Textmenge tatsächlich im Bett liegend geschrieben oder diktiert wurde, »unter mancherley körperlichen Hindernissen und Qualen« (»Nachwort«; 3,177), was eine ganz offenbar euphemistische Beschreibung ist, wenn man manche Briefstelle dagegen hält: »Rasend vor Schmerzen wirft sich mein Kopf hin und her in den schrecklichen Nächten, und die Glöckchen der alten Kappe klingeln alsdann mit unbarmherziger Lustigkeit« (an Campe, 12. August 1852).

Im *Buch der Lieder* tritt dem Leser der sensibel-ironische Heine entgegen, der sein Leiden an der Gesellschaft unter Bildern von Liebesleid verbirgt; in den *Neuen Gedichten* ist ein selbstbewusster Heine zu erleben, der offen und z. T. sogar kämpferisch seine Meinung vertritt und die Auseinandersetzung nicht scheut; im *Romanzero* treffen wir jetzt auf einen in seltsamer Weise entrückten Dichter, den nichts mehr umtreibt, der nur mehr das Wesentliche im Blick hat, und dem die Welt deshalb ein großes Narrenhaus geworden ist, dessen Bewohner nach immer demselben Muster die immer gleichen Irrtümer begehen. Er nimmt dabei durchaus keine abgeklärt unparteiische Position ein, zeigt kaum Spuren von Resignation, sondern ist beteiligt, mischt sich ein, weist mit dem Finger auf die Bösartigkeiten und Dummheiten, stellt sie bloß und verspottet sie. Und er spielt dabei mit der Koinzidenz von allgemein historischer und individualgeschichtlicher Entwicklung: Seinem körperlichen Verfall entspricht der Verfall der bürgerlichen Gesellschaft, von deren Revolte gegen das Königtum im Jahre 1848 Heine nach anfänglichem Enthusiasmus für die Republik sich bald enttäuscht abwandte: Ein weiteres Mal, wie schon bei der Julirevolution von 1830, sah er das Kapital als eigentlichen Sieger aus der Erhebung hervorgehen, das sich dann seiner proletarischen Hilfstruppen auch noch auf blutigste Weise entledigte. Zerstörung, Verfolgung, Vergessen, Tod, Ekel sind die wesentlichen Ingredienzien einer Perspektive, die auf das Schlechte der Welt gerichtet ist. »Ich kämpfte ohne Hoffnung, daß ich siege, / Ich wußte, nie komm' ich gesund nach Haus«, heißt es in *Enfant perdü*, dem Schlussgedicht des zweiten Buches; und auch die Schlussverse desselben Gedichts klingen völlig desillusioniert: »Doch fall' ich unbesiegt, und meine Waffen / Sind nicht gebrochen – Nur mein Herze brach.«

Im *Romanzero* hat Heine im Übrigen seine Fähigkeit zur Komposition größerer Textmengen, die sich auch in den Zyklenbildungen der früheren Bücher zeigt, in beson-

ders glänzender Weise ins Spiel bringen können, da mehr
als die Hälfte der Texte noch unveröffentlicht war und
folglich noch keine festen Vorgaben bestanden. Er hat drei
vom Umfang her annähernd gleiche Bücher gebildet. Die
»Historien« sind historische und geographische Wande-
rungen durch eine Welt, in der ein Zusammenhang von
Mord, Verbrechen, Betrug und Hinterlist herrscht. Von
Ägypten über Indien, Polen, Paris, Düsseldorf bis nach
Persien und Mexiko spannt sich der Bogen, und er reicht
von der mythischen Vorzeit bis in die aktuelle Gegenwart:
Schon die »Valkyren« beklagen, dass »das Heldenblut zer-
rinnt / Und der schlechte Mann gewinnt«; und tatsächlich
findet man in Paris die beiden polnischen ›Freiheitshelden‹
Crapülinski und Waschlappski beim Grog am Kamin,
denn: »Leben bleiben, wie das Sterben / Für das Vaterland,
ist süß.« Auch die Kunst wird von dieser Sphäre des Ver-
rats in Mitleidenschaft gezogen und der »Dichter Firdusi«
um seinen wohlverdienten Lohn gebracht. In einer solchen
Zeit kann Apollo nur mehr als ein Schmierenkomödiant
auftreten, der mit einer Gruppe als Musen verkleideter Hu-
ren im Gefolge durch die Lande zieht (*Der Apollogott*).

Auf diese Diagnose des welthistorischen Ist-Zustandes
folgen die »Lamentazionen«, in denen ein Ich-Sprecher
sein Leben ohne Illusionen, wenn auch nicht ohne Stolz
Revue passieren lässt. Im Zentrum stehen dabei die zwan-
zig Gedichte des *Lazarus*-Zyklus. Der Titel verweist auf
die Jeremia zugeschriebenen Klagelieder aus dem Alten
Testament über den Fall und die Zerstörung Jerusalems.
Wichtiger als Jeremia werden für Heine jedoch die bibli-
schen Figuren des Hiob und des Lazarus. Dabei vermi-
schen sich die beiden Figuren mit dem Namen Lazarus
aus dem Neuen Testament: Lazarus der arme Aussätzige
und Lazarus aus Bethanien, der Bruder Marias und Mar-
thas, den Jesus vom Tode auferweckt. Gleich das erste Gedicht mit dem Titel *Weltlauf* fasst den Grundtenor in ge-
nialer Verkürzung zusammen:

Hat man viel, so wird man bald
Noch viel mehr dazu bekommen.
Wer nur wenig hat, dem wird
Auch das Wenige genommen.

Wenn du aber gar nichts hast,
Ach, so lasse dich begraben –
Denn ein Recht zum Leben, Lump,
Haben nur die etwas haben.

Verschiedene Abschieds- und Erinnerungsgedichte nehmen das Lamento über eine Welt auf, in der es nicht um
das Sein, sondern nur um das Haben geht. Das Ich spricht
seinen Fluch über diese Welt aus (*Vermächtniß*) und ge-
steht abschließend die Vergeblichkeit seines Kampfes ein,
ohne freilich, und das gilt es zu betonen, seinen lebenslangen Einsatz für Vernunft und Freiheit für unsinnig zu erklären. *Enfant perdü* ist zwar voller Resignation, enthält
aber doch das Bekenntnis zu den eigenen aufklärerischen
Grundsätzen und vor allem zur eigenen Lebens- und Leidensgeschichte: Zwar kämpfte er, wie es heißt, »ohne
Hoffnung, daß ich siege«, ohne Glauben an einen wirklichen Fortschritt der Menschheit, weiß aber doch, dass
sein Kampf gerecht und deshalb sinnvoll war, und dass er
weitergehen wird: »Der Eine fällt, die Andern rücken
nach«. Gerade dieses Gedicht dementiert alle Versuche,
Heine für eine postmodernistische Beliebigkeit und eine
Position jenseits der Aufklärung in Anspruch zu nehmen.

Die »Hebräischen Melodien« schließlich thematisieren
in drei längeren Texten die Leidensgeschichte des jüdischen Volkes. Der Übergang vom allgemeinen zum indivi-
duell-subjektiven Leiden und deren Vermittlung in Gestalt des leidenden Judenvolkes erinnert an Denkfiguren
der hegelschen Philosophie, bezeichnet aber auch ganz
einfach die Grenzen der heineschen Existenz. Insbesondere im Leben des jüdischen Dichters *Jehuda ben Halevy*,

dem ein langes, Fragment gebliebenes Gedicht gewidmet
ist, erkannte Heine offenbar Züge seines eigenen Schick-
sals wieder. Jehuda ist als Vertriebener und Exilierter der
Urtyp des postromantischen, modernen Dichters. Die abschließende *Disputazion* zwischen einem Mönch und einem Rabbi über die Frage, welche der beiden Konfessionen denn die ›wahre Religion‹ vertrete und die mit dem
berühmten Schiedsspruch der Prinzessin endet: »Welcher
Recht hat, weiß ich nicht – / Doch es will mich schier be-
dünken, / Daß der Rabbi und der Mönch, / Daß sie alle
beide stinken«, leitet bereits über zum »Nachwort zum
Romanzero« mit seinen Äußerungen zur ›religiösen Kehre‹ Heines. Einig ist man sich in der Forschung, dass das
erneuerte Bekenntnis zu einem Gott – nicht zu einer Kon-
fession – ernst gemeint ist und in Zusammenhang steht
mit der Verabschiedung des Fortschrittsglaubens hegel-
scher Provenienz. Die Philosophie hat die Vernunft in
eine Sackgasse manövriert; statt Mittel auf dem Weg zu
einem freieren, gerechteren und glücklicheren Leben zu
sein, wird sie als Rechtfertigung benutzt, um gegenwärti-
ges Glück bedenkenlos im Namen zukünftiger Ziele zu
opfern. Die Rückkehr zu »Gott« meint die Rückkehr zu
einem Anfangspunkt, von wo aus ein neuer Anlauf zur
Verwirklichung der Ideale der Aufklärung unternommen
werden kann, an denen Heine bis zum Schluss festhält.
Auch hier spiegeln sich allgemeine und persönliche Geschichte ineinander. Heines Bekenntnis zur Leidensgeschichte der Juden ist zugleich ein Bekenntnis zur Befreiungsgeschichte der leidenden Menschheit.

Der *Romanzero* verkaufte sich ungewöhnlich gut. Mitte
Oktober 1851 erschien die erste Auflage, und bis zum Dezember war schon eine vierte Auflage nötig, was bedeutete, dass innerhalb von gut zwei Monaten 21 000 Exemplare des Buches gedruckt und wohl auch verkauft wurden.
Doch nach diesem in Heines Karriere einzigartigen kurz-
fristigen Verkaufserfolg wurde es bald still um den *Ro-*

manzero. Heine kassierte für das Manuskript von Campe 6000 Mark, was nach Michael Werners Rechnung 1975 einem Gegenwert von etwa DM 72000 (also rund 36000 Euro) entsprach.

Gedichte. 1853 und 1854 / Lyrischer Nachlass

So paradox es klingt: Man kann sich Heines langsames öffentliches Sterben in der Matratzengruft gar nicht lebendig genug vorstellen. Wenn seine Gesundheit es zuließ, war er ständig mit Arbeiten aller Art – Redaktion von alten Texten, Kontrolle von Übersetzungen, Schreiben und Diktieren von neuen Sachen und Briefen – aber auch mit dem Empfang von Besuchen, mit der Abwicklung von Finanzgeschäften und der Planung seiner Gesamtausgabe in Deutsch und Französisch beschäftigt. Als Campe sich auf eine deutsche Separatausgabe der *Lutezia*-Artikel nicht einlassen wollte, schlug Heine eine dreibändige Ausgabe mit *Vermischten Schriften* vor, für die er erhebliches Honorar verlangte und erhielt. Dreiunddreißig seit dem *Romanzero* neu entstandene Gedichte waren dabei im Aufwind des kommerziellen *Romanzero*-Erfolges ein wichtiger Trumpf. Nach einigem Zögern hatte der Verleger in diesen Plan eingewilligt und erhielt am 7. März 1854 das Manuskript zugeschickt, das bis zum Erscheinen im Oktober noch einige kleinere Änderungen erfuhr, die u. a. den Zyklus *Zum Lazarus* betrafen. Heine wollte diesen Zyklus ursprünglich zurückhalten, um ihn zusammen mit dem *Lazarus* aus dem *Romanzero* und weiteren neu zu schreibenden Gedichten zu einem eigenen Band zusammenzufassen, den er »Buch Lazarus« nennen wollte. Mehrere Gedichte im Nachlass zeugen davon, dass dieser nicht mehr ausgeführte Plan ernsthaft angegangen wurde.

Die *Gedichte* sowie die in der Heine-Forschung unter der Bezeichnung »Lyrischer Nachlass« geführten Texte aus dem Umkreis dieses Bandes und den allerletzten Jahren sind der beste Beweis dafür, dass der schwerkranke Heine die öffentliche Rolle ganz bewusst angenommen, sich nicht nur nicht hinter die Vorhang seines Schlafzimmers zum Sterben zurückgezogen, sondern den Kontakt, die Auseinandersetzung mit der Welt geradezu gesucht hat. Zwar knüpfen sie ganz offensichtlich an die Schreibweise der »Lamentazionen« aus dem *Romanzero* an, schreiben deren Ton aber nicht bloß fort, sondern intensivieren ihn noch einmal, zielen fast noch eindringlicher, noch umwegloser auf das Wesentliche. Heine selbst betont gegenüber dem Verleger Campe die Neuheit ihres Tons: »Die Poesien sind etwas ganz Neues und geben keine alten Stimmungen in alter Manier« (Brief vom 3. August 1854). Und Alfred Meißner überliefert eine noch überschwänglichere Charakteristik. Danach hat Heine zu ihm in Bezug auf die *Gedichte* gesagt:

> Ja, ich weiß es wohl, das ist schön, entsetzlich schön! Es ist eine Klage wie aus einem Grabe, da schreit ein Lebendigbegrabener durch die Nacht, oder gar eine Leiche, oder gar das Grab selbst. Ja ja, solche Töne hat die deutsche Lyrik noch nie vernommen und hat sie auch nicht vernehmen können, weil noch kein Dichter in solch einer Lage war.
>
> (*Begegnungen mit Heine*, 2,351 f.)

Schon das erste Gedicht gibt leitmotivisch für die ganze Gruppe dieses Thema von Tod und Grab vor. Gleichzeitig knüpft es aber auch bei der eingangs geschilderten Unruhe an, die den »Lebendigbegrabenen« umgab: Ruhe gibt es nicht für Tote, die noch auf der Erde sind, Ruhe gibt es erst im wirklichen Grabe: »O Grab, du bist das Paradies / Für pöbelscheue, zarte Ohren«. Die Welt als Geräuschkulisse, als Folie aus Lärm und Klang: Für den bewegungsunfähi-

gen und fast blinden Dichter eine Realität. Das Ohr war
sein letztes intaktes Organ, um die Außenwelt an sich heran zu holen. Bis zum Schluss spielt deshalb das Motiv der
Geräusche eine wichtige Rolle in den späten Gedichten. In
»Es träumte mir von einer Sommernacht«, einem der allerletzten Texte, wird der Gegensatz von Grabesstille und
Lärm der Außenwelt erneut zum konstitutiven Moment.
Aber auch die auffällige Rolle, die die Musik und Musiker-
figuren in den *Gedichten* spielen, ist von daher zu erklären.
Liszt und Wagner treten auf, und insbesondere Meyerbeer
wird bereits im Eingangsgedicht und dann in verschiedenen anderen zum Gegenstand heftiger Polemik. Das hat
nur teilweise seinen realen Hintergrund in der Enttäu-
schung Heines über Meyerbeer; vielmehr wird die Musik
hier auch zur Stellvertreterin der Kunst ganz allgemein.
Meyerbeers zur Manier erstarrte »große Oper«, deren
überdimensionierter Erfolg sich auf Reklame stützt, verkörpert genau wie das von Wagner vertretene neue Musik-
theater (siehe das Gedicht *Jung-Katerverein für Poesie-
Musik*) oder das in Liszt längst zur bloß kommerziellen
Pose verkommene Virtuosentum (siehe *Mimi*) den Niedergang der Kunst. Im letzten Satz des Eingangsgedichts
(»Der Tod ist gut, doch besser wär's, / Die Mutter hätt'
uns nie geboren«), den er dem Buch Hiob des Alten Testa-
ments abgelauscht hat, wird das Ausmaß der Verzweiflung
sichtbar. Und zwar nicht nur Verzweiflung über die eigene
furchtbare Lage, sondern allgemeiner Verzweiflung über
eine Welt, in der nichts mehr zusammenstimmt und in der
auch die Kunst ihre heilende Kraft verloren hat. Schon in
den »Lamentationen« war, insbesondere in den Gedichten
des *Lazarus*-Zyklus, der eigene körperliche Verfall dem
Verfall der Welt und ihrer Werte parallelisiert. Hier in den
Gedichten wird dieser Zusammenhang noch handgreifli-
cher und umfassender. Die Lektüre zeigt immer aufs Neue
ein und denselben Tatbestand: Der Zustand der Welt ist
ebenso gründlich zerstört wie die Gesundheit des Dich-

ters, sie ist aus den Fugen geraten, nichts in ihr passt mehr zusammen. »O schöne Welt, du bist abscheulich!« lautet der Refrain des Gedichts *Im May* und verstärkt damit die Paradoxie des Leitmotivs vom lebendigen Toten. Spuren für das Auseinanderfallen der Welt sind ihm vor allem jener Abgrund an Verrat, Lüge, Heuchelei, der sich auftut, wohin man blickt. Die Beziehungen in der eigenen Familie (*Affrontenburg*) sind davon ebenso geprägt wie das Verhalten der öffentlichen Wohltäter und Philanthropen (*Erinnerung an Hammonia*; *Der Philanthrop*); hinter der Liebe (*Die Launen der Verliebten*; *Schnapphahn und Schnapphenne*; *Die Wahlverlobten*) steckt die Falschheit ebenso wie hinter wohlmeinenden Ratschlägen (*Guter Rath*). Die Welt ist, wie in *Die Menge thut es* aus dem Nachlass, ein Panoptikum lächerlicher und verlogener Figuren.

Insbesondere die Politik wird zum Feld des Verkommenen schlechthin. Nach der Revolution von 1848 und ihren Folgen, die Heine als einen enttäuschenden Rückschritt in der Emanzipationsgeschichte begriff, hatte er für Deutschland jede Hoffnung auf eine Wende zum Besseren aufgegeben. Im bestehenden System sah Heine keinerlei Ansatzpunkte zu einer konstruktiven Kritik; es war adäquat einzig in Form der Satire und Groteske darzustellen. Politische Ahnungslosigkeit und Naivität der Liberalen von 1848 und der Paulskirchenversammlung, aber auch wieder Obrigkeitsdenken und Untertanmentalität werden in den Gedichten und Tierfabeln attackiert. Seine düstere Vision der egalitär-kommunistischen »Wanderratten«, die sich durch nichts und niemanden aufhalten lassen, ist zwar mit einigem Pathos, aber auch mit deutlicher Distanz geschrieben. Heines Furcht vor den »radikalen Rotten« ist so unverkennbar wie seine Verachtung für die überlebten Einrichtungen des bürgerlichen Staates.

Allgegenwärtig ist in den *Gedichten* auch die religiöse Thematik, deren Grundakkord Heine im »Nachwort zum

Romanzero« unter ›Bekehrung‹ und ›Rückkehr zu Gott‹ angeschlagen hatte. In den Gedichten, in denen der christliche Himmel als Spießerveranstaltung und die ewige Seligkeit als ewige Langeweile dargestellt wird, erfahren diese Bekenntnisse eine merkwürdige Brechung. Die Kritik am Christentum als Religion der Ausbeuter im *Sklavenschiff* ist an Schärfe kaum mehr zu überbieten. Am intensivsten aber ist die Auseinandersetzung mit dem religiösen Thema im Zyklus *Zum Lazarus*. Er bildet den Kern der Sammlung, wie überhaupt das »Lazarus«-Motiv die späte Lyrik zusammenhält. Die vielfältigen Konfigurationsmöglichkeiten der Figur hat Heine nur teilweise genutzt. Wegen der eigenen Krankheit lag einerseits die persönliche Identifikation mit dem Aussätzigen besonders nahe, andererseits aber auch die Verbindung von Krankheit und Poesie. Heine hatte dieses in Romantik und Vormärz sehr verbreitete Bild bereits in seinen ganz frühen Gedichten immer wieder aufgenommen und greift hier selbstverständlich wieder darauf zurück. Was er sicher nicht aus den beiden neutestamentlichen Lazarus-Figuren übernimmt, ist jenes feste Vertrauen auf die jenseitige Erlösung und Wiedergutmachung aller irdischen Leiden und Schmerzen. Hier schiebt sich vielmehr der Anteil einer Überlieferung in den Vordergrund, die der Rolle des Lazarus-Heine ihre entscheidende und ganz eigentümliche Färbung gibt, die des Hiob. Hiob gibt dem Dulder und Leider Lazarus seine Würde zurück, nur aus seiner selbstbewussten Perspektive ist ein Nachdenken und vor allem auch ein Schreiben über das Leiden und Sterben überhaupt möglich, weil erträglich. Denn in der ästhetischen Beschreibung des Leidens behauptet sich die Souveränität des Geistes und der Poesie gegen die Zwänge des körperlichen Verfalls. Gerade die tragische Ironie, die in dieser ungebrochenen Möglichkeit selbstbewussten Verhaltens im Medium der Poesie einerseits und dem totalen Ausgeliefertsein an den körperlichen Verfall andererseits liegt, formulieren die Gedichte der *Lazarus*-Gruppe immer neu. Beide Positionen treten jetzt hoffnungslos weit auseinander, eine Vermittlung scheint nicht mehr möglich. Das *Bimini*-Fragment gibt melancholische Auskunft über die vergebliche Hoffnung, im Land der Poesie auf den Brunnen ewiger Jugend zu stoßen, in der Zauberwelt der Kunst die Erlösung vom realen Leiden zu finden. Der in der Kunst formulierte Sinn, die mit ihr entwickelten Perspektiven und Hoffnungen, sind mit dem realen Zustand der Welt in keiner Weise mehr vermittelbar.

Die Rolle des Dichters, zumal des »besten der Humoristen« (»Die Söhne des Glückes«) ist damit an ein tragikomisches Ende gekommen. Ihm bleibt nur mehr, den Verlust jeder Teleologie ironisch zu bestätigen:

> Auf demselben Dudelsack
> Spielt dasselbe Lumpenpak.
> Feine Pfote, derbe Patsche
> Fiddelt auf derselben Bratsche,
> Durch dieselben Dämpfe, Räder
> Springt und singt und gähnt ein jeder
> Und derselbe Omnibus
> Fährt uns nach dem Tartarus.
>
> (3,403)

Literatur

Lyrik allgemein: Hinck, B 7.3: 1990; Kortländer, B 7.3: 1993, 187–204; Interpretationen, B 6: 1995; Suhr, B 7.3: 1998; La poésie de Heinrich Heine, B 6: 2000. – *»Buch der Lieder«:* B 1: DHA 1; HSA 1. Höhn, B 5: 1997, 54–80. Prawer, B 7.3: 1960; Perraudin, B 7.3: 1989; Jokl, B 7.3: 1991; Kortländer, B 7.3: ²1997, 195–213. – *»Neue Gedichte«:* B 1: DHA 2; HSA 2; Höhn, B 5: 1997, 95–115. Prawer, B 7.3: 1961; Grab, B 7.3: ²1992. – *»Romanzero« und »Ge-*

dichte 1853 und 1854«: B 1: DHA 3; B 1: HSA 3; Höhn, B 5: 1997, 134–165. Schneider, B 7.3: 1995; Kruse, B 7.3: ²1997, 158–275; Cook, B 7.3: 1998; Pistiak, B 7.3: 1999; Steinecke, B 7.3: 1999, 303–321; Landwehr, B 7.3: 2001; Hallensleben, B 7.3: 2001, 79–93.

Versepen

Atta Troll. Ein Sommernachtstraum

Der Text, in dem Heine den Abstand zwischen seiner eigenen Kunst und den Vormärzlyrikern der 1840er-Jahre vermisst, ist das Versepos *Atta Troll. Ein Sommernachtstraum*. Bereits in der »Vorrede« heißt es unmissverständlich:

> Damals blühte die sogenannte politische Dichtkunst [...]. Es erhub sich im deutschen Bardenhain ganz besonders jener vage, unfruchtbare Pathos, jener nutzlose Enthusiasmusdunst, der sich mit Todesverachtung in einen Ocean von Allgemeinheiten stürzte [...]. (4,10)

Das Epos widerlegt die Auffassung vom politischen Gedicht als »gereimtem Zeitungsartikel« (14,48) aber nicht diskursiv, es widerlegt sie durch seine eigene Poesie.

Entstanden ist *Atta Troll* anlässlich einer Reise Heines ins französische Pyrenäenbad Cauterets im Juni/Juli 1841. Der elegante Badeort und seine Umgebung, die Heine bei verschiedenen Ausflügen kennen lernte, geben den topographischen Hintergrund für die Geschichte ab. Allerdings ist die vom Text suggerierte geographische Exaktheit fiktiv. Heine kollagiert in die realistische Beschreibung erfundene Elemente, verlegt z. B. das weit entfernte geschichtsträchtige Tal von Ronceval in die Nähe von Cauterets. Neben den Skizzen nach der Natur liegen dem Text eine Fülle anderer Quellen und Anregungen zugrunde. Dazu gehören Reiseberichte und -führer ebenso wie Tierfabeln und die Tierkarikaturen des Zeichners Grandville.

Ausgearbeitet wurde der Text 1841/42, und Heine bot das »kleine humoristische Epos« zunächst dem Verleger

Cotta für das *Morgenblatt* an (Brief vom 17. Oktober 1842). Als sich dann der befreundete jungdeutsche Schriftsteller Heinrich Laube mit der Bitte um Mitarbeit an der von ihm übernommenen *Zeitung für die elegante Welt* in Leipzig an ihn wandte, schwenkte Heine auf dieses liberalere Blatt als Druckort um. Nach einigen Umarbeitungen und Erweiterungen, wobei auch Anregungen Laubes eine Rolle spielten, erschien der Text in Fortsetzungen zwischen dem 4. Januar und 8. März 1843 in der *Zeitung für die elegante Welt*. Die erweiterte und veränderte Buchfassung – sie hat 27 Capita im Vergleich zu 23 der Zeitschriftenfassung und erhielt eine Vorrede – erschien erst 1847, und auch dann hat Heine die Arbeit an diesem Werk noch nicht eingestellt. Im Sommer 1847 versuchte er sich noch einmal an einer Erweiterung und Überarbeitung, die aber über Ansätze nicht mehr hinauskam, da dem Autor jetzt, wie er ernüchtert feststellt, die nötige Heiterkeit des Geistes fehlt. Immerhin spricht Heine von einem veränderten *Atta Troll* noch bis in die 50er-Jahre.

In der Rahmenhandlung wird der Erzähler, der sich mit seiner geliebten »Juliette« in Cauterets zum Bad aufhält, zunächst Zeuge, wie ein Tanzbär sich von der Kette losreißt und ins Gebirge flieht. Dann folgt der Leser auf dem Rücken des Pegasus dem Bären Atta Troll, der sich in die Höhle zu seinen Jungen geflüchtet hat, und hört seinen aufrührerische Reden über die Befreiung von der Herrschaft der Menschen, die Abschaffung des Eigentums und Errichtung einer streng egalitären Tierrepublik zu. Nach diesem Ausflug in die »niederen Thierweltschichten« (Cap. VI) springt die Geschichte zurück in die Rahmenhandlung, zu den Menschen: Der Erzähler bricht zusammen mit dem geheimnisvollen Jäger Laskaro ins Gebirge auf, um Atta Troll zu jagen. Über verschiedene Stationen, in denen sich die reale Geographie um Cauterets mit phantastischen Landschaften mischt, gelangen die Jäger schließlich zur Hütte der Mutter des Laskaro, der als

Zeitung für die elegante Welt.

18. Januar   № 3.   1843.

Uebersicht. Atta Troll, von Heine. — Der belgische Graf (Erzählung). — Neue Romane: Gräfin Hahn. — Nachrichten: Conservatorium in Leipzig. — Schumann. — Neues Gedicht von Zedlig. — Zwei Briefe aus Berlin. — Lessing's Huß und die belgischen Bilder. — Kittl's Symphonie. — Deutsche Literatur in Holland. — Brief aus Wien. — Neue Bücher von Dickens. — Schilderung München's. — Goethe im Hansa-Album. — Moden. — Beilage von Basse.

Atta Troll,

von

Heinrich Heine.

(Fortsetzung.)

Caput V.

Zwo Gestalten, wild und mürrisch,
Und auf allen Vieren rutschend,
Brechen Bahn sich durch den dunkeln
Tannengrund, um Mitternacht.

Das ist Atta Troll, der Vater,
Und sein Söhnchen, Junker Einohr.
Wo der Wald sich dämmernd lichtet,
Bei dem Blutstein, stehn sie stille.

„Dieser Stein" — brummt Atta Troll —
„Ist der Altar, wo Druiden
In der Zeit des Aberglaubens
Menschenopfer abgeschlachtet.

„O der schauderhaften Greuel!
Denk' ich dran, sträubt sich das Haar
Auf dem Rücken mir — Zur Ehre
Gottes wurde Blut vergossen!

„Jetzt sind freilich aufgeklärter
Diese Menschen, und sie tödten
Nicht einander mehr aus Eifer
Für die himmlischen Interessen; —

„Nein, nicht mehr der fromme Wahn,
Nicht die Schwärmerei, nicht Tollheit,
Sondern Eigennutz und Selbstsucht
Treibt sie jetzt zu Mord und Todtschlag.

1843.   5

Erstdruck von *Atta Troll*
in der *Zeitung für die elegante Welt* (Januar–März 1843)

Hexe verschrienen Uraka. Dort wird der Erzähler in der Johannisnacht Zeuge einer ganz speziellen Variante der »Wilden Jagd«, des reitenden Gespensterheeres, in dem diesmal neben den großen Jägern und Rittern der Kulturgeschichte, von Nimrod bis Artus, auch das großen »Helden des Gedankens« (Cap. XVIII) mitreiten müssen, in ihrer Mitte die beiden Sensualisten der Literatur, Shakespeare und Goethe als von sinnenfeindlichen Christen verfluchte Sünder. Emblematische Hauptfiguren des Zuges sind die antike Göttin Diana, die germanische Fee Abunde und die jüdisch-biblische Herodias. Nach einer komischen Begegnung mit einem in einen Mops verwandelten Dichter aus der Schwäbischen Dichterschule machen die Jäger ernst: Atta Troll wird in eine Falle gelockt und erlegt, sein Fell erwirbt der Erzähler als Bettvorleger für die Pariser Wohnung. In Paris endet die Geschichte auch, wenn der Erzähler dort in der Bärengrube des Zoos Mumma, der geliebten Gattin des Atta Troll begegnet. Das epilogartige Abschlusskapitel hat Heine dem Freund Karl August Varnhagen von Ense gewidmet.

Atta Troll zählt zu den virtuosesten Werken Heines, an dessen Mikrostruktur er besonders intensiv gefeilt hat: Die Leichtigkeit der ungereimten Trochäen, die sprachliche Dichte, der Witz sind, wie die zahlreichen und häufig stark korrigierten Manuskripte ausweisen, harter Arbeit geschuldet. Auch die schwierige Form des Epos verlangte höchste Anstrengung. Das Versepos war zur damaligen Zeit noch eine sehr beliebte und weit verbreitete Gattung, hatte seine eigentliche Bedeutung aber doch bereits an das Prosaepos, den Roman abgetreten. Heine wusste das natürlich. Der Reiz lag für ihn augenscheinlich einerseits im Rückgriff auf den Vers ganz allgemein, um so der in Blüte stehenden politischen Dichtung national-liberalen Zuschnitts auf ihrem eigenen Gebiet und mit ihren eigenen Waffen entgegenzutreten. Andererseits drückt sich im Gegensatz von traditioneller Form »Versepos«, die er deutlich zitiert und bedient, und der Satire auf ganz moderne und gegenwärtige gesellschaftliche und literarische Zustände bereits die ganze Schieflage, das Zerrissene der modernen Welt deutlich aus: Die Zeit der Heroen ist ganz offenbar vorbei. Nur ein Bär oder vielleicht ein Zwerg, wie in Karl Immermanns Versepos *Tulifäntchen* aus dem Jahr 1829, das Heine vor der Drucklegung kritisch durchsah, kann in der Moderne noch Held eines Epos sein; dessen Welt ist allenfalls in Form der Parodie oder der Burleske darstellbar.

Das ewige heinesche Thema vom Verhältnis von Kunst und Leben, Poesie und Politik tritt im *Atta Troll* deutlicher als in manch anderem Werk in den Vordergrund. Da ist zum einen die Bärenhandlung mit den Reden des Bären als wichtigstem Teil. In ihrem Mittelpunkt steht die satirische Demontage der Forderung nach radikaler Gleichheit als zentraler politischer Forderung der republikanischen und kommunistischen Linken: »Grundgesetz sey volle Gleichheit / Aller Gotteskreaturen, / Ohne Unterschied des Glaubens / Und des Fells und des Geruches«, ruft der Bär aus (Cap. VI). Im Caput X steigert er sich dann bis zur proudhonschen Formel vom »Eigentum ist Diebstahl«, die er auf folgende abstruse Art begründet: »Keine Eigenthümer schuf / Die Natur, denn taschenlos, / Ohne Taschen in den Pelzen, / Kommen wir zur Welt, wir alle.« Dazwischen entpuppt sich der Bär als treu gläubiger Deist und als jemand, dem die Kunst eine tiefernste Angelegenheit ist, die nicht durch Ironie oder Witz, typisch ›menschliche‹ Eigenschaften, entweiht werden darf. Zwar tritt er auch für die Emanzipation der unterdrückten Juden ein, doch aus der Kunst möchte er sie herausgehalten wissen: »Denn der Sinn für Styl, für strenge / Plastik der Bewegung, fehlt / Jener Race, sie verdürben / Den Geschmack des Publikums.« (Cap. VI) Atta Troll ist die Inkarnation jener Charakterhelden, denen die rechte Gesinnung mehr gilt als das Talent, jener Freiheitsapostel, deren beschränktes Reden

über Freiheit ihre Unfreiheit überdeutlich dokumentiert.
So lautet denn auch das Epitaph auf seinem Grab:

> Atta Troll, Tendenzbär; sittlich
> Religiös; als Gatte brünstig;
> Durch Verführtseyn von dem Zeitgeist,
> Waldursprünglich Sanskülotte;
>
> Sehr schlecht tanzend, doch Gesinnung
> Tragend in der zott'gen Hochbrust;
> Manchmal auch gestunken habend;
> Kein Talent, doch ein Charakter!
> (Cap. XXIV)

Dem hasserfüllten, radikalen Egalitarismus des sich
selbst bemitleidenden Bären steht als zweiter wichtiger
Handlungsstrang die geradezu aristokratische Sphäre des
menschlichen Erzählers gegenüber (»Ja, ich bin ein Mensch,
bin besser / Als die andern Säugethiere«; Cap. V); die banale und lächerliche Rhetorik des verhinderten Volksred-
ners mit den schiefen Bildern, absurden Vergleichen und lo-
gischen Fehlschlüssen ist eine Karikatur der politischen
Vormärzlyrik, der Heine, der sich damals als »letzten Fabelkönig der Romantik« bezeichnete, seinen *Atta Troll* als
das »letzte / Freye Waldlied der Romantik« (Cap. XXVII)
gegenüberstellt. Denn nach allen Regeln der romantischen
Kunst ist das Werk ausgestattet: mit geheimnisvollen Figuren, Hexen, Gespenstern und sprechenden Tieren; mit Naturschilderungen, eher selten in Heines Werk, Volksliedein-
lagen, Hinweisen auf Sagen; mit Arabesken und Traumsze-
nen, alles typische Versatzstücke der Romantik, die er hier
bewusst als poetische Elemente gegen die platte Leitartikel-
Lyrik setzt, die sich ganz auf die Durchschlagskraft ihrer
politisch fortschrittlichen Inhalte verlässt. Am *Atta Troll*
lässt sich anschaulich demonstrieren, was Heine meinte,
wenn er sagte, dass die Freiheit in der Kunst sich ganz besonders in der Form, nicht aber im Inhalt ausdrücke. Die

Kunst folgt zunächst immer den Gesetzen der Kunst, sie ist
autonom gegen Ansprüche von außen. Heine hat in dieses
Epos ein kleines poetologisches Kapitel eingeschoben, wo
er seine Position in aller Deutlichkeit erläutert: »Zwecklos
ist mein Lied. Ja, zwecklos / Wie die Liebe, wie das Leben, /
Wie der Schöpfer sammt der Schöpfung!« (Cap. III)
»Zweckmäßigkeit ohne Zweck«, so hat Kant den Charakter
des Ästhetischen bestimmt, und diese Einstellung zur
Kunst hat Heine sich sein Leben hindurch bewahrt. Den
Kritikern, die ihm entgegenhielten, solche souveräne Unabhängigkeit verbunden mit dem Spott über die schlechten
Freiheitsgedichte sei eine Missachtung der Freiheit selbst
und der übrigen Menschenrechte, denen hält er in der Vor-
rede entgegen:

> Nein, eben weil dem Dichter jene Ideen in herrlichs-
> ter Klarheit und Größe beständig vorschweben, er-
> greift ihn desto unwiderstehlicher die Lachlust, wenn
> er sieht wie roh, plump und täppisch von der be-
> schränkten Zeitgenossenschaft jene Ideen aufgefaßt
> werden können.   (4,11)

Seinem Epos hat Heine als Motto ein völlig verunglück-
tes Bild aus Ferdinand Freiligraths Gedicht *Der Mohren-*
fürst vorangestellt und damit selbst einen Hinweis in
Richtung eines ganz bestimmten Vormärzlyrikers gegeben. Allerdings wäre es sicher verfehlt, jetzt in der Bären-
figur Züge einzelner Lyriker der Zeit zu suchen, ebenso
wie es verfehlt wäre, den Erzähler, der deutlich autobiographische Züge trägt, im Einzelnen auf Heines Person zu
beziehen. Auch das andere Personal ist als Objekt für De-
chiffriergruppen ungeeignet: der stumme Jäger Laskaro,
ein Untoter, der von seiner Hexenmutter in einer Pieta-
Parodie einbalsamiert und so am Leben gehalten wird, erinnert an den stummen Begleiter aus *Deutschland. Ein*
Wintermährchen, der sich dort als »die That von deinen
Gedanken« (Cap. VI) zu erkennen gibt. In der Forschung

ist versucht worden, ihn zusammen mit seiner Mutter als Inkarnation des Frühkommunismus zu deuten, eine Spur, die interessant ist, aber die Figur sicher nicht ganz auflöst. Der romantische Zauber des kleinen Epos besteht gerade in der phantasievollen Öffnung der Figuren. Das gilt ganz besonders auch für die drei Frauenfiguren aus der »Wilden Jagd«, dem romantischen Höhepunkt des Textes. Ganz deutlich spielt Heine auf die drei für Europa wichtigsten Kulturkreise, die antik-romanische, die germanische und die jüdische Kultur und deren sensualistische Traditionen an, die sich in den drei Frauenfiguren manifestieren, denen »Kreuz und Qual verhaßt ist« (Cap. XX) und die an den Typus »femme fatale« der Schwarzen Romantik erinnern. Heines Denkbild von der Unterdrückung des heidnischen Sensualismus durch die christlich-spiritualistische Überformung gewinnt hier poetische Gestalt, ohne dass dieses Dreigestirn bloße Illustration dieser abstrakten These wäre.

Die beiden Fassungen des *Sommernachtstraums*, die Zeitschriftenfassung von 1843 und der Buchdruck von 1847, rahmen das *Wintermährchen* von 1844 gewissermaßen ein. Die Bezüge zwischen beiden Werken sind denn auch stark und beschränken sich nicht auf die von Shakespeare entlehnten Untertitel. Vor allem aber wird der *Sommernachtstraum* mit seinem Bekenntnis zur Autonomie der Kunst nicht etwa durch das die deutschen Verhältnisse direkt kritisierende, von ihm als »politisch-romantisch« bezeichnete *Wintermährchen* desavouiert; das wird durch die Tatsache der erneuten Überarbeitung und Drucklegung 1847 nachdrücklich bekräftigt.

Deutschland. Ein Wintermährchen

Mit *Deutschland. Ein Wintermährchen* gelingt Heine die
Überführung der Machart seiner so erfolgreichen Prosa
der *Reisebilder* aus den 20er-Jahren in die vormärzli-
che Versdichtung. »Versifizirte Reisebilder« (an Campe,
20. Februar 1844) nennt er denn auch die Schilderung der
Reise seines Icherzählers durch das unter dem Eispan-
zer von politischer und geistiger Unterdrückung erstarrte ›wintermärchenhafte‹ Deutschland. Die geschilderte
Route entspricht in etwa jenem Reiseweg, den Heine
selbst für seine Rückfahrt von Hamburg nach Paris im
Dezember 1843 (7.–16. Dezember) wählte, als er zum ersten Mal nach seiner Übersiedlung nach Paris im Jahre
1831 wieder Deutschland besucht hatte. Nur ordnet der
Text die Stationen in umgekehrter Reihenfolge an, also
nicht als Reise von Hamburg nach Aachen, wie Heine sie
tatsächlich gemacht hat, sondern von Aachen nach Hamburg. Angereichert ist die Darstellung überdies um einige
Orte, an denen Heine nicht war, so z. B. am Hermanns-
denkmal oder am Kyffhäuser, aber auch in Paderborn. Bereits während der Reise scheint Heine erste Notizen zu
seinem »höchst humoristischen Reise-Epos« (an Campe,
20. Februar 1844) gemacht zu haben, das bis Mai 1844 fertig war. Wie die überlieferte Reinschrift ausweist, hat er
dann einen Akt offenbarer Selbstzensur vorgenommen
und verschiedene sehr scharf satirische Stellen aus dem ursprünglichen Text getilgt. Dem Verleger war aber auch
diese Fassung noch zu riskant, er wollte den Text der Vorzensur vorlegen, um auf Nummer sicher zu gehen. Heine
wehrte sich mit Nachdruck, und erst während seiner
zweiten Deutschland-Reise 1844 fand man einen Kom-
promiss: Das *Wintermährchen* erschien zusammen mit
den *Neuen Gedichten* in einem Band und brauchte so wegen des Umfangs dieses Bandes nicht in die Vorzensur.

Parallel zu diesem Druck, der in der vom Autor gewünschten Gestalt erschien, bereitete der Verlag einen Separatdruck vor, in dem aufgrund von Einsprüchen des
Zensors verschiedene Stellen geändert werden mussten.
Kurze Zeit nach der Buchausgabe, die unmittelbar bei Erscheinen in den meisten Bundesstaaten verboten wurde,
druckte die Pariser Zeitschrift *Vorwärts!* auf Vermittlung
von Karl Marx den Text nach.

Den 27 Capita ist nur im Separatdruck ein nachträglich
eigens für diesen Druck verfasstes »Vorwort« vorangestellt, das dem deutschen Leser zu erklären versucht, wie
Patriotismus und Kosmopolitismus aus derselben Quelle
– den Menschenrechten – gespeist werden und – wohlver-
standen – zusammenfallen. Damit ist zugleich klargestellt,
worum es im *Wintermährchen* geht: um eine Kritik des
deutschen Obrigkeitsstaates sowohl in Hinsicht seiner
ideologischen und historischen Wurzeln wie seines gegen-
wärtigen Erscheinungsbildes. Dabei nimmt Caput I die
Hochgestimmtheit des Vorwortes noch mit hinüber in die
Verserzählung und entwirft die Utopie einer befreiten
Menschheit, die sich aus der Bevormundung durch die
alten Mächte löst und »hier auf Erden schon / Das Him-
melreich errichten« will. »Zuckererbsen für Jedermann«
lautet die Verheißung und zugleich der Maßstab von Heines Kritik an den deutschen Zuständen, die ihm in diesem
ersten Kapitel schon an der Grenze in der Gestalt des
Harfenmädchens und ihres misstönenden »Entsagungslie-
des« entgegentreten. Das Ergebnis dieser Kritik ist ver-
nichtend: Angeleitet von Hamburgs Stadtgöttin Hammonia sieht der Icherzähler am Ende in Caput XXVI im
Nachtstuhl Karls des Großen eine in jeder Hinsicht ab-
scheuliche Zukunft auf Deutschland zukommen. Diese
Schlussvision dementiert nun aber keineswegs die Para-
dieseshoffnung des Eingangs, wie verschiedene Interpreten und insbesondere Wolf Biermann es wollen, sondern
zieht lediglich die Linie des historischen Ist-Zustandes

weiter. Heine hat sich hier leider als trefflicher Prophet erwiesen.

Zwischen beiden Visionen, die dem Werk den inneren
Rahmen geben, spannt der Dichter im Stile der *Reisebilder*
den lockeren Faden der Reise, der sich an drei Punkten
verdickt: Dem Aufenthalt in Köln (Cap. IV–VII), dem Besuch bei Barbarossa im Kyffhäuser (XIV–XVII) – dies der
zentrale und dickste Knoten – und dem Aufenthalt in
Hamburg (XX–XXVI) widmet er jeweils mehrere Capita.
Hier kommt es zu Erlebnissen, die die Felder von Heines
Kritik bezeichnen. Sie berühren die Grundfesten des
preußisch-deutschen Obrigkeitsstaates, wie sie in der Formel: »Mit Gott für König und Vaterland« zusammengezogen sind. Im Köln-Abschnitt geht es um radikale Religionskritik, darum, wie die Konsequenz der deutschen
idealistischen Philosophie zu ziehen ist. Schon in den
Reisebildern und dann besonders in *Zur Geschichte der
Religion und Philosophie in Deutschland* hat Heine den
Tod Gottes in der Geschichte verkündet und die Zerschlagung der religiösen Bevormundung zur wichtigsten Voraussetzung für die Emanzipation erklärt. Er beschwört
diese Zeiten der geistigen Unterdrückung durch die Kirche im Versepos in Hinweisen auf die Kölner »Dunkelmänner« des 15./16. Jahrhunderts und die Bücherverbrennungen. Der stumme Begleiter des Icherzählers, »die That
von deinem Gedanken« (Cap. VI), zerschmettert schließlich im Traum die Skelette der heiligen drei Könige im
Dom zu Köln und zerstört damit auch praktisch die historische Basis religiös legitimierter Herrschaft. Sehr bald
wurde deutlich, dass der 1840 auf den Thron gelangte
preußische König Friedrich Wilhelm IV. mit seinem Engagement für den Weiterbau des katholischen Doms nicht
primär religiöse Ziele verfolgte, sondern eine politische
Demonstration im Sinn hatte: Es ging ihm um die Fortschreibung des Gottesgnadentums auch in der nachrevolutionären Welt. Heine, anfangs selbst Kassenwart im

Pariser Ableger des Domvereins, hat diesen Pferdefuß
erkannt und stellt jetzt gerade die Nichtvollendung des
Doms als das richtige Zeichen hin: »Denn eben die Nichtvollendung / Macht ihn zum Denkmahl von Deutschlands Kraft / Und protestantischer Sendung.« (Cap. IV)

Der Besucher im Kyffhäuser enttarnt den den Deutschen verheißenen Befreier Barbarossa als abgelebtes Gespenst alten Standesdenkens und zieht das ernüchterte Fa-
zit: »Bedenk' ich die Sache ganz genau, / So brauchen wir
gar keinen Kaiser.« (Cap. XVI) Auch hier wird die vom
Preußen-König Friedrich Wilhelm IV. so sehr betonte traditionelle Legitimation politischer Herrschaft demontiert,
wobei Heine schließlich noch einen Schritt weitergeht.
Kaiser Rotbart, das »Gespenst mit Zepter und Kron'«
(Cap. XVI), verkörpert doch zumindest das echte Mittelalter, während die regierenden Hohenzollern ihr Ritter-
tum nur mehr vorgaukeln, und der Erzähler bittet Rotbart
am Ende, ihn von solchem »Zwitterwesen« zu erlösen:

> Von jenem Kamaschenritterthum,
> Das ekelhaft ein Gemisch ist
> Von gothischem Wahn und modernem Lug,
> Das weder Fleisch noch Fisch ist.
> (Cap. XVII)

Die Hamburg-Kapitel schließlich spitzen sich zu in der
Begegnung des Erzählers mit der Hamburger Stadtgöttin
Hammonia. Die beiden sind die Travestie des Paares aus
dem ersten Kapitel, wo die Jungfer Europa und der Genius der Freiheit vermählt werden. Hammonias spießige
Kleinbürgerlichkeit, ihr Arrangement mit den Verhältnissen der Repression und Ausbeutung in Deutschland, die
heruntergekommene Umgebung im Hamburger Huren-
viertel, kontrastieren grell mit dem Anspruch ihres Königs-
tums. Heine nimmt hier ein Motiv aus dem Kyffhäuser-

Knoten wieder auf: Erneut erleben wir die Monarchie als Schauspielaufführung, dieses Mal allerdings als eine Groteske. Ironisch wird der Stammbaum Hammonias vorgeführt, die von der Schellfischkönigin und Karl dem Großen abstammt, sich also ebenso auf das mittelalterliche Deutschland zurückführt wie die Hohenzollern. Und so wie diese im Aachener Dom den Krönungsstuhl Karls des Großen bewahren und verehren, so verehrt und bewahrt Hammonia den Nachtstuhl des Gründervaters der deutschen Nation, der dem, der sich in ihn hineinzuschauen traut, die Zukunft Deutschlands offenbart. Heine kritisiert in dieser Burleske erneut die Legitimierung der Herrschaft aus der deutschen Geschichte, jetzt aber vor allem auch die Perspektive, die sich daraus ergibt. Denn die Linie, die von Kaiser Karl zu Friedrich Wilhelm IV. reicht, führt direkt weiter auf jene Horrorvision zu, die dem Erzähler aus dem Nachtstuhl entgegen steigt und die so unbeschreiblich furchtbar ist, dass ihm die Sinne schwinden. Wie furchtbar Deutschlands Zukunft in den nächsten 150 Jahren wirklich wurde, hat Heine sicher nicht geahnt; dass aber das sich in Deutschland ausbreitende Preußentum eine der Wurzeln dieser Schreckensgeschichte war, das hat er im *Wintermährchen* bereits sehr genau vorausgesagt.

Neben diesen auf die ideologischen und historischen Wurzeln zielenden Angriffen nimmt Heine in den eigentlichen Reisekapiteln all die üblen Erscheinungen des preußisch-deutschen Obrigkeitsstaates aufs Korn: Militarismus, Zensur, Obskurantismus, Philistertum, Untertanengeist, politisches Phlegma, Chauvinismus, aber auch die hohle Rhetorik der national-liberalen Opposition und das Kleinlich-Harmlose der Kunst und des Theaters.

All das wird aber nicht nur in Form von direkten Angriffen inhaltlich bloßgestellt und lächerlich gemacht. Heine investiert erneut, wie bereits im *Atta Troll*, sehr viel Arbeit in die virtuose Ausarbeitung des Werks. Es ist die

Machart des Textes, worin sich das Verdrehte und Verkehrte der Verhältnisse vor allem zeigt. Besonders eindrucksvoll demonstriert das die Reimwahl: Kein anderes Werk Heines enthält eine solche Menge ausgefallener und satirischer bis kalauernder Reime wie das *Wintermährchen*: »Kaiser« und »Birkenreiser«, »Gotte« und »Spotte«, »König« und »wenig«, »widersetzig« und »aristokrätzig«, »Pastöre« und »Zensorschere« sind nur eine kleine Auswahl aus einem wirklich sehr phantasievollen Angebot. Zudem wählte Heine mit der volkstümlichen Nibelungenstrophe bzw. der »Chevy-Chase«-Strophe eine sehr flexible metrische Vorgabe, die ihm viele Freiheiten der Ausfüllung ließ. Auch findet sich wieder eine Fülle romantischer Versatzstücke in das *Wintermährchen* eingebaut, von Sagen und Volksliedern bis zu Träumen und Gespenstererscheinungen, Elemente, mit denen Heine den poetischen Charakter seines Textes untermauern will. Zu Recht nennt er den Charakter des Werks »politisch romantisch«. Das *Wintermährchen* sollte nach Heines erklärtem Willen »populär« sein und doch »den bleibenden Werth einer klassischen Dichtung« haben. Er wollte damit der »bombastischen Tendenzpoesie« den endgültigen Todesstoß versetzen (an Campe, 17. April 1844), und zwar nicht so sehr durch die heftige Kritik, die politische Vormärzlyriker wie Hoffmann von Fallersleben oder Dingelstedt auch in diesem Werk wieder einstecken müssen, sondern durch das Beispiel des Werkes selbst, mit dem er Maßstäbe für politische Literatur zu setzen hoffte.

Bei aller eindeutigen satirischen Attacke auf das verhasste Preußentum enthält dieser Text, genau wie *Atta Troll*, jedoch auch wieder ein Bekenntnis zur Autonomie der politischen Poesie. Die mehrfach gebrochene Rede an die »Mitwölfe« in Caput XII lässt keinen Zweifel daran, dass dieser Wolf keine unbedingte Solidarität geschworen hat, dass er kein Parteisoldat ist, seine Muse kein »Schlachtpferd der Partheywuth« (*Atta Troll*, Cap. III), sondern dass er sich nur sich selbst, seinen künstlerischen und den in Caput I formulierten politischen Ansprüchen verpflichtet weiß. Eine positive Gegenposition gegen »Altdeutschland« wird im *Wintermährchen* nicht formuliert. Dafür waren die deutschen Verhältnisse zu sehr unter Niveau. Immerhin wird jenes ›andere Deutschland‹, das Deutschland, von dem der Dichter in den Nächten des Exils träumt, gelegentlich sichtbar: etwa bei der Wiederbegegnung mit der deutschen Sprache (»Und als ich die deutsche Sprache vernahm, / Da ward mir seltsam zu Muthe; / Ich meinte nicht anders, als ob das Herz / Recht angenehm verblute«; Cap. I), oder in der Erinnerung an die Amme und ihre Märchen und Lieder. Im Vordergrund steht aber jenes von Dreck, Schlamm und Kälte dominierte Land, dessen Wahrzeichen der das ganze Werk leitmotivisch durchziehende preußische Adler geworden ist, von dem es in Caput XXI heißt: »Denk’ ich an ihn, so dreht sich herum / Das Essen in meinem Magen.«

Heines *Deutschland* fand schon 1844 begeisterte Leser ebenso wie engagierte Gegner, und nachdem es zunächst sein berüchtigster Text war, gehört er heute zu den berühmtesten und populärsten Heine-Texten überhaupt und ist Bestandteil des gymnasialen Lektürekanons. Dabei vermag das Werk offenbar bis heute seine Leser noch aufzuregen. Besonders auch kreative Köpfe ließen sich immer wieder von Heines Epos inspirieren; das erste Werk im *Wintermährchen*-Ton stammt aus dem Jahr 1846. Bekannt wurden zuletzt die experimentelle Adaptionen von Gerhard Rühm, *Wintermärchen – Ein Radiomelodram* (1976), insbesondere aber Wolf Biermanns *Deutschland. Ein Wintermärchen* aus dem Jahr 1972, eine Aktualisierung der heineschen Geschichte in die damalige Gegenwart des geteilten Deutschland hinein.

Literatur

»Atta Troll. Ein Sommernachtstraum«: B 1: DHA 4; HSA 2. Höhn, B 5: 1997, 81–95. Woesler, B 7.3: 1978. – *»Deutschland. Ein Wintermährchen«:* B 1: DHA 4; HSA 2. Höhn, B 5: 1997, 115–134. Kaufmann, B 7.3: 1958. *Folgende kommentierte Leseausgaben mit weiterführenden Hinweisen:* Karlheinz Fingerhut: Heinrich Heine. »Deutschland. Ein Wintermärchen«. 2 Bde. Frankfurt a. M. ²1980. – »Deutschland. Ein Wintermärchen«. Hrsg. von Werner Bellmann. Stuttgart 1979 [u. ö.]. Dazu Bellmann, B 7.3: 1980. – Heinrich Heine: Deutschland. Ein Wintermärchen. Hrsg. von Karlheinz Fingerhut. Frankfurt a. M. 1992.

Dramen

Das Drama war zusammen mit dem Versepos zur Heine-Zeit immer noch die am höchsten angesehene Gattung. Auch dieser Aspekt spielt sicher eine Rolle bei dem Bemühen des jungen Heine um die Tragödie, das sich in den beiden in den Jahren 1820–22 entstandenen Stücken *Almansor* und *William Ratcliff* niederschlug. Daneben hat Heine bereits damals offenbar auf eine größere Resonanz beim Publikum gehofft, als sie mit Gedichten zu erreichen war. Denn sein Ziel war sehr hoch gesteckt: In einem Brief an den Erfolgsautor Adolf Müllner, dessen Drama *Die Schuld* (1813) überall gespielt wurde, schrieb er am 30. Dezember 1821, er wolle ihn »von seinem Bretterthrone« verdrängen. Vielleicht waren es auch die höheren Verdienstmöglichkeiten, die er im Auge hatte, und die ihn in späteren Jahren immer wieder versuchen ließen, vor allem den *William Ratcliff* vielleicht doch noch einem Intendanten erfolgreich zu empfehlen. Aus der Anekdote von Heines Besuch bei Goethe am 2. Oktober 1824 erfahren wir, dass er auch über ein Drama zum »Faust«-Stoff nachdachte, also seine dramatischen Ambitionen weiter aufrecht hielt. Als Autor ist er dann nur mehr im Rahmen der beiden Ballett-Libretti wieder mit der Bühne in Berührung gekommen, hat aber immerhin sein *Ratcliff*-Stück 1852 anstelle des *Wintermährchens* in die dritte Auflage der *Neuen Gedichte* aufgenommen, was seine anhaltende Hochschätzung dieses Stückes dokumentiert. Zugleich war Heine stets ein begeisterter und beständiger Theaterbesucher, ein profunder Kenner des deutschen wie des französischen Theaters in allen seinen Ausformungen als Sprech-, Musik- und Tanztheater. In den Briefen *Über die französische Bühne* hat er den französischen Betrieb und die Unterschiede zu den deutschen Verhältnissen in einem eigenen Text thematisiert.

Als erstes Stück entstand *Almansor.* Heine begann mit der Niederschrift noch in Bonn im August/September 1820. Fortgeführt hat er das Werk in Göttingen im Herbst 1820 und Winter 1820/21 und den Rest dann nach seinem Verweis von der Göttinger Universität in Berlin geschrieben. Während der Arbeit trieb Heine ein intensives Quellenstudium zur Geschichte der Mauren in Spanien, hat sich aber auch von literarischen Darstellungen anregen lassen, wie z. B. von Friedrich de la Motte-Fouqués Romanze *Don Gayferos* aus dem Roman *Der Zauberring* (1813) und vom persischen Epos *Medschnun und Leila.* Bereits Ende 1821 erschien ein auszugsweiser Vorabdruck des Stücks in der Berliner Zeitschrift *Der Gesellschafter.*

Bald nach Abschluss des *Almansor* wurde die Arbeit an *William Ratcliff* begonnen, die Anfang 1822 abgeschlossen war. Eine wesentliche Rolle für dieses Stück spielte die damals herrschende Mode der »Schicksalsdramen«. *Die Schuld* von Adolf Müllner, das Heine schätzte und mehrfach in den *Reisebildern* zitiert, Zacharias Werners *Der vierundzwanzigste Februar* oder Franz Grillparzers *Die Ahnfrau* waren deren bekannteste Vertreter. Typische Requisiten dieser Gattung sind so genannte »Schicksalstage«, »Schicksalorte«, die Vorstellung, dass eine ungesühnte Schuld als Fatum über den Menschen waltet usw. Von allem findet man im *Ratcliff* etwas wieder. Wesentliche Anregungen für Kolorit und Gestaltung des schottischen Ambiente hat Heine aus den Romanen von Walter Scott erhalten, der damals ein europäischer Bestseller-Autor war.

Beide Dramen sind dann 1823 im Rahmen des Bandes *Tragödien, nebst einem lyrischen Intermezzo* im Druck erschienen und fanden eine recht freundliche Aufnahme in der Kritik, allerdings nur sehr wenige Leser. Auf der Bühne war zu Heines Lebzeiten nur *Almansor* zu sehen, und zwar am 20. August 1823 in Braunschweig in der Regie

von August Klingemann. Aus nicht mehr rekonstruierbaren Gründen kam es zum Eklat: Das aufgebrachte Publikum erzwang den Abbruch des Stücks.

Almansor hat Heine dann als Drama selbst mehr oder
weniger verworfen. Interessant geblieben ist es bis heute
unter zwei Aspekten: Einmal hinsichtlich der Beschäftigung des Autors mit Fragen der Religion bzw. des Verhältnisses der Religionen untereinander und den Wechsel-
wirkungen zwischen Religion und Gesellschaft, ein Punkt,
der immer wieder in Heines Werk auftaucht; zum zweiten, weil sich in der Liebesgeschichte dieses Stücks das
merkwürdig gebrochene Liebesmodell der frühen Lyrik
spiegelt, ein Liebesmodell, das zugleich die Stellung des
Autors zu der ihn umgebenden Gesellschaft abbildet. Das
Stück schildert die Rückkehr Almansors, des Sohnes einer
im arabischen Exil lebenden Maurenfamilie islamischen
Glaubens, nach Granada, das, 1492 durch die Reconquista
zurückerobert, inzwischen wieder unter christlicher Herrschaft steht. Er muss erleben, wie die Christen die Spuren
der maurischen Kultur zerstören und die zurückgebliebe-
nen Mauren konvertiert sind, unter ihnen die geliebte Zuleima. Unter anderem haben die Christen auch den Koran
verbrannt, worauf sich die häufig zitierten Verse des *Almansor* beziehen: »Das war ein Vorspiel nur, dort wo man
Bücher / Verbrennt, verbrennt man auch am Ende Menschen.« (5,16) Almansor entführt Zuleima, die ihn noch
immer liebt, aber verheiratet werden soll, an ihrem Hoch-
zeitstag und tötet sich mit ihr in Verzweiflung.
    In der Gegenüberstellung »Islam« – »Christentum«
wird vielfach eine Allegorie des Verhältnisses »Judentum« – »Christentum« und im *Almansor* somit eine erste
intensive Auseinandersetzung Heines mit seiner jüdischen
Herkunft gesehen. Und in der Tat sind die Parallelen auf-
fallend: Die christliche Restauration in Spanien und ihre
religiöse und politische Intoleranz stehen in deutlicher

Korrespondenz zu der gerade zu Beginn der 20er-Jahre
besonders scharfen Reaktion in Deutschland, wo neben
der Verfolgung liberaler Geister wieder verstärkt antisemitische Stimmungen geschürt wurden. Auch die spezifischen Probleme der Konvertiten, deren Versuche zur As-
similation im *Almansor* letztlich an der ablehnenden Haltung der Christen scheitern, spiegeln Verhältnisse, wie
Heine sie z. B. aus der Hamburger jüdischen Gemeinde
kannte. Und doch griffe eine Sicht, die das Stück ganz auf
eine verdeckte Kritik deutscher Verhältnisse reduzierte, zu
kurz. Der Autor zumindest sah den geschichtlichen Horizont weiter gespannt und schrieb seinem Schwager Moritz
Embden in einem Begleitbrief vom 3. Mai 1823 zu den
Tragödien: »Der ächte Dichter giebt nicht die Geschichte
seiner eigenen Zeit sondern aller Zeiten, und darum ist
ein ächtes Gedicht auch immer der Spiegel jeder Gegen-
warth.«

Die Geschichte der unglücklichen Liebe zwischen Zuleima und Almansor passt genau in jenen Ton, den Heine
in den Gedichten des *Lyrischen Intermezzo* entwickelte.
Auch dort entwirft er jene entrückten, etwas kühl wirken-
den Frauen- und glühenden Männergestalten, deren Liebe
von Anfang an tragisch gestimmt ist. Diese Konstellation
findet sich in gesteigertem Maße wieder in Heines zwei-
tem Drama, dem *William Ratcliff*. Auch hier steht die tragische Liebe zwischen William Ratcliff und Maria Mac-
Gregor im Mittelpunkt – wieder nimmt der Mann die
Frau mit in den Tod –, mehrfach gespiegelt in verschiedenen in die Handlung eingeflochtenen Erzählungen, Rück-
blicken, Geistererscheinungen. Der Fluch, der auf dieser
Liebe lastet und ihr von Anfang an keine Chance lässt,
verweist deutlich auf die Modegattung »Schicksalsdrama«.
Modisch auch der – allerdings stillschweigende – Bezug
auf die Laterna magica und die durch sie auf künstlichen
Nebel projizierten Bilder, jene geisterhaften »Nebelbil-
der«, die das Stück durchziehen.

Interessanter aber als die Übernahmen und Anleihen bei den Modeautoren ist die Anlage der Figuren. Ratcliff ist der Liebeswahnsinnige, dessen Leben durch das Zusammentreffen mit Maria in jeder Hinsicht, materiell und moralisch, ruiniert wird. Das phantastische Drumherum, die inneren Stimmen und Geistererscheinungen, die ihn treiben, sind deutlicher Ausdruck seiner tiefen Verstörung, die Liebe erscheint als Krankheit zum Tode. Maria ist die unschuldig Schuldige, die das Liebeswerben des Mannes zunächst erwidert und begünstigt (»Sie gab mir Blumen, Myrthen, Locken, Küsse«), ihn dann aber kalt abblitzen lässt: »Und höhnisch knixend sprach sie frostig: Nein! / [...] / Und klirrend schlagen zu des Himmels Pforte!« (5,86) Die ältere Forschung hat hier immer auf die vergebliche Liebe Heines zu seiner Kusine Amalie verwiesen, die im August 1821, also unmittelbar vor Entstehen des Dramas, einen ostpreußischen Gutsbesitzer heiratete. Heine selbst hat durch verschiedene Hinweise eine solche autobiographische Unterlegung dieses Stückes herausgefordert. In einem Brief aus der Zeit nennt er es seine »Hauptkonfession« (an Immermann, 10. April 1823), im Rückblick spricht er dann davon, *Ratcliff* fasse gewissermaßen die Entwicklung seines frühen »Dichterlebens« zusammen und sei das grundlegende Dokument dieser »Sturm-und-Drang-Periode« (5,376 f.), eine Einschätzung, die man umso eher teilen wird, als die Beziehung zu Amalie im Wesentlichen eine literarisch-fiktive war. In der Tat ist das in der Maria-Figur entwickelte Bild von der verlockenden und zugleich kalt-abweisenden Frau für die erste Etappe von Heines Dichterleben charakteristisch: Es dient als Signatur nicht nur für die unglückliche Liebe, sondern darüber hinaus für das aus dem Sterben der Liebe sich ergebende unglückliche Weltverhältnis ganz allgemein. Auch die »kleine nordisch düstre Tragödie« (an Immermann, 24. Dezember 1822) ist so, wie die Gedichte des *Lyrischen Intermezzo*, nur eine weitere Variation »desselben kleinen Themas«.

Dass die Aufladung dieses Themas »unglückliche Liebe« weit über das Persönliche hinausgehende soziale und politische Aspekte hat, darauf hat Heine im Zusammenhang mit dem Wiederabdruck des Stücks 1852 ausdrücklich hingewiesen: Im Vergleich zu den ganz frühen Gedichten der »Jungen Leiden« spreche der Autor des *Ratcliff* bereits »eine wache, mündige Sprache und sagt unverhohlen sein letztes Wort. Dieses Wort wurde seitdem ein Losungswort, bey dessen Ruf die fahlen Gesichter des Elends wie Purpur aufflammen und die rothbäckigen Söhne des Glücks zu Kalk erbleichen. Am Herde des ehrlichen Tom im Ratcliff brodelt schon die große Suppenfrage, worin jetzt tausend verdorbene Köche herumlöffeln, und die täglich schäumender überkocht.« (5,377) Heine spielt hier konkret an auf den sechsten Auftritt und die Unterhaltung zwischen Ratcliff und dem Wirt Tom, wo es heißt: »So dacht' ich auch, und theilte ein die Menschen / In zwey Nazionen, die sich wild bekriegen; / Nemlich in Satte und in Hungerleider.« (5,82) Doch ist dieser Kampf, in dem Ratcliff sich auf Seiten der Armen engagiert, durchaus parallel zu sehen mit seinem Kampf um Maria, entspricht die soziale Deklassierung der schnöden Abweisung durch die Geliebte.

Im Gegensatz zu *Almansor*, von dem nur der eine berühmte Satz überlebte, wurde *William Ratcliff* später gelegentlich auf deutschen Bühnen gespielt. Eine andauernde Wirkung hat das Stück aber als Vorlage zum Libretto der Oper *Guglielmo Ratcliff* von Pietro Mascagni entfaltet.

Literatur

B 1: DHA 5; HSA 4. Höhn, B 5: 1997, 46–54. Fendri, B 7.4: 1980; Reeves, B 7.4: 2000, 24–50; von Matt, B 7.4: 2001, 79–92.

Prosaschriften.
Poesie und Prosa

Es war bereits die Rede davon, dass Heine – hier ganz im Gleise des Zeitgeistes – die Versdichtung in Epos, Drama und Lyrik zwar generell höher stellte als die Prosa, dass er aber zugleich von einer aus der Romantik gespeisten universalistischen Vorstellung von Poesie ausgeht, die alle Schreibarten und Gattungen durchtränkt und nahe aneinander rückt (siehe Kapitel »Heines Selbstverständnis«). Dabei unterscheidet er einerseits selbstverständlich zwischen Merkmalen gebundener und ungebundener Rede, auch zwischen verschiedenen Formen des Gedichts wie Lied, Romanze, Ballade usw.; andererseits aber stellt er an eine gelungene Prosa doch ganz ähnliche Ansprüche wie an gute Verse, und es bereitet ihm keinerlei Probleme, die Grenzen literarischer Formen zu überschreiten und ihre Eigenheiten zu mischen, mit ihnen zu spielen, mitten in ihrem Aufbau den Faden abzuschneiden und den Text in einem fragmentarisch-offenen Ende auslaufen zu lassen.

Was das Versprimat angeht, so hat er es im *Atta Troll* nachdrücklich bekräftigt: Nur in Versen blüht der Menschheit bereits jetzt die Freiheit, nur in gebundener Rede ist das wahre »Reich der Poesie« zu finden (siehe oben). Die Prosa dagegen liefert die Waffen, mit denen für dieses Reich gekämpft wird, sie ist Mittel zum Zweck, während die Poesie sich selbst Zweck ist – eine Unterscheidung, deren Wurzeln in den geschichtsphilosophischen Vorstellungen von Herder bis Hegel liegen. Auch die jungdeutschen Bekenntnisse zu einer »Emanzipation der Prosa« aus den 30er-Jahren, für die er selbst mit seinen *Reisebildern* wesentlicher Auslöser war, haben an dieser Abstufung für Heine nichts geändert. Bis zu den letzten Gedichten ist ihm

die Poesie Teil einer auratisierten Sphäre, eine Art Geheim-
wissenschaft für Eingeweihte und zugleich Ausdruck des
Außergewöhnlichen, des gänzlich »Unprosaischen«. In
den verschiedenen Entwürfen für die Gliederung der geplanten Gesamtausgabe hat er die Versdichtungen schließlich ganz am Ende zusammengefasst, als Aufgipfelung und
krönenden Abschluss. Im Zusammenhang mit *Atta Troll*
hatte Heine einen Anlauf genommen, in der Auseinandersetzung mit dem frühen Gedichtband Ferdinand Freiligraths von 1838 sein Verständnis von der Lyrik näher zu
beschreiben. Einige Notizen dazu sind überliefert. Daraus
geht hervor, wie wichtig für ihn immer noch Begriffe wie
»Naturlaute« oder »Unmittelbarkeit« waren, wie er, noch
tief den romantischen Vorstellungen verpflichtet, für den
Dichter vor allem Genie fordert. Freiligrath wird in diesem
Zusammenhang ein lediglich nachahmendes, rhetorisches
Talent zugesprochen. Dagegen hebt Heine in diesen Text-
fragmenten den anmutenden Charakter der »neuern Poesie« hervor, deren Wesen in ihrem »parabolischen Charakter« bestehe und sich mit den Stichworten »Ahnung und
Erinnerung« verbinde: »Mit diesen Gefühlen korrespon-
dirt der Reim«. Das Geheimnis des poetischen Zaubers
aber liegt im Rhythmus der Sprache, in der Zäsur, dem
»Herzschlag des dichtenden Geistes« (10,327 f.).

Es ist aber nicht schierer Oppositionsgeist gegen die
»politischen Stänkerreime« der Tendenzdichter (an Campe, 20. Februar 1844), wenn er gerade zu Beginn der 40er-
Jahre, auf dem Höhepunkt der ersten Welle der politischen
Dichtung, den Zauber der lyrischen Poesie herausstreicht.
Eine solche Haltung wie die von Heine ist damals durchaus nichts ungewöhnliches. Zwar versuchen die Jungdeutschen das Bekenntnis zur Prosa als Bekenntnis zur Zukunft und zur Moderne zu deuten, und auch die Junghegelianer traten gegen das »nutzlose« Versemachen auf, aber
die Praxis sah anders aus: Die Lyrik war in der Zeit vor

1848 die mit Abstand am meisten gepflegte Gattung in
Deutschland, und es galt in weiten Kreisen, dass Dichter
im engeren Sinne sich nur nennen durfte, wer die gebundene Rede benutzte. Heine erweitert die idealistische Ideologie der Versdichtung um die gesellschaftliche Dimension.
Sein Festhalten am Primat der Versdichtung ist Ausdruck
jener Haltung, die das Ziel des historischen Prozesses weder in der bürgerlich-kapitalistischen Gesellschaft hegelschen Zuschnittes noch in der radikaleren Variante der
kommunistischen Theoretiker sehen wollte, sondern an
eine das Glück des Menschen in einer ganz sinnlichen Weise einlösende Gesellschaft »gleichherrlicher Götter« dach-
te. Das Besondere eines solchen Entwurfes, seine ›Poesie‹,
konnte die gebundene Rede immer noch besser verkör-
pern als die ungebundene; und auch wenn das ›Prosaische‹
als pejorativer Gegenbegriff zum ›Poetischen‹ jetzt nicht
mehr zwangsläufig mit der Prosa als Gattung verbunden
war, so hatte sie doch eher mit den Mühen der Freiheits-
kämpfe als mit den erkämpften Freiheiten zu tun.

Die Übergänge zwischen den Gattungen sind bei Heine
nicht so starr, wie es eine systematische Betrachtung vielleicht nahelegen könnte. Auch damit steht er mitten in einer Zeit, die ohnehin ein eher praktisches Verhältnis zur
Poetik hatte und sich hier in der Regel recht zwanglos
verhielt. Heine hat das Versprimat zwar nicht einge-
schränkt, aber sein universalistischer Poesiebegriff führte
zu einer deutlichen Aufwertung der Prosa als Gattung. So
schreibt er 1837 in der Vorrede zur zweiten Auflage des
Buchs der Lieder:

> Seit einiger Zeit sträubt sich etwas in mir gegen alle
> gebundene Rede, und wie ich höre, regt sich bey
> manchen Zeitgenossen eine ähnliche Abneigung. Es
> will mich bedünken, als sey in schönen Versen allzu-
> viel gelogen worden, und die Wahrheit scheue sich in
> metrischen Gewanden zu erscheinen.   (1,564)

Aber bereits zwei Jahre später eröffnet er die dritte Auflage wieder mit einem Gedicht und bittet Apollo, den Gott der Dichtkunst, um Verständnis für seine Ausflüge in das Gebiet der Prosa: »Du verstehst mich, großer schöner Gott, der du ebenfalls die goldene Leyer zuweilen vertauschtest mit dem starken Bogen und den tödtlichen Pfeilen« (1,15). Hier haben wir das Bild von der Prosa als Waffe, das später im *Atta Troll* wiederbegegnet.

Gelungene Verse und gelungene Prosa ergänzen sich in dieser Vorstellung im Blick auf die beiden innewohnende ›Poesie‹, sie haben jeweils ihre Funktion, und auch wenn der Vers im ideologischen Ranking eine höhere Stelle einnimmt, so ist die gute Prosa doch ebenso ein Produkt äußerster Kunstanstrengung. Im *Ludwig Börne* heißt es: »Die heutige Prosa [...] ist nicht ohne viel Versuch, Berathung, Widerspruch und Mühe geschaffen worden.« (11,13) Und auf den Zusammenhang zwischen Vers und Prosa eingehend, schreibt Heine weiter:

> Nur so viel will ich bemerken, daß, um vollendete Prosa zu schreiben, unter andern auch eine große Meisterschaft in metrischen Formen erforderlich ist. Ohne solche Meisterschaft fehlt dem Prosaiker ein gewisser Takt, es entschlüpfen ihm Wortfügungen, Ausdrücke, Cäsuren und Wendungen, die nur in gebundener Rede statthaft sind, und es entsteht ein geheimer Mißlaut, der nur wenige, aber sehr feine Ohren verletzt. (Ebd.)

Das geht gegen Börne, dessen bewusst kurzatmigem Stil Heine »kindische Unbeholfenheit« bescheinigt (11,14), der gewissermaßen eine ›prosaische‹, d. h. unpoetische Prosa schreibt, ebenso wie die hohe Wertschätzung der Tendenzdichtung für ihn ein »bedenkliches Zeichen einreißender Prosa« darstellt (10,328). Heine richtet an die Prosa dieselben Anforderungen wie an den Vers: Wieder ist wahre Meisterschaft und das feine Ohr des Eingeweihten gefordert, um dem Anspruch einer künstlerischen, ›poetischen‹ Prosa zu genügen.

Es ist diese Vorstellung von der alle Gattungen umgreifenden Poesie, die dazu führt, dass Heine vom frühesten *Reisebilder*-Band von 1826 an immer wieder Verse und Prosa zusammenstellt. *Die Harzreise* und *Die Heimkehr*, *Ideen. Das Buch Le Grand* und *Neuer Frühling* treten so in ein poetisches Spannungsverhältnis. In den 30er-Jahren hat er das Prinzip der Gattungsmischung in drei der vier Bände weitergeführt, die zwischen 1834 und 1840 unter dem Titel *Der Salon von H. Heine* sehr disparate und zuvor meist bereits in Zeitungen und Zeitschriften erschienene Texte zusammenführten. Gerade in dieser Zeit, als das Schwergewicht seiner Arbeit eindeutig auf der Prosa lag, unterstreicht der Einbezug der Verse, wie Heine sich als Versdichter auf jeden Fall in Erinnerung halten will und durch die eingestreuten Gedichtgruppen die artistischen Ambitionen seiner Prosa zu verstärken sucht. Und auch noch im ersten Band der 1854 herausgekommenen *Vermischten Schriften* stehen Gedichte neben Prosatexten. Stets ist es die ›poetische‹ Schreibart, die die Brücke schlägt zwischen Vers und Prosa bei Heine, die die verschiedenen Genres zusammenhält, die er bedient, und die Figur des Schriftstellers Heine eigentlich erst konstituiert. Rückblickend heißt es denn auch in einer ausgeschiedenen Stelle der *Götter im Exil* aus dem Jahre 1854, er sei sein Leben lang nicht wegen der Inhalte, sondern wegen seines Stils beargwöhnt worden: »Nein, ich gestehe bescheidentlich, mein Verbrechen war nicht der Gedanke, sondern die Schreibart, der Styl.« (9,294)

Literatur

Preisendanz, B 7.5: 1975, 21–68; Werner, B 7.5: ²1997, 295–313.

Reisebilder

Bewegung und Stillstand
Zu einigen Voraussetzungen von Heines
Reisebilder-Prosa

Mit den *Reisebildern* wurde Heine berühmt. Mit ihnen gelang ihm nicht nur der Durchbruch auf dem nationalen und internationalen Literaturmarkt, er wurde durch sie zugleich zur Leitfigur einer ganzen Generation junger Schriftsteller. In den *Reisebildern* bildet sich beispielhaft das Lebensgefühl dieser Generation ab, der es in der Literatur nicht mehr vorrangig um Fragen der ›Kunst und des Altertums‹ geht, sondern vor allem, wie Heine es in Kap. XXIX der *Reise von München nach Genua* formuliert hat, um die »Emanzipazion«, und zwar »die Emanzipazion der ganzen Welt, absonderlich Europas, das mündig geworden ist, und sich jetzt losreißt von dem eisernen Gängelbande der Bevorrechteten, der Aristokratie« (7,69).

Vor allem in den deutschen Staaten mit den Führungsmächten Preußen und Österreich war nach der Niederwerfung Napoleons und durch die Beschlüsse des Wiener Kongresses von 1815 der durch die bürgerliche Revolution von 1789 in Gang gekommene Prozess der Veränderung der gesellschaftlichen Strukturen zunächst einmal zum Stehen gekommen. Im Zuge der ›Demagogenverfolgung‹ und des Verbots der Burschenschaften wurden liberale Ideen unnachsichtig unterdrückt, ihre Protagonisten verfolgt, eingesperrt oder außer Landes gejagt. Strenge Zensurgesetze und ein ausgedehntes Netz von Spitzeln und Denunzianten sorgte ganz besonders in den Jahren zwischen 1820 und 1830 für das Klima eines Überwachungsstaates. In dieser Atmosphäre der Lähmung und des Stillstands wirkten die *Reisebilder*, die genau auf diesem zeitlichen Höhepunkt der Repression auf den Markt kamen, wie ein Fanal.

›Bewegung‹ lautete die Maxime, die Heine den Verhältnissen entgegensetzte, und zwar in allen Bedeutungen dieses Wortes. Es wurde zum Schlagwort der jungdeutschen Generation, die Heine nicht nur hinsichtlich der Politisierung der Gattung ›Reiseliteratur‹, sondern ebenso hinsichtlich der Form folgte. Die Reise ist nicht mehr nur Gegenstand, ihre Bewegung bildet sich im Text ab, führt unterschiedlichste Dinge aus häufig weit auseinander liegenden Feldern zusammen, die ihren gemeinsamen Bezugspunkt in der (politisch-ideologischen) Perspektive des reisenden Icherzählers haben. Heine greift dabei durchaus auch auf Vorbilder aus der Tradition der Reiseliteratur zurück, wie Sternes *Sentimental Journey through France and Italy* oder die fiktiven romantischen Reiseberichte, während er die aufklärerischen, aus einem vor allem belehrenden Impetus geschriebenen Reiseberichte zwar benutzt, ihre Darstellungsform aber ironisiert. Auch Goethes *Italienische Reise* steht selbstverständlich als Modell im Hintergrund, wobei Heine sich von der bewussten ästhetischen ›Objektivität‹ und politischen Indifferenz dieses teilweise durchaus bewunderten Vorbilds durch eine dezidierte Subjektivierung und Politisierung der Perspektive absetzt.

Sich selbst, seine Erlebnisse und Phantasien, seine Vorlieben und Interessen, zu denen neben dem an Kunst auch das an »Emanzipation« gehört, macht der Icherzähler der *Reisebilder* ganz ungeniert zum Spiegel, in dem sich die durchreiste geographische und geistige Welt abbildet. Diese Klammer der subjektiven Perspektive sorgte dafür, dass das, was Heine sehr anschaulich als »zusammengewürfeltes Lappenwerk« beschreibt (an Moser, 11. Januar 1825), nicht auseinanderfällt: Schilderungen von Städten, Landschaften, Sehenswürdigkeiten; statistische Angaben, his-

torische Daten; Episoden, Anekdoten, Erlebnisberichte;
Polemiken, Satiren, Witze; Abschweifungen, Reflexionen
usw. In schnellem Tempo werden Stil- und Sprachebenen
gewechselt, Gattungsgrenzen überschritten, herkömmliche
Muster verletzt. Auf Abrundung und Abgeschlossenheit
der Komposition legt Heine keinen Wert; die einzelnen
Teile der *Reisebilder* brechen mehr oder weniger willkür-
lich ab, nicht einmal der Reiseweg wird dem Leser in vol-
lem Umfang mitgeteilt. Gerade das Fragmentarische, die
Offenheit der Form wie auch die Möglichkeit, über die
Darstellung des Fremden in indirekter Weise auf die deutschen Verhältnisse zu sprechen zu kommen, machte die
Reiseliteratur vor allem für oppositionelle und unter dem
Druck der Zensur leidende Autoren zu einer idealen Platt-
form, zum Vehikel des »Ideenschmuggels«, wie Karl Gutzkow diese Vorgehensweise nannte. Heine schrieb an seinen
Kollegen Karl Immermann, ebenfalls Verfasser von Reise-
berichten: »Die Reisebilder sind vor der Hand der Platz
wo ich dem Publikum alles vorbringe was ich will«
(14. Oktober 1826). Dass dabei manches dann doch der
Zensur zum Opfer fiel, war vorher wohl teilweise schon
einkalkuliert, dem Leser aber auch im ironischen Zensur-
kapitel (Kap. XII) von *Ideen. Das Buch Le Grand* bereits
signalisiert.

Die Wirkung der *Reisebilder* war insbesondere in den
Jahren nach der französischen Julirevolution von 1830
groß. Von einer moralisierenden konservativen Kritik zumeist scharf abgelehnt, vom Lesepublikum – wie die verschiedenen Auflagen zeigen – durchaus angenommen, bildete sich zu Anfang der 30er-Jahre um die *Reisebilder* herum eine Gruppe von Schriftstellern, die Heines Vorbild
sowohl inhaltlich wie formal aufgriffen, es nachahmten
oder auch umgestalteten. Zu ihnen zählten die dann zusammen mit Heine 1835 von den Behörden mit Publika-
tionsverbot belegten Jungdeutschen Heinrich Laube, Karl
Gutzkow, Theodor Mundt und Ludolf Wienbarg, es ge-

hörten dazu aber auch Autoren wie Gustav Kühne, Hermann von Pückler-Muskau oder August Lewald. Durch verschiedene Übersetzungen ins Französische und Englische wurde Heines Name auch dem europäischen Publikum bekannt, und insbesondere in Frankreich galt er zeitlebens zunächst als Autor der *Tableaux de voyages*.

Zu den Gegensätzen, die Heine offenkundig fasziniert haben, gehört der von Bewegung und Stillstand, Wandel und Ruhe, Veränderung und Erstarrung. Gerade der Begriff »Bewegung« erlebt im Anschluss an die *Reisebilder*-Zeit und unter der unmittelbaren Wirkung von deren Rezeption einen rasanten Aufstieg zu einem der Schlüsselbegriffe der jungen Intelligenz. Autoren des Jungen Deutschland wie Theodor Mundt oder Heinrich Laube entfalten geradezu einen Bewegungskult. Mundt veröffentlicht 1835 seinen *Madonna*-Roman mit dem Anspruch, ein »Bewegungsbuch« bzw. ein »Buch der Bewegung« zu schreiben:

> Nicht bloß, weil es der vagabundirende Verfasser auf Reisen geschrieben hat, sondern weil wirklich alle Schriften, die unter der Atmosphäre dieser Zeit geboren werden, wie Reisebücher, Wanderbücher, Bewegungsbücher aussehen. [...] Die Zeit befindet sich auf Reisen, sie hat große Wanderungen vor [...].
> (*Madonna. Unterhaltungen mit einer Heiligen*, Leipzig 1835, S. 434)

Laube prägt damals für Paris den später berüchtigten Titel einer »Hauptstadt der Bewegung«. Es ist kein Wunder, dass für diese Autoren der Heine der *Reisebilder* der Heros war, den man als »Bewegungsherr«, »Bewegungssohn« oder »Bewegungsdichter der Zeit« feierte, und dass die *Reisebilder* auch deshalb zentrale Bedeutung für eine ganze Generation liberaler deutscher Intellektueller erhielten.

Seit der antiken Philosophie, insbesondere seit dem Neuplatonismus, steht der Begriff »Bewegung« in enger Beziehung zu dem des »Lebens«. Diese Tradition, die sich im Sturm-und-Drang und in der Romantik stark antibürgerlich und antirationalistisch aufgeladen hatte, wirkt auch in der ersten Hälfte des 19. Jahrhunderts weiter. Theodor Mundt schreibt: »Die Bewegung ist das Grundprinzip des Lebens. Denn alles Lebendige entsteht, wächst und vergeht. Also ist auch das Bestehende zum Tode verurteilt und hat der Bewegung zu weichen.« (Wülfing, B 7.6: 1982, 167) Heine verwendet in den *Reisebildern* noch nicht so sehr den Begriff »Bewegung«, sondern den sehr komplexen, unscharfen und vieldeutigen Begriff »Leben«. Sieht man zunächst nur auf den Gebrauch des Begriffs, nicht auf seine Herkunft aus der philosophischen Tradition, so wird deutlich, dass der Begriff »Leben« samt seiner Derivate – wie heute noch im Deutschen – eine recht diffuse Bedeutung hat und in weit auseinander liegenden Zusammenhängen gebraucht wird, u. a. auch in ästhetischen und politischen Kontexten. Als relativ unscharfer Begriff ruft er beim Einsatz auf der einen Ebene stets die anderen mit auf, d. h. wenn Heine einem Kunstwerk oder einem Künstler Leben, Lebendigkeit zu- oder abspricht, so ist das stets sowohl ein ästhetisches wie ein politisches Urteil. Sein Hauptvorwurf an die Romantiker lautet eben, dass sie zwar schöne, aber leblose Kunst produzieren, dass ihnen das Leben fehlt und damit die öffentliche Wirksamkeit.

Mit der Revolution von 1789 war in Heines Sicht das Leben als wirkliches, geschichtliches Leben in die Kunstwelt eingebrochen, eine Entwicklung, die er für irreversibel und grundlegend hielt. Die Neubestimmung des Verhältnisses der Kunst zu einem Leben in diesem Verständnis, die Verlebendigung der alten Kunst, das Praktischwerden ihrer Verheißungen und Versprechungen, was soviel heißt wie: Durchsetzung des Prinzips des Lebens und damit des Fortschritts, der Befreiung auch *in* der Geschichte; das sind die großen Aufgaben der neuen Zeit, und diese Aufgabenstellung fordert selbstverständlich auch eine neue Kunst.

Im politischen Kontext kann der Begriff »Leben« sich einerseits auf das Individuum, andererseits auf die Gattung beziehen. In einem kurzen Textfragment aus dem Jahr 1833, das in der Heine-Forschung unter dem Hilfstitel »Verschiedenartige Geschichtsauffassung« bekannt geworden ist, hat der Dichter seine in den *Reisebildern* verstreut geäußerten geschichtsphilosophischen Gedanken gebündelt und zwei konträre Geschichtsmodelle vorgestellt, die zugleich diese beiden Varianten der Bedeutung des Begriffs »Leben« verdeutlichen:

Das erste Modell ist die fatalistische Vorstellung von der ewigen Wiederkehr des Gleichen. Dieses Modell vertritt einen falschen Begriff von Leben insofern, als die *Menschheits*geschichte sich auflöst in die *Menschen*geschichten, also die Geschichten der einzelnen Individuen. Das historische Subjekt verfügt in diesem Modell zwar über kurzfristige, aber nicht über Zukunftsperspektiven, über ein privat-individuelles, aber nicht über ein öffentlich-gattungsbestimmtes Leben. Dieses Modell wird von den konservativen Kräften in Politik und Kunst getragen, u. a. auch, wie Heine schreibt, von den »Poeten aus der Wolfgang-Goetheschen Kunstperiode«, die auf diese Weise ihren »Indifferentismus« (10,301) beschönigen wollen.

Das zweite Modell geht vielmehr von der Idee des Fortschritts in der Geschichte aus, davon, dass alle »irdischen Dinge einer gewissen schönen Vollkommenheit entgegenreifen« (ebd.) und das goldene Zeitalter nicht etwa hinter uns, sondern noch vor uns liegt. Protagonisten dieses Modells sind die fortschrittlichen Kräfte in der deutschen Geistesgeschichte, darunter z. B. Lessing und Hegel. An diesem Modell, das Heine favorisiert, kritisiert er gleichwohl, dass

hier umgekehrt das öffentliche das private, individuelle
Leben völlig dominiert. Er kommt zu dem Schluss: Beide
Ansichten »wollen nicht recht mit unseren lebendigsten
Lebensgefühlen übereinklingen; wir wollen auf der einen
Seite nicht umsonst begeistert seyn und das Höchste set-
zen an das unnütz Vergängliche; auf der anderen Seite
wollen wir auch, daß die Gegenwart ihren Werth behalte,
und daß sie nicht nur als Mittel gelte, und die Zukunft ihr
Zweck sey.« (10,302; hier haben wir den Schlüsselbegriff
des »lebendigen Lebens«, also des wahren, geglückten Lebens). Überhaupt, so Heine weiter, sind in Bezug auf das
Leben Begriffe wie Mittel und Zweck fehl am Platze, das
Leben ist weder Mittel noch Zweck, es ist ein Recht. Und
das Geltendmachen dieses Rechtes gegen die Vergangenheit und den erstarrenden Tod ist die Revolution. Ziel dieser Revolution ist die Durchsetzung des individuellen
Rechtes auf Leben als allgemeines Menschenrecht, die
Übertragung des privaten Glücksanspruchs auf den öffentlichen, den politischen Bereich, letztlich die Überwindung der Entfremdung und die Emanzipation zu einem
unmittelbaren Leben.

Dieser Exkurs zur Bedeutung und zur Positionierung
von Begriffen wie »Leben« oder »Bewegung« in Heines
Denken liefert Leitlinien zum Verständnis und zur Ein-
ordnung des Schreibansatzes, der hinter Heines früher
Prosa steht. Die *Reisebilder* schlugen, wie der Autor sich
am Ende seines Lebens selbst sehr genau und korrekt erinnert, tatsächlich »wie ein Gewitter ein […] in die Zeit
der Fäulniß und Trauer« (6,358). Sie setzten dem Stillstand
die Bewegung, dem Tod und der Erstarrung das Leben
entgegen.

Deutschland lag in den 20er-Jahren des 19. Jahrhunderts, als diese Texte entstanden und zuerst erschienen,
unter dem schweren und übermächtigen Druck der Metternichschen Restauration. An den Universitäten herrsch-

te ein Klima der Angst und der Unterdrückung. Erst vor
diesem Hintergrund, den man gar nicht düster genug ma-
len kann, wird die Wirkung von Heines Texten verständlich. Er selbst hat diese Stimmung verschiedentlich in
Worte gefasst, so etwa im Vorwort zur französischen *Reisebilder*-Ausgabe von 1834, wo es heißt: »A cette époque,
en Allemagne, l'oppression politique avait établi un mutis-
me universel; les esprits étaient tombés dans une léthargie
de désespoir« (6,351).

In einem Stimmungsbild aus dem 9. Artikel der *Französischen Zustände* von 1832 schildert Heine, wie seine Texte, die Gedichte ebenso wie die frühen *Reisebilder*, direkte Reaktionen auf die unerträglichen deutschen Verhältnisse waren, die ihm damals vorkamen wie ein bleierner
Schlaf:

> Göthe mit seinem Eyapopeya, die Pietisten mit ihrem
> langweiligen Gebetbücherton, die Mystiker mit ih-
> rem Magnetismus, hatten Deutschland völlig einge-
> schläfert, und weit und breit, regungslos, lag alles und
> schlief. Aber nur die Leiber waren schlafgebunden;
> die Seelen, die darin eingekerkert, behielten ein son-
> derbares Bewußtseyn. Der Schreiber dieser Blätter
> wandelte damals, als junger Mensch durch die deut-
> schen Lande und betrachtete die schlafenden Men-
> schen; ich sah den Schmerz auf ihren Gesichtern, ich
> studirte ihre Physiognomien, ich legte ihnen die
> Hand aufs Herz und sie fingen an nachtwandlerhaft
> im Schlafe zu sprechen, seltsam abgebrochene Reden,
> ihre geheimsten Gedanken enthüllend. [...] Wie ich
> so dahin wanderte, mit Ränzel und Stock, sprach ich
> oder sang ich laut vor mich hin, was ich den schlafen-
> den Menschen auf den Gesichtern erspäht oder aus
> den seufzenden Herzen erlauscht hatte; – es war sehr
> still um mich her, und ich hörte nichts als das Echo
> meiner eigenen Worte. (12,177)

In der Handschrift hat Heine diesen Gedanken noch um eine Nuance weiter ausgeführt: »ich war vielleicht der Einzige, dessen Wort gehört wurde in jener stummen Zeit; nicht weil ich gar so laut sprach, sondern weil ich sprach, während andre schwiegen oder nur schläfrig brümmelten und summten« (12,709).

Dieser Text ist ein guter Ausgangspunkt, um die *Reisebilder* unter dem Aspekt von Leben und Tod, Bewegung und Stillstand zu betrachten. Die Szene ist sehr anschaulich: Der junge Autor »wandelt« bzw. »wandert« mit »Ränzel und Stock« durch eine in eine Art Zauberschlaf versunkene Welt und artikuliert, während um ihn herum alles schweigt und schläft, die geheimen Gedanken, Wünsche und Sorgen der Menschen, denen er begegnet.

Zwei Aspekte sind besonders herauszuheben: Der erste betrifft Perspektive und Gegenstand, die Heine sich selbst hier unterstellt. Es ist die Perspektive des von außen Kommenden, des neugierigen Beobachters, des Fremden. Dabei geht es ihm aber nicht vorrangig darum, die Welt in ihrer Erstarrung darzustellen, vielmehr stellt er sich wie eine Art Medium zur Verfügung, um den unterdrückten Stimmen der Welt, durch die er sich bewegt, Gehör zu verschaffen. Er ist der Einzige, der sich bewegt und der spricht, und deshalb kann auch nur er im Mittelpunkt der Geschichten stehen; durch ihn sprechen aber zugleich all die anderen Unerlösten, Ungehörten. Es ist diese Erzählhaltung, die die *Reisebilder* insgesamt prägt; dort steht die Person des Autors, seine Subjektivität als vermittelnde Instanz zwischen durchwanderter Welt und Text im Vordergrund. Die Welt wird ganz aufgrund seiner subjektiven Wahrnehmungen konstruiert, und doch ist diese Konstruktion, indem das Subjekt sich als Medium der nicht sprachfähigen Mehrheit versteht, zugleich objektives Abbild allgemeiner Wünsche, Hoffnungen und Vorstellungen. Der Weg zur angestrebten Versöhnung von privatem

und öffentlichem Leben kann in der modernen, entfremdeten Welt nur über das Medium einer rückhaltlosen, jeden Vorbehalt ablegenden Subjektivität führen:

> Bis dahin möge, mit Farben und Klängen, die selbst-
> trunkenste Subjektivität, die weltentzügelte Indivi-
> dualität, die gottfreye Persönlichkeit, mit all ihrer
> Lebenslust sich geltend machen, was doch immer er-
> sprießlicher ist, als das todte Scheinwesen der alten
> Kunst. (12,47)

Im Kunstwerk drückt sich allerdings die besondere
Subjektivität des Künstlers aus, einer Person, die über Eigenschaften verfügt, die ihn aus der Menge herausheben
und so erst als Medium für die nicht Sprachfähigen quali-
fizieren. Hier wird deutlich, dass das, was als historische
Zustandsbeschreibung daherkommt, eine weitere Dimension hat: Das Verhältnis zwischen dem unter dem Druck
der Metternichschen Restauration erstarrten Deutschland
und dem dieses Land furchtlos durchwandernden und be-
schreibenden Autor entspricht auf der Ebene der Ästhetik
dem einer ganz allgemein nach Ausdruck verlangenden,
aber zum Ausdruck nicht fähigen Welt und der Figur des
Künstlers. So wie der Künstler die Welt zu erlösen, ihr die
Zunge zu lösen vermag, so löst der Autor der *Reisebilder*
unter den gegebenen historischen Bedingungen dem ge-
quälten Deutschland die Zunge, und erlöst es damit zumindest bildlich aus seinem Todesschlaf.

Hinter dieser Konstellation wird erneut das oben bereits
angesprochene Projekt einer Vermittlung von Kunst und
Leben sichtbar, das Heines Gesamtwerk prägt. Grundforderung an die modernen Autoren ist, so steht es in der *Romantischen Schule*, dass sie »keinen Unterschied machen
wollen zwischen Leben und Schreiben« und »nimmermehr die Politik trennen von Wissenschaft, Kunst und Religion« (8,218). Gerade auch im Synthese-Begriff »Leben«
und seiner Verwendung in den *Reisebildern* spiegelt sich

das Bemühen, die Fäden von Politik und Kunst immer
wieder zu verknüpfen: Die politische Befreiung, die voran-
zubringen erklärtermaßen das große Ziel der *Reisebilder*
ist (»Was ist aber die große Aufgabe unserer Zeit? [...] es
ist die Emanzipazion der ganzen Welt«, heißt es ja programmatisch in *Reise von München nach Genua*), verge-
wissert sich ihrer Maßstäbe in der Kunst und diese wiederum muss sich an den Idealen der Politik messen lassen.

Der zweite Aspekt, der im Blick auf die oben zitierte
Textstelle aus den *Französischen Zuständen* von Interesse
ist, betrifft die »Bewegung« im engeren Sinne, das Motiv
des Reisens. Es ist bezeichnend, wenn Heine sich selbst in
jener bleiernen Welt des restaurativen Deutschland als
Wanderer beschreibt (»mit Ränzel und Stock«). »Wanderbuch« wollte er den ersten Band der *Reisebilder* ursprünglich nennen, zu dem neben der *Harzreise* der Gedichtzyklus *Die Heimkehr* gehörte, auch dies ein Terminus aus
dem Bereich der Reise. Der Gestus und die Insignien des
Wanderers weisen dabei auf Grundbedingungen des agie-
renden Subjekts: Reisen ist für diesen Autor in dieser bestimmten historischen Situation nicht bloß äußerlicher
Rahmen, es ist vielmehr zentraler Bestandteil seiner Existenz, Ausdruck seines Wunsches nach Bewegung und Lebendigkeit.

Heine schließt sich mit dieser Metaphorisierung des
Reisens an eine alte literarische Tradition an, die sich von
den so genannten »Wegegeschichten« des Alten Testamen-
tes über die Odyssee, die mittelalterlichen Ritterepen, den
Don Quichotte und die Entwicklungs- und Bildungsro-
mane bis hin zu den Irrfahrten der romantischen Phantasie erstreckt. Immer steht das Motiv des Reisens für
Veränderung und Erneuerung, aber auch für das Leben
allgemein und seinen Verlauf, wozu stets auch das Thema
der Selbstfindung, der Findung der eigenen Identität gehört.

Einerseits also macht Heine sich ganz offensichtlich diese europäische Tradition der literarischen Bearbeitung des Reisemotivs zu Nutze, ja, er stellt sich mit vielfachen Verweisen in seinen Texten selbst ganz bewusst in diese Tradition. Dabei mischen sich Verweise auf die literarischen Zeugnisse im engeren Sinne mit solchen auf die Tradition der empirischen Reiseliteratur, auf Reiseführer, statistische Handbücher u. Ä. Das ist insofern interessant, als Heine selbst seinen Texten, zumindest kann man das von der *Harzreise* und der *Reise von München nach Genua* sagen, stellenweise ironisch den Anstrich von Reiseführern gibt, indem er Nachrichten über Gebäude, Sehenswürdigkeiten, Bevölkerung usw. einstreut. Gleichzeitig macht er sich aber beständig über die Textgattung der Reiseführer lustig, und im Grunde erfährt man aus seinen Texten nur wenig Konkretes über Land und Leute.

Hier deutet sich andererseits aber auch bereits an, in welcher Hinsicht Heine sich von der Tradition verabschiedet. Seine ironische Aufhebung der Gattungsgrenzen hat durchaus Methode: Er löst die traditionellen Vorstellungen sowohl von der Seite der empirischen Berichtsliteratur wie von der des literarischen Reisemotivs her auf. Die Erwartungen werden in die eine wie die andere Richtung enttäuscht: Weder versorgen die Texte mit den üblichen Informationen, noch dient das Reisen als Movens einer Entwicklung in Richtung auf ein Ziel. Was jenseits aller schnell wechselnden Schauplätze, Personen und Ereignisse, aber auch jenseits der sich ständig mischenden stilistischen und sprachlichen Mittel, gleichzeitig aber durch diese vermittelt und verstärkt, übrig bleibt, ist das Prinzip von Veränderung, Wechsel und Wandel. Ein zentrales Thema der *Reisebilder* ist so auch das Leben selbst im Sinne von bewegtem, lebendigem Leben.

Die Texte

Das Gesamtprojekt der *Reisebilder* wurde möglich, als Heine im Januar 1826 in Hamburg Bekanntschaft mit dem jungen Verleger Julius Campe machte. In seiner damaligen Lage bedeutete das Zusammentreffen mit dem energischen und tatkräftigen Campe, der in Heine seine große Chance witterte, für diesen zumindest die Möglichkeit, den bereits früher gehegten Plan, unter dem Titel »Wanderbuch« einen Band Prosa zu veröffentlichen, jetzt endlich zu verwirklichen. Die Behauptung ist nicht abwegig, dass in der Folge ohne die ständigen Ermahnungen und das Drängen Campes auf Fortsetzung der einmal begonnenen Arbeit die *Reisebilder* in dieser Form nicht zustande gekommen wären.

Zwischen 1826 und 1831 erschienen vier Bände *Reisebilder von H. Heine*. Während die Bände III und IV ihre Gestalt auch bei späteren Auflagen nicht veränderten, nahm Heine in den Bänden I und II beim Übergang von der ersten zur zweiten Auflage erhebliche Änderungen vor. Der Inhalt der Bände im Einzelnen:

- [1a] Reisebilder von H. Heine. Erster Theil. Hamburg 1826. Enthält: *Die Heimkehr*, ⟨Weitere Gedichte⟩, *Die Harzreise, Die Nordsee. Erste Abtheilung.*
- [1b] Reisebilder von H. Heine. Erster Theil. Zweyte Auflage. Hamburg 1830. Enthält: *Die Heimkehr, Die Harzreise, Die Nordsee. Erste Abtheilung, Die Nordsee. Zweyte Abtheilung.* ⟨Weitere Auflagen zu Lebzeiten: 1840, 1848, 1856⟩.
- [2a] Reisebilder von H. Heine. Zweyter Theil. Hamburg 1827. Enthält: *Die Nordsee. Zweyte Abtheilung, Die Nordsee. Dritte Abtheilung, Ideen. Das Buch Le Grand, Briefe aus Berlin.*
- [2b] Reisebilder von H. Heine. Zweyter Theil. Zweyte

Auflage. Hamburg 1831. Enthält: Vorwort, *Die Nordsee. Dritte Abtheilung, Ideen. Das Buch Le Grand,
Neuer Frühling*. (Weitere Auflagen zu Lebzeiten: 1843,
1851, 1856.)

• [3] Reisebilder von H. Heine. Dritter Theil. Hamburg
1830. Enthält: *Reise von München nach Genua, Die
Bäder von Lukka*. (Weitere Auflagen zu Lebzeiten:
1834, 1850, 1856).

• [4] Nachträge zu den Reisebildern von H. Heine.
Hamburg 1831. Enthält: Vorwort, *Die Stadt Lukka,
Englische Fragmente*. (Weitere Auflagen zu Lebzeiten:
1834, 1850, 1856.)

Briefe aus Berlin und *Über Polen*

Im März 1821 war der zuvor in Göttingen wegen einer
Duellaffäre von der Universität gewiesene Student Heine
nach Berlin gekommen, um dort seine Studien fortzuset-
zen. Er traf auf eine Stadt im Aufbruch, die auf dem Weg
war, eine europäische Großstadt zu werden. Schon bald
nach seiner Ankunft beginnt er, seine Eindrücke in die
Form von Korrespondenzartikeln zu fassen. Im *Rheinisch-Westfälischen Anzeiger* in Hamm findet er schließlich einen Abnehmer für drei Artikel, die vom 26. Januar,
16. März und 7. Juni 1822 datieren und im Februar, April
und Juni/Juli anonym im Druck erscheinen. Als beinahe
um drei Viertel des früheren Textbestandes gekürzter
›Lückenbüßer‹ erscheinen die *Briefe aus Berlin* dann 1827
noch in der ersten Auflage des zweiten *Reisebilder*-Ban-
des, aus dem sie mit der zweiten Auflage von 1831 aber
ausgeschieden werden.
   Bald nach Erscheinen des letzten Artikels der *Briefe* trat
Heine auf Einladung des befreundeten Grafen Eugen von
Breza eine Reise an, die ihn vom 7. August bis zum 25. (28.)

Julius Campe

Heines Verleger Julius Campe (1792–1867)
Stahlstich von August Weger, nach 1840

September 1822 in den preußisch besetzten Teil Polens
führte. Er besuchte neben den Gütern der Brezas die Städte
Gnesen und Posen. Das kurze *Memoir* entstand im letzten
Viertel des Jahres 1822 und erschien anonym in acht Fortsetzungen in der Berliner Zeitschrift *Der Gesellschafter*.
Für das *Reisebilder*-Projekt wurde dieser Text nicht mehr
verwendet, der z. T. recht heftige Proteste insbesondere
von national-polnischer Seite hervorrief, die sich in langen
Artikelserien mit Gegendarstellungen niederschlugen.

Beide Texte sind in vielem noch recht konventionelle
Fingerübungen zu den späteren *Reisebildern*. Sie bleiben
dem üblichen Muster der Orts- und Gesellschaftsschilde-
rungen, wie sie sich in der Presse und in der reichhaltigen
Reiseliteratur vielfach finden, stark verhaftet, und nicht
ohne Grund hat Heine selbst sie nicht sonderlich ge-
schätzt.

Das im ersten Brief der *Briefe aus Berlin* entworfene
Stadt-Porträt entwickelt sich in seiner geschwätzigen Kon-
ventionalität teilweise sogar gegen die eigentlich eher kritische Absicht des Autors. Heine nimmt den Leser wie ein
Fremdenführer an die Hand und führt ihn durch den
Kernbezirk Berlins, von der Spreebrücke bis zum Bran-
denburger Tor. Dabei fehlen nicht die typischen moti-
vischen Ingredienzien der Großstadtbeschreibung: »die
bunten, leuchtenden Waarenausstellungen« (6,10); das ge-
schäftige Straßenleben (»Wie das unter den Linden wogt!«;
6,16); das Personal der Großstadt: der elegante Herr und
seine Donna, das Militär, die schönen Damen bis hin zu
den »Priesterinnen der ordinairen Venus«.

Kritische Akzente setzt Heine nur sehr schüchtern, dabei die verbreitete Meinung wiederholend, dass Berlin, der
Parvenu unter den deutschen Großstädten der Zeit, keinen eigenen Charakter habe, keine Spuren einer Geschichte zeige, eben ganz und gar nüchtern, ein »großes Krähwinkel« (6,19) sei.

Das eigentliche Problem des Textes ist, dass er das Kompositionsprinzip, Heine spricht davon, er wolle »keine Systematie« walten lassen, sondern »Assoziazion der Ideen« (6,9), nicht umzusetzen vermag. Zwar sucht er durch das atemlose Aneinanderhängen von Notizen zu Ereignissen und Personen Hektik und Lebendigkeit des Berliner Großstadtlebens abzubilden, doch fehlt es an den versprochenen Ideen. Es bleibt vielmehr bei einer witzig formulierten Reihung, die letztlich den Stil der traditionellen Reiseliteratur aufnimmt. Lediglich dort, wo Heine tatsächlich die Ideen assoziiert, d. h. wo Ansichten und Ereignisse zu Zeichen werden, findet er seinen eigenen Ton, so wenn er aus der Schilderung der Redouten und Maskenbälle seine Abneigung gegen den Nationalismus begründet oder wenn die Schilderung der Hysterie um das »Jungfernkranz«-Lied aus Webers *Freischütz* die Selbstläufigkeit des Kunstbetriebs dekuvriert. Es sind denn auch diese Passagen, die Heine für die Aufnahme in die *Reisebilder* aussuchte.

Im ersten Sonett aus dem *Friedrike*-Zyklus der »Verschiedenen« heißt es dann später: »Verlaß' Berlin, mit seinem dicken Sande, / Und dünnen Thee, und überwitz'gen Leuten«. Der »dünne Thee« der Salons kann als Signatur einer Stadt dienen, die, wie Heine schreibt, deshalb keinen Charakter hat, weil sie nicht »aus der Gesinnung der Masse, sondern Einzelner entstanden« ist (7,17). Ihre Straßen und Gebäude geben deshalb »keine Kunde [...] von der Denkweise der Menge« (ebd.). Das ist ein interessanter Aspekt auch im Blick auf das spätere Paris-Bild: Deutsche Städte können keinen wirklichen Charakter haben, weil das Volk keinen deutlich ausgeprägten Charakter hat.

Der Volkscharakter steht auch im Mittelpunkt der Schilderung, die Heine in dem von ihm so genannten kurzen *Memoir* von Polen liefert. Er geht diese Aufgabe gewissermaßen von zwei Seiten aus an: Einmal, indem er die Sozialstruktur der polnischen Gesellschaft kritisch analysiert; zum zweiten, indem er die Angehörigen der verschiedenen Stände und Schichten von ihrer Eigenart und ihrem Charakter her zu beschreiben versucht. Die Darstellung der polnischen Gesellschaftsstruktur fällt äußerst kritisch aus. Heine kommt zum ersten Mal in Kontakt mit einer Art von Elend und Abhängigkeit zwischen Landbevölkerung und Adel, wie er es aus Deutschland nicht kennt. Auch das eigentümliche Auseinanderklaffen von Nationalstolz und Freiheitsliebe des Adels einerseits und völliger Missachtung der Grundrechte der Bauern andererseits befremdet ihn. Dagegen werden die Polen als Menschen quer durch alle Stände positiv dargestellt: Selbst die sozial den Bodensatz bildenden polnischen Juden haben einen Charakter, der »den Stempel der Freiheit« trägt. Der Adel scheint gerade in der Zeit größter Not – als Staat existierte Polen in den 20er-Jahren nicht – den Geist der neuen Zeit zu begreifen und durch Studium und Wissenschaft eine Erneuerung der Nation zu betreiben. Den Hintergrund solch positiver Charakteristiken bildet teilweise die Kritik an den Verhältnissen in Deutschland, die Heine offen selbstverständlich nicht ansprechen konnte.

Die Harzreise

Die Harzreise geht auf eine Fußwanderung zurück, die Heine in den Herbstferien 1824 als Student von Göttingen aus unternahm. Die erste Niederschrift seines Reiseberichts erfolgte direkt im Anschluss an die Reise. Eine ausgearbeitete Fassung sandte Heine mit einem Schreiben vom 23. November 1825 an Friedrich Wilhelm Gubitz, den Herausgeber der Berliner Zeitschrift *Der Gesellschafter*. Dort erschien im Januar/Februar 1826 ein vielfach durch die Zensur verstümmelter erster Abdruck des Textes in 14 Fortsetzungen. Heine war über die Eingriffe empört und begann nach dem Zusammentreffen mit Campe im Frühjahr 1826 den Text für den geplanten Buchdruck zu bearbeiten. Dabei füllte er die Zensurlücken des Zeitschriftendrucks auf und schrieb Anfang und Schluss neu hinzu. Es gibt auch einige Ansätze zu einer Fortführung über den dann später gedruckten Rahmen hinaus, ein Plan, den Heine aber bereits 1826 aufgegeben hat. Der Text erschien diesmal ohne Eingriffe der Zensur im Mai 1826 im ersten Teil der *Reisebilder*.

Der Absatz des Bandes entsprach trotz der lebhaften und kontroversen Reaktionen der Presse nicht den Erwartungen des Duos Autor/Verleger. Erst allmählich entwickelte sich die *Harzreise* zu einem der bis heute beliebtesten Heine-Texte, der zu Lebzeiten des Dichters fünf Auflagen im Rahmen der *Reisebilder*, eine Separatausgabe, verschiedene Teilnachdrucke sowie mehrere Übersetzungen ins Französische erlebte.

Von allen *Reisebildern* ist *Die Harzreise* sicher am stärksten und in mehrfacher Hinsicht den romantischen Mustern verpflichtet. Das beginnt bereits mit dem antizivilisatorischen, rousseauistischen »Hinaus in die Natur!« des Einleitungsgedichts. Es setzt sich fort in der Philisterkritik; den erzählten Träumen; der Verklärung des Lebens der einfachen Leute; den eingestreuten Gedichten; der häufigen Bezugnahme auf Märchen und Sagen; dem großen Anteil an Natur- und Landschaftsbeschreibungen.

Gerade die zentrale Rolle der Natur in der *Harzreise* ist untypisch für Heines Gesamtwerk. Natur als per se zeitlos-unhistorisches Thema war zum Residuum jener spätromantischen Apostel des Stillstands geworden, die vor den Widersprüchen der politisch-gesellschaftlichen Wirklichkeit die Augen verschlossen und sich lieber eine geschlossen-homogene Realität aus »Gelbveiglein« und »Mayenkäfern« zusammenbastelten. Es waren dieselben Protagonisten, die Heine in »Verschiedenartige

Geschichtsauffassung« als Träger des fatalistischen Ge-
schichtsmodells im Auge hat. Die romantische Sehnsucht
nach einer Heilung der Welt durch Poesie verkam in den
Liedern der Epigonen zur heilen Welt poetischer Abzieh-
bildchen. In voraufklärerischen Zeiten konnte, so Heines
Meinung, die Kunst noch eine »Welteinheit« abbilden. In
einer Zeit aber, die unter der Signatur des »großen Weltris-
ses« stand, wie es wieder in den *Bädern von Lukka* heißt,
die endgültig auseinandergebrochen ist, ist »jede Nachah-
mung ihrer Ganzheit […] eine Lüge, eine Lüge, die jedes
gesunde Auge durchschaut« (7,95).

   Der *Harzreise*-Text kritisiert die Falschheit dieser Art
Naturgefühle teilweise sehr offen, etwa in der berühmten
Szene mit dem Sonnenuntergang auf dem Brocken, die so
völlig prosaisch endet. Die Gruppe der Stadt- und Gesell-
schaftsflüchtlinge, die sich am Busen der Natur zu trösten
versuchen, wird auf geradezu brutale Weise wieder in die
Prosa ihrer bürgerlichen Existenz zurückgerufen. Das
schöne Naturbild wird plötzlich als Fluchtraum erkennbar,
in den man sich aus der schäbigen Realität für einige Momente zurückziehen kann. Was Natur scheint, ist in Wahrheit Kulisse, künstliche Welt. Der Grundimpuls des *Harzreise*-Textes, wie er im Eingangsgedicht ausgesprochen
wird, der Aufbruch aus der Zeit in die Natur, führt doch
stets nur wieder in die Zeit hinein.

   Und dennoch bleibt der Kern der romantischen Sehnsucht, der Wunsch nach Verschmelzung mit der Natur,
nach lebendigem, wahrem Leben auch im Misslingen des
Ausbruchs in die Natur aufgehoben, sind die Naturdar-
stellungen der *Harzreise* zugleich poetischer Widerschein
jener realen Emanzipationshoffnung, die leitmotivisch
über dem Gesamtprojekt der *Reisebilder* steht. Eine Aufhebung der Entfremdung, eine Rückkehr zu jenem
»wahrhaften, lebendigen Leben«, wie Heine es an der abgeschlossenen Idylle der Bergleute von Clausthal-Zellerfeld vorführt, kann in der Moderne nur dem in der Ge-

schichte handelnden, dem selbstbewussten Menschen ge-
lingen. In dem Gedicht *Bergidylle*, das in den Kontext der
Schilderung der Bergleute eingelassen ist, wird dieser
Mensch als »Ritter von dem heilgen Geist« eingeführt,
dem es gelingt, die »Zwingherrnburgen« und »des Knech-
tes Joch« (6,109) zu durchbrechen.

Die Nordsee. Dritte Abtheilung

Heine gehörte zu den Pionieren des Badens in der Nordsee. Bereits die Sommer 1824 und 1825 hatte er im damals
aufstrebenden Bad auf der Insel Norderney verbracht, das
seit 1820 auch eine Spielbank unterhielt. Die lyrische Ausbeute dieser Aufenthalte sind die beiden ersten Abteilungen von *Die Nordsee*, zwei Gedichtzyklen in freien
Rhythmen, mit denen dieses Meer erstmals für die deutsche Literatur erobert wurde. Der Prosateil von *Die
Nordsee* wurde im Oktober/November 1826 in Lüneburg
niedergeschrieben. Seine Entstehung hängt zusammen mit
der Planung zum zweiten Teil der *Reisebilder*, für die der
Verleger Campe aus zwei Gründen weiteren Text brauchte: Einmal sollte der Band möglichst viel Unbekanntes
enthalten; zum anderen musste er 20 Bogen (320 Seiten)
erreichen, um die Vorzensur zu umgehen. Heine wollte
sich in diesem Band als scharfer Zeitkritiker und Kämpfer
profilieren, der rücksichtslos politische, soziale und literarische Themen aufgriff. Der Inselaufenthalt konnte hier
einen lose-assoziativen Rahmen bilden. Auch fremde Texte sollte diese Abteilung der *Nordsee* integrieren. Von den
durch Heine zur Mitarbeit aufgeforderten Freunden antwortete jedoch nur Karl Immermann, dessen Xenien dann
insbesondere den Bereich Literaturkritik abdeckten.

Im April 1827 wurde die zweite Abteilung der *Reisebilder* ausgeliefert. Heine hielt sich zu diesem Zeitpunkt in

London auf. Die Reaktionen fielen weniger kritisch aus,
als er vielleicht befürchtet hatte, und er schreibt – etwas
übertreibend – an Moser, er habe »durch dieses Buch einen ungeheuren Anhang und Popularität in Deutschland
gewonnen« (9. Juni 1827). In den preußischen Rheinpro-
vinzen wurde das Buch verboten. Ganz hautnah erlebte
Heine die Reaktionen auf *Nordsee. Dritte Abtheilung*, als
er im Sommer 1827 erneut nach Norderney kam und von
den von ihm karikierten hannoverschen Adeligen derart
feindselig behandelt wurde, dass er den Urlaub nach zwei
Wochen abbrechen musste.

  Die Schilderung der Insulaner im Prosastück des *Nordsee*-Zyklus beginnt wieder mit der Hervorhebung einer
diesen Menschen eigenen »gemeinschaftlichen Unmittelbarkeit« (6,141). Doch anders als in der *Harzreise* geht es
jetzt nicht mehr um die Kritik der poetischen Kraft des
romantischen Mythos, sondern um die seines historischen
Gehalts; und entsprechend negativ fällt der Befund aus.
Gleiche »Geistesniedrigkeit«, so heißt es, führe hier zu einer Gedanken- und Gefühlsgleichheit, in der Individualität, Unterschiede und Veränderungen ausgeschlossen sind.
Was bei den Bergleuten in Clausthal-Zellerfeld noch als
versunkene Innerlichkeit und kindliche Lebenstiefe und
-poesie erschien, ist jetzt nur mehr Mangel an Persönlichkeit, Rückständigkeit, zumal der Einfluss des Badebetrie-
bes der »alten Sinneseinheit und Einfalt« abträglich ist
und den Inselbewohnern deutlich macht, dass um sie herum eine neue Zeit bereits begonnen hat. Kennzeichen dieser neuen, bürgerlichen Zeit ist das genaue Gegenteil von
»gemeinschaftlicher Unmittelbarkeit«, nämlich Vereinze-
lung und Entfremdung, Individualisierung und Subjektivierung der Lebensbezüge und damit einhergehend per-
manenter Wechsel, ständige Bewegung: »Denn wir leben
im Grunde geistig einsam, [...] jeder von uns [...] denkt,
fühlt und strebt anders als die Andern, [...] wir sind über-

all beengt, überall fremd, und überall in der Fremde.«
(6,141 f.) Mit dem Verschwinden des romantischen Zaubers ist auch das Urteil über die Gegenüberstellung von
alter und neuer Zeit eindeutig geworden, das Urteil lautet
jetzt: »wir wissen auch, daß ein Glück, das wir der Lüge
verdanken, kein wahres Glück ist, und daß wir, in den
einzelnen zerrissenen Momenten eines gottgleichen Zustandes, einer höheren Geisteswürde, mehr Glück empfin-
den können, als in den lang hinvegetirten Jahren eines
dumpfen Köhlerglaubens.« (6,142)
    Als Ursache für die Periode des Stillstandes in der
Menschheitsentwicklung, wie sie von den Insulanern stellvertretend repräsentiert wird, erscheint die katholische
Kirche. Ziel dieser »Unterjochung«, die »alle Kräfte und
Erscheinungen, den ganzen physischen und moralischen
Menschen unter ihre Vormundschaft« nahm, war die Un-
selbständigkeit und Unfreiheit. Unter dem Netz der römischen »Riesenspinne« lebten die Völker »ein beruhigtes
Leben, indem sie das für einen nahen Himmel hielten, was
bloß römisches Gewebe war; nur der höherstrebende
Geist […] fühlte sich beengt und elend, und wenn er hindurch brechen wollte, erhaschte ihn leicht die schlaue We-
berinn und sog ihm das kühne Blut aus dem Herzen«
(6,142 f.).
    Heines Bewertung der Kirchenherrschaft des Mittelal-
ters steht der der Romantiker diametral entgegen. Sah Novalis in *Die Christenheit oder Europa* im Mittelalter das
letzte in sich geschlossene und zusammenhängende, »goldene Zeitalter«, so sieht Heine darin eine Periode der Unterdrückung, des Stillstandes und des geistigen Todes. Wir
befinden uns in dieser Passage wieder mitten im Thema
von Leben und Tod, Bewegung und Stillstand. Die Spin-
ne, Symbol der Regungslosigkeit und der Fesselung, verkörpert die Herrschaft der alten Welt, in der es wohl »ru-
higes Glück« gab und Herrlichkeiten, die wir »mit all unserem hastigen Wissen nicht nachahmen können« (6,142)

– hier wieder die Gegenüberstellung von Ruhe und Hast. Diesem Reich des erzwungenen Stillstandes und des geistigen Absterbens, das ohne jede Perspektive auf eine mögliche Entwicklung der Menschheit war, steht der moderne Aufbruch, die geistige Befreiung und das dadurch wiedergewonnene Leben gegenüber: Der Geist »zerbrach seinen Kerker und zerriß das eiserne Gängelband […] und er jagte im Befreyungstaumel über die ganze Erde, erstieg die höchsten Gipfel der Berge« (6,142).

Der hier entwickelte Gedanke entspricht Heines Modell des Fortschreitens der Geschichte, wie er es dann später in *Zur Geschichte der Religion und Philosophie in Deutschland* ausarbeitet. Danach ist die Reformation, die Brechung der Allmacht Roms, die erste geistige Stufe der Befreiungsgeschichte; deren Impuls setzt sich fort in der Französischen Revolution von 1789, die den Ansatz zur politischen Befreiung brachte und in die Figur Napoleons I. als deren Vollstrecker und deren Verräter zugleich mündet. Am Schluss von *Nordsee* III wendet sich Heine erstmals in den *Reisebildern* Napoleon zu und gibt seiner tiefen Bewunderung Ausdruck. Dabei gilt diese Bewunderung insbesondere der Kraft des Kaisers zum intuitiven Erfassen der Welt als ganzer, als Zusammenhang, also genau jener Fähigkeit, deren Verlust er zuvor als notwendige Begleiterscheinung des bürgerlichen Zeitalters beschrieben hat. Lediglich die Künstler und die wirklich großen Männer, die Heroen, wie Napoleon einer ist, verfügen noch über diese Fähigkeit. Auch Goethe, an dem sich der Autor zu Anfang des Textes »festschwatzt«, verfügt über jene Klarsicht und Plastizität im »Anschauen, Fühlen und Denken« (6,148). Dritter und endgültiger Schritt auf dem Wege zur »Emanzipation der ganzen Welt« wird nach der geistigen und politischen dann die soziale Befreiung sein, in dem Sinne, wie er sie in »Verschiedenartige Geschichtsauffassung« postuliert hat, nämlich als Verwirklichung des Rechts auf Leben.

Beim Herren-Bad auf Helgoland
Anonyme Bleistiftzeichnung, 1873
(Altonaer Museum in Hamburg, Norddeutsches Landesmuseum)

Ideen. Das Buch Le Grand

Der Text wurde im Herbst 1826 und Winter 1826/27 in Lüneburg niedergeschrieben. An die Freunde Moses Moser und Karl August Varnhagen von Ense berichtet Heine im Oktober 1826 brieflich über die Arbeit an einem autobiographischen Text, der im »rein freyen Humor« (an Moser, 14. Oktober) abgefasst sei. Möglicherweise hat Heine hier auch Material seines Memoiren-Projekts ausgewertet, von dem seit 1823 die Rede ist. Formal ist dieses ›Reisebild ohne Reise‹ von allen *Reisebildern* sicher am weitesten entwickelt und mit den beiden vorausgehenden aufs engste verbunden. Besonders dicht sind die Beziehungen zum *Nordsee*-Prosastück, und das nicht nur, weil die Entstehung beider Texte zeitlich eng beieinander liegt.

Ein Verbindungsglied ist z. B. die Verehrung Napoleons, die in *Ideen* sowohl in der direkten Schilderung seines Einzuges in Düsseldorf wie auch in der Figur des Trommlers Le Grand Gestalt gewinnt. Napoleon wird in Kap. VIII zum Messias stilisiert und ähnlich charakterisiert wie schon in *Nordsee* III: »er sah rasch auf einmal alle Dinge dieser Welt, während wir Anderen sie nur nach einander und nur ihre gefärbten Schatten sehen« (6,194). Wieder wird das Außergewöhnliche von Napoleons Persönlichkeit mit seiner Fähigkeit zur Zusammenschau der Welt begründet, während dem Normalsterblichen die Welt in viele Teile zerfällt und er sie erst mühsam zusammensetzen muss. Der Trommler »Le Grand«, Repräsentant der »Grande Armée«, steht für Napoleons Taten, deren wichtigste für Heine die Verbreitung der Impulse der Französischen Revolution in Europa war. Er glänzt, solange er von der Sonne seines Herren beschienen wird, verkörpert dann bei seiner Rückkehr aus der russischen Kriegsgefangenschaft aber auch die vorläufige Niederlage jener revolutionären Ideen, die er mit Hilfe seiner Trommel verkündet hat. Der Dichter zerstört auf Wunsch des sterbenden Tambours das Instrument und besiegelt auf diese Weise das Ende der Revolutionsgeschichte und der in ihr zeitweise vollzogenen Aufhebung der Zersplitterung. Eine Geschichte im Sinne der ›Heroengeschichte‹ Napoleons gibt es nicht mehr. Wohl aber gibt es das Wissen um die in Napoleon verkörperten Ideen.

Nicht umsonst wirken die Napoleon-Erinnerung und die Le Grand-Geschichte wie eine Erzählinsel in einem bewegten Meer disparatester Textelemente, eine Insel, deren Sonderstellung noch zusätzlich dadurch begründet wird, dass sie aus der Kinderperspektive, gewissermaßen vor dem Goldhintergrund einer noch intakt-ganzheitlichen Weltsicht erzählt wird. Die Geschichte als Fortschritts-, als Emanzipationsgeschichte der Menschheit in Richtung auf Befreiung ist zwar mit Napoleons Niederlage zunächst einmal unterbrochen, sie bleibt aber in der Erinnerung und selbstverständlich in der Poesie gegenwärtig und virulent.

Von der Ganzheitlichkeit, die von Napoleon und der Kinderwelt des kleinen Heine verkörpert wird, sticht umso greller der gegenwärtige Weltzustand ab, wie Heine ihn in *Ideen* beschreibt. Die Geschichte scheint die Form jenes fatalistischen Kreislaufes des immer Gleichen und Zufälligen angenommen zu haben, dessen Kennzeichen die Sinnlosigkeit ist. Stärker noch als in den früheren Texten erscheint die moderne, die bürgerliche Welt als zusammenhanglos-zerrissen, als Welt, die in Trümmern liegt. Bereits einer der ersten Leser des Textes, Karl August Varnhagen von Ense, hat am 23. Mai 1827 in einer Rezension im Berliner *Gesellschafter* diesen Eindruck formuliert: »Es ist, als ob nach einem großen Sturme, der den Ozean aufgewühlt, die Sonne mit ihren glänzenden Strahlen die Küsten beleuchtete, wo die Trümmer der jüngsten Schiffbrüche umherliegen, Kostbares mit Unwerthem vermischt, des Dichters eigener ehemaliger Besitz und die Güter eines geistigen Gemeinwesens, dem er selber angehört, Alles untereinander.«

Die Vorstellung einer zertrümmerten, einer zerrissenen Welt grundiert die gesamten *Reisebilder*; allerdings akzentuiert kein anderer Text so stark den Eindruck von der Zufälligkeit und Kontingenz der Welt wie *Ideen*, ist keiner von so aberwitziger und zugleich so zielloser Beweglichkeit, Gelenkigkeit wie dieses Feuerwerk von Assoziationen, Einfällen, lyrischen Abschweifungen und Arabesken. Mit rasender Schnelligkeit und unter ständigem Wechsel von Zeitebenen, Rollen und Perspektiven reflektiert das erzählende Subjekt seine Eindrücke der Welt und fokussiert sie alle auf einen Punkt, auf jene Madame, die

den Leser vertritt und deren Anwesenheit einen Textzusammenhang überhaupt nur konstituiert. Es ist, als sollte
wirklich die ganze Welt zur Sprache gebracht werden,
allerdings in der Oberflächengestalt, in der der moderne
Mensch sie nur mehr wahrzunehmen in der Lage ist: als
ein in viele Einzelfacetten zerfallendes zusammenhanglo-
ses Ganzes.

Durchgehendes Thema dieses Teils der *Reisebilder* ist
die Unordnung einer Welt, die sich in rasender Bewegung
befindet. Notwendige Konsequenz dieses Zustandes und
zugleich natürlich auch Bedingung seiner adäquaten Abbildung im Text ist die völlige Subjektivierung der Weltsicht, die totale Herrschaft der Subjektivität. Hier löst sich
in der Tat, wie in dem Fragment »Verschiedenartige Geschichtsauffassung« angedeutet, Menschheitsgeschichte in
Menschengeschichten auf. Und doch entdeckt Heine, der
im Text mit seinen Identitäten spielt, sein jüdisches und
sein christliches Ego gegeneinanderstellt, in den Trümmern der alten Welt der Gewissheiten immerhin einen
nicht hintergehbaren, nicht mehr weiter dekonstruierba-
ren Wert, an dem sich dann auch seine Hoffnung fest-
macht: das Leben. »[...] ich lebe. Bin ich auch nur das
Schattenbild in einem Traum, so ist auch dieses besser als
das kalte, schwarze, leere Nichtseyn des Todes. Das Leben
ist der Güter höchstes, und das schlimmste Übel ist der
Tod.« (6,175) Das ganze dritte Kapitel von *Ideen* ist ein
einziger Hymnus auf das Leben: »Gottlob! ich lebe! In
meinen Adern kocht das rothe Leben, unter meinen Füßen zuckt die Erde, in Liebesgluth umschlinge ich Bäume
und Marmorbilder, und sie werden lebendig in meiner
Umarmung. Jedes Weib ist mir eine geschenkte Welt«
(6,176).

In *Harzreise* und *Nordsee* I und II hatte Heine noch
jenseits der Geschichte, in der Natur, anachronistische und
vielfach gebrochene Spuren des wahren Lebens entdeckt;

in *Nordsee* III stellte er dann den Zusammenhang von alter Welt und falschem Leben, geistigem Tod deutlich heraus. Jetzt, in *Ideen*, entwickelt er den Begriff des Lebens nicht mehr negativ aus der Kritik, als Gegenbegriff gewissermaßen zu unhistorischen bzw. falschen Formen des Lebens, sondern positiv als zentralen Begriff des Neuen, sich aus dem Chaos des postrevolutionären Trümmerzustandes Entwickelnden. Leben wird nicht nur in jeder Hinsicht – biologisch, ästhetisch, politisch, sozial – als Grundbedingung menschlicher Existenz, sondern zugleich in all seinen Facetten auch als eine Grundforderung, als Grundrecht legitimiert, als Recht in dem Sinne, wie Heine es in »Verschiedenartige Geschichtsauffassung« ausgesprochen hat, also gewissermaßen als Gottesrecht des Menschen auf Erden.

Diesen emphatischen Begriff des geglückten Lebens, im Kapitel III gerade auch in sensualistischen Bildern erfüllter Liebe vergegenwärtigt, hält der Text freilich nicht durch. Schon in Kapitel IV tritt der Gedanke an Alter und Tod und die Erinnerung an Liebesenttäuschungen in den Vordergrund (die geheimnisvollen »Blumen der Brenta«, womit die Hamburger Kusinen gemeint sind), die dort freilich durch den Gesang, durch die Kunst transzendiert werden. »Dann ergreif' ich die Harfe, und die alten Freuden und Schmerzen erwachen, die Nebel zerrinnen, Thränen blühen wieder aus meinen todten Augen, es frühlingt wieder in meiner Brust, süße Töne der Wehmuth beben in den Saiten der Harfe [...]. Es wird mein letztes Lied seyn, die Sterne werden mich anblicken wie in den Nächten meiner Jugend, das verliebte Mondlicht küßt wieder meine Wangen« (6,177).

Vor allem aber im letzten Teil von *Ideen* wird dann in der mysteriösen Geschichte um die tote Geliebte, die kleine Veronika, ein Motiv, das sich herüberzieht in die italienischen *Reisebilder*, die Emphase des Bekenntnisses zum Leben gebrochen. Neben anderen Aspekten bildet sich in diesem Motiv der toten Geliebten, das ja auch das ständig wiederkehrende Liebesunglück der Gedichte des *Buchs der Lieder* spiegelt, die unter den gegebenen Bedingungen notwendig vergebliche Hoffnung auf eine Verwirklichung der Idee des richtigen Lebens ab. Immerhin: die Kunst kann, wie in Kapitel IV beschrieben, den Schrecken des Todes überwinden und Bilder eines befreiten, lebendigen Lebens liefern. Sie hält den Gedanken an die Einheit der Welt fest und vermag, wie wir in der Fortsetzung der mysteriösen Maria-Geschichte erleben werden, sogar Tote zum Leben zu erwecken, ähnlich wie der einsam reisende Sänger Heinrich Heine mit seinen *Reisebildern* versucht, das in Todesschlaf versunkene intellektuelle Deutschland wachzurütteln.

Italien. 1828

Die drei italienischen *Reisebilder* gehören von ihrer Entstehung her eng zusammen. Ihnen liegen Notizen, Ideen, Materialien zugrunde, die Heine teilweise noch während des Italien-Aufenthaltes niederschrieb und auf die sich seine späteren Ausarbeitungen stützen. Zunächst hatte er wohl noch an einen Reisebericht im Stile der *Harzreise* gedacht, sich dann aber von den Vorgaben der Reise mehr und mehr entfernt. Insgesamt arbeitete er vom Herbst 1828 bis zur Jahreswende 1830/31 an den Texten, ständig begleitet vom Drängen und den Ermahnungen seines Verlegers.

Reise von München nach Genua

Im November 1827 kam Heine nach München, um im Auftrag des Cotta-Verlages zusammen mit Friedrich Ludwig Lindner die Redaktion der *Neuen allgemeinen politi-*

schen Annalen zu übernehmen. Schon damals hegte er Pläne für eine Italienreise. Während die Atmosphäre der bayrischen Hauptstadt Heine insgesamt durchaus gefiel, litt er doch unter vielfältigen Anfeindungen aus dem reaktionär-klerikalen Lager, den vergeblichen Bemühungen um eine Professur und der ungeliebten Redaktionstätigkeit. Um solchen Widrigkeiten zu entgehen, brach er am 4. August 1828 nach Italien auf; am 11. Dezember war er wieder in München zurück.

Noch während seines Aufenthaltes in Italien hatte Heine mit der Ausarbeitung des Textes begonnen, der nur die ersten beiden Wochen der insgesamt viermonatigen Italien-Reise schildert. Bereits im Oktober liegt ein Teil des Manuskriptes vor, und am 11. November 1828 kann Heine Cotta einen allerdings im Vergleich zum späteren Buchdruck noch recht harmlosen Text zum Druck anbieten. Unter dem Titel *Reise nach Italien* erschien dieser Text im Dezember 1828 in 14 Teilen im Cotta'schen *Morgenblatt*. Im Frühsommer 1829 erarbeitet Heine dann eine neue, wesentlich verschärfte Textfassung. Das geschieht bereits unter der Perspektive der Fortsetzung der *Reisebilder*-Reihe, doch bietet er die neuentstandenen Teile zunächst wieder Cotta zum Abdruck an. Einige stark verstümmelte Auszüge erscheinen tatsächlich im November 1829 im *Morgenblatt*. Vollständig wird der Text im dritten Band der *Reisebilder* abgedruckt, der im Dezember 1829 ausgeliefert wird.

Wie schon in der *Harzreise* ist der Aufbruch aus der Stadt, diesmal Richtung Süden, als Akt der Befreiung inszeniert: Die lächerlich abgelebte und rückwärts gewandte Welt der deutschen Restauration bleibt zurück – Heine mustert Berlin und München, das ›neue Athen‹, unter dem Aspekt der in ihrer Architektur und ihrem Personal sich ausdrückenden restaurativen Tendenz – und das Leben erwartet den Reisenden: »Tirily! Tirily! ich lebe! Ich fühle den

süßen Schmerz der Existenz, ich fühle alle Freuden und
Qualen der Welt, ich leide für das Heil des ganzen Men-
schengeschlechts, ich büße dessen Sünden, aber ich genieße
sie auch.« (7,26) Wieder steht bereits am Eingang auch dieses »Reisebildes« der Gegensatz von Leben und Tod, Bewegung und Erstarrung. Konsequent verweigert Heine sich
der Bewunderung jener Relikte des klassischen Altertums,
die deutsche Italienreisende, und insbesondere der größte
unter ihnen, Goethe, ein Vergleich mit dem Heine ständig
kokettiert, üblicherweise im Blick hatten. Ihn interessiert
vielmehr das gegenwärtige Volksleben in Italien, allenfalls
der Kontrast von vergangener Größe und gegenwärtiger
Unterdrückung und Bevormundung durch die österreichischen Besatzer und die katholische Kirche. Auch die Italienreise ist eine Reise nicht aus der, sondern in die Zeit.

Schon diese kurzen Hinweise machen deutlich, wie eng
das Reisebild auf die voraufgehenden bezogen ist. Aber es
gibt weitere Verbindungslinien. In Trient, Verona und
dann wieder in Florenz taucht auch die tote Geliebte aus
Ideen wieder auf, die jetzt Maria heißt: Der süß-schmerz-
hafte Ton, in dem das geheimnisvolle Unglück um die Leiche auf dem Totenbett geschildert wird, hat die Heine-
Forschung vielfach beschäftigt. Man darf hinter dieser
verrätselten Geschichte »von dem Ritter, der seine Geliebte aus dem Tode aufküssen wollte« (7,80), einen Verweis
auf deutsche Verhältnisse sehen, die den Italien-Bericht
eigentlich permanent grundieren.

Gegen Ende der *Reise von München nach Genua* nimmt
Heine dann einen weiteren Faden aus *Nordsee* und *Ideen*
auf: die Napoleon-Verherrlichung. Vor dem Hintergrund
des Schlachtfeldes von Marengo, das er übrigens während
seiner Reise nicht wirklich betreten hat, entwickelt er seine
Ideen von der bevorstehenden Emanzipation Europas aus
der Umsetzung der Versprechen der Französischen Revolution. »Was ist aber diese große Aufgabe unserer Zeit?«,
fragt Heine, um zu antworten: »Es ist die Emanzipazion.

Nicht bloß die der Irländer, Griechen, Frankfurter Juden, westindischen Schwarzen und dergleichen gedrückten Volkes, sondern es ist die Emanzipazion der ganzen Welt, absonderlich Europas« (7,69). Napoleon geht hier ganz auf in seiner Rolle als Bannerträger der Gedanken der Großen Revolution. Nur als solcher war er historisch notwendig und als solchem gilt ihm Heines ganze Verehrung. Die Revolution und ihre Verkündigung wird hier und später immer wieder mit quasi religiösem Pathos gefeiert. Gerade für das Frankreich- und für das Paris-Bild Heines ist dieser Aspekt, der am Ende der *Reisebilder*, in den *Englischen Fragmenten* wiederkehrt, von besonderer Bedeutung. Der geschichtliche Fortschritt der Revolution, der das Interesse der Individuen hinter das der Allgemeinheit zurückstellt, wird nur sehr vorsichtig in Frage gestellt: »Aber ach! jeder Zoll, den die Menschheit weiter rückt, kostet Ströme Blutes; und ist das nicht etwas zu theuer? Ist das Leben des Individuums nicht vielleicht eben so viel werth wie das des ganzen Geschlechtes? Denn jeder einzelne Mensch ist schon eine Welt, die mit ihm geboren wird und mit ihm stirbt, unter jedem Grabstein liegt eine Weltgeschichte – Still davon, so würden die Todten sprechen, die hier gefallen sind, wir aber leben und wollen weiter kämpfen im heiligen Befreyungskriege der Menschheit.« (7,71) Ziel dieses »Befreyungskrieges«, das wurde eingangs dieses Kapitels dargestellt, ist der Zusammenfall von allgemeinen und individuellen Interessen, die wirkliche Befreiung aus Entfremdung und Bevormundung, das »wahrhaft lebendige Leben«. Auch die Kunst sieht Heine aufgerufen zur Mitarbeit an diesem Ziel: »Ich habe nie großen Werth gelegt auf Dichter-Ruhm, und ob man meine Lieder preiset oder tadelt, es kümmert mich wenig. Aber ein Schwert sollt Ihr mir auf den Sarg legen; denn ich war ein braver Soldat im Befreyungskriege der Menschheit.« (7,74) So klingt dieses erste italienische Reisebild aus mit einem Ausblick auf den möglichen Fortschritt in der Geschichte.

Die Bäder von Lukka

In den Bagni di Lucca hielt Heine sich im September 1828
für mehrere Wochen auf. Der Text wurde allerdings erst
im Frühjahr 1829 begonnen und kurz vor der Drucklegung im Dezember 1829 abgeschlossen. Am 25. Dezember 1829 erhielt Heine das erste gebundene Exemplar des
dritten Bandes der *Reisebilder*. In verschiedenen Briefen
bekundet er die kämpferische Absicht, mit seinen Feinden
öffentlich abzurechnen. Als Prototypen der Partei der
klerikal-aristokratischen Reaktion baut er sich mit dem
homosexuellen Dichter Graf August von Platen-Haller-
münde (1796–1835) einen Gegner auf, dessen historische
Gestalt dem Platen aus Heines Text nur zu einem Teil entspricht, zum anderen Teil aber fiktiv, von Heine zum
Zwecke der Polemik erfunden ist. Ganz ähnlich ist Heine
später im Zusammenhang mit seiner »Denkschrift« mit
Ludwig Börne verfahren.

Die Wirkung der Polemik war ungeheuerlich. Die Kritik fiel einhellig über Heine und den dritten Band der *Reisebilder* her, der offenkundig zu viele Tabus der biedermeierlichen Moral verletzt hatte. Im Vordergrund stand
stets der persönliche Klatsch der Auseinandersetzung mit
Platen, ohne dass die grundsätzliche Dimension von Heines Kritik, auf der er selbst unbeirrt bestand, gesehen
wurde. Selbst Heines Freunde wandten sich von ihm ab,
und er musste in einem Brief an Varnhagen eingestehen,
dass er sich »durch das Platensche Kapitel unsäglich geschadet« hatte (4. Februar 1830).

In diesem Reisebild, dessen Entstehung sich beinahe
über das ganze Jahr 1829 hinzog, immer unter dem Druck
des Verlegers, der den dritten Band herausbringen wollte,
ist von Italien wenig, viel aber von der deutschen Restaura-
tionsgesellschaft die Rede. Sie spiegelt sich in einer grotesken Personengruppe, die sich im Bad von Lucca, dessen

Heilquellen berühmt waren, versammelt hat und in deren Mittelpunkt die beiden Hamburger Juden, der reiche Bankier Christoph Gumpel und sein Diener Hirsch Hyazinth stehen. An diesen beiden, die dem Paar Don Quichotte und Sancho Pansa nachgebildet sind, demonstriert Heine auf burlesk-komische Weise die Entfremdungs- und Verdinglichungstendenzen der Kunst in der bürgerlichen Gesellschaft und veranschaulicht damit gleichzeitig drastisch seine Schwierigkeiten, in einer solchen Gesellschaft als Künstler Fuß zu fassen. Der reiche Gumpel, der sich jetzt Marchese di Gumpelino nennt, ist der Inbegriff des kapitalistisch-neureichen Banausen:

> Geld ist rund und rollt weg, aber Bildung bleibt. Ja, Herr Doktor, wenn ich, was Gott verhüte, mein Geld verliere, so bin ich doch noch immer ein großer Kunstkenner, ein Kenner von Malerey, Musik und Poesie. Sie sollen mir die Augen zubinden und mich in der Gallerie zu Florenz herumführen, und bey jedem Gemälde […] will ich Ihnen den Maler nennen, der es gemalt hat […]. Musik? Verstopfen Sie mir die Ohren und ich höre doch jede falsche Note. Poesie? Ich kenne alle Schauspielerinnen Deutschlands und die Dichter weiß ich auswendig. Und gar Natur! Ich bin zwey hundert Meilen gereist […], um in Schottland einen einzigen Berg zu sehen. Italien aber geht über alles. Wie gefällt Ihnen hier diese Naturgegend? […] ist nicht alles wie gemalt? Haben Sie es je im Theater schöner gesehen?   (7,94)

Diese naive Verwechslung von Kunst und Können, die gerade die Unnatur zur wahren Natur erklärt, spiegelt die in den beiden letzten langen Kapiteln des Textes in den Vordergrund tretende Auseinandersetzung mit dem lyrischen Werk August Graf Platens, der zum Lieblingsdichter Gumpelinos aufsteigt. Hauptvorwurf Heines gegen den homosexuellen Platen und seine klerikal-konservati-

ven Freunde ist gerade, dass er Kunst mit handwerklicher
Fertigkeit verwechselt, und seine kompliziert konstruierten Liebesgedichte deshalb auch schon von ihrer Machart
her das Verkehrte, ›Widernatürliche‹ der in ihr gefeierten
Liebe anzeigen. Gumpelinos Begeisterung für die »After-
poesie« des Grafen, die er während eines unfreiwillig her-
beigeführten lang andauernden Toilettenaufenthalt studiert, bringen dessen Banausentum und die kunstvolle
Schreibart Platens in engste Verbindung und erzeugt so
satirischen Mehrwert.

   Die Auseinandersetzung mit Platen hatte zunächst
einen ganz profanen Hintergrund: Sie begann mit Immermanns Xenie am Ende von *Nordsee* III, in der das Künstliche der orientalischen Mode in der deutschen Dichtung,
wie sie sich im Gefolge von Goethes *West-östlichem Di-
van* ausgebreitet hatte, kritisiert wurde. Der äußerst empfindliche und zugleich sehr selbstbewusste Platen fühlte
sich zu Recht angesprochen und schlug zurück in Gestalt
einer Komödie mit dem Titel *Der Romantische Ödipus*,
die 1829 erschien. Hauptperson dieses Stückes ist »Nim-
mermann«, der sich als Freund Heines zu erkennen gibt.
Heine selbst wird im Verlauf des Stücks aufs Übelste anti-
semitisch diffamiert und als »Petrark des Laubhüttenfes-
tes«, nach Knoblauch stinkender »Synagogenstolz« dargestellt. Heine, dem das Buch erst während der Ausarbeitung seines Textes zu Gesicht kam, schlug jetzt mit einer
Schärfe zurück, die deutlich über das erwartbare Maß
hinausgeht. Über die Gründe für die Heftigkeit der Reaktion ist viel spekuliert worden. Heine selbst hat immer
den literarisch-politischen Hintergrund betont: Er habe in
Platen »nur den Repräsentanten seiner Partey gezüchtigt,
den frechen Freudenjungen der Aristokraten und Pfaffen«
(an Varnhagen, 3. Januar 1830). Man sollte diese Position
ernst nehmen, bevor man beginnt, nach tiefer liegenden
psychologischen Ursachen zu forschen. Heine hatte insbesondere im Zusammenhang mit seiner Taufe ausrei-

chende und sehr handfeste Erfahrungen damit gesammelt, wie rücksichtslos die christliche Gesellschaft mit Außenseitern seines Schlages umging und wie klar und unverrückbar die moralischen Vorstellungen in diesen Kreisen waren. Sein Angriff gegen diese Gesellschaft ist frontal, er behauptet genau umgekehrt: Was in ihr als ›natürlich‹ und ›gesund‹ gilt, ist im Gegenteil höchst ›unnatürlich‹, ja geradezu ›pervers‹. Dass sie ausgerechnet den homosexuellen Grafen Platen zu ihrem literarischen Zieh- und Hätschelkind und sich damit selbst zum Opfer ihrer eigenen Tabus und Vorurteile gegenüber der Homosexualität machte, die Heine nur abruft, gewissermaßen in ihre eigene moralische Falle läuft, sollte man Heine nun wirklich nicht anlasten. Ein anschaulicheres, wirkungsvolleres Bild für den Zustand dieser Gesellschaft konnte er nicht finden, und moralische Vorwürfe gegen Heine, wie sie bis heute erhoben werden, gehen an der Sache vorbei.

Die Stadt Lukka

Der Text der *Stadt Lukka* ist im Zusammenhang des gesamten Italien-Komplexes entstanden. Zwei Kapitel wurden schon zusammen mit Ausschnitten aus der *Reise von München nach Genua* im November 1829 im *Morgenblatt* gedruckt. Auch weitere Teile waren bereits vor 1830 fertig. Möglicherweise hat Heine zunächst die *Bäder von Lukka* aus diesem größeren Komplex herausgelöst; auf jeden Fall hat er dann im Sommer 1830 erneut am Text gearbeitet und ihn für den Druck fertig gemacht.

Die Wirkung der »Nachträge« litt noch unter den Nachwehen des Platen-Streites, *Die Stadt Lukka* geriet aber auch wegen ihrer Religionskritik in die Schusslinie. In Preußen wurde das Buch im April 1831 von der Zensur verboten; die katholische Kirche setzte es 1836 auf den Index der verbotenen Bücher.

Die Stadt Lukka bringt in das Gesamt der italienischen Reisebilder wieder einen neuen Ton. Nach der lebhaft an der Reiseroute entlang erzählten *Reise von München nach Genua* und dem burlesken Trubel der *Bäder von Lukka* bietet *Die Stadt Lukka* einen eher ruhigen, reflexiven Text, der das italienische Beispiel nimmt, um allgemeine Fragen von Religion und Politik ideologiekritisch zu erörtern, aber immer auch italienisches Kolorit aufweist. Schon wenn der Leser langsam von den Bädern in die Stadt Lukka hinübergeführt wird, klingen die später zentralen Themen an: Das Verhältnis von ewiger Natur und menschlichem Versuch, sie zu verstehen; die Spezifika italienischer Natur und Menschen (»Pittoresk und idealisch« werden sie genannt); schließlich im vierten Kapitel die Begegnung mit der in Italien allgegenwärtigen Kirche und ihren Vertretern, den Priestern. Gleichzeitig spinnt der Erzähler insofern wieder an dem durch die Platen-Polemik unterbrochenen Faden der *Bäder von Lukka* weiter, als ein verabredetes Zusammentreffen mit der Tänzerin Signora Franscheska und Lady Mathilde in der Stadt der Grund für die Wanderung des Erzählers ist. Diese drei Figuren, Franscheska, der Erzähler und Mathilde, vertreten jeweils ganz unterschiedliche Positionen: Die Gestalt der Franscheska, in den *Bädern* noch voller Lebenslust und Übermut, wandelt sich hier unter dem Einfluss der Liebe zu einem katholischen Priester, zu einer merkwürdigen Mischung aus spiritualistischen und sensualistischen Elementen. Sie vertritt den Katholizismus. Der Erzähler selbst will zwar für eine Nacht mit Franscheska katholisch werden und dann – Höhepunkt der Blasphemie im ganzen Buch – voller Inbrunst ›Das ist der Leib!‹, die katholische Wandlungsformel, nachsprechen. Am nächsten Morgen aber »sehe ich wieder klar in die Sonne und in die Bibel, und bin wieder protestantisch vernünftig und nüchtern, nach wie vor« (7,176). Seine Position ist, was die Konfessionen angeht, changierend, nicht eindeutig. Lady Mathil-

de schließlich gibt sich als eine ganz verstockte Atheistin
zu erkennen, die Religion insgesamt für ein System von
Betrug, Heuchelei und Unterdrückung hält. Während
Franscheska ihre Position nur durch ihre Körperlichkeit
repräsentiert, treten im zweiten Teil des Textes die beiden
anderen Positionen, die atheistische und die kritische diskursiv gegeneinander an. Ergebnis der Auseinandersetzung ist die prinzipielle Anerkenntnis des inneren Wertes
von Religiosität und die Ablehnung aller verfassten Religion samt ihrer Institutionen und institutionellen Vertreter.
Verschärft wird diese Ablehnung durch die Kritik des Zu-
sammenhangs von staatlicher und kirchlicher Macht. »[...]
ich ehre die innere Heiligkeit jeder Religion [...]. Ich hasse
nicht den Altar, sondern ich hasse die Schlangen, die unter
dem Gerülle der alten Altäre lauern [...]. Eben weil ich ein
Freund des Staats und der Religion bin, hasse ich jene
Mißgeburt, die man Staatsreligion nennt«, sagt der Erzähler (7,193 f.). Der ideologische Verwendungszusammen-
hang von Religion war bereits in *Nordsee* III als Basis der
politischen Unterdrückung deutlich bezeichnet worden.
Jetzt wird, ebenso deutlich, die Überwindung dieser geistigen Unterdrückung mit der Überwindung der politischen Unterdrückung in Verbindung gebracht. Voraussetzung für die Befreiung aus den Zwängen religiöser
Unmündigkeit ist die Befreiung von politischer Bevormundung. Der Text fordert deshalb einen vom Volk, »der
alleinigen Quelle aller Macht« (7,197), eingesetzten Regenten, der nicht Marionette in den Händen der Aristokratie ist. Nur durch die Kontrolle des Volkes kann dann
gleichzeitig die Herrschaft der Priester gebrochen und das
Menschenrecht auf freie Religionsausübung durchgesetzt
werden. Wieder, wie bereits in der *Reise von München
nach Genua* erscheinen die Verheißungen der Französischen Revolution als Hoffnung am Horizont, und genau
wie dort dämpft Heine die Erwartungen auf eine rasche
Realisierung solcher Hoffnungen: Das Erzähler-Ich sieht

sich erneut eher in der Rolle eines Vorkämpfers der Freiheit, der die Befreiung selbst noch nicht erleben wird. Dennoch werden Klerus und Aristokratie vergeblich versuchen, den Fortschritt in Richtung Freiheit aufzuhalten: »Vergebliches Bemühen! Eine flammende Riesinn, schreitet die Zeit ruhig weiter, unbekümmert um das Gekläffe bissiger Pfäffchen und Junkerlein da unten.« (7,197) Der Versuch, Stillstand oder gar Rückschritt zu erreichen, muss scheitern vor der Macht der Göttin des Fortschritts, der Bewegung. In solchem Optimismus wurde Heine durch die Julirevolution von 1830 bestärkt, deren hymnischer Reflex sich in der dem Text angehängten Nachschrift findet. Ursprünglich klingt *Die Stadt Lukka* aus mit einem eher zweideutigen Verweis auf Cervantes' *Don Quichotte*-Roman, dessen Begeisterung sich jetzt auf anderes als die Wiederherstellung der Ritterzeit übertragen hat, nämlich auf all die Dinge, die sich aus dem Heldenepos der Französischen Revolution herauslesen lassen und deren Verwirklichung mit dem gleichen Wahnsinn und der gleichen Beharrlichkeit verfolgt werden muss, wie der Ritter von La Mancha sie an den Tag gelegt hat.

Englische Fragmente

Heine hatte sich 1827 vom 14. April bis zum 15. August in England aufgehalten, davon die meiste Zeit in London, einige Wochen auch in verschiedenen englischen Seebädern an der Kanalküste. Nach der Rückkehr hat er Ende 1827 in München mit der Niederschrift einer ersten Fassung seines Reiseberichtes begonnen, woraus Stücke seit Anfang 1828 in verschiedenen Zeitschriften, insbesondere aber in den *Neuen allgemeinen politischen Annalen* erschienen. Die *Englischen Fragmente* liegen zeitlich zunächst also vor den italienischen *Reisebildern*. Im Zuge der Vorbereitung der *Nachträge* nimmt Heine dann im

Sommer und Herbst 1830 eine Überarbeitung der gedruckten Artikel vor und erweitert den bereits vorliegenden Bestand um zwei Kapitel und das Nachwort, u. a. auch, um die 20 Bogen und damit ein Vermeiden der Vorzensur zu erreichen, wie er im Nachwort selbst ausführt.

Gedanklich haben die *Fragmente* als Abschluss des *Reisebilder*-Projekts allerdings ihren berechtigten Platz. Denn einerseits nehmen sie gleich zu Beginn den Gedanken der Möglichkeit von Religion in der modernen Gesellschaft aus der *Stadt Lukka* wieder auf und sprechen von der Freiheit als der Religion der neuen Zeit. Sie geben damit noch einmal die Generalrichtung des *Reisebilder*-Projektes an: Die Öffnung des Blicks für eine europäische Gesellschaft, die sich aus den Aufbrüchen der Französischen Revolution heraus entwickelt zu einem Europa der Freiheit und der Befreiung. Andererseits spiegeln sie aber auch bereits die Risiken eines solchen Aufbruchs. Die moderne Massengesellschaft, die Heine in London entgegentritt, erschreckt ihn mehr als dass sie ihn begeistert. Die London-Schilderung ist das Zentrum dieses Textes, dem man die etwas zersplitterte und fahrige Entstehungsgeschichte gelegentlich anmerkt.

Heine zeigt sich überwältigt von der Riesenstadt:

> Ich habe das Merkwürdigste gesehen, was die Welt dem staunenden Geiste zeigen kann, ich habe es gesehen und staune noch immer – noch immer starrt in meinem Gedächtnisse dieser steinerne Wald von Häusern und dazwischen der drängende Strom lebendiger Menschengesichter mit all ihren bunten Leidenschaften, mit all ihrer grauenhaften Hast der Liebe, des Hungers und des Hasses [...].   (7,213)

Man sieht, Heine ist so überwältigt, dass ihm angemessene Beschreibungskategorien fehlen und er zur Darstellung des äußeren Stadtbildes traditionelle Naturvergleiche

wählt: Wald, Strom, später noch Meer. Er empfiehlt, einen
Philosophen nach London zu schicken, der dort »die ver-
borgensten Geheimnisse der gesellschaftlichen Ordnung«
entdecken, »den Pulsschlag der Welt hörbar vernehmen
und sichtbar sehen« werde, auf keinen Fall aber einen
Poeten. Denn »dieses übertriebene London erdrückt die
Phantasie und zerreißt das Herz« mit seiner »kolossalen
Einförmigkeit«, der »maschinenhaften Bewegung« und
der »Verdrießlichkeit der Freude selbst« (7,213 f.). Ein
Poet würde lediglich im Wege stehen und herumgestoßen.
Die Forschung hat seit je bemerkt, dass Heine sich mit
seinem London-Bild im Rahmen der gängigen Stereotype
bewegt, wie sie seit dem 18. Jahrhundert in der deutschen
Literatur verwendet wurden und in klassischer Form im
Bericht Lichtenbergs zusammengezogen sind, den er aber
vermutlich nicht kannte.

Aus dem gängigen Bild entwickelt Heine eine ganz eigene Lesart: Der äußere Eindruck wird zum Zeichen erhoben für die wahre Bedeutung Londons und schließlich
ganz Englands. Der tiefen Ernsthaftigkeit, der »maschinenhaften Bewegung«, dem Gehetzt- und Getriebensein
korrespondiert die eintönige Farblosigkeit der Häuser, die
einen trostlos-bedrohlichen Eindruck machen, ihre Kaser-
nenhaftigkeit, das Fehlen von Schmuck, von Zeichen der
Freude, der Lust, des Feierns. Dahinter steht der völlige
Verlust von Individualität; die Subjekte haben sich in der
Riesenstadt in die Gesamtmenge der Menschen aufgelöst.
Auch die Stadt selbst hat ihre Unterscheidbarkeit verloren: Die Einförmigkeit der Häuser, ihre farblose Hässlichkeit, das Getriebe in den Straßen. London steht für eine
Welt der Notwendigkeiten, der Zweckmäßigkeit, der bürgerlichen Nützlichkeit, aus der alle Poesie und damit alles
Humane ausgetrieben ist. Die Stadt, wie Heine sie schildert, wirkt wie eine Metapher für jenen prosaischen, un-
poetischen Zustand der Welt, den Hegel mit der Herauf-

kunft des bürgerlichen Zeitalters vorausgesagt hatte. Deshalb schlägt Heine vor, einen Philosophen, und keinen Poeten nach London zu schicken: Die Poesie ist in dieser Welt ohne Partner, sie sucht nach Individualität, nach dem Einzelnen, womit sich die Welt der Betriebsamen nicht aufhalten kann. Nur an zwei Stellen erhält das London-Bild Heines Farbe: Einmal im Zusammenhang mit den Warenauslagen, die freudlose Käufer anlocken und so das Verhältnis von Zweck und Mittel umkehren, eine implizite Kritik Heines an der Warenästhetik; schließlich bietet der Schluss des London-Abschnittes ein wenig Farbe, wenn die Darstellung des Gegensatzes von Arm und Reich in die Vorstellungen von der reinen Hure und dem ehrlichen Gauner münden, Vorstellungen, die vor allem in den französischen Großstadtromanen der Zeit bei Eugène Sue oder Honoré de Balzac verbreitet sind, die wir in der burlesken Form aber auch z. B. in Heines Hamburg-Texten wiederfinden. Auch bei Heine sind sie Ausdruck der Tatsache, dass der humane Faktor in einer Welt der Maschine und des Kapitals in den Untergrund gedrängt wird, dass aber die Poesie so, wie er sie konzipiert hat, dort ihre wirklichen Verbündeten hat. Hier liegt der tiefere Grund dafür, warum ihm London und England insgesamt als Inkarnation des Anti-Poetischen wirklich verhasst sind, eine Abneigung, die sich in den späteren Werken noch steigert.

Dass die Wirklichkeit eines zum Konsum befreiten Europas genau so aussehen könnte, wie sie ihm in England entgegentrat, hat Heine gefürchtet, dieser Furcht am Ende des Gesamtprojektes aber gleichsam beschwörend noch einmal seine emphatische Freiheitshoffnung entgegengesetzt, die inzwischen durch die Juli-Revolution von 1830 aufs Neue bekräftigt worden war.

Literatur

B 1: DHA 6 und 7; HSA 4–6. Höhn, B 5: 1997, 170–265. Altenhofer, B 7.6: 1972; Hermand, B 7.6: 1976; Pabel, B 7.6: 1977; Wülfing, B 7.6: 1982; Prawer, B 7.6: 1986; Stauf, B 7.6: 1997; Neuhaus, B 7.6: 1997, 22–39; Lectures d'une Œuvre, B 6: 1998; Heine voyageur, B 6: 1999; Perraudin, B 7.6: 1999, 279–302; Hildebrand, B 7.6: 2001.

Die erzählerische Prosa

Das Erzählen, da ist sich die Heine-Forschung lange Zeit einig gewesen, war Heines Stärke nicht. Er selbst hat zu diesem Urteil kräftig beigetragen. »Bey dieser Gelegenheit merkte ich auch daß mir das Talent des Erzählens ganz fehlt«, schreibt er am 25. Juni 1824, als er mit dem *Rabbi von Bacherach* beschäftigt ist, an Moses Moser, um dann allerdings gleich einzuschränken: »vielleicht thue ich mir auch Unrecht und es ist bloß die Sprödigkeit des Stoffes«. Aber auch den *Schnabelewopski* nennt er 1832 ein »mißglücktes« Romanprojekt, und die *Florentinischen Nächte* schätzt er ebenfalls nicht sehr hoch ein. Vor allem aber hat er die drei genannten erzählerischen Ansätze allesamt abgebrochen, ist jeweils über wenige Kapitel nicht hinausgekommen. Es fehle ihm der lange Atem, die Fähigkeit, Figuren aufzubauen und zu entwickeln, überhaupt sei er nicht in der Lage zur größeren, umgreifenden Konstruktion, so lauten die gängigen Urteile, die ohne Zweifel den Augenschein für sich haben. Aber wie immer, wenn es um die Literatur der ersten Hälfte des 19. Jahrhunderts geht, kommt man mit Urteilen, die auf den Gattungsnormen der deutschen Klassik aufbauen, nicht weiter. Wer epische Rundung erwartet, eine geschlossene Form, sorgsam charakterisierte Helden und einen gleichmäßig abrollenden Erzählfaden, der ist bei Heine und den Autoren des Jungen Deutschland von vornherein an der falschen Adresse. Heines Maxime, dass in der Literatur alles erlaubt sei, nur nicht das »genre ennuyeux« (15,27), gilt selbstverständlich auch für die fiktionale Erzählprosa. Insofern darf man hier mit denselben Mitteln rechnen, die der Autor auch sonst einsetzt und die mit dem Wort »Salonstil« treffend charakterisiert sind. Geistreiche Gespräche prägen diesen Stil eher als genaue Beschreibungen, eine Sprache voller Witz,

Bonmots, funkelnder Pointen eher als eine solche, die z. B. auf detailreiche Naturschilderungen Wert legt. Die Helden machen in diesem Genre keine nacherzählbare Entwicklung durch, eher werden einzelne biographische Stationen zum Anlass des Erzählens. Im Grunde benutzt Heine die erzählerischen Mittel, die er sich mit den *Reisebildern* erarbeitet hatte, auch für seine fiktive Prosa. Es ist dieselbe Patchwork-Ästhetik hier wie da, dieselbe Art, sich am Faden der Assoziation, und nicht an dem einer Handlung durch den Text zu bewegen. Und in der Tat kann von einer wirklichen Handlung zumindest in den beiden späteren Prosatexten nicht die Rede sein; auch im *Rabbi* ist sie eher sekundär im Vergleich zu den im Vordergrund stehenden Episoden, den Einschüben und Reflexionen.

Dennoch gibt es deutliche Unterschiede zur *Reisebilder*-Prosa. Der wichtigste hängt damit zusammen, dass die drei Versuche alle erst im Rahmen des *Salon*-Projekts nach der Übersiedlung nach Paris erschienen und – abgesehen vom Beginn des *Rabbi* – auch erst in Paris entstanden sind. Heines Position hat sich in dieser Zeit weiter geklärt und radikalisiert. Insbesondere hat jener Gegensatz von Sensualismus und Spiritualismus, heidnisch-antiker und christlich-romantischer Sicht auf die Welt und auf die Kunst durch die Beschäftigung mit der Lehre des Saint-Simonismus jetzt für ihn eine neue Bedeutung bekommen. Die Rolle des Christentums in der Unterdrückungsgeschichte Europas wird in den *Reisebildern* zwar auch schon kritisch erörtert (vgl. *Nordsee* III; *Die Stadt Lukka*), aber erst nach 1831 entwickelt Heine den umfassenden theoretischen Rahmen für dieses Problem. Dieser kontrastive Rahmen wurde für die Versuche mit fiktionaler Erzählprosa besonders wichtig, wobei jeweils sehr verschiedene Themen in den Vordergrund treten.

Der Rahmen, den Heine sich mit den *Salon*-Bänden für die Publikation seiner Erzählprosa schuf, entsprach ziemlich genau den Hauptcharakteristika des Genres. Der Titel

Salon spielt, wie die Kommentare zu Recht festgestellt haben, auf die Tradition der jährlichen Pariser Gemäldeausstellungen, der »Salons«, ebenso an wie auf Denis Diderots gleichnamige Sammlung von Kunstkritiken. Nicht von ungefähr wird Band 1 ja auch eröffnet mit dem Bericht über die Gemäldeausstellung von 1831. Darüber hinaus wird zumindest der deutsche Leser aber zunächst die Atmosphäre des Salons als eines mondänen Treffpunkts der gebildeten Welt assoziieren, wo geistreiche Menschen aus sehr unterschiedlichen Lebenszusammenhängen über Themen aus allen Bereichen von Wissenschaft, Kunst, Wirtschaft und Politik sprechen, wo man den neuesten Klatsch und das letzte Gerücht erfährt und die Prominenz ganz aus der Nähe präsentiert bekommt. Diese Assoziation entspricht dem Charakter der Bände ziemlich genau, die neben den erzählerischen Fragmenten auch Gedichte und Abhandlungen über so schwierige Gegenstände wie deutsche Philosophie und Theologie und so entlegene Themen wie den Volksaberglauben enthalten, die aber auch gespickt sind mit Anspielungen auf das aktuelle Tagesgeschehen ebenso wie auf Eigenheiten berühmter Menschen. Was alle diese Texte miteinander verbindet ist ihre poetische Schreibart, jene elegante Haltung eines geistreichen Sprechens über sehr disparate Gegenstände, die bei aller Leichtigkeit doch Perspektiven eröffnet auf tiefere Dimensionen.

Heine selbst hat später für die geplante Gesamtausgabe die Zusammenstellungen der *Salon*-Bände wieder aufgelöst, und in heutigen Ausgaben und Kommentierungen spielt sie kaum noch eine Rolle. Dennoch sei der Inhalt der vier Bände hier kurz zusammengestellt:

• Der Salon von H. Heine. Erster Band. Hamburg 1834. (2., unveränd. Aufl. 1849.) Enthält: 1. »Vorrede«; 2. *Französische Maler. Gemäldeausstellung in Paris. 1831*; »Nachtrag 1833«; 3. *Gedichte* (von den 56 Gedichten wurden 45 als »Verschiedene« in die *Neuen*

Gedichte von 1844 aufgenommen); 4. *Aus den Memoiren des Herren von Schnabelewopski.*

- Der Salon von H. Heine. Zweyter Band. Hamburg 1835. (2. Aufl. 1852: Für diese Auflage macht Heine die Zensureingriffe rückgängig, fügt ein neues Vorwort hinzu und scheidet die Lieder aus.) Enthält: 1. »Vorrede«; 2. *Zur Geschichte der Religion und Philosophie in Deutschland*; 3. *Frühlingslieder* (37 Gedichte aus dem Zyklus *Neuer Frühling*, der bereits in der 2. Aufl. des 2. *Reisebilder*-Bandes erschienen war.)
- Der Salon von H. Heine. Dritter Band. Hamburg 1837. Enthält: 1. *Florentinische Nächte*; 2. *Elementargeister.* – Als gesonderte Veröffentlichung erschien zeitgleich mit diesem Band: *Über den Denunzianten.* Eine Vorrede zum dritten Theile des Salons von H. Heine. Hamburg 1837.
- Der Salon von H. Heine. Vierter Band. Hamburg 1840. Enthält: 1. *Der Rabbi von Bacherach. Ein Fragment*; 2. *Gedichte* (18 Stücke, die 1844 in den *Neuen Gedichten* als »Katharina« und »Romanzen« 1 und 6–13 erschienen); 3. *Über die französische Bühne.*

Der Rabbi von Bacherach (Ein Fragment)

Heines Beschäftigung mit der Geschichte des Judentums geht zurück auf seine Mitgliedschaft im »Verein für Cultur und Wissenschaft der Juden« in Berlin, dem er im August 1822 beitrat. Dieser 1819 gegründete Kreis jüdischer Intellektueller setzte sich angesichts der repressiven Politik Preußens für die Entwicklung des Selbstbewusstseins und die Identitätsbildung der Juden ein und mühte sich insbesondere um eine Integration der aus dem Osten nach Berlin zuwandernden Juden. Ein Akzent der Arbeit des Vereins lag auf der Entwicklung einer bislang völlig fehlenden deutsch-jüdischen Literatur. Heines *Rabbi von Bacherach* ist als ein Versuch in diese Richtung zu bewerten.

Zunächst führen die Diskussionen im Berliner Freundeskreis zu Quellenstudien und schließlich zu dem Plan, einen Beitrag für die geplante Vereinszeitschrift zu schreiben, in dem er sich über »den großen Judenschmerz« (Brief an Moser, 18. Juni 1823) aussprechen will. Mit Hilfe der Bestände der dortigen Bibliothek arbeitet Heine sich nach der Rückkehr nach Göttingen ab Mai 1824 intensiv in die Geschichte des Judentums ein. Es entsteht eine Reihe von Exzerpten aus Quellenwerken, die dann später z. T. direkt in den Text einflossen. Wichtigste Quelle ist dabei die vielbändige Geschichte der Juden (*Histoire des Juifs*) des Jacques Basnage in der zweiten Auflage von 1716. Auch weil der »Verein« sich Anfang 1824 auflöste, kam der geplante Aufsatz nicht zustande. Die Vorarbeiten gingen dann aber in den *Rabbi* ein, dessen erzählerischer Ansatz im Frühjahr 1824 in Göttingen entwickelt wurde. Im Mai 1824 arbeitet Heine an »einer großen Novelle« (Brief an Christiani, 24. Mai 1824), wobei die Berliner Freunde ihn mit Quellenmaterial unterstützen. Dennoch geht die Arbeit nur sehr stockend voran und bleibt, nachdem die beiden ersten Kapitel skizziert sind, seit der Jahreswende 1825/26 schließlich ganz stecken. Die Gründe für den Abbruch sind nur zu vermuten: Am ehesten möchte man glauben, dass die historisierende Einkleidung der Schreibart Heines so sehr zuwider läuft, dass das Scheitern des *Rabbi* deshalb vorprogrammiert war. Mitte der 20er-Jahre fand der Autor zudem in den *Reisebildern* die ihm entsprechende Form. Zwar erwägt Heine kurzzeitig auch eine Publikation des *Rabbi* in diesem Zusammenhang, doch nehmen ihn andere Projekte zunächst gänzlich in Anspruch.

Im Zusammenhang mit neuen Publikationsplänen für den *Rabbi von Bacherach* Ende der 30er-Jahre taucht dann im Briefwechsel mit Campe die Behauptung auf, es habe ein komplettes Manuskript existiert, das 1833 bei einem Brand im Haus seiner Mutter in Hamburg zerstört worden sei. Man darf davon ausgehen, dass es sich hier um eine Mystifikation handelt. Für die Abschlussbemerkung am Ende des schließlich gedruckten Textes schwächt Heine diese Behauptung dann auch ins Undeutliche ab. Erst im Frühjahr 1840, unter dem Eindruck eines Judenpogroms in Damaskus, setzt Heine sich erneut an den *Rabbi von Bacherach*. Damals hatte der französische Konsul in Syrien beim Verschwinden eines christlichen Priesters die alten Vorurteile gegen die Juden und ihre angebliche Ritualmordpraxis aktiviert und war dabei in Frankreich wie in Deutschland auf erschreckende Zustimmung in der öffentlichen Meinung gestoßen, die das Ausmaß des herrschenden Antisemitismus deutlich machte. Heine fasste sofort den Entschluss, in dieser Situation den thematisch genau passenden *Rabbi von Bacherach* wieder aufzunehmen. Er überarbeitet den vorliegenden Text zu den drei Kapiteln und entwickelt eine druckreife Fassung für den Abdruck im vierten Band seines *Salon*, der im Oktober 1840 ausgeliefert wurde. Bereits im Mai hatte er sich auch publizistisch zum Damaszener Skandal geäußert.

Die drei Kapitel, die Heine schließlich fertigstellte, sind in jeder Hinsicht sehr unterschiedlich. Es beginnt mit einer Szene im mittelalterlichen Bacharach des Jahres 1489, wo während des jüdischen Osterfestes christliche Provokateure sich in das Haus des Rabbi Abraham und seiner Frau Sara einschleichen und eine Kinderleiche einschmuggeln, die dann Anlass wird für die Verfolgung und Ermordung der jüdischen Gemeinde des Ortes und der Umgebung. Einzig Abraham und Sara gelingt die Flucht mit einem Kahn den Rhein aufwärts. Sie gelangen, zweites Kapitel, nach Frankfurt, damals die Stadt mit dem größten jüdischen Ghetto in Deutschland. Die bunte Beschreibung der in Festtagsstimmung befindlichen Stadt und des düsteren Ghettos, wo bereits der Opfer des Bacharacher Pogroms gedacht wird, steht im Mittelpunkt dieses Kapitels. Das dritte Kapitel schließlich, von Heine während der deutschen Phase vorbereitet, aber erst in Paris ausgeführt, schildert die Begegnung Abrahams mit seinem spanischen Studienfreund Isaak Abarbanel, ihr Schwelgen in heiteren Jugenderinnerungen und schließlich ihre Auseinandersetzung über das Judentum und seine Traditionen.

Der Text hat mindestens drei sehr unterschiedliche Quellgründe: Zunächst spiegelt er die Auseinandersetzung Heines mit Geschichte und Gegenwart des Judentums. Diese Auseinandersetzung hat verschiedene Ebenen; eine davon ist eine ganz persönliche Ebene, die sich über die lange Zeit der Beschäftigung verschob, eine Verschiebung, die sich am Text ablesen lässt. In Berlin und dann besonders in der Zeit des Göttinger Studienaufenthalts der Jahre 1824/25, als Heine die Unausweichlichkeit der Taufe und das Demütigende dieser Prozedur immer klarer vor Augen trat, ist das Thema sehr emotional besetzt. Zwar stellt er den Berliner Freunden gegenüber, die die Arbeit am *Rabbi von Bacherach* wesentlich mitgetragen haben, klar, dass er keineswegs die jüdische Religion verteidigen wird, dennoch ist der erste Ansatz zum *Rabbi von Bacherach* getragen von Solidarität mit jenen »Märtyrern, [...] die auf allen Schlachtfeldern des Gedankens gekämpft und gelitten« haben (15,42) und vom Zorn über die jahrhundertelange ungerechte Verfolgung. An Moser schreibt er über die Arbeit am *Rabbi von Bacherach*: »meine Schmerzen haben mich auf schlimme Weise daran unterbrochen, und Gott weiß ob ich ihn bald und gut vollende« (25. Juni 1824). Voller Eifer arbeitet Heine sich in die Quellen ein, insbesondere in die 15-bändige *Geschichte der Juden* des Jacques Basnage, exzerpiert aber darüber hinaus eine ganze Fülle von Büchern, deren Ausleihe aus der Göttinger Universitätsbibliothek dokumentiert ist. Dieser emotionalen Phase entspricht das erste Kapitel des Fragments mit

seinem düster-anklägerischen Ton am besten. Davon unterscheidet sich grundlegend die Haltung insbesondere des
dritten Kapitels. In der Figur des Don Isaak Abarbanel
entwirft Heine hier eine Art Selbstporträt, das zumindest
hinsichtlich seiner Einstellung zum Judentum jetzt sehr
viel distanzierter und kritischer ausfällt als noch 15 Jahre
zuvor. Die Verschiebung von der tragischen auf die komische Ebene deutet sich im zweiten Kapitel bereits an und
erreicht ihren Höhepunkt dann in jener burlesken Reduktion des Jüdischen auf das Kulinarische in den Reden des
Don Isaak. Als Religion interessieren ihn das Judentum
und seine Traditionen ebenso wenig wie alle anderen Religionen auch; einzig die jüdische Küche vermag ihn noch
zu überzeugen.

   Diese radikale Verschiebung innerhalb des Textes lässt
sich auch in Bezug auf das zweite wichtige Feld feststellen, aus dem Heine seine Inspiration und Anregung
bezog. Es war schon die Rede davon, dass der erste Antrieb für den *Rabbi von Bacherach* im Rahmen der Arbeit
des »Culturvereins« die Ausarbeitung einer spezifischen
deutsch-jüdischen Identität war, deren Bildung durch
starke kulturelle Bezugspunkte befördert werden sollte.
Heine bezeichnet sich in diesem Zusammenhang als »neu-
jüdischen« Dichter (an Moser, 23. Mai 1823), was so viel
heißen sollte wie »deutsch-jüdischer Dichter«. Im hegelia-
nisch beherrschten Verein forderte er insgesamt eine Kultur, die für das große Publikum verständlich und interessant war, und knüpfte für sein eigenes Projekt an die
damals europaweit populärste Gattung an, die des historischen Romans. Das Vorbild Walter Scotts, des unange-
fochtenen Protagonisten des Genres, ist im ersten Kapitel
allgegenwärtig. Das gilt für die weitgehende historische
Exaktheit ebenso wie für die Kostümierung der Figuren,
für den Einbezug von Sagen und Überlieferungen, die de-
taillierte Beschreibung der jüdischen Riten und Gebräu-
che, aber auch für die teils bewusst archaisierende Spra-

che, ein Moment, das durch die stilistische Überarbeitung von 1840 dann wieder zurückgedrängt wurde. Gerade Scotts Art der literarischen Geschichtsschreibung, seine Bemühungen um die »National-Besonderheiten« (6,160) der Schotten und Engländer, erschienen Heine 1824/25 das geeignete Modell, um auch die Eigentümlichkeiten der jüdischen Gemeinschaft vor dem Verschwinden zu bewahren. Diese Meinung verlor er allerdings bereits im Laufe der Arbeit an den beiden ersten Kapiteln, und der historisierende Ansatz wird schließlich auch der entscheidende Grund für die Aufgabe des Gesamtprojekts gewesen sein. Heine hatte in der Zwischenzeit in der *Harzreise* einen ganz anderen Prosastil entwickelt, der es ihm erlaubte, sehr viel direkter Gegenwartsbezüge aufzugreifen. Gerade die Wirkung von Komik und Satire erprobt er dann auch bereits im zweiten Kapitel des *Rabbi von Bacherach*. Im dritten Abschnitt, der inhaltlich noch im Zusammenhang mit den beiden anderen vorbereitet wurde und vom Quellenstudium her ebenso fakten- und detailreich hätte werden können, rückt Heine dann ganz von den Gattungsvorgaben des historischen Romans ab und wechselt zum Salonstil mit seinen Gesprächen, Pointen und Witzen, wie er ihn in der Zwischenzeit im *Schnabelewopski* und den *Florentinischen Nächten* eingesetzt hatte.

Aber nicht nur auf dieser Ebene rücken die auf den ersten Blick so verschiedenen späteren Erzählfragmente und der *Rabbi von Bacherach* näher zusammen. Sie verbindet darüber hinaus das Schöpfen aus autobiographischen Quellen, dritter wichtiger Hintergrund für den *Rabbi von Bacherach*. Vor allem Erinnerungen an jüdische Familientraditionen, religiöse wie kulinarische, sind eingeflossen, wobei Heine von der zeitgleich erfolgenden Arbeit an den Düsseldorf-Kapiteln des »Reisebilds« *Ideen. Das Buch Le Grand* profitierte. Auch auf die berühmte »Van-Geldern-Haggadah« mit ihren illustrierten Erzählungen von der Befreiung des jüdischen Volkes aus der ägyptischen

Zwangsherrschaft, die sein Urgroßvater 1723 hatte anfertigen lassen, wird im Text angespielt. Für die Schilderung der Rheinlandschaft und Teile der Frankfurt-Beschreibung konnte er ebenfalls auf eigene Eindrücke zurückgreifen.

Wenn Don Isaak verkündet: »Ja, ich bin ein Heide, und eben so zuwider wie die dürren, freudlosen Hebräer sind mir die trüben, qualsüchtigen Nazarener« (5,143), so hat Heine am Schluss des *Rabbi von Bacherach* eine Position erreicht, die zwar im frühen Text bereits tendenziell angelegt war, die aber erst jetzt auch ihre ideologische Fundierung im Gegensatz von Sensualismus und Spiritualismus gefunden hat, ein Gegensatz, der auch die beiden anderen Erzählfragmente grundiert. Wie im *Schnabelewopski* wird das Kulinarische zur ironischen Gegenwelt des Religiösen, das Essen zum Signum jener Erlösung, die auch das rituelle Mahl am Anfang des *Rabbi von Bacherach* verheißen will. Im Abstand zwischen der feierlichen Essenszeremonie am Seder-Fest und dem ganz und gar profanen Essvergnügen in der Küche von Schnapper-Elle spiegelt sich Heines Entwicklung vom Mitglied des hegelianischen Berliner Kulturvereins zum Sympathisanten der Saint-Simonisten. Und dennoch ist daran zu erinnern, dass die Wiederaufnahme des *Rabbi von Bacherach* zugleich im Zeichen eines Engagements gegen einen erneuerten Antisemitismus erfolgte.

Aus den Memoiren des Herren von Schnabelewopski

Dieses schon im Titel als unabgeschlossen erkennbar gemachte fiktive Memoir eines polnischen Landadeligen entstand wahrscheinlich erst 1832/33, unmittelbar bevor es an der Jahreswende 1833/34 im ersten der vier *Salon*-Bände im Druck erschien. Man erfährt wenig über die Arbeit an diesem Text. Immerhin dürfte der *Schnabelewopski* gemeint sein, wenn Heine in einem Brief vom 24. August 1832 davon spricht, die Aufregungen und vielfältigen Ablenkungen des Pariser Lebens hätten dazu geführt, dass ihm ein Roman missglückt sei.

Der Ritter aus Schnabelewops schildert in 14 Kapiteln sein Leben von der Geburt am 1. April (!) 1795 bis zur Studienzeit im holländischen Leiden. Inspiriert durch die Gattung des Schelmenromans und dort insbesondere durch Christian Reuters von den Romantikern wieder entdeckten Roman *Schelmuffskys wahrhafftige curiöse und gefährliche Reisebeschreibung zu Wasser und zu Lande* entwirft Heine das Bild einer komisch-absurden Welt, die sich in der verschobenen Beobachtung des naiven Helden spiegelt. Wieder schöpft er, ähnlich wie bei den *Reisebildern*, aus verschiedenen autobiographischen Materialien. Die Polen-Sequenz zu Beginn verarbeitet Erinnerungen an seinen Polen-Ausflug von 1822, als er Gnesen besuchte und das Leben polnischer Landadeliger ganz aus der Nähe kennen lernte. Dass es gerade ein Pole ist, den Heine zum komischen Helden seines Romans macht, hat mit seiner Einschätzung des polnischen Aufstandes von 1830 zu tun, in dem er einerseits heroisches Aufbegehren, andererseits aber doch auch viel politische Dummheit entdeckte. Auch seine Meinung von den polnischen Emigranten in Paris, von denen er einige bereits aus Berlin kannte, war distanziert, wie nicht nur das spätere Gedicht *Zwey Ritter* aus dem *Romanzero* zeigt. Im *Ludwig Börne* heißt es: »Diese Polen waren gleichsam ihrem heimathlichen Mittelalter entsprungen, und, ganze Urwälder von Unwissenheit im Kopf tragend, stürmten sie nach Paris, und hier warfen sie sich entweder in die Sekzionen der Republikaner oder in die Sakristeyen der katholischen Schule: denn um Republikaner zu seyn, dazu braucht man wenig zu wissen, und um Katholik zu seyn braucht man gar nichts zu wissen, sondern braucht man nur zu glauben.« (11,75f.) In die Beschreibung der Familie des Helden sind Reminiszenzen an die eigene Familie eingeflossen, wie ein Vergleich mit den *Memoiren* zeigt. Auch eine der für den frühen Heine so typischen mysteriösen Frauenfiguren taucht auf; die bleiche Jadwiga, deren »Ich bete dich an!« (5,151 f.) sich nicht eindeutig beziehen lässt. Natürlich ist Schnabelewopski kein heinesches Selbstporträt; dazu sind die Unterschiede zu groß. Und doch trägt auch diese Figur wieder ganz unverkennbar das Signum seiner Existenz.

Das zeigt bereits die erste Station, die der Held auf seiner Reise in die Welt besucht: Hamburg. Hier hatte Heine insgesamt immerhin fünfeinhalb Jahre seines Lebens verbracht und der Stadt als »schöne Wiege meiner Leiden« (*Junge Leiden*) ein lyrisches Denkmal gesetzt. Das Hamburg-Bild des *Schnabelewopski* entspricht dem Tenor, der bereits das Stadt-Porträt im Reisebild *Ideen. Das Buch Le Grand* und die brieflichen Äußerungen prägt. Die burleske Zusammenschau von auf den ersten Blick völlig disparaten »Sehenswürdigkeiten« setzt deutliche Akzente, bildet Signaturen, um dieses Lieblingswort Heines aufzugreifen, die das Bild der Großstadt Hamburg, die kritische Lesart Hamburgs, zu erkennen gestatten. Das groteske Hamburg ist Ausdruck jener verkehrten Welt, der Schnabelewopski überall begegnet, es ist eine Stadt der Narren und Zahlenmenschen, wo die ehrbaren Bürger kein Herz und keine Seele haben und die unehrenhaften Damen die Einzigen sind, die menschlich zu fühlen vermögen. Das hat durchaus noch etwas vom Schwung der romantischen Philisterkritik, verweist darüber hinaus aber bereits deutlich auf soziale Hintergründe. Hamburg ist für Heine einerseits die Stadt Bancos, wie es anspielend auf die Figur aus Shakespeares *Macbeth* ebenso wie auf die gleichnamige Hamburger Währung heißt, die Stadt der Krämer- und Spekulantenseelen, deren eigentliches Zentrum und einzig nennenswertes Bauwerk neben dem Rathaus die Börse ist (das gilt im Übrigen für alle Großstädte, die Heine kennen lernte: Immer nehmen die Börsen einen bedeutenden Platz in seinen Städte-Bildern

ein). Andererseits ist Hamburg die Stadt der gefühlskalten
Maschinenmenschen, wo, wie es sich für die Hauptstadt des
Geldes gehört, auch die Liebe einzig in ihrer käuflichen
Form vorkommt. In einem Brief an Rudolf Christiani in
Lüneburg schreibt Heine am 6. Dezember 1825 kurz und
bündig: »Hamburg ist am Tage eine große Rechenstube und
in der Nacht ein großes Bordell.« Das Bordell wird dann im
Wintermährchen, wo die Stadtgöttin selbst zur Hure mu-
tiert ist, endgültig zum Zeichen dieser Stadt.

Am Ende des Hamburg-Abschnitts schiebt Heine ein
Kapitel ein, das die Wiedergabe der dänischen Heldenbal-
lade vom Herrn Vonved enthält, deren Übersetzung durch
Wilhelm Grimm allerdings nicht vollständig zitiert wird.
Die traurige Ballade spiegelt das Reisemotiv, denn auch
Vonved zieht in die Welt hinaus und kommt als unglückli-
cher Mensch zurück. Der Einschub leitet den Übergang
ein zur letzten Station des Helden Schnabelewopski. Er
zieht von Hamburg weiter nach Holland, zunächst nach
Amsterdam, dann nach Leiden, wo er auf Wunsch der Familie Theologie studieren soll. Am Anfang der kurzen
Amsterdam-Episode hat Heine erneut eine Sage eingeschoben, diesmal die vom *Fliegenden Holländer*. Der Text
hat Richard Wagner zu seiner Oper inspiriert. Für die
Schilderung holländischer Zustände konnte Heine auf seinen kurzen Holland-Besuch vom August 1827 zurückgreifen, als er auf der Rückreise von England u. a. in Amsterdam und Leiden Station machte. Wichtiger für den die
Kapitel 8–14 umfassenden Bericht über die Leidener Studentenzeit waren aber Heines eigene Erfahrungen mit
dem Studentenleben einerseits, andererseits seine intensive
Beschäftigung mit dem Saint-Simonismus zu Anfang der
30er-Jahre. Die überspannten Diskussionen unter den Studenten über Fragen von Religion und Philosophie spiegeln die gleichzeitige Beschäftigung Heines mit dem Thema für die Schrift *Zur Geschichte der Religion und Philosophie in Deutschland*. Auch in Amsterdam und Leiden

begegnet der Held jeweils einer Frau, jetzt nicht mehr
träumerisch-schmachtend wie in der Jadwiga-Episode,
oder unter dem Signum des Bordells, wie bei Minka und
Heloise in Hamburg, sondern die beiden Begegnungen
stehen ganz im Zeichen einer befreiten Sinnlichkeit des
Helden: Das Amsterdamer Abenteuer mit einer Zufallsbe-
kanntschaft ebenso wie die Beziehung mit der Wirtin
»Zur rothen Kuh«, die die kulinarische Versorgung der
Studenten von der erotischen Versorgung durch Schnabelewopski abhängig macht.

   Zu Recht wird stets auf die Nähe des Textes zur Gattung des Schelmenromans hingewiesen, die Heine durch
seine Titelwahl selbst nahe gelegt hatte. Er kannte einige
der gattungsprägenden Werke nachweislich recht gut. Insbesondere der Aufbau mit dem Motiv der Lebensreise
und der lockeren Reihung biographischer Stationen, aber
auch der Inhalt mit der Folge von deftigen erotischen
Abenteuern und den derben Umgangsformen der Studenten verweisen auf die pikareske Tradition. Das Leben dieses Helden erscheint eben nicht als sich rundender Bil-
dungsgang, sondern als eine zusammenhanglose Reihe
von Erfahrungen, die eigentlich immer nur wieder eins bestätigen: Die Welt steht auf dem Kopf. Insbesondere von
den in den Leiden-Episoden im Vordergrund stehenden
Auseinandersetzungen über Religion und Küche her betrachtet, gewinnt der Text seine satirische Tiefenschärfe.
Der groteske Zusammenhang zwischen Essen und Sexualität auf der einen und Religion und Theologie auf der anderen Seite (»Wenn der Braten ganz schlecht war disputir-
ten wir über die Existenz Gottes«; 5,178) weist erheblich
über den bloß komisch-satirischen Kontext hinaus. Die
Funktion nicht nur der Religion selbst, sondern des gesamten religiösen Diskurses, im Text in den unterschiedlichsten theologischen Schattierungen vorgeführt, wird
durch die Konfrontation mit den profanen Bedürfnissen
und Freuden der Lebenswirklichkeit bloßgestellt als Ver-

such, eine rein spirituelle Gegenwirklichkeit zu konstruieren und zu begründen. Als »eine große Krankheitsperiode der Menschheit« wird das Christentum bezeichnet, die Christen als »Geistervolk« (5,186). Gerade im Vergleich mit den *Reisebildern*, insbesondere der *Stadt Lukka*, zeigt sich im *Schnabelewopski* eine deutliche Verschiebung in der Zielrichtung von Heines Religionskritik. Stand dort vor allem der politische Verblendungszusammenhang von Religion und staatlicher Macht im Zentrum, so geht es jetzt grundsätzlicher um die Funktionsweise des Religiösen in der Gesellschaft. Unter dem Einfluss des Saint-Simonismus, aber auch aufgrund der damals erneuerten Beschäftigung mit der deutschen idealistischen Philosophie kritisiert Heine das Christentum als eine Religion des Leidens und der Entsagung, als lebens- und letztlich menschenfeindliche Vertröstungsideologie. Gerade die Welt von Küche und Sexualität, aber schließlich auch die Anlage des Textes in seiner kräftigen Sprache mit den teilweise anzüglichen Witzen und groben Bildern bildet dazu einen Kontrast, der den Gegensatz deutlicher sichtbar macht, als alle Erörterungen über das Verhältnis von Sensualismus und Spiritualismus es könnten. Diese spezifische Funktion, die der Literatur und der Kunst in der Auseinandersetzung zwischen den beiden Prinzipien zukommt, erläutert er innerhalb des Textes an der Kunst des Malers Jan Steen, in dessen Haus in Leiden Schnabelewopski zufällig wohnt. Kunst hat die Aufgabe, die »Religion der Freude« und der Freiheit zu verkünden, und Jan Steen wird hier als vorbildlich hingestellt: »Keiner hat so tief wie er begriffen, daß auf dieser Erde ewig Kirmes seyn sollte; [...] daß der heilige Geist sich am herrlichsten offenbart im Licht und Lachen.« (5,182)

Der *Schnabelewopski* unterstreicht, genau wie die anderen Texte aus diesem Zeitraum, jene neue Kraft und Lust zur Auseinandersetzung, die Heine nach der Ankunft in Paris zu Anfang der 30er-Jahre beflügelte.

Florentinische Nächte

Als Heine Mitte 1835 daran ging, den dritten *Salon*-Band als ein »kostbares, welterfreuliches Buch« »amüsanten Inhalts« (an Campe, 2. Juli 1835) zu konzipieren, war er heftig in Mathilde verliebt und genoss das Leben in der Pariser Gesellschaft. Ende des Jahres begann er mit der Ausarbeitung seiner *Florentinischen Nächte*, wobei die im Biedermeier überaus beliebte Form der Novelle sicher von Anfang an auch den Zweck hatte, die Zensur zu irritieren und neue Kontrastmöglichkeiten zu schaffen. Doch dann traf Heine und seinen Verleger am 10. Dezember 1835 das Berufsverbot gegen das Junge Deutschland und machte aus dem, was wenigstens teilweise noch spielerischen Charakter gehabt hatte, bitteren Ernst. Er war gezwungen, seine Texte umzuarbeiten, ihnen die politischen Stacheln zu ziehen, und brach die Novelle schließlich nach der zweiten Nacht ab. Im März 1836 übersandte er dem Verleger das Manuskript mit der ausdrücklichen Anweisung, es dürfe nicht der Vorzensur vorgelegt werden. Zeitgleich betrieb Heine auch den Abdruck in Cottas *Morgenblatt*, wo im April/Mai 1836 eine allerdings völlig entstellte Fassung zum Druck kam. Die Auseinandersetzungen über das Manuskript zu *Salon* III zogen sich in die Länge. Am 20. Dezember 1836 schreibt Heine an Campe, er kenne »die bittere Stimmung nicht, worin mich die Nothwendigkeit versetzt jeden Gedanken den ich denke im Kopfe gleich zu zensiren«. Anfang 1837 erschienen die *Florentinischen Nächte* dann als erster Text des *Salon*-Bandes.

Schon der Titel mit seinem deutlichen Anklang an *1001 Nacht* stellt das Werk in die Tradition der großen Erzählliteratur. Gleichzeitig verweisen die *Nächte* auf erotische Inhalte, analog z. B. zu den Anfang der 30er-Jahre ins Deutsche übersetzten *Pariser Nächten* der Georges Touchard-Lafosse mit dem Untertitel: »Eine Galerie galanter Abentheuer, geheimer Liebe und anderer Geschichten der Pariser Großen«. Auch der Aufbau mit Rahmen und Binnenhandlung erinnert an große Vorbilder. Genau wie in *1001 Nacht* oder im *Decamerone* des Boccaccio wird hier gegen den Tod an erzählt. Und auf Boccaccio verweist der Autor selbst denn auch ausdrücklich, wenn er schreibt, die Geschichte sei geeignet, uns über »jene pestilenzielle Wirklichkeit, die uns umgiebt« (11,154), hinwegzutrösten. Die Stadt Florenz spielt im Buch allerdings keine Rolle.

Auf Anraten eines Arztes erzählt Maximilian der schwer lungenkranken Maria »allerley närrische Geschichten«, die sie beruhigen sollen. In der ersten Nacht sind das wirklich kurze Geschichten, Episoden, Beschreibungen bestimmter Situationen und Stimmungen, die sich nicht bis zur Form der Novelle entwickeln. Immer wieder wird die Rahmenhandlung eingeblendet, spiegeln sich die Geschichten, die zunächst um die Liebe zu Statuen, Gemälden und toten Frauen, später dann um italienische Musik und die Musiker Rossini, Bellini und Paganini kreisen, in der erotisch spannungsreichen Beziehung zwischen dem Erzähler und der todkranken Frau. Erst in der zweiten Nacht wird dann die Geschichte der Tänzerin Laurence und ihrer monströsgeheimnisvollen Truppe durchgehend erzählt: Von der ersten Begegnung mit Laurence in London, der Faszination durch ihren Tanz, der Wiederbegegnung in einem Pariser Salon und der freilich nur angedeuteten (»wie heutige Novellisten pflegen«; 5,248) Liebesnacht. Dann verschwindet Laurence wieder aus dem Leben des Erzählers und das Fragment bricht ab.

Motivisch enthalten die *Florentinischen Nächte* viel autobiographisch eingefärbtes Material, das Heine teilweise auch bereits in den *Reisebildern* verwendet hatte: Die Reminiszenzen an Hamburg und Potsdam, das Italienbild, die Englandkritik, die Schilderung der Ankunft in Paris,

die sich dann später ganz ähnlich in den *Geständnissen*
wiederfindet, die Pariser Salons. Gerade die frühen 30er
waren die Jahre, als Heine besonders intensiv am Pariser
Gesellschaftsleben teilnahm. So sollte der Held und Erzähler der Geschichte ausweislich der Manuskripte denn
auch zunächst »Signor Henrico« heißen, und die Frau hatte anfänglich den Namen »Mathilde«, was sowohl ein Verweis auf seine eigene Lebensgefährtin wie auch ein erneuter Querverweis auf die Lady Mathilde aus den *Lukka*-
Reisebildern sein könnte. Heine hat diesen Namen dann
in »Maria« verändert, eine nicht minder anspielungsreiche
Verklammerung mit den italienischen *Reisebildern*, spielt
die geheimnisvolle »todte Maria« dort doch eine zentrale
Rolle. Überhaupt kann man die *Florentinischen Nächte* als
Nachklang zur literarischen Verarbeitung der Italienreise
sehen.

Heine nutzt hier die Möglichkeiten der Erzählung, um
Elemente, die in den *Reisebildern* bereits angesprochen
werden, nochmals und in anderer Weise aufzugreifen.
Wenn er sich im zweiten Teil der ersten Nacht noch einmal der Bedeutung der Musik für Italien zuwendet, ein
Thema, das er schon in der *Reise von München nach Genua* aufgegriffen hatte, so geschieht das auch jetzt wieder
unter dem Aspekt einer Gegenüberstellung italienischer
und deutscher (Kunst-)Verhältnisse. Die Musik erscheint
ihm erneut als elementarer Ausdruck der italienischen
Volksseele: »Die Musik wird hier in Italien nicht durch
Individuen repräsentiert, sondern sie offenbart sich in der
ganzen Bevölkerung, die Musik ist Volk geworden«
(5,209). Die Schönheit dieser Musik wird demonstriert an
der Schönheit der Gesichter von Opernbesucherinnen, die
erst durch die musikalische Beleuchtung zu ihrem eigentlichen Leben erweckt werden. Der eigens betonten Wech-
selwirkung von Kunstschönem und schönen Menschen in
Italien steht die im ersten Teil der ersten Nacht referierte
deutsche Erfahrung des Erzählers gegenüber, der immer

nur Statuen, Bilder und geträumte oder tote Frauen geliebt hat. Erneut steht Italien für warmes, glutvolles Leben und für eine in diesem Sinne lebendige, im Volk verwurzelte Kunst, während in Deutschland kühle, tote, marmorne Schönheit und eine vom Leben und vom Volk abgewandte (Traum-)Kunst herrschen. Unter dicker erzählerischer Vermummung bietet der Text hier eine Form der Kritik an deutschen politischen Verhältnissen, aber insbesondere auch an der deutschen romantischen Kunst, wie sie sich ebenso in den Gedichten des *Buchs der Lieder* und in den *Reisebildern* findet und wie sie kurz zuvor schon in Heines Darstellung der deutschen Literaturverhältnisse eingeflossen war (siehe im Kapitel »Die Deutschland-Schriften« den Abschnitt *Romantische Schule*). Das Faszinosum der romantischen Kunst bleibt allerdings auch hier ungebrochen, der Erzähler wird nicht etwa von seiner morbiden Neigung geheilt.

Immerhin entwickelt die zweite Nacht eine moderne Alternative zur romantischen Kunst. Die einzige lebende Frau, die Maximilian je geliebt hat, war ein lebendig gewordener Traum, Mademoiselle Laurence. Und auf die Frage Marias, ob sie eine Marmorstatue, ein Gemälde, eine Tote oder ein Traum gewesen sei, antwortet er: »Vielleicht alles dieses zusammen« (5,207). Laurence ist, als der Erzähler sie zum ersten Mal in London trifft, ein Kind, das mit einer die Trommel schlagenden Frau, einem gelehrten Hund und dem Zwerg Türlütü durch die Welt zieht und eine merkwürdige Form von Ausdruckstanz vollführt, in dem sich ihr Geheimnis ausspricht. Jahre später nach der Julirevolution von 1830 kommt es in Paris zu zwei erneuten Zusammentreffen. Laurence ist jetzt mit einem Mitglied der Gesellschaft verheiratet und verkehrt in den Salons. Der Rest der früheren Truppe ist auseinandergefallen: Die Frau gestorben; der gelehrte Hund, der den Namen »Wellington« zusammenscharren konnte, zu Tode geprügelt und auf den Misthaufen geworfen; der Zwerg,

engagierter Monarchist und Legitimist, Freund Ludwigs
XVI. und weiterer Monarchen, den lediglich Napoleon
missachtete, im Hinterzimmer einer Zirkusbude, wo zwei
Riesen ihm Unterschlupf gewährt haben, gestorben. Am
Ende offenbart Laurence Maximilian, der ihr Liebhaber
wird, ihr Mysterium: Sie ist ein ›Totenkind‹, von einer lebendig begrabenen Frau geboren; ihr Tanz ist der Versuch,
die eigene Geschichte zu erinnern und zu verstehen. Und
was sie früher als Kind – durch ihre groteske Begleitung
dazu gezwungen – auf der Straße tat, das tut sie jetzt noch
immer im Traum: Maximilian wird Zeuge, wie Laurence
schlafend und wie in Trance zu nächtlicher Stunde in ihrem Schlafzimmer ihren Tanz zu tanzen beginnt.

Der Text steckt offenkundig voller Anspielungen und
geheimer Zeichen und macht diesen Umstand auch ständig zum Thema. Immer wieder erfolgt der Hinweis an die
Leser, dass es darauf ankommt, den Text unter der Ober-
fläche zu lesen und zu verstehen, und damit wird zugleich
angezeigt, dass hier unter Aufsicht des Zensors geschrieben werden muss. Welche Bedeutungen im Einzelnen unter den grellen Kostümen der Figuren stecken, hat die
Forschung noch nicht wirklich entschlüsseln können. Der
gelehrte Hund, der den Namen des Heine verhassten Na-
poleon-Bezwingers Wellington zusammensuchen kann,
verweist ohne Zweifel auf bestimmte Vertreter der Histo-
rikerzunft und ihre Neigung, Napoleon zugunsten der
Engländer zu schmähen. Der Zwerg karikiert selbstverständlich die Partei der Legitimisten, die auf die Rückkehr
der Bourbonen hofften und weiterhin die Restauration
des vorrevolutionären Europas anstrebten. ›Zwerge‹ stehen an anderer Stelle bei Heine aber auch für die ›Geld-
macht‹. Mit der Julirevolution werden diese Gespenster
der Vergangenheit verjagt. Was nun Laurence vertritt, die
von diesen Geistern der Vergangenheit in den Zeiten der
Restauration gequält wurde, darauf gibt es nur Hinweise.
Vertritt sie jene »geschändete Schönheit«, jenen »verhöhn-

ten Genius«, deren Wiedergeburt im Menschen es zu betreiben, die es gewissermaßen ›auszugraben‹ gilt, wie Heine später in der Vorrede zum *Wintermährchen* schreibt? (4,301) Oder vertritt sie Freiheit und Menschenwürde, die, im Schoße des Ancien Régime geboren, von den Händen des revolutionären Mobs ans Licht geholt werden? Genau in diesen vielfältigen Deutungsmöglichkeiten des Textes, deren systematische Aufarbeitung in Abstimmung mit dem übrigen Heine-Text noch zu leisten ist, drückt sich das erzählerische Element dieses Textes aus, das unterscheidet ihn auch von anderen Annäherungen Heines an denselben Gegenstand, z. B. in den italienischen *Reisebildern*.

Literatur

B 1: DHA 5; HSA 6 und 9. Höhn, B 5: 1997, 326–332 (»Der Salon. Das Gesamtprojekt«), 332–340 (»Aus den Memoiren […]«), 368–375 (»Florentinische Nächte«), 436–445 (»Der Rabbi von Bacherach«). Windfuhr, B 7.7: 1997a, 303–330; Windfuhr, B 7.7: 1997b, 276–294; Die von Geldern Haggadah, B 6: 1997; Arendt, B 7.7: 1997, 40–69; Jäger, B 7.7: 1999, 334–351; Calvié, B 7.7: 1999, 783–798; Knauer, B 7.7: 1999, 819–832.

Die Deutschland-Schriften

Mit seiner Übersiedlung nach Frankreich und vor allem, nachdem er in Kontakt mit der intellektuellen Szene in Paris stand, entwickelte Heine sein Selbstverständnis als deutsch-französischer Vermittler. »Die große Aufgabe meines Lebens« (»La grande affaire de ma vie«) nennt er diese Arbeit rückblickend in seinem rechtsgültigen Testament vom 13. November 1851 (15,210), und man darf ihm abnehmen, dass es ihm ernst damit war.

Sein erster Beitrag auf dem Wege zu einer Verständigung der beiden Kulturen war die Darstellung der deutschen Literatur- und Philosophiegeschichte für das französische Publikum in den beiden Schriften *Zur Geschichte der Religion und Philosophie in Deutschland* und *Die romantische Schule*. Denn in diesem Feld schien ihm Deutschland den Franzosen ebenso weit voraus zu sein wie andererseits diese im Feld der Politik und des öffentlichen Lebens den Deutschen voraus waren. Beide, die Darstellung der neueren deutschen Literaturverhältnisse wie die Schwesterschrift mit dem Abriss über die intellektuelle Entwicklung in Deutschland von Luther bis Hegel bilden nach Heines ausdrücklichem Willen eine Einheit, ein Aspekt, den er zu seinen Lebzeiten für den deutschen Text editorisch nicht verwirklichen konnte: Nur in der französischen Ausgabe *De l'Allemagne* leiten die allgemeineren Betrachtungen von *Zur Geschichte …* die spezielleren Betrachtungen der *Romantischen Schule* ein; in deutscher Sprache blieben die beiden Texte in sehr unterschiedliche Publikationen verbannt.

Die Entstehungsgeschichte ist dabei zugleich ein schönes Exempel für die Schwierigkeiten, mit denen ein Schriftsteller zwischen den Kulturen und zwischen den Sprachen sich konfrontiert sieht. Die doppelte Perspektive

3, Cité Bergère, Paris
Heines Adresse Januar 1836 – Juli 1838
(Heinrich-Heine-Institut, Düsseldorf)

auf zwei verschiedene Leserkreise, das deutsche und das französische Publikum, war von Anfang an präsent: Heine schrieb (auf Deutsch) über Deutschland und deutsche Kultur für ein französisches Publikum und wusste, als er formulierte, bereits, dass seine Schrift in französischer Übersetzung, aber auch in deutscher Sprache für ein deutsches Publikum erscheinen würde.

Die Indizien für dieses Wissen, das ihn beim Schreiben begleitete, liegen auf der Hand: Er schrieb die allerersten Fassungen seiner literaturgeschichtlichen wie philosophiegeschichtlichen Essays im Auftrag französischer Zeitschriften, der mondänen und nur sehr kurzlebigen interkulturellen *Europe littéraire*, an der die Avantgarde der damaligen Pariser Intelligenz mitarbeitete, und der weit solideren *Revue des deux Mondes*, die heute noch existiert. In der Folge kam es dann zu einem mehrfachen Wechsel des primären Adressaten: Nachdem in der *Europe littéraire* von März bis Mai 1833 unter dem Titel ›État actuel de la littérature en Allemagne. De l'Allemagne depuis Mme de Staël‹ acht Artikel von Heine erschienen waren, die der bekannte Übersetzer François-Adolphe de Loève-Veimars ins Französische übertragen hatte, kam in der Pariser Buchhandlung Heideloff und Campe im selben Jahr ein erster deutscher Druck heraus, nach der Handschrift, die der Übersetzung zugrunde gelegen hatte. Dieser deutsche Erstdruck trug den Titel *Zur Geschichte der neueren schönen Literatur in Deutschland*.

Der nächste Schritt war wieder ein französischer: Von März bis Dezember 1834 erschienen in der *Revue des deux Mondes* unter dem Titel »De l'Allemagne depuis Luther« drei Artikel zur Philosophiegeschichte, diesmal übersetzt von dem weniger profilierten Übersetzer Adolphe Specht. Parallel zum dritten Abschnitt in der Zeitschrift bereitete Heine den deutschen Druck im zweiten Band seines *Salon* vor, der im Januar 1835 ausgeliefert wurde. Dann ging es erneut französisch weiter: Eine ver-

änderte, ergänzte und überarbeitete Version der Zeit-
schriftenartikel aus *Revue des deux Mondes* und *L'Europe
littéraire* übernahm Heine 1835 für die erste Ausgabe seines französischen Buches *De l'Allemagne*, das daneben
noch Erweiterungstexte wie die *Elementargeister* sowie
eine Reihe Textbeispiele der besprochenen Philosophen
und Autoren enthielt.

Nach Erscheinen von *De l'Allemagne* im April 1835
nahm er sich auf der Basis des jetzt vermehrten Materials
noch einmal die Literaturschrift vor. Er überarbeitete den
vorliegenden Text vollständig, erweiterte ihn dabei erheblich und schrieb eine Vorrede dazu. Unter dem Titel *Die
romantische Schule* erschien der Band in einer von der
Zensur stark verstümmelten Fassung im November 1835
bei Hoffmann und Campe in Hamburg und wurde im
Druck auf 1836 vordatiert. Da sich die Druckvorlage
komplett erhalten hat, ist es möglich, die Zensurlücken zu
füllen und den von Heine gewünschten Text zu rekonstruieren. Der Autor selbst hat das nicht mehr getan. Die
Philosophieschrift erschien zunächst nicht wieder in einer
Neufassung. Erst 1852 verfasste Heine anlässlich der Neuauflage von Teil 2 des *Salon* eine neue Vorrede zu dem
Band und füllte hier die Zensurlücken auf. Kurz vor seinem Tod ging er im Zuge der Vorbereitung seiner französischen Gesamtausgabe auch *De l'Allemagne* noch einmal
durch, korrigierte und ergänzte den französischen Text,
verfasste auch hier ein neues Vorwort; der Band erschien
1855.

Heine selbst hatte auf allen Stufen des Entstehungsprozesses, wie bis zum Schluss bei allen seinen literarischen
Texten, zuerst immer in Deutsch gearbeitet; er gab aber
dem Text einige Strukturmerkmale mit, die auf eher verdeckte Weise von dem Bewusstsein künden, für ein französisches Publikum zu schreiben. Auffällig ist z. B., dass
er an zahlreichen Stellen die Franzosen mit dem Prono-
men ›ihr‹, die Deutschen mit ›wir‹ anredet. Dieses Spre-

chen in zwei Richtungen war ein wirkliches Dilemma. Es
bedeutete einen Spagat zwischen den völlig verschiedenen
Kenntnissen und Grundvoraussetzungen der jeweiligen
Leserschaft einerseits und ihren ebenso unterschiedlichen
Interessen und Denkgewohnheiten andererseits, zudem
noch bei einem Sujet wie der Philosophie- und Literatur-
geschichte, deren Nationalisierung ja zum Zeitpunkt von
Heines Schrift gerade begann.

Heine reagierte auf das Problem mit einer radikalen Literarisierung, wodurch ihm zugleich die Möglichkeit zur
Reduktion der äußeren Komplexität und der Konzentration auf das Wesentliche und Wichtige gegeben war. Im
Eingangskapitel von *Zur Geschichte der Religion und Philosophie in Deutschland* heißt es programmatisch:

> Was helfen dem Volke die verschlossenen Kornkam-
> mern, wozu es keinen Schlüssel hat? Das Volk hun-
> gert nach Wissen, und dankt mir für das Stückchen
> Geistesbrod, das ich ehrlich mit ihm teile. [...] ich
> selber bin Volk. Ich bin kein Gelehrter, ich gehöre
> nicht zu den 700 Weisen Deutschlands. Ich stehe mit
> dem großen Haufen vor den Pforten ihrer Weisheit,
> und ist da irgend eine Wahrheit durchgeschlüpft, und
> ist diese Wahrheit bis zu mir gelangt, dann ist sie weit
> genug: – ich schreibe sie mit hübschen Buchstaben
> auf Papier und gebe sie dem Setzer; der setzt sie in
> Bley und giebt sie dem Drucker; dieser druckt sie
> und sie gehört dann der ganzen Welt.   (8,13 f.)

Betrachtet man die Absatzzahlen vor allem in den
1830er-Jahren, so muss man allerdings feststellen, dass die
im Zitat ausgesprochene Absicht im Hinblick auf das große Publikum sowohl in Frankreich wie in Deutschland
gescheitert ist. Der Verkauf von *De l'Allemagne* war ebenso dürftig wie die Resonanz in der Presse schwach, und
auch die deutschen Ausgaben blieben weit hinter den Erwartungen von Autor und Verleger zurück. Den deut-

lichsten Beleg für das Verfehlen einer Identifikation mit
der anspruchslosen Leserschaft, dem ›Volk‹, liefert ein
Brief eines ebensolchen Lesers, seines Onkels Henry nämlich, an den Autor vom 30. Dezember 1835:

> Dein neues Buch über die romantische Schule habe
> ich mit Vergnügen aber anstrengung gelesen: es ist
> außerordentlich schön aber wieder nicht populär ge-
> nug, damit es Laien auch verstehen können, ich habe
> Dir mündlich es gesagt, es zu unterlaßen, und bitte
> ich Dich schreibe uns, mal etwas für uns, ungebildete
> Leute.

Dennoch ist Heines Bekenntnis zur Reduktion mehr als
eine rhetorische Floskel, unterscheidet sich seine Darstellung erheblich von den spezialwissenschaftlichen der
Fachgelehrten. Später wird er im Blick auf die Literaturgeschichte von Georg Gottfried Gervinus diesen Unterschied in der spöttischen Bemerkung zusammenfassen:
»Die Aufgabe war: was H. H. in einem kl[einen] Büchlein
voll Geist gegeben jetzt in einem gr[oßen] Buche ohne
Geist zu geben – die Aufgabe gut gelöst – « (10,331).

Das eingangs erwähnte Dilemma einer doppelten, eben
der französischen und deutschen Perspektive auf den Gegenstand, wird noch dadurch besonders verschärft, dass
Heine explizit gegen Germaine de Staël und das Bild
Deutschlands und der deutschen Kultur in ihrem einflussreichen Buch *De l'Allemagne* (1810) anschreibt. Das machte zunächst vor allem Sinn im Blick auf die französische Leserschaft, und nicht ohne Grund übernimmt Heine für die
französische Buchausgabe dann auch den Titel de Staëls.
Das deutsche Publikum dagegen musste nicht vor deren
einseitiger Darstellung gewarnt werden, in der die Deutschen als verträumte und versponnene, abseits der großen
Gegenwartsfragen lebende Einzelgänger auftreten. Im
Blick auf das deutsche Publikum hatte die Auseinanderset-

zung direkt mit den Autoren der *Romantischen Schule* bzw.
den Meisterdenkern der romantischen Philosophie selbst
zu erfolgen, die Heine als die eigentlichen Urheber solcher
von Madame de Staël bloß weitergereichter Deutschland-
Ideologie entlarven möchte. Das Werk de Staëls ist ihm zunächst Reflex der deutschen Schule und insbesondere der
Einflüsterungen der Brüder Schlegel, denen Madame erle-
gen war. Andererseits, und das macht die Sache zusätzlich
kompliziert, schrieb de Staël, wie auch Heine weiß und ausspricht, ganz ausdrücklich nur für ein französisches Publikum, und zwar nicht einmal in einer primär ideen-
geschichtlichen, literatur- oder philosophiehistorischen,
sondern in der erklärten politischen Absicht, ihren Lands-
leuten einen Spiegel vorzuhalten, in dem sie ihre eigenen
Mängel und Vorzüge umso deutlicher erkennen konnten.
Heine musste hier also mit verschiedensten Interessen und
Vorgaben jonglieren und insbesondere in Richtung Frankreich gegen eine sehr einflussreiche und prägende Schrift
antreten, die den Vorurteilen des französischen Publikums
weit mehr entgegenkam als seine eigene Darstellung. Andererseits musste er bei einer Betrachtung über deutsche
Geistes- und Literaturverhältnisse bei de Staël ansetzen,
sein französisches Publikum gleichsam dort abholen.

Und indem er sie als von den Schlegels ferngesteuerte
Figur darstellt, findet er auch das Bindeglied zwischen
dem französischen und dem deutschen Anspruch: Jener
von de Staël als nationaler Charakterzug verkündete
Quietismus der Deutschen, – von ihr der politischen Auf-
geregtheit der Franzosen positiv gegenübergestellt –, das
vermeintliche Ausblenden von Gegenwartsfragen, von
Politik und Gesellschaft aus dem Denken deutscher Philosophen wie Literaten, erscheint jetzt als Insinuation der
deutschen Romantiker, als Ziel ihres reaktionären Denkens, als bloße Ideologie.

So entwickelt Heine über den Umweg des französischen Reflexes der deutschen Romantik im Werk de Staëls

seine ideologiekritische Hauptthese in Bezug auf die
Absichten und Wirkungen der romantischen Schule in
Deutschland. Für ihn sind insbesondere die Brüder August Wilhelm und Friedrich Schlegel, in denen er die An-
führer und Chefideologen der Schule ausgemacht hat,
direkte Handlanger jener durch Preußen und Österreich
repräsentierten politischen Restauration, die das Rad der
Geschichte bis vor die Französische Revolution von 1789
zurückdrehen, gleichsam den ästhetischen Vorlieben der
Romantiker für das katholische Mittelalter auch mittelalterliche politische Zustände an die Seite stellen möchte.
Diese Einsicht wird zum kritischen Maßstab seiner Geschichtsschreibung, mit ihr erschließt er sich die neuere
deutsche Literatur und Philosophie, die Werke und Le-
bensläufe der Schriftsteller und Philosophen; ausgehend
von ihr sucht er nach alternativen Traditionen und An-
knüpfungspunkten, die er insbesondere in der modernen
Philosophie, aber auch in der allerjüngsten Literatur findet und beschreibt.

Die romantische Schule

Damit zeichnet sich eine weitere Schwierigkeit von Heines Darstellung ab: Er darf beim Schreiben über Literatur
die Verbindung von Literatur und Politik nie aus dem
Blick verlieren, will er sich nicht dieselben Vorwürfe gefallen lassen, wie er sie gegenüber den Vertretern der romantischen Schule erhebt. Auch einige Grundelemente
der Beziehung Literatur/Politik sind mit der These über
die Absichten der romantischen Literatur bereits gesetzt:
Ganz offenbar soll Literatur sich eben *nicht* fern halten
von den Fragen der Politik; und ebenso offensichtlich soll
sie dergestalt Einfluss nehmen auf die Entwicklungen in
Staat und Gesellschaft, dass Unfreiheit und Unterdrü-

ckung abgebaut und das Glück jedes einzelnen Menschen
als oberstes Ziel angestrebt werden. Heine bemüht sich
dann auch in der *Romantischen Schule*, diese Vorstellung
von Literatur mit einer entsprechenden Traditionslinie zu
unterfüttern, die vom 18. Jahrhundert bis in seine Gegenwart und zu ihm selber reicht. Anknüpfungspunkt ist vor
allem Lessing: »ich kann nicht umhin zu bemerken, daß er
in der ganzen Literaturgeschichte derjenige Schriftsteller
ist, den ich am meisten liebe«, heißt es (8,135). Und wenn
Lessing als jemand beschrieben wird, der, »wenn er mit
seiner Polemik das Alte zerstörend bekämpfte, auch zu
gleicher Zeit selber etwas Neues und Besseres schuf«
(ebd.), so liegt das ganz auf der Linie der Selbstbeschrei-
bung, die Heine später in der französischen Fassung der
Geständnisse von sich in seiner »double mission de destructeur initiateur« geben wird (15,121). Während die
»Kunstschule«, womit insbesondere Goethe gemeint ist,
in dieser Traditionslinie eher einen ausdrücklich bewunderten Seitenzweig darstellt, spannt sich der Bogen direkt
von Lessing zu Jean Paul und von dort dann zu Heine
und den damals noch als Mitstreiter empfundenen Jungdeutschen, insbesondere Heinrich Laube und Karl Gutzkow, beide, wie Heine, vom im Dezember 1835 erlassenen
Verbot des »Jungen Deutschland« direkt und drastisch betroffen.

Die drei Bücher der *Romantischen Schule* verteilen die
Gewichte ganz im Sinne der Ziele der Darstellung. Buch 1
umgreift die Zeit vom Mittelalter bis zu Goethe, dem der
größte Abschnitt gewidmet ist. In Buch 2, in vier Unter-
abschnitte aufgeteilt, geht es ausführlich um die Brüder
Schlegel und die übrigen Frühromantiker wie Tieck,
Schelling und Novalis. Im dritten, umfänglichsten Buch
werden dann die Spätromantiker von Achim von Arnim
bis Ludwig Uhland vorgestellt und kritisiert. Das dritte
Kapitel dieses dritten Buches enthält einige Kernaussagen
Heines über das Verhältnis von Literatur und Politik, Li-

teratur und Leben und Heines eigenes Literaturverständnis. Hier entwickelt er in Absetzung von zwei Modellen der Literaturgeschichtsschreibung – dem systematischen, ordnenden und klassifizierenden und dem pragmatischen, aufzählenden – sein dialektisches Modell des historischen Fortschritts. »Die Fakta sind nur die Resultate der Ideen«, heißt es zunächst ganz idealistisch. Dann jedoch schränkt Heine in einem materialistischen Sinne ein: »Oder entspricht das Aufkommen gewisser Ideen nur den momentanen Bedürfnissen der Menschen?« (8,216 f.) Dieser Wechsel der Perspektiven, das Ineinander beider Sichtweisen, rückt dann in den Mittelpunkt der folgenden Betrachtung über die Funktion des Schriftstellers: Seine »Brust«, sein »Herz« – bei Heine ohnehin das zentrale Organ der literarischen Rezeption – sind die Brennspiegel, in denen sowohl die »Ideen« wie auch die »Bedürfnisse« der Menschen, ihre »jedesmaligen Wünsche«, Heine spricht von der »Doktrin«, verschmelzen (ebd.). Authentische moderne Literatur kann nur von Autoren stammen, die beide Seiten zusammenführen, die ideale und die doktrinäre Seite.

Ein wenig überraschend stellt Heine dann dem französischen wie dem deutschen Publikum Jean Paul als Prototypen eines solchen Schriftstellers vor: »Er steht ganz isolirt in seiner Zeit, eben weil er, im Gegensatz zu den beiden Schulen [der romantischen und der goetheschen], sich ganz seiner Zeit hingegeben und sein Herz ganz davon erfüllt war.« (8,218) Hier heißt es in einer Vorstufe: »Seine Schriften sind sonderbarermaßen das Echo der französischen Revoluzion.« Und auch den Satz: »Sein Herz und seine Schriften waren eins und dasselbe«, kommentiert diese Vorstufe mit der verdeutlichenden Bemerkung: »sein Wort hatte nie eine versteckte Absicht, wie bey den schlegelschen Romantikern, und war nie geschieden von seinem Privatleben, wie bey den Goetheschen Kunstdichtern« (8,474).

Ludwig Börne hatte in seiner Denkrede zum Tode Jean Pauls 1825 den Anfang gemacht, ihn als »Dichter der Niedergebornen« gefeiert und gesagt: »Für die Freiheit des Denkens kämpfte Jean Paul mit andern; für die Freiheit des Fühlens steht er allein.« (*Sämtliche Schriften*, hrsg. von Inge und Peter Rippmann, Bd. 1, Dreieich 1977, S. 791 f.) In der Folge wurde Jean Paul zu einer Leitfigur der jungen Literatur. Die Gründe liegen auf der Hand und werden von Heine wie schon von Börne deutlich angesprochen: Jean Paul steht für eine unverstellte, direkte Literatur, eine Literatur, die unmittelbar aus dem Herzen kommt, aus der Mitte des Lebens. Auch wenn er in stilistischer Hinsicht nicht zum Vorbild seiner Bewunderer wurde – Heine sieht die barocke Schreibart Jean Pauls sogar eher kritisch – so ist er mit der weiten Schwankungsbreite seiner Tonlage zwischen Sentimentalität und Witz, seiner offenkundigen Rücksichtslosigkeit gegenüber den ästhetischen Lehrmeinungen ein Gegenbild zu den herrschenden Kunstschulen, seien sie an den klassischen oder den romantischen Vorbildern orientiert.

Diesen Jean Paul also ruft Heine zum Kronzeugen auf für sich und seine eigene Vorstellung von der Verbindung von Literatur und Politik. Stellvertretend spricht er von den Dichtern des Jungen Deutschland, die »ebenfalls keinen Unterschied machen wollen zwischen Leben und Schreiben, die nimmermehr die Politik trennen von Wissenschaft, Kunst und Religion, und die zu gleicher Zeit Künstler, Tribune und Apostel sind.« (8,218) Wieder geht es darum, dass der Schriftsteller verschiedene Rollen und Funktionen zusammenführt: Der moderne Autor, will er nicht hinter seinen Möglichkeiten zurückbleiben, soll Fragen der Kunst, der Philosophie und Religion zugleich als Zeitfragen auffassen, und er soll deren Beantwortung entschieden in eine bestimmte Richtung fördern, die da heißt: Jeder hat einen Anspruch auf Glück, und dieser Anspruch ist erfüllbar. Gerade dieses Moment von Praxis, das Heine

hier ins Spiel bringt, rückt sein Bild des Schriftstellers
ganz weit nach vorn in der Ahnenreihe des modernen Intellektuellen.

Das wird besonders deutlich, betrachtet man den Kontext, in dem diese Definition der Schriftstellerrolle erfolgt.
Mit diesem Bild des modernen Schriftstellers, das sich
durch die Verbindung von Literatur und Politik definiert,
stellt Heine hier gegen Schluss der *Romantischen Schule*
ein klar akzentuiertes Gegenbild auf zu den Vertretern der
beiden zuvor vorgestellten und kritisierten Gruppen.
Goethe und der goetheschen Kunstschule hatte er bei aller
Bewunderung vor allem ihre Lebensferne, die fehlende
Verbindung von Schreiben und Leben vorgehalten:

> Keineswegs jedoch läugnete ich bey dieser Gelegen-
> heit den selbstständigen Werth der goetheschen Mei-
> sterwerke. Sie zieren unser theueres Vaterland, wie
> schöne Statuen einen Garten zieren, aber es sind Sta-
> tuen. Man kann sich darin verlieben, aber sie sind un-
> fruchtbar: die goetheschen Dichtungen bringen nicht
> die That hervor, wie die Schillerschen. Die That ist
> das Kind des Wortes, und die goetheschen schönen
> Worte sind kinderlos. Das ist der Fluch alles dessen,
> was bloß durch die Kunst entstanden ist. (8,154 f.)

Demgegenüber steht die *Romantische Schule* unter dem
Verdikt, durch den Rekurs auf das katholische Mittelalter
und dessen Kunst zugleich einen reaktionären und antide-
mokratischen Affekt ausgelöst zu haben. Die verstärkte
Beschäftigung mit der Literatur der nationalen Vergangenheit mündete in Nationalismus und Fremdenhass (Heine
spricht von der »volksthümlich germanisch kristlich romantischen Schule«; 8,141), und schließlich in eine von
Heine freilich etwas übertriebene Konversionswelle zum
Katholizismus unter deutschen Künstlern:

Wenn man nun sah wie diese jungen Leute vor der römisch katholischen Kirche gleichsam Queue machten, und sich in den alten Geisteskerker wieder hineindrängten, aus welchem ihre Väter sich mit so vieler Kraft befreyt hatten [...].   (8,143)

Vor allem gegen diese beiden Negativbilder von Schriftstellern richtet sich Heines Bild des modernen Autors, der in seiner Kunst auf die Prinzipien der Französischen Revolution, die Menschenrechte, und zugleich auf eine zukünftige emanzipierte Gesellschaft hin orientiert ist. Es ist diese Vorstellung vom Schriftsteller und von der Literatur, die er als weitere Messlatte bei der Beurteilung der deutschen Literatur mit sich führt.

In der starken ideologiekritischen Perspektive, die sich in den verschiedenen sehr dezidierten Maßstäben, die Heine an die deutsche Literatur anlegt, zu erkennen gibt, unterscheidet er sich nicht grundsätzlich von anderen Verfassern literaturgeschichtlicher Werke der Zeit. Literaturgeschichte – im Zeitalter der sich erst entwickelnden Germanistik noch Synonym auch für Literaturwissenschaft – hatte damals Konjunktur. Noch sehr viel offener als später bekannten sich die Autoren zu den ideologischen Grundlagen ihres Tuns, als da waren: Beitrag zur Ausbildung und Herstellung nationaler Identität durch die Einnahme eben der ›nationalen Perspektive‹ – in ästhetischen Dingen vorher noch nicht die Regel; Formulierung einer dezidierten weltanschaulichen Position, also ausdrückliche Parteilichkeit für eine bestimmte politische und gesellschaftstheoretische Richtung, von reaktionär über liberal bis radikal demokratisch.

Vor allem in zwei Punkten aber unterschied Heine sich erheblich von der Konkurrenz: Er konnte besser schreiben, und er begriff seine Literaturgeschichte als literarischen Text. Rückblickend beschreibt er in den *Geständnissen*, wie der Herausgeber der *Europe littéraire* ihm auf die Warnung, er werde in einem ganz anderen Genre als in dem Madame de Staëls über deutsche Literatur handeln, lediglich zur Antwort gab, es stehe ihm jedes Genre frei, verboten sei nur das langweilige, das »genre ennuyeux« (15,27). Literarisch ist sein Text deshalb geworden, weil er ausgesprochen vielschichtig an seinen Gegenstand herangeht. Die Äußerlichkeiten interessieren diesen Literaturgeschichtsschreiber nicht sonderlich. Schon die Lebensdaten der genannten Autoren wirken im Gesamttext eher wie Fremdkörper. Auf die Inhalte einzelner Werke geht Heine nur selten ein; man hat eher das Gefühl, dass er diesbezügliche Kenntnisse zumindest beim deutschen Publikum voraussetzt. Für die Franzosen hat er in *De l'Allemagne* übersetzte Auszüge aus einzelnen Dichtern eingefügt. Heine charakterisiert die Autoren vielmehr auf einem etwas über den Details liegenden Niveau, arbeitet die ganz besonderen Eigenarten des Gesamtwerks heraus, um dann von solchen Stimmungsbildern aus die literarischen wie die politischen Wirkungen des jeweiligen Autors und Werkes ideologiekritisch zu prüfen. Auch diese Prüfung wird Teil des Stimmungsbildes. Sie verwandelt sich teilweise in Ausführungen über die Person des jeweiligen Autors, bis hin zu Details aus seinem Privatleben. Ein besonders krasses Beispiel dafür, wie sich in der *Romantischen Schule* politisch-literarische Kritik in Polemik verwandelt, liefert der Abschnitt über den Häuptling der Schule, August Wilhelm Schlegel, den Heine aus seiner Bonner Studentenzeit persönlich kannte. Um die poetische Impotenz des romantischen Theoretikers zu erhärten, erzählt Heine in nur wenig verschleierten Worten von der gescheiterten Ehe Schlegels mit Sophie Caroline Paulus, die den Gerüchten zufolge ihren Mann wegen dessen Impotenz wieder verließ.

Weniger polemisch, dafür aber besonders amüsant und anschaulich hat Heine im Abschnitt 4 des zweiten Buches der *Romantischen Schule* die Eigenarten der Poesie von

Novalis und E. T. A. Hoffmann charakterisiert. Er erzählt dort zum Abschluss die Geschichte zweier ganz unterschiedlicher Schwestern, wovon die eine den Novalis, die andere Hoffmann verehrt. Sophie, die Verehrerin des Novalis, wird als sensible und überaus empfindliche Person geschildert; ihre Schwester ist das genaue Gegenteil: eine lebenslustige Frau, die Heine durch ihren festungsartigen Busen charakterisiert. Als er nach mehreren Jahren wieder bei den Frauen vorbeischaut, ist eine erstaunliche Veränderung vor sich gegangen: Madame Sophie ist vom Tode gezeichnet, sie hat sich die Schwindsucht aus dem *Heinrich von Ofterdingen* herausgelesen; ihre Schwester hat den Hoffmann gegen die nächst stärkere Droge eingetauscht, in diesem Fall den Schnaps, und ihre vormals so wehrhafte Busenfestung ist geschleift und eingestürzt. Auch das ehedem so propere Posthaus macht jetzt einen heruntergekommenen und vernachlässigten Eindruck. Besser als jede diskursive Darstellung kann diese Geschichte, aus der Perspektive persönlichen Erlebens erzählt, die literarische, aber auch die politische Dimension der beiden in Frage stehenden Autoren veranschaulichen und darüber hinaus die generelle Gefahr des Wirklichkeitsverlustes in der romantischen Literatur in das von Heine gewünschte Licht rücken.

Zur Geschichte der Religion und Philosophie in Deutschland

Für die Philosophieschrift liegen die Dinge anders als für die *Romantische Schule*. Der erste und wichtigste Unterschied ist sicher der, dass Heine sich auf diesem Gebiet insgesamt bei weitem nicht so gut auskannte wie auf dem der Literatur. Für weite Teile seiner Darstellung war er auf Hilfsmittel angewiesen, Kompendien vor allem, aber auch speziellere Sekundärliteratur, mit deren Hilfe er sich den Inhalten nähern konnte. Das hat den Arbeitsprozess erschwert und war dafür verantwortlich, dass von der Absprache mit dem Verleger der *Revue des deux Mondes*, François Buloz, bis zum Abschluss der Arbeit eineinhalb Jahre vergingen. Aber trotz aller Schwierigkeiten und Hindernisse ist es Heine doch gelungen, die eigentliche Absicht seiner Beschäftigung mit der deutschen Religions- und Philosophiegeschichte nicht aus den Augen zu verlieren. Denn die bestand selbstverständlich nicht darin, Fachwissen über einzelne Denker und deren Systeme zu vermitteln. Vielmehr ging es ihm vor allem um den Aufweis eines Fortschreitens in der deutschen Geistesgeschichte, eines Fortschreitens, das mit Luther, der Reformation und der Befreiung von der Bevormundung durch religiöse Traditionen begann; das mit Lessing und der Aufklärung die Freiheit des Denkens, mit der Philosophie Kants den Tod des Deismus, mit Fichte und mit Schellings Naturphilosophie die Identitätslehre und damit die Überwindung der Gegensätze des Denkens und mit Hegel schließlich auch der Gegensätze in der Geschichte theoretisch begründete. Auch das Ziel dieses Fortschreitens, die Befreiung des Menschen zu sich selbst, die Emanzipation, wird in diesem Zusammenhang begründet. Dieses Ziel ist aber mit der bloßen Theorie, deren Kreis sich mit Hegel schließt, noch nicht erreicht, weil der Theorie die politische Praxis folgen muss. Der Text klingt in jener berühmten Prophezeiung einer deutschen Revolution aus, deren apokalyptischer Beiklang im Rückblick auf die Geschichte des 20. Jahrhunderts erst recht schaudern macht.

Diese Hauptlinie seines Textes verfolgt Heine durch alle Einzeldarstellungen hindurch und fächert sie erneut, wie schon in der *Romantischen Schule*, auch auf für seine beiden Leserkreise, den französischen und den deutschen. Dem französischen Publikum musste er einerseits die Hauptgedanken der Systeme erläutern, ihm Hinweise geben auf die wichtigen und weniger wichtigen Teile. Zugleich musste er dem von Madame de Staël herrührenden Eindruck entgegentreten, es handele sich bei deutscher Philosophie um eine völlig abstrakte, mit dem Leben gar nicht vermittelte Sache:

> Die deutsche Philosophie ist eine wichtige, das ganze Menschengeschlecht betreffende Angelegenheit, und erst die spätesten Enkel werden darüber entscheiden können, ob wir dafür zu tadeln oder zu loben sind, daß wir erst unsere Philosophie und hernach unsere Revoluzion ausarbeiten. (8,117)

Dem deutschen Publikum musste insbesondere die politische Relevanz der philosophischen Denkgebäude für die Gegenwart klargemacht werden und die Konsequenz für die Legitimierung von Herrschaft nach dem Zusammenbruch des religiösen Referenzrahmens. Gelegentlich werden Heines Anspielungen ganz direkt, etwa wenn er im Zusammenhang mit Fichte und dem gegen ihn erhobenen Atheismusvorwurf, der zu seinem Ausschluss von der Universität Jena führte, auf die aktuelle politische Emigration aus Deutschland zu sprechen kommt. Es sind solche Stellen, vor allem aber die Religionskritik des Buches, die *Zur Geschichte der Religion und Philosophie in Deutschland* zu der von den Behörden am konsequentesten verfolgten Schrift Heines gemacht haben.

Der Einstieg in das erste der drei Bücher unterstreicht noch einmal seine Absicht, diesen Text dem literaturgeschichtlichen quasi vorzuschalten. Denn Heine betont die Bedeutung der religions- und philosophiegeschichtlichen Grundlagen auch für ein angemessenes Verständnis der deutschen Literatur. Ansonsten stehen im Zentrum dieses ersten Buches Luther und die Folgen. Einerseits kam mit Reformation und Protestantismus der sinnenfeindliche Spiritualismus erst richtig zur Herrschaft, andererseits schuf Luther mit der Berufung auf die Bibel und mit deren Übersetzung aber auch bereits die Voraussetzung zu dessen Überwindung: »Das Denken ward ein Recht und die Befugnisse der Vernunft wurden legitim.« (8,36) Mit Luther setzt Heine auch die Begründung der modernen deutschen Literatur an. Die alte Literatur gründete in festen religiösen System und war insbesondere von der Form her romantisch, was soviel heißt wie: die Form war mit der Idee nicht identisch, wie in der Klassik, sondern bloßer Verweis, wodurch ein Ungleichgewicht zwischen beiden entsteht. Heine kam hier im Übrigen auf ein Thema zurück, das er bereits in seiner allerersten Publikation in Prosa im *Rheinisch-Westfälischen Anzeiger* vom August 1820 unter dem Titel »Die Romantik« behandelt hatte. Demgegenüber ist die Form der modernen Literatur klassisch und ihr Inhalt neu: »was die Zeit fühlt und denkt und bedarf und will, wird ausgesprochen, und das ist der Stoff der modernen Literatur« (8,45). Und nicht der allgemeinverbindliche Glaube, sondern Individualität und Skepsis prägen ihren Charakter: »Die Poesie ist jetzt nicht mehr objektiv, episch und naiv, sondern subjektiv, lyrisch und reflektirend«, heißt es an dieser Stelle.

Das zweite Buch, das die Entwicklung bis Lessing umfasst, berührt Gebiete, in denen Heine sich kaum auskannte. Sein schulischer Philosophieunterricht durch den Pater Ägidius Schallmayer war zwar relativ gründlich gewesen, und während des Studiums hatte er seine Kenntnisse weiter ausgebaut. Aber für die zusammenhängende schriftliche Darstellung der Philosophie von Descartes bis Lessing reichte die Erinnerung daran ohne Zweifel nicht mehr aus. Gerade in diesem zweiten Buch bediente er sich daher ausführlich der damals weit verbreiteten Einführung des Kantianers Wilhelm Gottfried Tennemann: *Grundriß der Geschichte der Philosophie für den akademischen Unterricht*, die in der fünften Auflage von 1829 in seinem

Besitz war und die Philosophie von der Antike bis zum
deutschen Idealismus umfasst. Kernstück von Heines
Darstellung im zweiten Buch sind allerdings nicht die auf
Tennemann zurückgehenden Teile über Leibniz, Wolff
oder Jacobi, sondern die Passage über Spinoza und den
Pantheismus, die nun wiederum ganz auf eigenem Überle-
gen beruht. Heine nutzte diesen Abschnitt, um seine Vorstellung vom Ziel der aus der Reformation hervorgegange-
nen philosophischen und der auf diese notwendig folgenden politischen Revolution genauer zu umschreiben. Der
Pantheismus Spinozas mit seinem »Gott ist alles was da
ist!« liefert ihm dazu die Folie. In diesem Ansatz sieht er
die christliche Trennung von Geist und Körper aufgehoben,
denn beide sind nur Modi der einen göttlichen Sub-
stanz. Damit ist die Emanzipation theoretisch vorbereitet
als Befreiung des im Menschen wohnenden Gottes zu sich
selbst, eine Idee, deren sensualistische Füllung Heine wiederum bei den Saint-Simonisten fand, und die er im Spi-
noza-Zusammenhang auf die viel zitierte Formel brachte:

> Wir kämpfen nicht für die Menschenrechte des Volks,
> sondern für die Gottesrechte des Menschen. Hierin
> [...] unterscheiden wir uns von den Männern der Re-
> voluzion. Wir wollen keine Sanskülotten seyn, keine
> frugale Bürger, keine wohlfeile Präsidenten: wir stif-
> ten eine Demokrazie gleichherrlicher, gleichheiliger,
> gleichbeseligter Götter. (8,61)

Damit ist der Maßstab benannt, den Heine jetzt und in
Zukunft an den Fortschritt in Kunst, Philosophie und
Politik anlegt. Dabei kommt es zu teilweise eigenartigen
Urteilen, etwa wenn er den Aufklärer Nicolai in Schutz
nimmt mit dem Hinweis, er habe sich zwar im Einzelnen
lächerlich gemacht, »in der Hauptsache« aber doch Recht
gehabt. Heines besondere Verehrung in diesem Abschnitt
gilt Lessing, den er schon in der *Romantischen Schule* zu
seinen direkten Vorbildern zählte. Lessing, nach Luther

der »größte Deutsche«, erscheint bei Heine als »der Prophet, der aus dem zweiten Testamente ins dritte hinüberdeutete« (8,76). So wie Luther die Welt von der Tradition erlöste und auf den Text der Bibel verwies, so erlöste Lessing nun wiederum vom Buchstaben und verwies auf den Gebrauch der Vernunft. Damit wird er auch zum Vorläufer Kants.

Mit der Darstellung Kants eröffnet Heine das dritte Buch von *Zur Geschichte der Religion und Philosophie in Deutschland*. Für dieses Buch konnte er wieder verstärkt auf eigene Kenntnisse aus der Studienzeit zurückgreifen, benutzte aber zugleich die einschlägige Primär- und Sekundärliteratur, die er sich teils anschaffte, teils in der Bibliothèque Royale auslieh. Das Schema der Darstellung war allerdings bereits in seinem letzten noch in Deutschland verfassten Text, der Einleitung zu der kleinen Schrift *Kahldorf über den Adel* skizziert worden, in der er nach der Julirevolution in aller Schärfe gegen die Reaktion in Deutschland allgemein und den preußisch-deutschen Adel und seine Privilegien im Besonderen zu Felde zog (siehe im Kapitel »Die Frankreich-Schriften« den Abschnitt über »Kahldorf«). Schon dort zieht er die Parallele zwischen den großen Namen der jüngeren deutschen Philosophiegeschichte und der jüngeren französischen politischen Geschichte und vergleicht Kant mit Robespierre, Fichte mit Napoleon, Schelling mit den Vertretern der Restauration, in denen sich alle schlechten Eigenschaften kumulieren: »der Mystizismus, der Pietismus, der Jesuitismus, die Legitimität, die Romantik, die Deutschthümeley, die Gemüthlichkeit« (11,135). Hegel schließlich vertritt das Bürgerkönigtum, wo die Figuren ihre feste Position erhalten. Ganz ähnlich geht Heine auch im dritten Buch der Philosophieschrift vor. Erneut erscheint Kant als Radikaler, der den Deismus liquidiert hat, vergleichbar mit der Hinrichtung Ludwigs XVI. durch die Jakobiner. Wieder liefert Heine im Zusammenhang des Kant-Abschnittes ein schö-

nes Beispiel für seine Popularisierungsstrategie: Er führt
Kants Diener Lampe ein und entwickelt um diesen herum
eine kleine Geschichte, deren Pointe darin besteht, dass
Kant, weil er seinen armen Diener nicht enttäuschen wollte, nach der Hinrichtung Gottes in der *Kritik der reinen
Vernunft* diesen in der *Kritik der praktischen Vernunft*
wieder auferstehen lässt. Weniger anschaulich sind die
Passagen über Fichte geraten, für die er sich reichlich in
der Sekundärliteratur bedient hat und die vom Umfang
her den meisten Platz in diesem Buch beanspruchen, denen man allerdings anmerkt, dass Heine mit dem trans-
zendentalen Idealismus nicht viel anfangen konnte. Umso
mehr anfangen konnte er allerdings mit der Leidensgeschichte Fichtes, der wegen eines Atheismusvorwurfes
von der Universität Jena vertrieben worden war und die
politischen Motive dieser ungerechten Verfolgung durchaus wahrgenommen hatte. Die Naturphilosophie Schellings sieht Heine ebenfalls in der pantheistischen Tradition, transformiert sie doch die Erscheinungswelt zu Ideen
und zeigt damit genau wie Fichte die Durchlässigkeit zwischen den Sphären von Natur und Geist. Zumindest den
frühen Schelling und seine Identitätslehre lässt Heine in
diesem Zusammenhang gelten; seine Kritik, die in der
Kahldorf-Schrift noch sehr pauschal war, beschränkt sich
hier wie auch sonst auf den späten Schelling, dem er vorwirft, sich an die katholische Kirche verkauft zu haben.
Letzte, allerdings erstaunlich kurze Station auf Heines
Rundreise durch die deutsche Philosophiegeschichte ist
Hegel, der Schüler Schellings, der seinen Lehrer »als
Mann von Charakter« (8,113) aber hinter sich gelassen
hat. Zwar hat auch er »dem Bestehenden in Staat und Kirche einige allzubedenkliche Rechtfertigungen« verliehen,
hat dabei aber doch einen Staat vor Augen, »der dem
Prinzip des Fortschrittes wenigstens in der Theorie hul-
digt, und […] eine Kirche, die das Prinzip der freyen Forschung als ihr Lebenselement betrachtet« (8,113). Wie mit

Luther der Kreis der religiösen Kritik, so hat sich mit Hegel für Heine der Kreis der deutschen Philosophie geschlossen; nun kommt die Zeit der Tat. Sein dreistufiges emanzipatorisches Geschichtsmodell mit den drei großen Schritten: religiöse Befreiung in der Reformation; theoretische Befreiung in der radikalen Ausarbeitung der deutschen idealistischen Philosophie; politisch-soziale Befreiung in dem bereits begonnenen, aber längst noch nicht abgeschlossenen Prozess der europäischen Revolutionen, das bereits in den *Reisebildern* durchscheint, ist mit der Philosophieschrift fertig ausgearbeitet.

An ihr Ende stellt Heine einen rhetorisch äußerst ausgefeilten und pathetisch aufgeladenen Ausblick auf diese deutsche Revolution, die furchtbarer ausfallen wird, als alles, was die Welt bisher gesehen hat. Im Erstdruck fehlt diese Passage aus Zensurgründen, wurde aber in einer Zeitschrift der deutschen Pariser Emigration veröffentlicht, offenbar in der Absicht, damit revolutionäre Begeisterung zu wecken. Später hat man den Abschnitt häufig sehr viel zwiespältiger gelesen, und Heines gewalttätige Prophezeiungen auf die durch Deutschland ausgelösten Katastrophen des 20. Jahrhunderts bezogen: »Es wird ein Stück aufgeführt werden in Deutschland, wogegen die französische Revoluzion nur wie eine harmlose Idylle erscheinen möchte.« (8,119) Solch gebrochene Lektüreeindrücke kommen nicht von ungefähr. Bei allem Engagement Heines für die Ideen der Aufklärung, an denen er bis zum Schluss festgehalten hat, bei aller Bewunderung für das Fortschreiten der Vernunft in der Geschichte, hat er gerade in diesem Feld immer auch auf die Verluste hingewiesen, die dieser Fortschritt notwendig mit sich brachte. Die neue, die postrevolutionäre Welt erwartet Heine voller Zweifel. Er selbst sah sich und sein Werk als Teil jener »alten kranken Welt«, die von der Veränderung »aus ihren Betten« gejagt wurde:

Denn ach! ich gehöre ja selber zu dieser kranken alten Welt, und mit Recht sagt der Dichter: wenn man auch seiner Krücken spottet, so kann man darum doch nicht besser gehen. Ich bin der krankste von Euch allen und umso bedauernswürdiger, da ich weiß was Gesundheit ist.   (8,80)

Wenn Heine am Schluss der Philosophieschrift mit gemischten Gefühlen auf die möglichen politischen und sozialen Folgen der philosophischen Revolution in Deutschland blickt, so wiederholt das eine Bewegung, die schon in den *Reisebildern* begegnet, die in Heines Schriften eigentlich stets wiederkehrt und deren Ziel die Bewahrung einer prinzipiellen Offenheit des historischen Prozesses ist.

Literatur

B 1: DHA 8; HSA 8. Höhn, B 5: 1997, 302–322 (»Romantische Schule«), 340–362 (»Zur Geschichte der Religion [...]«). Clasen, B 7.8: 1979; Götze, B 7.8: 1980; Lefebvre, B 7.8: 1986; Peters, B 7.8: 1989; Espagne, B 7.8: 1991; Ansel, B 7.8: 1992, 61–94; Ferner, B 7.8: 1994; Heinrich Heine und die Romantik, B 6: 1997; Boerner, B 7.8: 1998.

Die Frankreich-Schriften

Um die große Affinität Heines zu Frankreich, zur französischen Kultur und Geschichte zu verstehen, genügt zunächst ein Blick auf seine Biographie. Die wichtigsten Punkte seien kurz in Erinnerung gerufen: Heine ist aufgewachsen in einer Stadt, die seit 1805 unter französischer Verwaltung stand und zum französischen Staatsgebiet gehörte. Als Angehöriger einer jüdischen Familie hat er die Vorteile der Gesetzgebung des Code Napoléon am eigenen Leibe gespürt. Französische Sprache und Literatur spielten in seiner schulischen Ausbildung eine große Rolle, und Heine beherrschte das Französische in Wort und Schrift bereits recht gut, als er im Mai 1831 nach Paris kam. Dennoch blieb es für ihn zeitlebens bloße Verkehrssprache, wurde nie poetische Sprache: Heine hat keinen seiner Texte in französischer Sprache konzipiert, wohl die von professionellen Übersetzern erstellten Übertragungen kontrolliert, teilweise auch auf recht eigenwillige Art korrigiert. Insbesondere gegenüber der französischen Lyrik hegte Heine erhebliche Vorurteile, wie übrigens die zeitgenössische französische Kritik, mit wenigen Ausnahmen wie etwa Nerval und Baudelaire, auch Heines Gedichte nicht sonderlich hoch einstufte. Stärker als die Literatur beeindruckten Heine französische Geschichte und Zivilisation. Paris war ihm der beinahe religiös verklärte Ort, von wo das neue Evangelium, das Evangelium der Freiheit, Gleichheit und Brüderlichkeit verkündet und in die Welt gebracht wurde. Heines Paris-Bild ist von Anfang an und bis zum Schluss von diesem Aspekt bestimmt. Paris ist für ihn Hauptstadt der Moderne, der von den französischen Romantikern beklagte Zerfall des alten Paris hat ihn nie interessiert. Er sah die großen Boulevards mit ihren Geschäften und Auslagen, die Gaslaternen, die Großstadt-

atmosphäre, zu der es in Deutschland keine Entsprechung
gab. Und Frankreich war eigentlich nur »die umliegende
Gegend von Paris«, wie es eines seiner Bonmots aus den
Französischen Zuständen (12,103) ausdrückt. Aber nicht
nur die Geschichte der Revolutionen von 1789 und von
1830, auch die Lebensart der Franzosen, ihre Umgangsformen und Manieren, Essen und Trinken, die Formen der
Geselligkeit, haben ihn beeindruckt und sein Bild von
Frankreich nachhaltig geprägt. Schon bald nach seiner
Ankunft in Paris fasste er den Entschluss, über dieses
Frankreich, das Volk der Freiheit und des guten Essens,
für das deutsche Publikum zu berichten, während er umgekehrt dem französischen Publikum, wie wir im vorigen
Abschnitt gesehen haben, Deutschland als das Land vorstellte, das alle anderen Nationen in zwei Dingen überflügelt, »in der Philosophie und im Liede« (15,55).

Wichtiger Partner bei der Erfüllung dieser wahrhaft
großen Aufgabe in Richtung auf das deutsche Publikum
wurde für Heine der Cotta-Verlag mit seinen bedeutenden, in Deutschland weit verbreiteten Blättern, dem Stuttgarter *Morgenblatt für gebildete Stände* und der Augsburger *Allgemeinen Zeitung.* In der »Vorrede« zu den *Französischen Zuständen* preist Heine die *Allgemeine,* »die
ihre weltberühmte Autorität so sehr verdient und die man
wohl die Allgemeine Zeitung von Europa nennen dürfte«,
und die ihm wegen »ihres Ansehens und ihres unerhört
großen Absatzes« der passende Ort für seine ganz auf die
Gegenwart berechnete Berichterstattung zu sein schien
(12,65). Kontakte zu dem eher konservativen Verlagshaus
und dessen Chefs Johann Friedrich (1764–1832) und Johann Georg von Cotta (1796–1863) bestanden seit Heines
kurzer Mitarbeit an den *Neuen allgemeinen politischen
Annalen* in München. Zu Anfang der 30er-Jahre war der
Verlag bemüht, insbesondere die *Allgemeine Zeitung* zum
politischen Flaggschiff auszubauen, eine Aufgabe, mit der

Cotta Gustav Kolb, einen seiner fähigsten Redakteure, beauftragt hatte, der dann 1837 zum Chefredakteur der *Allgemeinen* aufstieg. Kolb versuchte das Profil der Zeitung durch die Anwerbung literarisch anspruchsvoller, gut schreibender Korrespondenten zu schärfen. Diesem Zweck diente auch eine längere Reise nach Paris und London 1831/32, während der er den Kontakt zu Heine wieder aufnahm. Die damals geknüpfte Verbindung hielt über beinahe zwei Jahrzehnte hinweg trotz mancher Spannungen, die immer wieder auf die Verstümmelungen zurückgingen, denen Heines Texte im Zeitungsabdruck weit stärker als im Buchdruck ausgesetzt waren und die weder Cotta noch Kolb verhindern konnten. Erstaunlich ist aber auch Heines Treue zum Verlag und zu einer Zeitung wie dem *Morgenblatt*, dessen *Literaturblatt* dem Denunzianten Wolfgang Menzel 1835 als Waffe in seinem Feldzug gegen Heine und die anderen Autoren des Jungen Deutschland diente. Schon im Jahr darauf erschienen im selben *Morgenblatt* Heines *Florentinische Nächte*.

Französische Maler

Heine war kaum in Paris angekommen, als er bereits begann, über die Gemäldeausstellung, den so genannten »Salon« zu schreiben, jene alljährlich im Louvre stattfindende Ausstellung aktueller Malerei, in der vom Mai bis August 1831 über 3000 Bilder zu sehen waren. Offenbar arbeitete er zunächst ohne konkreten Auftrag, und erst über Kolbs Paris-Besuch erfolgte die Kontaktaufnahme zum Cotta-Verlag, dem er die Salon-Korrespondenzen für das Stuttgarter *Morgenblatt* mit der vergeblichen Bitte anbot, für einen Abdruck ohne Zensur zu sorgen. Unter dem Titel »Gemäldeausstellung in Paris« erschienen die Texte im Oktober/November 1831 mit starken Zensurlücken, die er erst für den Wiederabdruck im ersten Band des *Salon 1833* auffüllen konnte. Für diese Buchausgabe hat er dann den Artikeln von 1831 noch einen Nachtrag über den Salon des Jahres 1833 angehängt.

Heine hatte ein großes Interesse an bildender Kunst, war ein fleißiger Museumsgänger in allen Orten, an denen er war, kannte die großen Galerien in München, London, Florenz und anderswo, war aber selbstverständlich kein Profikritiker. Der Salon von 1831 fand allerdings Beachtung weit über das Übliche hinaus, handelte es sich doch um die erste große Ausstellung nach der Julirevolution von 1830. Die politische Lesart der Malerei lag da auf der Hand, ein Zugangsweg, der Heine sicher sehr entgegenkam. Kunstgeschichtlich war dieser Salon eigentlich nur wenig bedeutend, da der einzige wichtige Künstler, der dort ausstellte, Eugène Delacroix, bereits früher durchgesetzt war.

Acht Maler hat Heine sich aus dem Angebot der Ausstellung ausgesucht, darunter neben Delacroix noch Léopold Robert, Alexandre Decamps, Horace Vernet und Paul Delaroche. Seine Darstellung konkurrierte mit vielen zeitgenössischen Berichten auch in der deutschen Presse. Er hat sich auch bei seinen französischen Kollegen bedient, auf die er gelegentlich explizit Bezug nimmt. Dabei bezeichnet sich Heine ausdrücklich als Laie auf dem Gebiet der Kunstkritik und betont damit bereits, dass sein Interesse an dieser Ausstellung über den rein kunstkritischen Aspekt hinausgeht. Die Bilder sind ihm Anlass, auf unterhaltsame und eingängige Art und Weise über Politik und Geschichte im postrevolutionären Frankreich ebenso zu berichten wie über die Rolle der Kunst in dieser spezifischen Situation nachzudenken. Ludwig Börne, der zunächst sehr negativ auf die erste Arbeit des Neuankömmlings in Paris reagiert, schreibt am 8. Dezember 1831 an Jeannette Wohl mit einem Anflug von Neid:

Eugène Delacroix:
Le 28 juillet 1830 – La liberté guidant le peuple
Ölgemälde, 1830/31 (Paris, Louvre)

Die Gemälde sind bloß benutzt, deren historische Stoffe historisch zu besprechen. Es ist dieses eine sehr gefällige Art, sich über Geschichte und geschichtliche Personen zu äußern. [...] Eine solche Gelegenheit, mich auszusprechen, würde ich vielleicht selbst benutzen. Es ist eine leichte und angenehme Art, Geschichte zu lernen und zu lehren.

In der Tat übernimmt Heine hier für die journalistische Arbeit den Stil der *Reisebilder*: Er mischt die Bildbeschreibungen und Sachkommentare mit subjektiven Einsprengseln und Abschweifungen aller Art, und erreicht auf diese

Weise auch, dass das deutsche Publikum direkt mit der gesellschaftlichen und politischen Realität in Frankreich konfrontiert wird. Später hat er diesen Schreibstil, dem die Zensur nur schwer etwas anhaben konnte, mit dem Bild des Schmuggelns beschrieben: Eingehüllt in unverdächtige Kunstkommentare bringt er höchst aufrührerische Gedanken über die neue Freiheitsreligion und das revolutionäre Paris in Umlauf (vgl. 13,293).

Anlass dazu ist ihm das berühmte Bild von Delacroix, *La liberté guidant le peuple* (Die Freiheit führt das Volk an), bis heute eine Ikone der Malerei des frühen 19. Jahrhunderts und auch damals die Hauptattraktion der Ausstellung. Die zentrale Figurengruppe mit der die Trikolore tragenden halb nackten Freiheitsallegorie in der Mitte der Körper von toten und lebenden Kämpfern wird für Heine zum Ausgangspunkt, um noch einmal den tatsächlichen Helden dieser Revolution, das Volk in seinen verschiedenen Schattierungen vorzuführen. Dem Volk, das scheint Heine die Hauptaussage dieses Bildes, seiner Kraft, seiner Entschlossenheit, seiner Rücksichtslosigkeit wird die Zukunft gehören. Am Ende seiner Betrachtung steht die hymnische Feier von Paris als »heiligem Ort«, dem Ort, an dem die neue Religion der Freiheit in die Welt getreten ist.

Ein Bild von Decamps führt Heine zum Nachdenken über das Verhältnis von Kunst und Wirklichkeit und zu dem Bekenntnis, in der Kunst sei er »Supernaturalist«, und der Künstler schöpfe seine Werke aus der inneren Anschauung und lasse sich nichts durch die äußere ›Natur‹ vorgeben. Diesen Standpunkt von der Kunst als eigenständigem, autonomem Bereich mit eigenen Gesetzen, den Gesetzen der Kunst, hat Heine nie aufgegeben. Immer hat er darauf bestanden, dass nur ein vollendetes Kunstwerk auch eine vollendete Botschaft vermitteln, nur wirklich freie Kunst auch authentisch über Freiheit sprechen kann. Allerdings wird ihm insbesondere die abschließende Reflexion auf die Bilder des Historienmalers

Delaroche zum Anlass, unter dem noch ganz frischen Eindruck seiner Paris-Erfahrung die Frage nach dem Verhältnis des autonomen Künstlers und der ihn umgebenden gesellschaftlichen Wirklichkeit zu stellen. Durch den Sturz
der alten Welt, im Bild des Königsmörders *Cromwell am
Sarg Karls I.* von Delaroche festgehalten, haben sich die
Verhältnisse grundlegend verändert. Eine neue Zeit ist
angebrochen, die eine neue Kunst erfordert: »Die jetzi-
ge Kunst muß zu Grunde gehen, weil ihr Prinzip noch
im abgelebten, alten Regime, in der heiligen römischen
Reichsvergangenheit wurzelt. Deßhalb [...] steht sie im
unerquicklichsten Widerspruch mit der Gegenwart. Dieser Widerspruch und nicht die Zeitbewegung selbst ist der
Kunst so schädlich«, schreibt Heine am Ende seines Be-
richts über den Salon von 1831. Und er fährt fort:

> Indessen, die neue Zeit wird auch eine neue Kunst
> gebären [...]. Bis dahin möge [...] die selbsttrunkens-
> te Subjektivität, die weltentzügelte Individualität, die
> gottfreye Persönlichkeit, mit all ihrer Lebenslust sich
> geltend machen, was doch immer ersprießlicher ist,
> als das todte Scheinwesen der alten Kunst. (12,47)

Gerade diese letzte Charakterisierung einer Kunst des
Übergangs, der Zwischenzeit, kennzeichnet Heines eige-
nen Ansatz, auch den Ansatz, den er für die *Französischen
Maler* gewählt hat.

»Einleitung« zu: *Kahldorf über den Adel*

Heines Begeisterung für Frankreich und die Geschichte
der französischen Revolutionen war insbesondere durch
die Julirevolution von 1830 angefacht und hatte in einer
Arbeit ihren Niederschlag gefunden, die er im Auftrag
Campes als letzten deutschen Text vor der Abreise nach

Paris im Februar/März 1831 zu Papier brachte. 1830 hatte
der Graf Magnus von Moltke in Hamburg eine Schrift erscheinen lassen: *Über den Adel und dessen Verhältniß
zum Bürgerstande*, wo er den Geburtsadel und seinen
Führungsanspruch in der bestehenden gesellschaftlichen
Ordnung ein weiteres Mal als naturgegeben zu legitimie-
ren versuchte. Dagegen schrieb der Publizist Robert Wesselhöft eine Gegenschrift, die 1831 unter folgendem Titel
auf den Markt kam: *Kahldorf über den Adel in Briefen an
den Grafen M. von Moltke. Herausgegeben von H. Heine. Nürnberg: Hoffmann und Campe.* Wesselhöft benutzte auch deshalb das Pseudonym Kahldorf, weil er seit
1824 wegen Mitgliedschaft in den Burschenschaften in
Festungshaft saß. Heines Einleitung umfasst die ersten
dreißig der insgesamt 152 Seiten der Broschüre, in der
Wesselhöft die Argumente Moltkes zurückweist und auf
den Entwicklungscharakter von Geschichte und Gesellschaft verweist. Der Adel muss sich an seinen Taten messen lassen, und da sind in Frankreich durch die Helden
der Revolution längst neue Maßstäbe gesetzt.

Heines Text geht weniger auf Wesselhöfts Argumentation als sehr selbständig auf Fragen der Revolution ein, und
man kann sie deshalb mit Recht in die Reihe seiner Schriften zum Frankreich-Projekt stellen. Voller Enthusiasmus
wird die Entwicklung der Politik, jener »großen Wissenschaft der Freyheit« (11,136), in Frankreich geschildert
und mit den deutschen Zuständen verglichen, wo bislang
nur in der Philosophie dasselbe Niveau erreicht ist. Der
zweite Teil widmet sich dann der Schrift des Grafen Moltke selbst und widerlegt bissig und voller Ironie die These
von der Überlegenheit des Adels durch Geburt und Blut.
Der europäische Adel insgesamt erscheint vielmehr als
längst überlebte Institution, die sich dadurch am Leben
erhält, dass sie die Völker zu Kriegen verhetzt, die Menschenrechte unterdrückt und die »Jagd gegen die liberalen
Ideen« (11,145) organisiert.

In dieser Stimmung kam Heine im Mai 1831 nach Paris, und während die Kunstberichterstattung eher zufällig seine Pariser Korrespondententätigkeit eröffnete, zielte sein eigentliches Interesse von Anfang an auf Berichte über die politischen und gesellschaftlichen Verhältnisse in einem Land, das in kurzer Zeit zwei Revolutionen erlebt hatte. Denn hier lagen die großen Unterschiede zu Deutschland; in politischen, nicht in Fragen der Kunst waren die Franzosen den Deutschen so weit voraus, dass eine vermittelnde Darstellung an das Publikum »jenseits des Rheins« (12,155) wichtig war. Direkt im Anschluss an die Veröffentlichung der *Salon*-Berichte hat Heine dann, aufgefordert durch Kolb, vor Ort seine erste große politische Artikelserie zu schreiben begonnen und an den Cotta-Verlag zum Abdruck in der Augsburger *Allgemeinen Zeitung* weitergegeben. Als Titel wählte er »Französische Zustände«, eine Überschrift, die bereits die inhaltliche und stilistische Offenheit der neuen Textsorte andeutet.

Heine verfasste bis Juni 1832 neun große politische Artikel, denen er bis September noch achtzehn Tagesberichte folgen ließ. Seine Arbeit charakterisiert er treffend wie folgt:

> Ich gebe hier eine Reihe Artikel und Tagesberichte, die ich, nach dem Begehr des Augenblicks, in stürmischen Verhältnissen aller Art, zu leicht errathbaren Zwecken, unter noch leichter errathbaren Beschränkungen, für die Augsburger Allgemeine Zeitung geschrieben habe. (12,65)

In der Tat wurde der Abdruck in der *Allgemeinen* von Anfang an von der Zensur, darüber hinaus auch von den Behörden und politischen Instanzen in Deutschland und

Frankreich kritisch begleitet. Die Juli-Revolution in Frankreich hatte auch in Deutschland die Stimmung unter Liberalen und Demokraten angeheizt und dadurch die Reaktion der Herrschenden herausgefordert. Die Verschärfung der Zensur traf insbesondere die politische Presse, und so stand Heines Eintritt in die Gilde der politischen Korrespondenten aus Paris unter denkbar schwierigen Vorzeichen, nimmt man hinzu, dass er den deutschen und österreichischen Behörden selbstverständlich hinlänglich bekannt war. Von offizieller Seite warf man Heine eine fundamentale Systemkritik sowohl französischer wie deutscher Verhältnisse vor, die angeblich die Missverständnisse zwischen beiden Nationen verstärken und den Krieg befördern müsste. Der Autor selbst dagegen klagt dem Verleger am 21. April 1832, die Artikel kämen doch ohnehin bereits »censirt aus meinem Kopfe« und könnten weitere Zensurmaßnahmen nicht mehr aushalten.

Dennoch wurde der Druck auf den Verleger und seinen Redakteur, nachdem sich der Berater des österreichischen Staatskanzlers Fürst Metternich, Friedrich von Gentz, persönlich an Cotta gewandt hatte, schon nach einem halben Jahr so groß, dass die Berichterstattung in der ursprünglichen Form abbrach. Der neunte und letzte der großen Artikel Heines konnte bereits nicht mehr erscheinen, die Änderung der Textform und der Übergang zu den »Tagesberichten« sind Folgen dieser äußeren Umstände. Einer der eingesandten Tagesberichte wurde ebenfalls nicht publiziert.

Noch während des Abdrucks in der Zeitung plante Heine eine Buchausgabe seiner *Französischen Zustände* bei Campe in Hamburg. Dafür standen ihm die Reinschriften seiner Artikel zur Verfügung, an denen er aber teils erhebliche Veränderungen vornahm. Mit einer Vorrede versehen erschien das Buch am 6. Dezember 1832 und wurde am 1. Februar 1833 in Preußen verboten.

Die äußerst scharfe und radikale »Vorrede« zur Buchausgabe führte in mehrfacher Hinsicht zu Verwicklungen. Zunächst waren bereits Campe Skrupel gekommen, und er hatte mit Einverständnis Heines die »Vorrede« der Vorzensur vorgelegt. Das Ergebnis war so, dass Heine sich genötigt sehen musste, von diesem Text öffentlich Abstand zu nehmen, denn dem Zensor war es gelungen, den kritischen Sinn des Textes in sein genaues Gegenteil zu verkehren. Der Autor lastete Campe und seiner Entourage diese Entstellungen zumindest teilweise an und versuchte, sich in öffentlichen Stellungnahmen und Richtigstellungen dagegen zur Wehr zu setzen, ein Prozess, der sich, durch weitere ähnliche Vorfälle immer wieder angefacht, über die gesamten 30er-Jahre hinzog und fast zum Bruch der Autor-Verleger-Beziehung geführt hätte (siehe das Kapitel »Schriften zu Literatur und Politik«).

Auf Heines energisches Drängen hin hatte Campe im März 1833 dann einen Separatdruck der integralen Fassung der »Vorrede« veranlasst, zu dem Heine eine »Vorrede zur Vorrede« beisteuerte mit noch heftigeren und direkteren Ausfällen gegen seine deutschen Feinde, die er dort in eine »sodomitische«, »böotische« und »abderitische Partey« unterteilte (12,452), Anspielungen auf die klerikal-konservativen und borniert-aristokratischen Kreise insbesondere in Preußen. Wenig später sah der Verleger sich allerdings dazu gezwungen, wollte er nicht sein gesamtes Unternehmen gefährden, diesen Druck bis auf wenige Exemplare vernichten zu lassen. Heine hatte in der Zwischenzeit den Pariser Verlag Heideloff und Campe, dessen Teilhaber mit dem Hamburger Verleger nur sehr weitläufig verwandt war, für einen Abdruck der »Vorrede« gewinnen können. Das schmale Bändchen kam im Sommer 1833 heraus und wurde prompt im September durch die preußische Zensur verboten. Überhaupt war die Aufregung, die diese Broschüre bei den Behörden hervorrief, noch größer als die, welche die *Zustände* selbst auslösten, was man nach der Lektüre allerdings verstehen kann. Insbesondere Preußen und sein Herrscherhaus stehen im Zentrum unverstellter Kritik:

> Ich traute nicht diesem Preußen, diesem langen frömmelnden Kamaschenheld mit dem weiten Magen, und mit dem großen Maule, und mit dem Corporalstock, den er erst in Weihwasser taucht, ehe er damit zuschlägt. Mir mißfiel dieses philosophisch christliche Soldatenthum, dieses Gemengsel von Weißbier, Lüge und Sand. Widerwärtig, tief widerwärtig war mir dieses Preußen, dieses steife, heuchlerische, scheinheilige Preußen, dieser Tartüff unter den Staaten. (12,68)

Hier, noch ziemlich am Anfang seiner Karriere als deutsch-französischer Vermittler, profiliert sich Heine als Intellektueller im modernen Sinne, als eingreifender, kritischer Denker und europäischer Schriftsteller, als unerschrockener Sachwalter der Menschenrechte. Er scheut sich nicht, die Ursachen für Hass und Gewalt zu benennen, auf die zugrunde liegenden Interessen und Mechanismen aufmerksam zu machen (»wir brauchen aus wechselseitigem Mißtrauen keine stehenden Heere von vielen hunderttausend Mördern mehr zu füttern«; 12,65 – eine Formulierung, für die sich noch in den 1990er-Jahren ein Journalist in der Bundesrepublik Deutschland vor Gericht verantworten musste). Emphatisch beschwört er »das große Völkerbündniß, die heilige Allianz der Nazionen«, für die zu wirken sein »Amt« ist (ebd.).

Dieser Schwung trägt auch, wenngleich in sprachlich deutlich abgemilderter Form, die Texte der heineschen Korrespondenzartikel. Denn was sie aus der großen Menge von ähnlichen Berichten heraushob, war noch nicht einmal in erster Linie die kritische Tendenz, die man z. B. in Ludwig Börnes *Briefen aus Paris* ganz ähnlich finden kann, sondern vor allem die Schreibart. Heinrich Laube hat diesen Aspekt in einer Rezension in der *Zeitung für die elegante Welt* vom Februar 1833 als einer der Ersten scharfsichtig erkannt, worauf Gerhard Höhn hingewiesen hat. Laube sieht mit Heines *Zuständen* eine »neue Art, Geschichte zu schreiben«, in die deutsche Literatur eintreten, eine Schreibart, die »poetisch-rosenfarbig«, »menschlich-rührend« und zugleich »modern-heroisch« ist, die Schreibart der zukünftigen deutschen Schriftstellergeneration. Mit dieser literarischen Qualität warf Heine sein eigentliches Pfund in die Waagschale. Denn selbstverständlich fehlte es ihm als Neuling auf der Pariser Szene in Hinblick auf die Sachfragen noch an Erfahrung; hier war er gegenüber seinen Konkurrenten, auch gegenüber Börne, deutlich im Nachteil. Denn auch wenn die Art der Schilderung den Eindruck erweckt, als ginge das meiste auf den Augenschein zurück, so kann man doch eher im Gegenteil sicher sein, dass Heine seine Information vorrangig aus einer intensiven Zeitungslektüre zog. Und wenn er gelegentlich wirklich zentrale Fragen der französischen Tagespolitik gar nicht berücksichtigt und dafür eher Nebensächliches in den Vordergrund rückt, oder wenn er schiefe und ungerechtfertigte Einschätzungen von Ereignissen und Sachverhalten gibt, wie etwa gleich im ersten Artikel im Zusammenhang mit der Regierung Périer, so darf man das getrost seiner Unerfahrenheit zugute halten.

Es ist eben die Schreibart, die die *Französischen Zustände* zu mehr macht als bloß für den Tag verfasste Zeitungsartikel, die Art, wie Heine seine Porträts der politischen Akteure anlegt – erster und wichtigster ist ohne Zweifel der Bürgerkönig Louis-Philippe, aber auch die Art, wie es ihm gelingt, die Zeit selbst zum Helden seiner Berichte zu machen. Der Leser wird, indem der Dichter ihm die gar nicht immer großartigen Helden und Schauplätze der Pariser Ereignisse des Jahres 1832 vergegenwärtigt, zum

Zeugen einer welthistorischen Auseinandersetzung gemacht, jenem Kampf zwischen dem adligen und dem demokratischen Prinzip, aus dem der endgültige Untergang
der alten und die Geburt einer neuen Welt folgen wird.
Dieses Werden, diese Entwicklung ist das eigentliche Thema der Artikel, die Zeit ist ihr eigentlicher Held. Die
Hauptakteure selbst, das Juste-Milieu und seine Repräsentanten, der König, die Arbeiter der Vorstädte, die politischen Fraktionierungen, das Volk von Paris, sie alle agie-
ren wie in einem Stück, dessen Ausgang der Autor bereits
zu kennen scheint. Ihr Verhalten wird deshalb nicht so
sehr als Einheit beurteilt, sondern immer im Verhältnis zu
den Notwendigkeiten der Zeit. Deshalb fällt das Urteil
über den Bürgerkönig sehr heterogen aus: Einmal ist er
Repräsentant der Juli-Revolution, dessen Auftreten mit
Filzhut und Regenschirm den Anbruch einer neuen Zeit
unterstreicht; ein andermal wird ihm Verrat an der Revolution vorgeworfen: Er habe vergessen, dass er seine
Macht den Pflastersteinen verdanke und sei nichts weiter
als ein Schauspieler. Obwohl Heine die Karikatur als Gattung nicht schätzt, ähneln seine Porträts des Königs gelegentlich denen des Erfinders der »Birne«, Philipon, oder
denen Daumiers und der übrigen Zeichner des *Charivari*.
Die Bühnenmetapher wird im fünften Artikel im Zusammenhang mit der Kostümierung des Königs explizit aufgenommen: Die Maskerade erscheint als eine Art Dauer-
zustand in Frankreichs Gesellschaft und Politik; Louis-
Philippe trägt unter dem Zylinder die Krone und im
Regenschirm den Zepter. Diese Metapher wird dann im
sechsten Artikel auf die Spitze getrieben: Hinter den Mas-
ken kommt buchstäblich der Tod zum Vorschein, als die
Cholera gerade zur Zeit des Karneval 1832 in Paris eintrifft. Heine blieb während der Epidemie in der Stadt, die
er in einer großartigen Vision als ein neues Jerusalem, als
die »Stadt der Freyheit, der Begeisterung und des Mar-
tyrthumes« (12,142) aus dieser neuerlichen Prüfung her-

vorgehen sieht. Der Apotheose der Stadt entspricht die
des Volkes von Paris als Träger der revolutionären Energie
und eigentliche Verkörperung der Zeit: Das Volk ist größer als seine Führer (Art. 6).

Dagegen steht das Bürgertum gegen die Zeit: Seine
Position »Genau-in-der-Mitte« (*juste-au-milieu*), auf der
Grenze zwischen Alt und Neu, ist ebenso unerträglich
wie unhaltbar. Der Held aus Meyerbeers Erfolgsoper *Robert le Diable* wird Heine zur Chiffre für den Zustand
»jenes Schwankens zwischen Himmel und Hölle, jenes
Robert-le-Diableschen Justemilieuwesens« (12,121).

Vor dem Hintergrund des großen Spiels zwischen dem
adligen und dem demokratischen Prinzip sind politische
Parteiungen und Fragen der politischen Verfassung im engeren Sinne für Heine zunächst sekundär: »alle geschrie-
bene Constitutionen können uns nichts helfen, so lange
wir das Adelthum nicht von Grund aus vernichten«
(12,188), heißt es in Artikel 9. Er sieht die den historischen Prozess eher retardierenden Wirkungen des Republikanismus und Jakobinertums, ohne freilich die Unterdrückung der Republikaner durch das Juste-Milieu zu
billigen. Wenn die Freiheitsfreunde plötzlich »Feinde der
öffentlichen Ordnung« (12,198) genannt werden, so ist
das auch für den gemäßigten Heine, der sich, wie er
schreibt, von französischen wie deutschen »Enragés« fern
hält, ein bedenkliches Zeichen. »Ich bin nicht tugendhaft
genug, um jemals dieser Parthey mich anschließen zu können; ich hasse aber zu sehr das Laster, als daß ich sie jemals bekämpfen würde.« (12,151) Es muss um mehr gehen als um die Durchsetzung politischer Programme und
Herrschaftsformen, nämlich um einen Paradigmenwech-
sel, um einen neuen Begriff von Freiheit. An den Republi-
kanerversammlungen, an denen er teilnimmt, missfällt ihm
die doktrinäre Art zu sprechen: »der vorgetragenen Freyheit fehlte der freye Vortrag« (12,98), schreibt er ironisch.

Genau hier liegt aber der Punkt: Heine versucht in seiner politischen Berichterstattung über das Inhaltliche hinaus – wo er sich nicht gravierend von seinen Kollegen unterscheidet – durch die Schreibart zu vermitteln, dass es bei den Pariser Kämpfen und Unruhen um mehr geht als um bloße Tagespolitik. So wie er seine Zeitungsartikel zu Kunstwerken macht, mit dem gleichen Kunstanspruch wie etwa die Prosa der *Reisebilder*, so werden auch die Ereignisse zum Ausdruck des Allgemeinen, zum Spiegel der Bewegung der Zeit ganz allgemein, einer Bewegung, in der sich das gemeinsame Ziel von Kunst und Leben ausspricht: »die selbstbewußte Freyheit des Geistes«, wie er es zehn Jahre später in der *Lutezia* genannt hat (14,48).

Über die französische Bühne

Das Theater und das Musikleben bildeten nach Malerei und Politik den dritten Schwerpunkt in Heines Berichterstattung über Frankreich für das deutsche Publikum. Dies war ganz offensichtlich ein Bereich, in dem die Franzosen einen erheblichen Vorsprung hatten vor ihren östlichen Nachbarn, was die starke Präsenz französischer Stücke auf deutschen Bühnen unterstrich. Diesmal war es nicht Heine selbst, der die Initiative ergriff, sondern es bedurfte eines äußeren Anlasses: Der ihm gut bekannte August Lewald, Herausgeber von Cottas *Allgemeiner Theater-Revue*, besuchte den Autor 1836 in Paris und verabredete eine Artikelserie über die Verschiedenheit des deutschen und französischen Theaters. Es dauerte allerdings noch bis zum Sommer 1837, bis Heine sich während seines jährlichen Sommeraufenthaltes an der französischen Kanalküste endlich an die Arbeit machte. Im Dezember 1837 erschienen die in Form fiktiver Briefe an den Herausgeber Lewald gekleideten Texte im dritten Jahrgang der *Theater-*

Revue für das Jahr 1838. Für den Buchdruck im vierten Band des *Salon* nahm Heine später einige Kürzungen gegenüber der ursprünglichen Fassung vor.

Die Briefe 1–4 beschäftigen sich ganz mit dem Vergleich der Theaterkultur in Deutschland und Frankreich und verorten die Wurzeln der Differenzen vor allem in den Unterschieden des gesellschaftlichen und politischen Systems. Das führt Heine allerdings in ein schweres Dilemma: Denn seit 1835, seit den Verboten gegen die Schriftsteller des Jungen Deutschland, sind Stellungnahmen zur Politik für ihn persönlich riskant, Verbote gegen solche Stellungnahmen enthaltende Schriften wahrscheinlich. Der Leser wird deshalb bei den Theater-Briefen auch Zeuge von heinescher Selbstzensur, ein Element, mit dem der Autor stellenweise sogar spielt. Über deutsche Politik sagt er praktisch nichts, nimmt allerdings bei der Beschreibung der französischen Verhältnisse wiederum auch kaum ein Blatt vor den Mund.

Das Theater war ohnehin ein heikles Thema. Es nahm im Deutschland der Restaurationszeit eine sehr prominente Stellung ein, und der öffentliche Diskurs über das Theater war so etwas wie ein Ersatz für die Politik. »Die Bühne ist für uns Deutsche außer der Kirche fast die einzige Stätte der Öffentlichkeit. In ihrer Beachtung und Anerkennung vereinigen sich alle Stämme, Staaten und Provinzen des deutschen Volkes, sie ist der Mittelpunkt der intellectuellen und gesellligen Einheit Deutschlands«, heißt es im *Allgemeinen Theater-Lexikon* von 1846 (Bd. 1, S. III). Diese Tatsache, dass Diskurse über das Theater in Deutschland per se politische Diskurse waren, machte Heine sich zu Nutze. Insofern stimmt die Invektive des ersten Briefes gegen den gefeierten Berliner Hofdichter Ernst von Raupach, das »Schooßkind der deutschen Theaterdirekzionen« (12,230), direkt auf die erwartete Lesehaltung ein: Nicht nur der verlogene, schmierige Stil des Dramatikers ist gemeint, sondern durch diesen hindurch zielt die Kritik auf die preußische Gesellschaft und natürlich auf den preußischen Hof und seine Geisteshaltung.

Diese Interdependenz von Theater und Gesellschaft erhebt Heine zum Mittelpunkt seiner Betrachtungen über das französische Lustspiel. Er will zeigen, dass es nicht die politische Freiheit, sondern »vielmehr der sociale Zustand ist, dem die Lustspiel-Dichter in Frankreich ihre Süprematie verdanken« (12,237). Die Umwälzungen der Revolution, der »Umsturz aller Autoritäten« (ebd.), sowohl im Bereich des öffentlichen wie des privaten Lebens, eröffnen dem französischen Theater ganz andere Felder, als ihm in Deutschland offen stehen. Gerade die gesellschaftlichen Brüche, der Verlust der selbstverständlichen Ehrfurcht vor der Tradition, führt zu neuen komischen Möglichkeiten, die allerdings von einer Brisanz sind, die in Deutschland gar nicht wirklich wahrgenommen werden kann. Heine geht auf das Rezeptionsproblem hier nur am Rande ein: Die französische Komödie stellte damals ein Viertel der Gesamtproduktionen auf deutschen Bühnen, musste aber vom deutschen Publikum wegen des unterschiedlichen gesellschaftlichen Hintergrundes notwendig in verharmlosender Weise rezipiert werden. Heine arbeitet auch in dieser Schrift mit seiner bekannten Typologie deutscher und französischer Eigenarten, und bemüht sich immer wieder neu, die spätestens seit Madame de Staël im Umlauf befindlichen Bilder politisch zuzuspitzen: Frankreich, das Land der Tat, der Revolution, das Land ohne Träume und Erinnerungen, das Land des Materialismus und der Politik; Deutschland, das Land des Gedankens und der Poesie, der Träume und Ideen, das Land des Idealismus und der Philosophie. Nur indem jedes der Länder sich zur Höhe des anderen in dessen Feld hinaufzuarbeiten sucht, wird es sich weiterentwickeln, so Heines in allen Frankreich-Texten wiederholtes Credo. Hier geschieht das mittels einer Argumentation, die auf dem Umweg über den Theater-Diskurs die sozialen Unterschiede beider Gesellschaften in den Blick nimmt.

Der zweite Teil des Textes, ab Brief 6, beschäftigt sich dann mit der Bühnenwirklichkeit in Frankreich und einigen der handelnden Personen. Das freundliche Bild, das Heine in der Almanach-Fassung von Victor Hugo zeichnet, wird in der Buch-Fassung bereits kräftig beschnitten. Er kritisiert vor allem die Neigung Hugos zur deutschen Romantik, ein Kritikpunkt, der sich in der späteren heftigen Polemik gegen diesen Dichter noch verstärken wird. Die Äußerungen über Alexandre Dumas sind ebenfalls freundlich, aber ohne Anteilnahme, wie der Text überhaupt den Eindruck vermittelt, als schätze der Autor die konkreten Produkte der französischen Dramatik weit weniger als die allgemeinen Aspekte des französische Theaters als Idee und als Institution.

Die letzten beiden Briefe sind dem Pariser Musikleben vorbehalten. Die Opern der Antipoden Gioacchino Rossini und Giacomo Meyerbeer werden, getreu der sozialen Lesart, in ihrem Bezug zur Restauration und zur Juli-Monarchie betrachtet. Positiver als noch in den *Französischen Zuständen* heißt es hier über Meyerbeer, er trage »ein Herz in der Brust, welches für die heiligsten Interessen der Menschheit glüht« (12,279), ein Urteil, das sich schon bald wieder verdüstern sollte. Dann führt Heine den deutschen Leser in das Innere der Pariser Oper, schildert die ungeheure Prachtentfaltung, die den künstlerischen Anspruch abgelöst hat, und schließlich die Stars des Pariser Konzertlebens, ein Lieblingsthema auch noch in späteren Jahren. Doch geht es hier noch nicht in erster Linie um eine Kritik des musikalischen Betriebes und seiner Kommerzialisierung, sondern im Gegenteil um die positiven Gegenbilder wie Hector Berlioz, Franz Liszt und schließlich Frédéric Chopin, dessen »wahres Vaterland« das »Traumreich der Poesie« ist (12,290).

Die Theater-Briefe, obwohl deutlich von Heines Verlegenheit in der Zeit der besonderen Wirksamkeit des Verbotes gegen das Junge Deutschland geprägt, stellen in

Form und Thema ein wichtiges Bindeglied dar zwischen den *Französischen Zuständen* aus dem Anfang der 30er- und den später zu *Lutezia* zusammengefassten Artikeln aus den 40er-Jahren.

Lutezia

Nach acht Jahren Unterbrechung, in der sich seine Lage als Zeitberichterstatter durch das Bundestagsverbot von 1835 erheblich verschlechterte, nahm Heine Anfang des Jahres 1840 die politischen Berichte aus Paris, die ihm innerhalb seines Frankreichprojekts ohne Zweifel am meisten am Herzen lagen, endlich wieder auf. Damals begann sich die politische Lage in Deutschland etwas zu entspannen, letztlich unterschieden sich Heines Arbeitsbedingungen aber nicht grundsätzlich von denen aus dem Anfang der 30er-Jahre, die zum Abbruch seiner Korrespondententätigkeit geführt hatten. Immerhin hatte die Augsburger *Allgemeine Zeitung* sich inzwischen als wichtigstes politisches Blatt in Deutschland etabliert und war nicht mehr so leicht unter Druck zu setzen wie noch am Anfang ihrer Karriere. Und dennoch waren vielfältige Rücksichten zu nehmen, vom Autor, dem auch hier die Texte teilweise bereits zensiert aus dem Kopf kamen, aber besonders von der Zeitung, die immer wieder auch massiv in die Texte Heines eingriff und manche Artikel gar nicht erst zum Druck brachte. Heine spricht später vom »Augsburgschen Prokrustesbett« (13,16), auf dem diese Artikel zur Welt gekommen seien. Besonders wenn es um Kritik an Königtum, Religion und den sonstigen Grundfesten der bürgerlichen Gesellschaft, wie etwa dem Privateigentum ging, blieb der Redakteur Gustav Kolb, der ihn auch jetzt wieder betreute, sehr vorsichtig. Die Artikel erschienen wie üblich unter Chiffre, d. h. ohne Namensnennung des Verfassers – verschiedenen

Zutaten der Redaktion wie Überschriften, abschwächende, gelegentlich auch erläuternde Fußnoten usw., traten hinzu. 1843 kam es dann erneut zu einer Verschärfung der Zensur in Augsburg, was das Ende von Heines regelmäßiger Berichterstattung zumindest mit beschleunigt hat. Seit dem Sommer dieses Jahres schickte er nur mehr sporadisch Artikel ein. Insgesamt hat Heine zwischen 1840 und 1848 genau 82 Artikel an die *Allgemeine* eingesandt, von denen acht ganz abgelehnt wurden, bei zwei weiteren ist die Ablehnung nicht ganz sicher, zwei schließlich wurden um den Hauptteil ihres Inhalts gekürzt.

In der wegen ihrer Offenheit und Brisanz nur für die französischen Leser der Zeit zugänglichen »Préface« zur französischen Buchausgabe hat Heine zu dem Problem Stellung genommen, warum er unter diesen Bedingungen überhaupt in der *Allgemeinen* veröffentlicht hat:

> Ich mußte das Schiff meines Gedankens oft mit Flaggen bewimpeln, deren Emblème nicht eben der rechte Ausdruck meiner Gesinnung waren. Aber den publizistischen Freybeuter kümmerte es wenig von welcher Farbe der Lappen war, der am Mastbaum seines Fahrzeugs hing […] ich dachte nur an die gute Ladung die ich an Bord hatte und in den Hafen der öffentlichen Meinung hineinschmuckeln wollte. (Zit. nach der deutschen Vorlage der Übersetzung; 13,293)

Außerdem erreichte er über diese Zeitung ein großes Publikum, das er mit Büchern nicht erreichen konnte.

Aus der Gesamtmasse von gedruckten und ungedruckten Artikeln suchte Heine dann in den Jahren 1852–54 insgesamt 61 Artikel aus dem Zeitraum vom 25. Februar 1840 bis 21. Juni 1843 sowie vier Anhänge aus den Jahren 1843–46 heraus und gab sie 1854 unter dem Titel *Lutezia. Berichte über Kunst, Politik und Volksleben* in den Bänden 2 und 3 der *Vermischten Schriften* zum Druck. Ausgangspunkt der Überarbeitung, die dem kranken Dichter ein Höchstmaß an Anstrengung abverlangte, waren die gedruckten Artikel, die er sich von Kolb erbeten hatte. Dabei gehen seine Eingriffe vor allem in folgende Richtungen: Er strich die fremden Zutaten, soweit sie ihm auffielen, also Überschriften, Fußnoten, gelegentliche Ausrufe- oder Fragezeichen im Text; er korrigierte Druckfehler; vor allem aber strich er durch die Zeitläufte überholte Passagen und fügte Ergänzungen und Zusätze von teilweise recht erheblichem Umfang ein, teilte Artikel neu auf bzw. verpflanzte ganze Passagen. Vereinzelt versuchte Heine auch mit Hilfe der Vorstufen zu den Zeitungsartikeln Zensureingriffe zu korrigieren. Gerade in diesem Punkt blieben seine Bemühungen aber sehr lückenhaft. In vielen Fällen wusste er wohl auch gar nicht mehr um die Verstümmelungen, so dass jetzt durch die mehrfache Zensur, die Selbstzensur des Autors, die Redaktionszensur und die öffentliche Zensur hindurchgegangene Artikel neben solchen stehen, die bislang ungedruckt waren und zumindest die letzten beiden Instanzen nicht passiert hatten. Heine selbst betonte in seinen Briefen an den Verleger Campe vor allem auch die literarischen Aspekte seiner Überarbeitung und bezeichnet den schließlich entstandenen Text als »Roman« und »historisches Aktenstück« zugleich (Brief vom 26. Juni 1854).

Bald nach Erscheinen der deutschen erfolgte eine französische Buchausgabe mit leicht gekürztem, aber inhaltlich nicht wesentlich verändertem Text. Heine fügte dieser Ausgabe das bereits erwähnte politisch sehr brisante Vorwort hinzu und konnte in seinen letzten Lebensmonaten noch erleben, wie *Lutèce* in Paris auf breite Resonanz stieß und zu einem der wenigen erfolgreichen Bücher Heines in Frankreich wurde.

Schöne Beispiele für die Schwierigkeiten Heines auf allen Ebenen des Entstehungsprozesses liefert die Textgeschichte von Artikel 45 vom 20. Juni 1842. Zunächst haben wir ein Beispiel für die heinesche Selbstzensur: Er schilderte die Bewerbung für die Deputiertenkammer als Pferderennen und schrieb über die jüdischen Kandidaten zunächst verschlüsselt, sie seien »von arabischer Race«; dann setzte er zu einer persönlichen Polemik gegen den Kandidaten Achille Fould an, mit dessen Bruder Benoît er sich zuvor bereits eine Fehde geliefert hatte; vielleicht unter dem Eindruck dieser Auseinandersetzung strich er die Polemik und kehrte in der Handschrift zunächst wieder zur ursprünglichen Version zurück. Im Druck heißt es dann deutlicher, aber auch missverständlicher: »von arabischer, oder um noch deutlicher zu sprechen, von semitischer Race«; im französischen Buchdruck wird die Stelle ganz gestrichen, weil Heine zu Recht befürchtete, hier könnten sich antisemitische Ressentiments festmachen (14,18 und 349).

Gravierender sind die Eingriffe der äußeren Zensur in diesen Artikel, der sich an zentraler Stelle mit den Kommunisten beschäftigt. Wenn Heine diesen eine ›Heldenrolle‹ in der künftigen Weltgeschichte voraussagt, so machte die Redaktion aus dem »Helden« einen »düstren Helden« und aus der »großen Rolle« eine »große, wenn auch nur vorübergehende Rolle«. Beide Zusätze erkannte Heine bei Vorbereitung der Buchfassung nicht mehr als Fremdeingriffe und ließ sie für seinen Text stehen, den er aber gleichzeitig erweiterte und damit erheblich verschärfte; es heißt jetzt z. B.: »Communismus ist der geheime Name des furchtbaren Antagonisten, der die Proletarierherrschaft in allen ihren Consequenzen dem heutigen Bourgeoisie-Regimente entgegensetzt.« (14,19 und 350)

Dieser Satz führt uns mitten hinein in das zentrale Thema der Artikelserie wie des späteren Buches. Den deutschen Lesern erschließt sich das allerdings erst langsam in der Folge der Lektüre, während dem französischem Publikum durch die Vorrede ein deutlicher Lesehinweis in diese Richtung gegeben wird. In dem in der deutschen Buchfassung stattdessen vorgeschalteten Zueignungsbrief an den Fürsten Pückler-Muskau beteuert der Verfasser betont harmlos, er habe nichts weiter liefern wollen als das »getreue Gemälde einer Periode« (13,16), die parlamentarische Periode der Juli-Monarchie, und zwar in der Art eines »ehrlichen Daguerreotyp«, wo die »Fliege eben so wie das stolzeste Pferd treulich« wiedergegeben ist (13,19).

Im Grunde knüpft Heine mit den Artikeln der 40er-Jahre auch inhaltlich dort wieder an, wo er 1832 mit den *Französischen Zuständen* aufgehört hatte. Immer noch geht es um die Spiele der Politik und der Kultur, um die Hauptakteure dieser Spiele und ihre Hilfstruppen, um Vorder- und Hintergründe des gesellschaftlichen Prozesses, und um die möglichen, die befürchteten und die erwünschten Ziele der historischen Entwicklung. Immer noch geht es auch darum, dem deutschen Publikum die Unterschiede zur eigenen rückständigen Situation deutlich vor Augen zu führen. Allerdings ist die Ausgangslage eine grundlegend andere: War die Julimonarchie 1832 noch mit der Aura des Neuen und Unerhörten versehen, so hatten sich die Verhältnisse zu Beginn der 40er-Jahre bereits normalisiert. Der auf dem Zensuswahlrecht beruhende Parlamentarismus des französischen Systems, das Gegen- und Miteinander von König, Ministerium und Kammer hatte sich eingespielt und auch das deutsche Publikum sich an dieses System gewöhnt. Heine reagiert darauf u. a. mit einer Verkürzung seiner Texte: Die deutschen Leser kannten die am Geschehen Beteiligten, sie mussten nicht mehr in längeren Exkursen vorgestellt werden, wie teilweise noch in den Artikeln der *Französischen Zustände*. Die kürzere Artikelfolge bildete auch das Hin und Her der Verhältnisse, die ständige Bewegung im politischen Kalkül angemessener ab, die Spannung über mögliche Entwicklungen, die prinzipielle Offenheit des historischen Prozesses, dem der Berichterstatter gewissermaßen den Puls fühlt. Insgesamt ist der Blick Heines wie der deutschen Leserschaft aber auch distanzierter geworden, kritischer gegenüber den französischen Verhältnissen, die aus der Nähe besehen oft so gar nicht den revolutionären Idealen entsprechen. Die Oberflächlichkeit des politischen Spiels, seine theatralischen Momente, werden noch stärker betont als in den früheren Frankreich-Berichten. Von dort hat Heine die Einschätzung der großen komödiantischen Begabung von König Louis-Philippe, seinem ausgeprägten Talent zur Verstellung mitgebracht. Gleich im allerersten Artikel ist davon die Rede, wie dort auch die beiden anderen Hauptakteure der 40er-Jahre vorgestellt werden, die Ministerpräsidenten Adolphe Thiers und François Guizot. In den anschließenden Artikeln gibt es dann auch Porträts der Parteien von Republikanern über Legitimisten bis hin zum Proletariat der Faubourgs, der Vorstädte, das hier zunächst noch keinen Namen trägt. Die ersten Artikel verfolgen vor allem die Auseinandersetzung zwischen König und Ministerium, ihr Verhalten in den verschiedenen Krisen des Jahres 1840: der Damaskus-Affäre um den französischen Gesandten in Syrien, der den Berichten über einen angeblichen Ritualmord von Juden an einem Kapuzinermönch nicht entgegengetreten war; der Überführung der Asche Napoleons von St. Helena nach Paris; der Orient-Krise mit ihrem außenpolitischen Bedeutungsverlust Frankreichs und der drohenden Kriegsgefahr zwischen Frankreich und Deutschland, in deren Folge Thiers abgelöst und durch Guizot ersetzt wurde. Aber auch der Prozess gegen Frau Lafarge ist Heine einen eigenen, von Sympathie für die gepeinigte Frau getragenen Artikel wert, die der Quälerei durch einen tyrannischen Mann durch dessen Vergiftung ein Ende setzte. Dazwischen berichtet er in zwei Artikeln (5 und 12) auch über Theater und Oper, getreu der Ankündigung im Zueignungsbrief, er wolle der Politik »Schilderungen aus dem Gebiete der Kunst und der Wissenschaft, aus den Tanzsälen der guten und der schlechten Societät« (13,18) untermischen. Insgesamt liefert die erste Hälfte des ersten Teils (Artikel 1–42) der Buchausgabe, eine Draufsicht auf die französische Politik, auf die wichtigen Personen, auf Krisen und Skandale.

Erst dann führt der Autor den Leser langsam an die inneren Spannungen und Widersprüche der Gesellschaft der Juli-Monarchie heran. Im November 1840 entwickelt Heine in Artikel 24 den Gedanken, dass das Ausland allein deshalb keinen Krieg vom Zaun brechen wird, weil der damit eintretende Verlust der politischen Macht die Bourgeoisie in Frankreich in einen sozialen Konflikt mit dem Proletariat stürzen würde, einen Konflikt, der unweigerlich auf ganz Europa übergreifen würde. Die in sich zu schwache Bourgeoisie, die gänzlich von den Interessen des Geldes beherrscht wird, kann diesen Konflikt zunächst nur durch Aussitzen verschleppen. Genau das tut der König, dessen unendliche Geduld Heine ebenso rühmt wie das Stillhalten Guizots, ein Lob, das bei näherer Betrachtung etwas sehr Zweideutiges bekommt. Spätestens mit Artikel 24 ist die soziale Frage als das Zentrum von Heines Berichterstattung erkennbar, ein Thema, das in der Folge ausgebaut wird und ständig an Kontur gewinnt. Auf der einen Seite beschäftigt Heine sich dabei mit dem Zustand der Bourgeoisie: Ihr Gott ist das Geld, »und Rothschild ist sein Prophet«, wie es in Artikel 32 heißt (13,123). Der berühmte Artikel 37 führt dann auch für die deutschen Leser die »Communisten« als die wahren Gegenspieler der Bourgeoisie in die Betrachtung ein. Heine schildert, wie der elegante Flaneur bei Betrachtung der weihnachtlichen Auslagen in den Geschäften plötzlich mit leidenden Proletariergesichtern konfrontiert wird, die sich in der Schaufensterscheibe spiegeln. Und wieder greift er zur Theatermetapher, wenn er prophezeit, »die ganze Bürgerkomödie« mit ihren »parlamentarischen Helden-

spielern und Comparsen«, werde ein schreckliches Nach-
spiel haben, das »Communistenregiment« heißt (13,139).
Denn die »zerstörenden Doktrinen haben in Frankreich
zu sehr die unteren Classen ergriffen« (13,140). Wenig
später nennt er die Kommunisten »die jüngsten und ver-
zweiflungsvollsten Kinder der Revoluzion« (13,150). Das
Schrille, Grelle des Konfliktes zwischen Bürgertum und
Proletariat, das explosive Potenzial an Unkultiviertheit
und unterdrückter Wildheit, fasst Heine in dem den ersten
Teil der *Lutezia* abschließenden Artikel 42 im Bild des
Tanzes: hier das verknöcherte Ballett, die blasierten, beinahe bewegungslosen Gesellschaftstänze, dort der ausge-
lassen-freche, jede Moral und Sitte verhöhnende Cancan
auf den öffentlichen Tanzplätzen des Volkes, die deshalb
auch unter polizeilicher Aufsicht stehen. Die Bourgeoisie
hat aus Angst das Volk unter Polizeiaufsicht gestellt.
Der Dialektiker Heine sieht aber im tänzerischen Aufbegehren
des Volkes gegen die Leblosigkeit und Hohlheit der herrschenden Klasse zugleich spiegelbildliche Verluste: Genau
wie das Bürgertum droht auch das Volk allen Respekt und
damit sein moralisches Fundament zu verlieren, den Glauben an Ideale, an das Vaterland, an die Familie, an Traditionen: »Fast ein Grauen wandelte mich an, als ich einem
jener bunten Nachtfeste beywohnte« (13,158).

Im zweiten Teil der *Lutezia* (Artikel 43–61) tritt im
Vergleich zum ersten das politische Tagesgeschehen zurück und der grundsätzliche Widerspruch des politischen
und gesellschaftlichen Systems nach vorne. In verschiedenen Artikeln arbeitet Heine die moralische Schwäche des
herrschenden Justemilieu heraus, wo allein der Eigennutz
regiert. Auch der Parlamentarismus geht nicht etwa nach
Prinzipien, sondern nach Geld, und die Wahl zum Abge-
ordneten befriedigt nicht nur, wie es in Artikel 45 heißt,
Eitelkeit und »Ehrgeitz, sondern auch die Habsucht«,
führt »zu den fettesten Ämtern und den einträglichsten
Einflüssen« (14,18). Heine beschreibt den Wahlkampf

avant la lettre als eine Art Pferderennen, bei dem »nicht
eben die schönsten und besten Pferde« »zum Vorschein
kommen«: »Nur die dressirte Mittelmäßigkeit erreicht das
Ziel.« (14,18) Noch härter geht er mit der Geldgier und
Korruption von Politikern und den sie tragenden Parteien
im 58. Artikel ins Gericht. »Die Prinzipien sind auf beiden Seiten nur Losungsworte ohne Bedeutung; es handelt
sich im Grunde nur darum, welche von beiden Partheyen
die materiellen Vortheile der Herrschaft erwerbe« (14,66),
heißt es. Und weiter: »Die Parthey wird immer den Männern der Parthey die große Schüssel vorsetzen.« (14,67)
Und dass dabei keine Rolle spielt, ob diese Parteien links
oder rechts« angesiedelt sind, hat Heine und mit ihm die
französische Öffentlichkeit, wo die so genannte »Guizot-
sche Corrupzion« heftig diskutiert wurde, offen unterstellt, wenn er in Anspielung auf die oppositionellen Republikaner sagt: »Mit welcher Wolfsgier würden die armen Hungerleider der Tugend nach der langen Fastenzeit
sich über die guten Speisen herstürzen« (ebd.). Das Maß
an Menschenverachtung, welches das ganz auf das Geld
orientierte System impliziert, macht er besonders deutlich
in Artikel 52 am Beispiel der Katastrophe auf der Eisen-
bahnstrecke Paris–Versailles, bei der es im Mai 1842 durch
eine Explosion zu vielen Todesopfern kam. Aber nicht
diese und ihre Angehörigen werden in diesem pervertier-
ten System beklagt, sondern die Aktionäre und ihre Ein-
bußen. Folge der Unterhöhlung der politischen Institutionen ist ein tiefer Verlust an Vertrauen und an Glaubwür-
digkeit. Die Bourgeoisie hat bei aller Macht »dennoch in
sich selber keinen moralischen Halt […]. Die heutige Gesellschaft vertheidigt sich nur aus platter Nothwendigkeit,
ohne Glauben an ihr Recht, ja ohne Selbstachtung«
(14,108). Ihr Antrieb ist einzig die Angst vor dem Verlust
des Eigentums, und in den politischen Stillstand hinein
hört man, wie Heine es in einer der schönsten Stellen der
Lutezia ausmalt, nichts als einen »leisen, monotonen

Tropfenfall. Das sind die Zinsen, die fortlaufend hinab-
träufeln in die Capitalien, welche beständig anschwellen;
man hört ordentlich wie sie wachsen, die Reichthümer der
Reichen.« (14,37)

Die moralische Haltlosigkeit des Bürgertums spielt
nach Heines Überzeugung vor allem der radikalen Partei
in die Hände: »Communismus ist der geheime Name des
furchtbaren Antagonisten, der die Proletarierherrschaft in
allen ihren Consequenzen dem heutigen Bourgeoisie-Regimente entgegensetzt.« (14,19) In immer neuen düsteren
Prophetien beschwört er den heraufziehenden Kampf der
»Besitzlosen mit der Aristokratie des Besitzes« (14,20), die
»Welt-Revoluzion« – ein Begriff, der erst in der Buchfassung von 1854 auftaucht. Es droht »eine sociale Umwälzung, wogegen die französische Revoluzion als sehr zahm
und bescheiden erscheinen dürfte« (14,33).

Die Heine-Forschung hat immer wieder darüber ge-
rätselt, was genau Heine eigentlich mit dem Terminus
Kommunismus gemeint haben könnte. Nicht gemeint hat
er natürlich den wissenschaftlichen Kommunismus, den
Marx und Engels erst in den Jahrzehnten nach der *Lutezia*
ausgearbeitet haben. Selbstverständlich kannte Heine einige der Theoretiker des Frühkommunismus wie Babeuf,
Cabet, Cormenin und erwähnt sie auch in der *Lutezia* als
Verfasser von Schriften, die unter den Arbeitern Verbreitung finden. Es hat aber den Anschein, als habe Heine,
wenn er von Kommunisten spricht, weniger die Anhänger
einer theoretischen Lehre im Auge – wie etwa wenn er
von Sozialisten, Republikanern, Saint-Simonisten redet –
als vielmehr eine Gruppe von Menschen, die sich durch
ihre soziale Stellung am unteren Rand der Gesellschaft
und durch den Wunsch definieren, sich ein angemessenes
Stück vom Kuchen zu erobern, notfalls auch mit Gewalt.
»[...] daß alle Menschen das Recht haben zu essen«
(13,295), auf diese einfache Formel bringt er die Losung
der Partei der Kommunisten in der »Vorrede« und hält

Weberlied.

Im düstern Auge keine Thräne,
Sie sitzen am Web'stuhl und fletschen die Zähne;
Alt-Deutschland, wir weben dein Leichentuch,
Wir weben hinein den dreifachen Fluch.
Wir weben, wir weben!

Ein Fluch dem Gotte, dem blinden, dem tauben,
Zu dem wir gebetet mit kindlichem Glauben.
Wir haben vergeblich gehofft und geharrt,
Er hat uns geäfft und gefoppt und genarrt.
Wir weben, wir weben!

Ein Fluch dem König, dem König der Reichen,
Den unser Elend nicht konnte erweichen,
Der uns den letzten Groschen erpreßt
Und uns, wie die Hunde, erschießen läßt.
Wir weben, wir weben!

Ein Fluch dem falschen Vaterlande,
Wo nur gedeihen Trug und Schande,
Wo nur Verwesung und Todtengeruch;
Alt-Deutschland, wir weben dein Leichentuch.
Wir weben, wir weben!

Heinrich Heine.

Druck von.

Das *Weberlied* als Flugblatt

dieses Argument für so zwingend, dass er die anderen linken Gruppierungen über kurz oder lang im Kommunismus aufgehen sieht. Er repräsentiert jene »sociale Bewegung«, die nach dem Eingeständnis Heines in einem Brief an den Verleger Campe vom 24. August 1852, die eigentliche Heldin des Buches ist. In gewisser Weise, so schreibt Heine in der französischen Vorrede, hat er die Partei der Kommunisten in diesem Sinne durch seine Berichterstattung überhaupt erst erschaffen, hat ihren verschiedenen verstreut existierenden Gemeinden »authentische Nachrichten über die täglichen Fortschritte ihrer Sache« überbracht. Durch ihn erfuhren sie, »daß sie wirklich existirten, erfuhren auch bey solcher Gelegenheit ihren wirklichen Namen, der manchem dieser armen Findelkinder der alten Gesellschaft ganz unbekannt war« (13,294).

Die Auseinandersetzung zwischen Kommunisten und Bourgeoisie wird, das ist Heines feste Überzeugung, zu Gunsten der ersteren entschieden werden. Und er sieht durchaus die positiven Aspekte einer solchen Umwälzung, wie das Verschwinden der Begriffe »Nation« und »Religion«: »nur Ein Vaterland wird es geben, nemlich die Erde, und nur Einen Glauben, nemlich das Glück auf Erden« (14,20). Und mit der Nation verschwindet auch der verhasste Nationalismus, die Quelle so vieler Übel, wie die Vorrede nachdrücklich hervorhebt. Dennoch lässt Heine keinen Zweifel daran, sowohl in den Artikeln, deutlicher dann noch in der Vorrede, dass ihn der Gedanke an den Sieg der Proletarier mehr mit Schrecken als mit Genugtuung erfüllt. Denn die Welt, die mit diesen »Helden« heraufzieht, wird eine düstere Welt sein: »Es wird vielleicht alsdann nur Einen Hirten und Eine Heerde geben, ein freyer Hirt mit einem eisernen Hirtenstabe und eine gleichgeschorene, gleichblökende Menschenheerde! Wilde, düstere Zeiten dröhnen heran« (ebd.).

Was vor allem Heines Abneigung und Angst vor dem
Regiment des Proletariats begründet, ist das Ende der
Kunst in einer streng egalitären, kommunistischen Gesellschaft. Und damit gerät das zweite wichtige Thema der Artikel der *Lutezia* in den Blick, und zwar gleich im angemes-
senen Bedeutungshorizont. Die Kunst, vor allem die Musik
und das Theater als die beiden damals besonders öffentlich-
keitswirksamen Medien, kommen in den Berichten vor allem ins Spiel als Gradmesser des gesellschaftlichen Zustandes. Beide sind zu großen Teilen ganz in der Hand einer
Kulturindustrie, die die Geldvermehrung zum obersten
Ziel ihres Handelns erklärt und so Anschluss an die bürgerliche Gesellschaft gefunden hat. Schon im fünften Artikel beklagt Heine, dass die Genies hungern, während die
Mittelmäßigkeit prasst und gemeinsam darauf achtet, dass
niemand sie von den Fleischtöpfen vertreibt. Inbegriff eines
Künstlers, der sich den Produktionsbedingungen der Kulturindustrie perfekt angepasst hat, ist der äußerst erfolgreiche Schriftsteller Eugène Scribe. Er ist, wie Heine im Artikel 2 über die »Musikalische Saison« feststellt, der »Mann
des Geldes, des klingenden Realismus, der sich nie versteigt
in die Romantik einer unfruchtbaren Wolkenwelt, und sich
festklammert an der irdischen Wirklichkeit der Vernunf-
theurath, des industriellen Bürgerthums und der Tantième«
(14,141). Der hohe Grad der Veräußerlichung der Kunst,
ihr Verrat an die Interessen der Industrie, demonstriert
Heine in verschiedenen Artikeln am Beispiel der »plumpen
Unverschämtheit der Virtuosen« (14,130). Hier wird besonders deutlich, dass es nicht mehr um Kunst geht, sondern ausschließlich um den Verkauf eines Produkts auf einem Markt, der gerade in Paris recht eng ist. Deshalb setzen
die Virtuosen und ihre Impresarii auf das Mittel der offenen
oder auch versteckten Reklame, lassen sich in bestellten Be-
sprechungen loben, bezahlen Claqueure in den Konzerten
und Blumensträuße, die ihnen zugeworfen werden, rühmen sich obskurer Verbindungen zu berühmten Künstlern.

Selbst ihre Instrumente erscheinen wie Maschinen, an denen etwas produziert wird. Den »Sieg des Maschinenwesens über den Geist« (14,45) nennt Heine die Klavierspielerei. Auch in der Gemäldeausstellung von 1843 ist auf den Bildern der Stempel des industriellen Zeitgeistes allgegenwärtig (Artikel 59). Immer wieder kommt er auf diese Zusammenhänge zurück, belegen sie doch überdeutlich die industrielle Grundstruktur des Kulturbetriebs in der damaligen Kulturhauptstadt Europas, der damit die Kunst an den Kommerz verrät. Auch im negativen Sinn kann die Kunst den Zustand einer Gesellschaft abbilden. Nur wenige wahre Künstler werden anerkannt: Chopin vor allem, Rossini, Berlioz, aber auch der Pianist Thalberg, mit Abstrichen Liszt. Im Zusammenhang mit Franz Schubert bringt Heine sich selbst ins Spiel (Artikel 56) und stellt die Tatsache, dass seine Texte Vorlage so vieler Vertonungen sind, von denen er nicht profitiert, meist nicht einmal erfährt, der verbreiteten Geschäftemacherei gegenüber, manövriert sich selbst als Dichter damit diskret auf die Seite der echten Kunst. Die erneute Auseinandersetzung mit Meyerbeer steht ebenfalls unter dem Signum der Geschäftstüchtigkeit: Ruhm und Einfluss des Komponisten erscheinen als Ergebnis eines riesigen Reklamerummels, als Bluff. Und so wie Heine Meyerbeers Ruhm gekoppelt sieht an die Mechanismen der kapitalistischen Gesellschaft, so würde dieser Ruhm untergehen durch den Sieg des Proletariats, durch jene

> [...] modernen Barbaren, die einst aus ihren Rattennestern, Kellerhöhlen und Dachstuben hervorstürmen und der Herrschaft des Geldes und dem Gelde selbst und den Fideikommissen und dem armen Robert le Diable, den Hugenotten [...] und der ganzen Sippschaft ein Ende machen dürften. (14,246)

Hier gelingt der Anschluss der Kommunismusdebatte an die Kunstberichterstattung: Der herrschende Kulturbe-

trieb ist als integraler Teil der bürgerlichen Gesellschaft
mit dieser zum Untergang verdammt. Zugleich wird aber
auch die Asymmetrie in Heines Äußerungen über den
Kommunismus an dieser Stelle besonders deutlich. Denn
seine Sympathie für den Kampf gegen die Bourgeoisie und
ihre Kunst bedeutet Sympathie für einen Kampf, der auf
die Abschaffung aller Kunst zielt, ein Ziel, das Heine
selbstverständlich nicht teilt. Er weiß um dieses Problem
und beklagt denn auch in der Vorrede die zukünftigen
Zeiten, wo »jene dunkle Iconoklasten zur Herrschaft gelangen werden: mit ihren rohen Fäusten zerschlagen sie als
dann alle Marmorbilder meiner geliebten Kunstwelt […]
mein Buch der Lieder wird der Krautkrämer zu Düten
verwenden um Kaffe oder Schnupftabak darin zu schüt-
ten« (13,294).

Diese Asymmetrie weist aber auch auf die Unabge-
schlossenheit des historischen Prozesses ganz allgemein
hin, auf seine prinzipielle Offenheit. Auch die Herrschaft
des Proletariats ist in Heines an Hegel geschulter Sicht
noch nicht das Ende dieser sich in dialektischen Sprüngen
vollziehenden Entwicklung, die auf einen umfassenden
Begriff von Freiheit zielt, eben auf die bereits früher zitierte »selbstbewußte Freyheit des Geistes« (14,48), von
der in Artikel 55 die Rede ist. Und diese Freiheit umfasst
Politik und Kunst gleichermaßen, überhaupt alle »Manifestazionen des Lebens«. Diese Freiheit äußert sich, so
fährt Heine an dieser Stelle fort, in der Kunst »ganz besonders durch die Behandlung, durch die Form«. Der formale Aspekt nimmt auch in der *Lutezia* von Anfang an
eine herausragende Stellung ein. Im Zueignungsbrief hatte
Heine selbst den Kunstcharakter seiner Geschichtsschreibung herausgestrichen und betont, wie er sich bemüht
habe, die »schöne Form« seiner Artikel und damit seine
»artistische Ehre« zu retten (13,16). In der Vorrede gibt er
einige Hinweise, wie er beim Schreiben vorgegangen ist

und versucht hat, mit Rücksicht auf die Redaktion und die Zensur, die historische Bewegung in »Fakta« umzusetzen, die Analysen also in konkrete Geschichten, Anekdoten, Porträts zu verpacken. Immer wieder rückt der Berichterstatter in die Rolle des Augenzeugen, streut kleine literarische Arabesken ein wie z. B. die Schilderung des Wahlkampfes als Pferderennen. Er gibt sich so den Anschein des scheinbar unbeteiligten und unparteiischen Beobachters, der freigesetzt ist von Rechtfertigungen und die Möglichkeit hat, verschiedene Themen schnell hintereinander abzuhandeln. Dadurch erreicht Heine eine Dynamisierung der Darstellung, eine Beschleunigung, die das Aufgeregte der Zeit exakt abbildet. Nichts steht fest, alles ist in Bewegung, selbst der Obelisk von Luxor auf der Place Louis XVI. scheint zu schwanken. Die Moderne ist eine Zeit jenseits fest gefügter Traditionen, eine Zeit kolossaler Umwälzungen, sogar »die Elementarbegriffe von Zeit und Raum sind schwankend geworden« (14,58), wie Heine im Artikel 57 angesichts der sich ausbreitenden Eisenbahnnetze feststellt. Und wenn er in diesem Zusammenhang schreibt: »es beginnt ein neuer Abschnitt in der Weltgeschichte, und unsere Generazion darf sich rühmen, daß sie dabey gewesen« (ebd.), so stellt er sich damit nicht nur ein weiteres Mal neben Goethe, der Ähnliches 50 Jahre zuvor im Angesicht der französischen Revolutionsheere gesagt hat, sondern resümiert in diesem Satz die Erfahrung seiner Pariser Jahre, die er in der *Lutezia* dem deutschen Leser zu vermitteln versucht hat.

Literatur

B 1: DHA 12–14; HSA 7, 10, 11. Höhn, B 5: 1997, 266–269 (»Kahldorf«), 269–282 (»Französische Maler«), 282–302 (»Französische Zustände«), 388–394 (»Über die französische Bühne«),

468–484 (»Lutezia«). Preisendanz, B 7.9: 1975, 69–98; Booß, B 7.9:
1977; Oehler, B 7.9: 1979; Netter, B 7.9: 1980; Oehler, B 7.9: 1988;
Paintings on the Move, B 6: 1989; Morawe, B 7.9: 1997; Lämke,
B 7.9: 1997; Schwamborn, B 7.9: 1998; Gamper, B 7.9: 1998, 59–86;
Brendel-Perpina, B 7.9: 2000.

Schriften zu Literatur und Politik

Frühe Kritiken

Die ersten literaturkritischen Arbeiten Heines gehen zurück bis in seine frühe Studentenzeit. Im August 1820 erschien im *Rheinisch-Westfälischen Anzeiger*, einer regionalen Tageszeitung, ein kleiner Aufsatz unter dem Titel »Die Romantik«, in dem der junge Schlegel-Schüler dessen »sicher und bestimmt gezeichnete Conturen« gegen Kritiker in Schutz nimmt, die unter Romantik ein »Gemengsel von spanischem Schmelz, schottischen Nebeln und italienischem Geklinge« (10,195) verstehen. Zugleich verteidigt er die deutsche romantische Muse aber gegen christliche und mittelalterliche Verkleidungen, denn sie soll ein »freyes, blühendes, unaffektirtes, ehrlich deutsches Mädchen seyn« (10,196). Hier deutet sich Heines Umgang mit der romantischen Tradition, wie er ihn später in der *Romantischen Schule* entwickelt hat, zumindest schon an.

In den 20er-Jahren entstand dann eine Reihe von Kritiken über Werke ihm befreundeter Autoren bzw. Verlage. So lieferte er 1821 eine lange, ein wenig anfängerhafte Besprechung des Dramas *Tasso's Tod* von Wilhelm Smets und eine kürzere des *Rheinisch-westfälischen Musen-Almanachs auf das Jahr 1821*, eher eine Gefälligkeitsarbeit. 1823 folgt die Rezension zweier Gedichtbände seines Studienfreundes Johann Baptist Rousseau, der seinerseits auch Heines gerade erschienenen ersten Gedichtband besprochen hat. Heine publizierte diesen Text anonym und kann es sich deshalb leisten, ironisch auf die vielen Widmungsgedichte an ›H. Heine‹ hinzuweisen und dem Verfasser zu raten, jetzt aber auch einmal »dieses von ihm so schön bekränzte Haupt mit niedlichen Kothkügelchen zu bewerfen« (10,222), wie es Brauch sei unter den Poeten.

Von tieferem Interesse an diesem Text ist das Selbstbe-
wusstsein, mit dem der junge Heine auf der Professionali-
tät des Dichterhandwerks besteht und sich von Autoren
distanziert, die glauben, »die Poesie sey gar nichts anderes,
als die Sprache der Leidenschaft« (10,220).

1828 entstehen dann nochmals zwei umfangreiche Lite-
raturkritiken zu Werken ehemaliger Studienkollegen: Die
Besprechung des Dramas *Struensee* von Michael Beer und
die Rezension des literaturhistorischen Werkes *Die deutsche Literatur* von Wolfgang Menzel, dessen scharfe Goe-
the-Kritik von Heine als Menetekel des »civilisirten Goe-
thenthums« gewertet wird, das »neue frische Geister von
der neuen Idee der neuen Zeit hervorgetrieben [...] über
den Haufen werfen und an dessen Stelle das Reich der
wildesten Subjektivität begründen« (10,247). Allerdings
distanziert er sich von den rüden Angriffen Menzels auf
Goethes Dichtertum, das er außerhalb jeglicher Kritik
stellt. Auch sonst deuten sich Unterschiede an, aus denen
nur wenige Jahre später unüberbrückbaren Differenzen
mit dem »Denunzianten« werden sollen (siehe unten).

»Einleitung« zum *Don Quixote* und *Shakspeares Mädchen und Frauen*

In den Bereich zwischen Essay und Literaturkritik gehören zwei Arbeiten Heines, die in mehrfacher Hinsicht aus
seinem Gesamtwerk herausfallen. So sind sie mit Buchprojekten verbunden, die nicht im Verlag Hoffmann und
Campe erschienen, was durchaus ungewöhnlich ist für einen Autor, der ansonsten seinem Verlag stets die Treue gehalten hat. Die Gründe für Heines Seitensprünge sind allerdings handfest und einleuchtend. Zum einen ist er nicht
Verfasser des kompletten Buchinhalts, sondern verantwortlich für die Einleitung zu einer illustrierten deutschen

Neuausgabe von Cervantes' *Don Quixote* bzw. für Kommentare zu Stahlstichporträts von *Shakspeares Mädchen und Frauen*; zum andern konnte er bei diesen Unternehmungen Summen verdienen, die Campe ihm im Verhältnis zu dem relativ geringen Aufwand niemals gezahlt hätte. Das Geldverdienen stand bei beiden Buchprojekten auch für die Verleger recht einseitig im Vordergrund. Der Stuttgarter »Verlag der Classiker« hängte sich mit seiner Cervantes-Ausgabe an das Modell eines französischen Verlegers an, von dem auch die Druckstöcke für die Abbildungen nach Zeichnungen von Tony Johannot übernommen wurden. Mit dem Vorwort des berühmten Heine kaufte der Verlag offenbar vor allem dessen Namen ein, der dann auch hemmungslos in der Werbekampagne für das Buch eingesetzt wurde, und zwar in einer Weise, dass Julius Campe aus Hamburg spöttisch anmerkte, Heine habe unter diesen Umständen dann noch zu wenig kassiert. Neben dem Namen Cervantes und seines Biographen Louis Viardot war der Heines der Einzige, der auf dem Titel genannt wurde; der Übersetzer wie auch der Verfasser der Anmerkungen blieben anonym. Heines Mitwirkung drohte sich dann allerdings absatzhemmend auszuwirken, da die preußische Zensur sich nicht von einem Verbot abbringen lassen wollte. Der Verlag verzögerte daraufhin die Auslieferung der Anfang 1837 geschriebenen Einleitung und ließ erst einen großen Teil der Übersetzung erscheinen, bevor zu Anfang 1838 auch Heines Text auf den Markt kam. Heine äußerte sich brieflich gegenüber Campe am 3. und 10. Mai 1837 sehr unzufrieden über seinen Text, bezeichnet ihn als »das Schlechteste, was ich je geschrieben habe«, und als Lohnschreiberei. Inwieweit hier auch das schlechte Gewissen gegenüber seinem Hausverleger aus ihm spricht, kann man nur vermuten.

Beim nächsten vergleichbaren Projekt hat er dann immerhin insoweit aus seinen Erfahrungen gelernt, als er sich jetzt bereits die Verwendung seines Namens bezahlen lässt. Diesmal ist es eine wirklich internationale literarische Spekulation, an der er sich beteiligt. Ein englischer Verleger lässt Stahlstiche zu den wichtigen Frauenfiguren aus Shakespeares Werken herstellen, ein Thema, das damals *en vogue* war und verschiedene Buchprojekte hervorgebracht hat. Er verkauft die Lizenzen für die Abbildungen an Verleger in ganz Europa, u. a. an den Franzosen Henri-Louis Delloye. Dieser plant Ausgaben für Frankreich und Deutschland und gewinnt 1838 Heine als Kommentator. Er lockt ihn dabei mit einem Honorar in Höhe von 4000 Francs, was dem mittleren Jahreseinkommen Heines entspricht. Das aufwändig gestaltete und zu einem günstigen Preis angebotene Buch wurde auch für den Verlag zu einem guten Geschäft.

Heine war sich durchaus klar darüber, dass seine Mitwirkung bei Projekten dieser Art, die vor allem auf sein Image als Medienstar, weniger auf seine Kunst spekulierten, nicht unbedingt ein Ausweis von Seriosität war. Er machte sich zum Teil genau jener Kulturindustrie, die er sonst vehement kritisierte. In der Einleitung zum *Don Quixote* äußert er sich dann auch erstaunlich negativ über den Wert illustrierter Klassiker-Ausgaben, sieht durch sie die Kunst in den Dienst rein luxuriöser Bedürfnisse genommen und ihres Selbstwertes beraubt. Doch gerade in einer Zeit, als ihm nach dem Verbotsbeschluss gegen seine Schriften der Zugang zum deutschen Markt erheblich erschwert war, konnte er solche Gelegenheiten zum Geldverdienen nicht ungenutzt verstreichen lassen.

Da ihm überdies die beiden Autoren, mit denen er sich zu beschäftigen hatte, besonders am Herzen lagen, wird ihm die Sache zusätzlich leichter gefallen sein. Cervantes wie Shakespeare gehören zu Heines ganz frühen Lektüreerfahrungen, und er blieb ihnen dann sein ganzes Leben hindurch verbunden. Seine erste Begegnung mit dem *Don Quixote* als Kind, das gerade erst lesen gelernt hat, schildert er zuerst in literarischer Stilisierung im vierten Teil der *Reisebilder*, eine Schilderung, die er dann für die »Einleitung« als Einstieg übernimmt. Auch in der *Romantischen Schule* kommt er im Zusammenhang mit Tiecks Übersetzung ausführlich auf Cervantes zu sprechen, den man als Anregung im Hintergrund z. B. für das Paar Gumpelino und Hirsch Hyazinth aus den italienischen *Reisebildern* auch sonst bei Heine immer in Rechnung stellen darf.

Im Fall der Shakespeare-Lektüre gibt es kein so spektakuläres Selbstzeugnis wie bei *Don Quixote*, doch ist die Ausleihe einiger Bände Shakespeare in englischer Sprache aus der Düsseldorfer Bibliothek nachweisbar. Heine hatte auf der Handelsschule, die er vor dem Eintritt ins Lyzeum besuchte, Englisch gelernt. Spuren der Shakespeare-Beschäftigung finden sich auf Schritt und Tritt, auch den Kommentar des Philologen Franz Horn, den er dann für seine eigenen Kommentare weidlich ausgeschlachtet hat, lernte er recht früh kennen. Während seines London-Aufenthaltes 1827 kam Heine in den Genuss, den berühmten Shakespeare-Darsteller Edmund Kean in verschiedenen Rollen bewundern zu können. Am häufigsten erwähnt er die Tragödien *Hamlet*, *Macbeth*, *König Lear*, *Julius Caesar*, *Romeo und Julia* und den *Kaufmann von Venedig*. Bei den Komödien steht der *Sommernachtstraum* im Vordergrund. Diesen Titel übernimmt Heine dann genau wie den des *Wintermährchens* von Shakespeare als Untertitel für je eines seiner beiden Versepen. 1839 plante er mit dem Maler Peter Cornelius selbst eine illustrierte Shakespeare-Ausgabe in neuer deutscher Übersetzung herauszugeben, doch der Verleger Brockhaus zog sein ursprüngliches Angebot zurück.

Heine hat an verschiedenen Stellen Shakespeare und Cervantes nebeneinander gestellt und zueinander in Beziehung gesetzt. In der »Einleitung« zum *Don Quixote* be-

zeichnet er die beiden als Blüte ihrer Zeit und zugleich als
»die Wurzel der Zukunft« (10,256). Der eine hat den modernen Roman, der andere das moderne Drama begründet.
Den beiden stellt er dann noch Goethe an die Seite, der im
deutschen Lied die Lyrik zu ihrem Höhepunkt geführt
hat, und dabei taucht ganz nebenbei auch Heine selber auf
als Chorführer der goetheschen Erben. Diese Zusammenstellung findet sich so bereits in der *Romantischen Schule*.
Dort hatte er den Roman und seine beiden Protagonisten
mit einem mehrfachen Schriftsinn ausgestattet: Auf der
obersten Ebene als satirische Vernichtung des Genres Rit-
terroman in einer modernen epischen Form; dann als Angriff auf die Vergangenheitsbegeisterung zugunsten einer
Aufwertung von Gegenwart und Zukunft; schließlich als
Kritik jeder Form von bedingungslosem Idealismus durch
den »realen Verstand«, eine Formulierung die er in der
»Einleitung« fast wörtlich auf die Wirkung seiner eigenen
Lyrik anwendet; und zuletzt als Allegorie des Gegensatzes
von Geist und Materie, Spiritualismus und Sensualismus.
Diese letzte Stufe der Interpretation erklimmt er in der
»Einleitung« nicht mehr, vielleicht weil sie nur im Zusammenhang der Deutschland-Schriften und ihrer Sicht auf
den Kontrast von Spiritualismus und Sensualismus recht
verständlich ist. Jetzt beschränkt er sich auf die Bemerkung, über den Kampf gegen die Ritterromane hinaus sei
der Roman »die größte Satyre gegen die menschliche Begeisterung« (10,252). Auch sonst findet sich in der Cer-
vantes-»Einleitung« nichts, was man nicht aus früheren
Werken des Autors bereits kennte: Seine Abneigung gegen
biographische Werkdeutungen; seine Einschätzung des
Republikanismus als kunstfeindliche Ideologie, der die
Könige ebenso verfolgt wie die Künstler und jeden, der zu
schreiben versteht, zum Volksfeind erklärt; seine Hochschätzung Walter Scotts und die Verachtung für die
Schwäbische Dichterschule.

Da hat Heines Shakespeare-Kommentar ein anderes Format. Von Beginn an stellt der den Dichter in die Spannung von Sensualismus und Spiritualismus, wobei das puritanische England, »die Insel der Verdammniß« (10,12), als Inbegriff aller schlechten Begleiterscheinungen des Spiritualismus erscheint und entsprechend dargestellt wird: »Ein Land, welches längst der Ocean verschluckt hätte, wenn er nicht befürchtete, daß es ihm Übelkeiten im Magen verursachen möchte« (10,9). In Heines durchgängiger England-Phobie spiegelt sich, das zeigen bereits die *Englischen Fragmente*, sein tiefes Misstrauen gegenüber der heraufziehenden Industriegesellschaft und ihrer Tendenz zur nüchternen Hässlichkeit; sie ist aber auch Reflex eines in der Zeit verbreiteten Vorurteils gegen England, das sich bei vielen weiteren Autoren findet. Shakespeare repräsentiert nun die genaue Gegenposition; er ist die »geistige Sonne« (10,12) Englands, sein Werk das »weltliche Evangelium« (10,9). Historisch platziert in die Zeit des Übergangs, als der Kampf der Puritaner gegen die Kunst und das Theater erst begann, markiert er jene Bastion der Kunst, an der sich ihre Feinde seitdem abarbeiten.

Heine hatte sich, wie man aus Briefen weiß und in den Beständen seiner Nachlassbibliothek nachvollziehen kann, einen guten Überblick verschafft über den Stand der Shakespeare-Forschung und -Kommentierung und stützte sich vor allem auf den fünfbändigen Shakespeare-Kommentar von Franz Horn, den er zwar mehrfach in seinem Werk als schwächlichen Pietisten karikiert, gleichwohl aber ausgiebig benutzt und zitiert. Auch die Versuche vor allem englischer Kommentatoren, auf Fehler und Mängel in Shakespeares Dramen hinzuweisen, waren ihm bekannt, und er benutzt die Zurechtweisung solcher Kritiker, um noch einmal nachdrücklich seine Sicht vom Verhältnis von Kunst und Natur zu klären. Er griff dabei auf Gedanken zurück, die er bereits 1831 in den *Französischen Malern* in dem Bekenntnis, er sei »Supernaturalist«, zugespitzt hatte: Nicht die Natur gibt dem Dichter seine Gegenstände vor, sondern der Dichter trägt das Bild der Natur schon in sich, hat eine Vorstellung vom Ganzen und kann das Einzelne an der richtigen Stelle einordnen. Immer wieder hat Heine im Laufe seiner Arbeit dieses Bekenntnis zur Autonomie der Kunst bekräftigt. Hier nutzt er zusätzlich die Autorität Shakespeares, um die Eigengesetzlichkeit des Kunstwerks, seine prinzipielle Unabhängigkeit von ideologischen oder stofflichen Vorgaben herauszustellen.

Am Ende der einführenden Bemerkungen gibt es dann eine nur leicht verschleierte Anklage gegen das Verbot seiner Schriften und die Zensur in Deutschland, der es zu verdanken ist, dass er sich nur mit den »Schattenbildern der Schönheit«, nicht aber mit der »rosigen Wirklichkeit« beschäftigen und die »Gärten des Genusses« aufschließen kann (10,24). Ein ähnlicher Schlenker gegen die Zensur findet sich später noch einmal im Zusammenhang mit dem Porträt der Lady Macbeth.

Heine beginnt dann mit einer Kommentierung der wichtigen Frauenfiguren aus Shakespeares Tragödien, wobei die Reihenfolge offenbar von ihm selbst festgelegt wurde. Die Texte bieten jeweils eine Mischung aus Kommentar und Zitat, wobei die Kommentare die Figuren oft nur zum Anlass nehmen zu Ausführungen über das Werk insgesamt oder auch über weiter abliegende Fragen. In der ersten Serie von Kommentaren zu Figuren aus Stücken mit antiker Thematik fällt auf, dass Heine den Vergleich mit der Gegenwart sucht. In *Troilus und Cressida* erscheint ihm das gesamte Personal wie Alltagsmenschen seiner Gegenwart; *Coriolan* veranlasst einen Vergleich zwischen Rom und England, den Kämpfen zwischen Patriziern und Plebejern bzw. zwischen Torries und Radikalen, aber auch dem Wesen beider Völker, denen Heine jeweils eine »gewisse poesielose Härte, Habsucht, Blutgier, Unermüdlichkeit, Charakterfestigkeit« (10,38) bescheinigt; *Julius Cae-*

sar bringt ihn auf den Republikanismus und dessen Schwächen, und in *Antonius und Cleopatra* erscheint ihm die weibliche Heldin als eine »antike Pariserin« (10,52).

Die Betrachtung der Geschichtsdramen leitet Heine ein mit einem Text, der hier zur Figur der Constanze aus *König Johann* gestellt ist, aber aus einem anderen Kontext stammt. Er sollte ursprünglich das erste Buch von *Zur Geschichte der Religion und Philosophie in Deutschland* eröffnen, wurde zurückgehalten und dann für das Shakespeare-Buch in überarbeiteter Form wieder verwendet. Eingekleidet in die Fabel eines belauschten Gesprächs zwischen drei Theatermäusen, entwickelt Heine seine »Ansicht über die verschiedenen philosophischen Standpunkte von wo aus man die Weltgeschichte zu beurtheilen pflegt« (10,64). Das ganze ist eine hochwitzige Arabeske, die in der mehrfachen Brechung einer naiven Betrachtung der Theaterwelt die Modelle einer organischen, einer kritischen und einer gläubigen Geschichtsbetrachtung vorstellt. Die Mäuschen sehen immer dieselben Gestalten unter wechselnden Kostümen, dann die wahren Gesichter unter der Schminke und schließlich Akteure, die alle einer Stimme folgen, nämlich der des Souffleurs. Bereits in den einführenden Bemerkungen hatte Heine sich gegen eine historistische Geschichtsbetrachtung ausgesprochen und den Dichter als den wahren Geschichtsschreiber gepriesen. Jetzt nennt er ihn zusätzlich einen »in die Vergangenheit schauenden Propheten« (10,85).

Als letzte Tragödie wendet Heine sich dem *Kaufmann von Venedig* zu, von Shakespeare eigentlich als Komödie gedacht, als schauriges Possenspiel um den Juden Shylock und seine christlichen Peiniger. Wie dann erst wieder in den späten *Geständnissen*, für die er ausgiebig auf diese Passagen aus dem Shakespeare-Essay zurückgriff, nimmt Heine hier Partei für die verfolgten und unterdrückten Juden und solidarisiert sich mit ihrem Martyrium, das sich ihm in der Figur des Shylock und seinem Schmerz zusam-

menzieht. Auch in Shakespeares Stück sieht er die religiösen Differenzen lediglich als Vorwand, hinter denen das
Geld, »materielle Interessen« (10,127), als die wahre Trieb-
feder des Konfliktes erscheinen. In einer ergreifenden Ab-
schlussgeschichte tritt der Autor selber auf, wie er in der
Synagoge von Venedig nach Shylock sucht. Er findet ihn
nicht, hört aber ein Schluchzen, »das Röcheln einer Seele,
welche todtmüde niedersinkt vor den Himmelspforten«
(10,135).

Im zweiten Teil der Porträtgalerie, wenn die Figuren aus
den Komödien an der Reihe sind, bringt Heine nur noch
Zitate, für die er sich wie auch sonst meist auf die Schlegel/
Tiecksche Übersetzung stützt, die in seinen Vorbemerkun-
gen noch recht abfällig kritisiert wird. Ein kurzes Schluss-
kapitel beleuchtet die französische Shakespeare-Rezepti-
on, eine Gelegenheit, die Heine zu einem Rundumschlag
gegen die französischen Romantiker nutzt, vor allem gegen Victor Hugo, dem er an dieser Stelle vorwirft, er leide
»an Tod und Häßlichkeit« (10,182). Und mit einer nächtli-
chen Traumszene, in der dem Dichter die Allegorie der
Caprice als Urbild der Frauenfiguren aus den Komödien
erscheint, klingt Heines Shakespeare-Betrachtung aus.

Kampf gegen die Zensur

Wie viele andere Autoren in der ersten Hälfte des 19. Jahrhunderts war Heine ein permanentes Opfer der Zensur.
Diese wurde in den Staaten des Deutschen Bundes von
dem in den Karlsbader Beschlüssen des Jahres 1819 festgelegten Pressegesetz geregelt. Das Gesetz fiel weit zurück
hinter die mit der Französischen Revolution und Napoleon auch nach Deutschland gelangten Bestimmungen und
knüpfte am alten Polizei- und Unrechtssystem an. Zu-

nächst führte es die Vorzensur wieder ein, der alle Schriften unter 20 Druckbogen (320 Seiten) Umfang unterlagen. Die Motive sind klar: Zum einen sollten die leicht herzustellenden und schnell zu verbreitenden Drucksachen unter direkter Kontrolle gehalten werden, während bei den umfangreicheren Werken davon auszugehen war, dass sie ohnehin auf den sehr kleinen Kreis der Elite beschränkt blieben, der überhaupt in der Lage war, Bücher mit mehr als 320 Seiten zu kaufen. Für solche Druckwerke war eine Nachzensur vorgeschrieben, die für den Verleger zugleich das Risiko barg, bei Verbot und Konfiskation sein Geld zu verlieren. Da Zensurmaßnahmen nicht begründet werden mussten, war ein Einspruch praktisch ohne Chance.

Zu unterscheiden sind drei unterschiedliche Ebenen, auf denen Zensur stattfand: Zunächst war die Behörde des jeweiligen Staates zuständig, wo gedruckt wurde; dann hatte jedes Mitglied des Bundes ein Einspruchsrecht und schließlich konnte auch die Bundesversammlung selbst intervenieren bzw. die Landesbehörden zu besonderen Maßnahmen auffordern. Durch eine Fülle von Zusatz- und Einzelverordnungen war das gesetzliche Gerüst bis zum Jahre 1834 so weit ausgearbeitet, dass die periodische Presse wirksam kontrolliert werden konnte. Der Schlag gegen die oppositionelle Literatur folgte mit dem Bundesverbot gegen das Junge Deutschland vom Dezember 1835, das weniger wegen seiner praktischen Folgen als vielmehr wegen seiner Signalwirkung von Bedeutung war. Der Staat hatte – juristisch höchst fragwürdig, was Heine in seinem offenen Brief an die Bundesversammlung zu Recht beklagt – seine Macht demonstriert und einen wichtigen Teil der literarischen Opposition damit zum Schweigen gebracht oder ins Ausland abgedrängt. Mit der Revolution von 1848 verschwand das alte Pressegesetz und die Vorzensur, aber eine Zensur fand gleichwohl weiterhin statt. Sie war jetzt unmittelbar bei den Polizeibehörden und den für diese zuständigen Innenministerien angesiedelt und

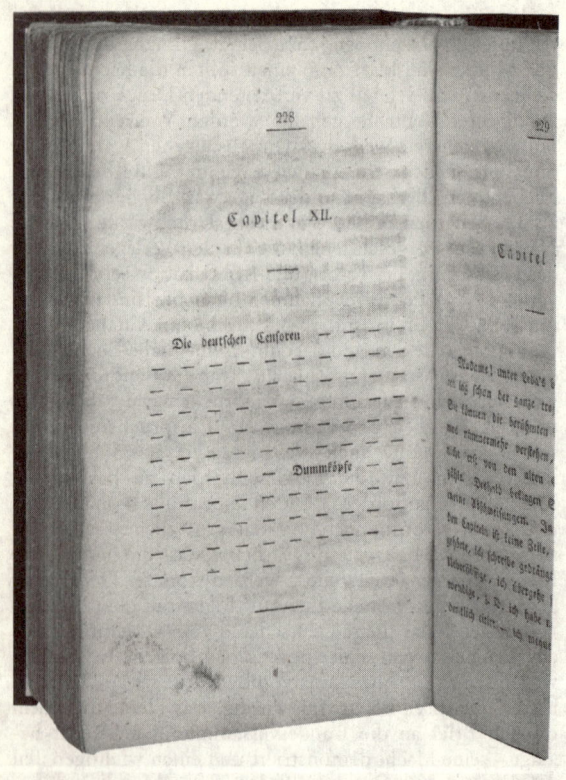

Seite aus *Reisebilder. Zweyter Theil* (Hamburg 1827),
Kap. 12 der *Ideen. Das Buch Le Grand*
(Heinrich-Heine-Institut, Düsseldorf)

äußerte sich in Maßnahmen wie Beschlagnahmungen und Verboten. Ungläubig musste Heine so 1851 das Verbot seines *Romanzero* in Preußen wegen »sittlicher Bedenken« registrieren.

Bei aller Zentralisierung lag die tatsächliche Ausübung der Zensur aber weitgehend bei den jeweiligen Einzelstaaten: sie schufen die Ausführungsbestimmungen zu den Bundesgesetzen, sie stellten die Personen für das Amt des Zensors, meist ein schlecht bezahlter Nebenjob für Juristen; sie verhängten auch die Strafen und mussten sich gegebenenfalls mit der Kritik der Autoren/Verleger wegen zu scharfer, aber auch mit Beschwerden anderer Staaten wegen zu milder Zensur herumschlagen. Denn tatsächlich gab es von Staat zu Staat enorme Unterschiede in der Zensurpraxis. Dabei spielen neben regionalen und kulturellen Traditionen vor allem ökonomische Gründe eine Rolle, so etwa für den Bücherstandort Sachsen, wo die Zensur bedeutend liberaler gehandhabt wurde als durch die besonders rigiden Großmächte Preußen und Österreich.

Gerade diese Unterschiede boten geschickten und mutigen Verlegern wie Julius Campe viele Möglichkeiten. Immer wieder nutzte er die milde Zensurpraxis an Standorten wie Altenburg oder Grimma in Sachsen, Darmstadt und Gießen in Hessen, im dänischen Altona oder in Hamburg selbst, auch die Bereitschaft mancher Druckereien, ohne Zensurerlaubnis oder mit erschlichenen Freigaben zu drucken. Da in solchen Fällen das nachträgliche Verbot sicher war, kam es dann auf Schnelligkeit, Täuschung und ein generalstabsmäßig geplantes Verteilungsverfahren an: Die heiße Ware musste zum Kunden, bevor der schwerfällige amtliche Apparat überhaupt zuschlagen konnte. Campe bezahlte mit gelegentlichen Haftstrafen, mit finanziellen Verlusten, einmal, im Dezember 1841, verbot Preußen seine sämtlichen Verlagsprodukte für sein Territorium, hob das Verbot aber nach dem Hamburger Brand im Juni 1842 in einem Gnadenakt wieder auf.

Trotz allen Geschicks konnte Campe natürlich nicht permanent an der Zensur vorbei wirtschaften, und als sich nach 1835 die staatlichen Maßnahmen verschärften, druckte er in der Regel nur noch mit vorheriger behördlicher Erlaubnis. Bekannt ist sein gutes Einvernehmen mit der Hamburger Behörde, mit der er sich häufig bereits vorab ins Benehmen setzte. Und doch erschien selbst ein Verleger wie Campe seinem Autor Heine zeitweise wie der verlängerte Arm der Zensur, ein Vorwurf, der eher auf Heine zurückfällt und zeigt, wie wenig er in den Pariser Jahren über den Zensuralltag in Deutschland wusste.

Heines Leidensgeschichte mit der Zensur beginnt zwar bereits mit dem Abdruck der *Harzreise* in der Berliner Zeitschrift *Der Gesellschafter*, wo sie Anfang 1826 in stark verstümmeltem Zustand erschien, doch war das nur ein Vorgeplänkel. Richtig ernst wurde es mit dem Erscheinen des vierten Bandes der *Reisebilder* im Januar 1831. Vor allem seit seiner Übersiedlung nach Paris wurden seine Manuskripte von der Vorzensur in teilweise übelster Weise verstümmelt bzw. seine Bücher von der Nachzensur komplett verboten. In Preußen als dem wichtigsten deutschen Staat ist seit 1831 mit Ausnahme von *Shakspeares Mädchen und Frauen* und *Atta Troll* jedes seiner Bücher kurz nach dem Erscheinen verboten worden, und in den meisten anderen Bundesstaaten ist es ihm nicht viel besser ergangen.
Seine Möglichkeiten, sich zur Wehr zu setzen, waren beschränkt. Er konnte nur mit Schreibstrategien reagieren, indem er entweder durch die Selbstzensur dem Eingriff von außen vorbeugte, oder durch geschicktes Formulieren das Eingreifen verhinderte. Für beide Arten finden wir Beispiele bei Heine, die sicher nicht ohne Zähneknirschen zustande kamen. Zwar bemerkt er gelegentlich ironisch, er könne sich gar nicht mehr vorstellen, ohne Zensor zu schreiben, und die Pressefreiheit müsse unweigerlich zu

einem Verfall des Stils führen. Doch andererseits heißt es auch, dass das ironisch-humoristische Verklausulieren ein unwürdiger Ausdruck der Unfreiheit sei, den er im Übrigen bei Cervantes und Goethe ebenfalls konstatiert.

Eine andere Möglichkeit, die sich dem Autor bot, war die des offenen, schriftlichen Protestes gegen die Verstümmelung. Berühmt ist Heines geschickter Einsatz der Zensurstriche im Reisebild *Ideen. Das Buch Le Grand*, wo das gesamte Kapitel 12 nur aus Zensurstrichen besteht, in die die beiden Ausdrücke: »Die deutschen Censoren« und »Dummköpfe« eingestreut sind (6,201). Später wurde das Verfahren, Streichungen im Text durch Striche kenntlich zu machen, aufgegeben. Jetzt konnte kein Leser die Eingriffe mehr identifizieren, es sei denn, die stilistischen oder inhaltlichen Brüche waren zu krass. Seit den 30er-Jahren ging Heine dazu über, in besonders schweren Fällen von Zensur oder anderer Verunglimpfung das Publikum über die Presse zu informieren, indem er entweder Meldungen lancierte oder wirkliche Entgegnungen schrieb und unterzeichnete. Meist ranken sich solche Artikel und Gegenartikel, Stellungnahmen und offene Briefe um bestimmte Bücher oder Ereignisse. Über die Jahre ergeben sie einen ganz eigenen Textkomplex in Heines Werk, den erstmals Klaus Briegleb in seiner bahnbrechenden Heine-Ausgabe im Hanser-Verlag zusammengestellt hat unter dem Titel »Schriftstellernöthen«, ein Titel, den Heine selbst in einer dieser Kampagnen verwendet hat.

Ein erster solcher Komplex von Texten ordnet sich um die Vorrede zu den *Französischen Zuständen*, einen der radikalsten Texte, die Heine verfasste und die nur in sehr verstümmelter Form erscheinen konnte (siehe im Kapitel »Die Frankreich-Schriften« den Abschnitt *Französische Zustände*). Wirklich brisant wird es dann in der Folge des Bundestagsbeschlusses gegen das Junge Deutschland vom Dezember 1835. Heine reagierte auf verschiedenen Ebenen: Er richtete einen offenen Brief »An eine hohe Bundesversammlung«, in dem er juristisch argumentiert und auch mit »Beider Rechte Doktor« unterschreibt. Heine moniert, dass er zu den Anklagepunkten nicht gehört wurde, und erklärt sich bereit, sobald ihm »das freye Wort« (11,148) vergönnt wird, alle Anschuldigungen wegen Atheismus und Unsittlichkeit zu widerlegen. Wenig später schickt er einen Zeitungsartikel unter der Überschrift »Erörterungen« an die Augsburger *Allgemeine Zeitung*, dessen Abdruck zwar von der Zensur verhindert wird, von dem aber eine neutrale Zusammenfassung erscheint. Das Manuskript hat sich erhalten. Heine wehrt sich darin gegen Vorwürfe, die entstanden, nachdem sein Verleger ein Manuskript von ihm an das Oberzensurkollegium nach Berlin eingeschickt hatte. Er hat das Manuskript sofort zurückgefordert und erläutert seine Gründe, die vor allem darauf abzielen, nicht als käuflich und als Verräter an der Sache zu erscheinen.

Schließlich holt er an der Jahreswende 1836/37 zum satirischen Schlag gegen einen der hauptsächlichen Verursacher des Verbots aus, gegen Wolfgang Menzel, und publiziert als Vorrede zum dritten Band des *Salon* in einem Separatdruck seine Schrift *Über den Denunzianten*. Menzel, der bis dahin selbst als einer der Hauptvertreter der neuen deutschen Literatur galt, hatte in einer Serie von Artikeln im *Literatur-Blatt* zum *Morgenblatt* die junge Literatur, vor allem den früher mit ihm befreundeten Karl Gutzkow und dessen Roman *Wally, die Zweiflerin*, als Gefahr für die sittlichen Grundlagen des Staates denunziert. Heine, als Vorbild der Jungen, als Franzosenfreund und Jude, galt ihm als das Oberhaupt einer Gruppe liberaler Autoren, die in dieser Auseinandersetzung den Namen »Junges Deutschland« erhielt, und als Inbegriff aller Vorwürfe, die gegen diese Gruppe zu erheben waren. Heines Gegenangriff ist nicht die erste Erwiderung auf Menzel; es gab heftigere und umfangreichere, wie z. B. Ludwig Börnes Schrift *Menzel, der Franzosenfresser*. Aber durch ihre sehr persönliche Schärfe, die Menzel auch als Menschen aufs Äußerste bloß zu stellen sucht, und durch die Eleganz ihrer Diktion ist sie doch ein Höhepunkt in dieser Auseinandersetzung.

Wie in seinem Offenen Brief und in den »Erörterungen« macht er den Behörden und politischen Personen und Gremien selbst noch nicht einmal die schwersten Vorwürfe. Sie sind getäuscht worden und haben die unberechtigten Vorwürfe gegen ihn nicht prüfen können. Damit lenkt er nun alle Aufmerksamkeit auf diejenigen, die diese Täuschung hervorgerufen haben, allen voran auf Menzel: »Und immer ist es die Religion, und immer die Moral, und immer der Patriotismus, womit alle schlechten Subjekte ihre Angriffe beschönigen!« (11,158) Mit diesen drei Leitbegriffen ist die Gliederung der Polemik vorgegeben, die Heine dann Punkt für Punkt abarbeitet. Er zeigt, wie falsch die Begriffe Menzels sind, und wie wenig er selbst als Schriftsteller und als Mensch diesen Begriffen entspricht. Die Heimtücke, mit der er seinen Freunden in den Rücken gefallen ist, die Feigheit, mit der er auf einen wehrlosen Gegner einschlägt, dagegen setzt Heine sein Gerede über den Niedergang christlicher Moral und Sittlichkeit. Überhaupt wird die persönliche Feigheit des Denunzianten wieder und wieder betont, ganz offenkundig in der Absicht, Menzel zu einem Duell zu reizen, was allerdings misslang. Es ist bekannt, dass Heine sich verschiedentlich duelliert hat, zuletzt noch im September 1841, und er hat die Aufforderung an Menzel ernst gemeint.

Im Mittelpunkt der Angriffe steht Menzels falscher Begriff von Patriotismus, denn es »gilt dem Publikum zu zeigen, welche Bewandniß es hat mit jenem bramarbasirenden Helden der Nationalität, jenem Wächter des Deutschthums, der beständig auf die Franzosen schimpft und uns arme Schriftsteller des jungen Deutschland für lauter Franzosen und Juden erklärt hat« (11,164). Wäh-

rend der Chauvinismus und Franzosenhass Menzels und
der übrigen Franzosenfresser vom Schlage des Turnvater
Jahn sich in Deutschland breit machen können, muss der
wahre Patriotismus, jener in weltbürgerlicher Absicht, der
auf einen friedlichen Ausgleich zwischen den Völkern gerichtet ist, in den Gefängnissen und im Exil schmachten.
Es ist eine der seltenen Stellen, wo Heine über sein Exil
klagt, über die »feuchtkalten Tage und schwarzen langen
Nächte« und »die Treppen der Fremde« (11,166), die er
steigen muss. Heine schließt den Text mit einem Gruß an
die, »die da leiden im Vaterlande« (11,168).

Die Menzel-Affäre ist damit noch lange nicht zu Ende.
Zunächst schiebt Heine drei Zeitungsartikel nach, in denen er an seine Schrift erinnert und hartnäckig das Duell
einfordert. Die anonymen Korrespondenzen, die er über
Freunde an Redaktionen lancieren lässt, beantworten, wie
es in einem Brief an Campe vom 3. Oktober 1837 heißt,
»Perfidie mit Perfidie«. Doch dann führt er erneut einen
ausgreifenden und berechneten Schlag diesmal nicht gegen
Menzel allein, sondern gegen die diesen umgebenden und
von ihm geförderten Schwäbischen Dichter. Dabei hatte
sich der Abstand zwischen Heine und den spätroman-
tisch-biedermeierlichen Autoren aus dem Dunstkreis Ludwig Uhlands wie Gustav Schwab, Gustav Pfizer oder Karl
Mayer bereits bei einem früheren Anlass gezeigt: Heine
hatte in der *Romantischen Schule* wenig freundliche Worte
für Uhland und die gesamte Gruppe gefunden, worauf
Schwab 1835 seine Herausgeberschaft des *Deutschen Mu-
senalmanachs* niederlegte, als er erfuhr, dass dem Buch das
Porträt Heines vorangestellt werden sollte. Aber nicht in
erster Linie solche persönlichen Differenzen dominieren
die Debatte, die Heine in seinem »Der Schwabenspiegel«
titulierten Beitrag führt. In seiner Kritik der Harmlosig-
keit und völligen Folgenlosigkeit der schwäbischen Natur-
und Historiendichtung legt er zugleich die wahren Ziele

Menzels und seiner Partei offen: Die Kunst soll auf eine
bloß dekorative Rolle beschränkt, ihre kritischen und uto-
pischen Möglichkeiten weggeschnitten werden. Dabei
kommt dann genau jene Art von Literatur heraus, so Heines Darstellung, wie sie die Schwaben dem Publikum anbieten. Die satirischen Exkurse ins Schwäbische gehören
zu den besonders witzigen Passagen in Heines Gesamtwerk; er kommt immer wieder einmal auf die Sänger der
»Gelbveiglein« und der »Mayenkäfer« zurück, besonders
amüsant sind die den Schwaben gewidmeten Passagen aus
Atta Troll. Im »Schwabenspiegel« setzt Heine sich bereits
mit einer langen Polemik auseinander, die Gustav Pfizer
Anfang 1838 in Cottas *Deutscher Viertel-Jahrsschrift* gegen ihn publiziert hatte. Er belustigt sich über die vergeblichen Versuche, seine politische Haltung auf einen durch-
schnittlichen Nenner zu bringen und verweist auf die ganz
andere Art von eingreifender Literatur, für die er steht und
die mit jener der Schwabendichter nichts zu tun hat:

> [...] ach! wenn man bedächte, wie die Strategie eines
> Autors, der für die Sache der europäischen Freyheit
> kämpft, wunderlich verwickelt ist, wie seine Taktik
> allen möglichen Veränderungen unterworfen, wie er
> heute etwas als äußerst wichtig verfechten muß, was
> ihm morgen ganz gleichgültig seyn kann, wie er heute
> diesen Punkt, morgen einen andern zu beschützen
> oder anzugreifen hat, je nachdem es die Stellung der
> Gegenparthey, die wechselnden Allianzen, die Siege
> oder die Niederlagen des Tages erfordern! (10,274)

Es ist ein kampferprobter und -erfahrener Heine, der
sich dem Leser hier präsentiert, es ist aber auch ein kamp-
fesmüder. Zum Abschluss dieses Blicks in den Abgrund,
der zwischen ihm und der biedermeierlichen Literatur
klafft, zeigt er sich selbst in der Verkleidung als Ritter, der
im Zauberwald mit dem Tod kämpft und diesen Kampf
erst als Greis beendet. Heine war der fruchtlosen Kämpfe

um sein Recht auf Leben offensichtlich müde, und doch
wurde gerade der »Schwabenspiegel« wieder ein Schritt
hinein in eine Ausweitung und Intensivierung solcher
Auseinandersetzungen. Der Text gelangte nämlich in einer
äußerst verstümmelten Form vor das Publikum, wofür
Heine diesmal dem Verleger und seine Entourage, insbesondere den damals für Campe tätigen Autoren Karl
Gutzkow und Ludwig Wihl die Schuld gab. Vorgesehen
war der Text des »Schwabenspiegels« zunächst als Nachwort zum »Nachtrag zum Buch der Lieder«, dem geplanten, aber nicht zustande gekommenen Lyrikband Heines.
Die Gedichtsammlung war April 1838 nach Hamburg an
den Verleger gegangen, und der Dichter hatte ihr im Mai
das angekündigte Nachwort folgen lassen. Als sich ab-
zeichnete, dass das Manuskript aus Zensurgründen nicht
zum Druck kommen würde, schlug Campe dem Autor im
September vor, das Nachwort für den Abdruck in einem
geplanten *Jahrbuch der Literatur* freizugeben, das Karl
Gutzkow herausgeben und dem Heines Porträt vorangestellt werden sollte. Heine war mit diesem Vorschlag ein-
verstanden. Doch die Drucklegung und ihre Folgen entwickelten sich für alle Seiten zum Alptraum. Der Drucker
ebenso wie der staatliche Zensor bearbeiteten Heines Text,
und als das *Jahrbuch* endlich im Dezember erscheinen
konnte, fand der Autor einen grausam entstellten Text vor.
Außer sich vor Wut, machte Heine Campe und seine Helfer für diese Verstümmelungen verantwortlich, ein Vorwurf, den man, nach allem, was an Dokumenten vorliegt,
von heute aus als ungerecht bezeichnen muss. Allenfalls
kann man dem Verleger vorwerfen, dass er nicht engagiert
genug für das Gesamtprojekt des Lyrikbandes gekämpft
hat, vielleicht auch, weil Gutzkow über die Heineschen
»Verschiedenen«, die in dem Band erscheinen sollten, ein
vernichtendes Urteil gefällt hatte. Auf jeden Fall führten
die Querelen um das *Jahrbuch der Literatur* zu tiefgrei-
fenden Verstimmungen zwischen Verleger und Autor, zu

einer Feindschaft zwischen Heine und Gutzkow und zu
einer öffentlich geführten Debatte, die Heine unter das
Stichwort »Schriftstellernöthen« stellte. Er eröffnete sie im
Januar 1839 mit einer Zeitungsnotiz, in der er sich kurz
nach Erscheinen des *Jahrbuchs der Literatur* von dem unter seinem Namen erschienenen Text distanziert, der »im
Interesse der darin besprochenen Personagen, durch die
heimliche Betriebsamkeit ihrer Wahlverwandten [...] verstümmelt worden« sei (10,278). Campe distanzierte sich
von dieser Verdächtigung durch eine Pressemeldung, in
der er alle Schuld an den Verstümmelungen an die sächsi-
sche Zensur verweist. Auch hinter dieser Notiz vermutete
Heine die Redakteure Gutzkow und Wihl, deren öffentliche Haltung ihm gegenüber in der Tat recht zweideutig
war, und er holt zu einem weiteren Schlag aus. Im April
erschien, wieder in der *Eleganten Welt*, sein langer offener
Brief an »Herrn Julius Campe, Inhaber der Hoffmann und
Campeschen Buchhandlung zu Hamburg«, der den Titel
»Schriftstellernöthen« trägt. Er beschreibt darin die Ver-
unstaltungen seiner Schriften seit den *Französischen Zuständen* und erhebt schwere Vorwürfe gegen Campe, der
ihn ohne Not der Zensur ausgeliefert habe, bedient sich,
um seine Vorwürfe zu untermauern, verschiedener Privatbriefe von Campe, aus denen er ausgiebig zitiert, u. a. auch
abfällige Aussagen Campes über seinen Mitarbeiter Ludwig Wihl. Am Ende sieht Heine hinter der Verstümmelung seines »Schwabenspiegels« eine Intrige von Gutzkow
und dem diesem ergebenen Wihl im Interesse »einiger Redakteure Cottaischer Zeitschriften« (11,181), also einen
Verrat für den eigenen Vorteil im Literaturbetrieb. Campe
sei von seinen eigenen Leuten missbraucht worden, jenen
»schwäbischen Wahlverwanndten, denen Sie, liebster
Campe, unbewußt als Werkzeug dienen« (11,182). Der
Brief zeigt, wie wenig Heine von den Zensurverhältnissen
in Deutschland wusste, die er sich bei weitem harmloser
vorstellte als sie waren. Seine Verdächtigungen gegen

Campe in diesem Punkt sind insgesamt haltlos. In Bezug
auf die Rolle von Gutzkow und von dessen Helfer Wihl
war Heines Gespür hingegen richtig. Gutzkow hatte in
der Tat kein Verhältnis weder zu Heines Person noch zu
seinem Werk und hatte sich lediglich öffentlich zurückgehalten. Nach Heines Angriff schlug er ebenso wie Wihl
zurück; beide warfen ihm mangelnde Kenntnis der deutschen Szene, Eitelkeit und Frivolität vor. Heine antwortete
auf Wihl mit einer Parodie aus dem Maule von Campes
Hund; die Antwort gegen Gutzkow blieb im Ansatz stecken. Er hatte eingesehen, dass es für ihn schwierig sein
würde, aus Frankreich gegen eine Gruppe in Deutschland,
die über ein Publikationsorgan wie den *Telegraphen* und
zugleich ausreichend Hilfstruppen verfügte, eine Auseinandersetzung erfolgreich zu führen. Seine Beziehung zu
Campe hat unter dieser Affäre zunächst nicht sonderlich
gelitten, zumal der sich kurze Zeit später von Gutzkow als
Mitarbeiter getrennt hat.

Noch in dem von Heine selbst »Briefe über Deutschland« genannten Textfragment, das der Autor am Jahres-
ende 1844 als Reaktion auf einige in der französischen
Presse erschienene Artikel über neueste deutsche Literaturverhältnisse aus der Feder von Marie Gräfin d'Agoult
konzipierte, kommt er auf die Menzel-Affäre und die dadurch hervorgerufene Verfolgung durch die Bundesbehör-
den zu sprechen. Gerade in dieser Zeit, als die Maßnahmen der preußischen Behörden gegen Heine wieder härter
wurden, schien es ihm besonders notwendig, in Frankreich gegen die völlig verkehrte Darstellung der Liszt-
Freundin und Pariser Gesellschaftsdame anzugehen, die
unter dem Pseudonym Daniel Stern schrieb. Er weist
noch einmal darauf hin, dass das Junge Deutschland eine
erst durch die Verfolgungsbehörden gebildete Autoren-
gruppe war, er völlig ohne sein Zutun zu deren Oberhaupt ernannt wurde und der »bekannte Gallophobe
Wolfgang Menzel« sich besonders dabei hervortat, »die

Polizeyblitze der verschiedenen Bundesstaaten auf uns«
herabzubeschwören (11,227). Aber Heine ließ dieses Projekt, das er in einem Brief an den Verleger vom 19. Dezember 1844 noch als dringend bezeichnet hatte, schließlich fallen, sicher auch aus der Einsicht, dass die deutschen
Verhältnisse der 30er-Jahre zumal dem französischen Publikum schon sehr weit entrückt waren.

Die nächste größere Kampagne, in der Heine die Presse
einsetzte, war dann die Auseinandersetzung mit Salomon
Strauß um die angebliche Ohrfeige, die Strauß Heine in
Paris auf offener Straße gegeben haben wollte, weil er seine Ehefrau Jeannette Wohl-Strauß im *Börne*-Buch belei-
digt sah. Die Geschichte endete mit einem Pistolen-Duell
zwischen Heine und Strauß im September 1841, bei dem
Heine leicht verwundet wurde.

Auch in der Erbschaftsauseinandersetzung mit der Familie in den Jahren 1845/46 griff Heine wieder zur Waffe
der Presseartikel, wenngleich die meisten der von ihm in
diesem Zusammenhang entworfenen Texte nicht zum
Druck kamen. Und auch späterhin bis zu seinem Tod hat
er immer wieder einmal mit Erklärungen und Richtigstellungen versucht, auf seine Nöte hinzuweisen, sei es bei
unberechtigten Nachdrucken seiner Werke, sei es im Zusammenhang mit Unterstellungen wegen einer ihm vom
französischen Staat zeitweilig ausgesetzten Pension. Heine
war eine öffentliche Figur, ein Medienstar, dessen Privatleben in der Presse aufmerksam beobachtet wurde bis hin
zu bereits zu Lebzeiten veröffentlichten Nachrufen. Seine
Versuche, selbst in diesen Prozess der Herausbildung seines öffentlichen Bildes einzugreifen, diesen Prozess in seinem Sinne zu lenken und zu beeinflussen, sind weitgehend gescheitert. Das lag zum einen daran, dass sich von
Frankreich aus nur schwer in Meinungsbildungsabläufe in
Deutschland eingreifen ließ; es lag zum andern aber am
Pressebetrieb selbst, dessen Dynamik auch damals schon

von einer Privatperson wie Heine nicht zu beherrschen
war. Die Artikel über ihn und sein Werk, die in Deutschland und Frankreich zu seinen Lebzeiten erschienen, ergeben in dem Projekt *Heinrich Heines Werk im Urteil seiner
Zeitgenossen* zwölf dicke Bände für die deutschen und
drei für die französischen Texte, wobei noch viele Wiederholungen und Nebensächlichkeiten weggelassen wurden.
Der Schriftsteller Heine war spätestens seit Beginn der
40er-Jahre zu einer Figur der Zeitgeschichte geworden, die
mit der Privatperson Heine nicht mehr zur Deckung zu
bringen war, auch nicht von dieser selbst.

Ludwig Börne. Eine Denkschrift

Immerhin blieb ihm die Möglichkeit, in seinen Schriften
Bilder von sich zu entwerfen. Eine solche Gelegenheit bot
sich nach dem Tod seines Pariser Mitexilanten Ludwig
Börne am 12. Februar 1837. Mit keinem anderen deutschen Schriftsteller wurde er so oft verglichen, keinem anderen so oft in Lob und Tadel an die Seite gestellt wie
Börne. Auch nachdem jener 1835 begonnen hatte, gegen
ihn zu schreiben, änderte sich daran wenig. Heine geht
nun daran, seine Sicht des Verhältnisses zu diesem Autor
darstellen, und zwar weder in Form einer Kritik, noch einer Apologie, wie er verschiedentlich hervorhebt, sondern
als unparteiisches Porträt, das die Zeitumstände und die
Interessen, die ihn beim Ausmalen des Bildes leiten, nicht
verschweigt und durch dieses »beständige Constatiren
meiner Persönlichkeit« (11,119) dem Leser ein eigenes Urteil möglich machen möchte. Sein Börne-Porträt wird so
zugleich zu einem Selbstporträt, das den Blick auf sein
Selbstverständnis als Dichter und Intellektueller am Ende
der 1830er-Jahre eröffnet.
    Den Ausschlag für den konkreten Beginn der Arbeit

gab wohl der Hinweis des Verlegers Campe darauf, dass Karl Gutzkow, seit der »Schwabenspiegel«-Affäre einer von Heines Lieblingsfeinden, ebenfalls an einem Buch über Börne arbeite. Im Sommer und Herbst 1839 erfolgte die Niederschrift der Bücher eins und drei bis fünf. Erst nach einer ersten Ablehnung durch Campe entschließt Heine sich, zur Abrundung des Ganzen die ursprünglich für das Memoirenprojekt vorgesehenen Aufzeichnungen aus Helgoland aus dem Sommer 1830 als zweites Buch dem *Börne* einzuverleiben. Ungeklärt ist allerdings, aus welcher Periode die Niederschrift dieser Tagebuchblätter stammt. Man geht heute davon aus, dass auch sie erst 1839 im Zusammenhang des *Börne*-Buches erfolgte, vielleicht auf Notizen aus früherer Zeit gestützt. Im April 1840 erhält der Verleger dann das endgültige Manuskript, im August wird das fertige Buch ausgeliefert. Dabei kam es zu einer verhängnisvollen Eigenmächtigkeit Campes, der entgegen Heines Wünschen den Titel gewählt hatte: *Heinrich Heine über Ludwig Börne*. Der Versuch, diese Formulierung noch zu verhindern, kam zu spät. Das Buch erschien unter einem Titel, der durch seinen abschätzigen Ton den liberalen Teil des deutschen Publikums erst recht gegen den Verfasser aufbringen musste. Und tatsächlich erlebte Heine mit seinem *Börne* in Deutschland ein wirkliches Desaster. Die Presse rechts wie links war schlecht, selbst die Rezensenten und Feuilletons, auf die er sonst zählen konnte, kritisierten einhellig den Angriff auf den Säulenheiligen der deutschen Linken, der zudem tot war und sich nicht mehr selbst wehren konnte. Auch der Verkauf des Buches war miserabel, und es hat einige Jahre und die Rückkehr zur Versdichtung gebraucht, bis Heine sein deutsches Stammpublikum versöhnen und zurückerobern konnte. Eine der ersten und eine besonders scharfe Rezension schrieb Gutzkow, der Heine Eitelkeit und Feigheit vorwarf und sich ganz auf die Seite Börnes schlug. Auch der junge Friedrich Engels zeigt sich empört, während

Marx Heine 1846 gegen Gutzkow in Schutz nimmt. Auch
später spaltete das Buch die Leserschaft, und während
z. B. Thomas Mann am *Börne* die hohe Prosakunst Heines rühmte, dient der Text teilweise bis heute dazu, die
angebliche Charakterlosigkeit des Autors Heine zu demonstrieren.

Jenes von ihm selbst als Bauprinzip des Börne-Textes
genannte permanente »Constatiren meiner Persönlichkeit«, ein Prinzip, das in vielen Heine-Texten zum Einsatz
kommt, bot in diesem Fall verschiedene Vorteile. Zunächst brachte Heine sich so gegenüber der Konkurrenz,
die ebenfalls über Börne schrieb, in eine vorteilhafte Position, konnte er doch im Gegensatz zu den meisten anderen auf einen langjährigen persönlichen Umgang verweisen. Das spiegelt sich z. B. in den langen Passagen mit
wörtlicher Rede, die vor allem im ersten Buch das unmittelbare Miterleben suggerieren, oder in detailreichen Mi-
lieustudien über Börnes Umgebung. Zum andern kann er
nur durch den autobiographischen Anstrich den Eindruck
allzu großer Pietätlosigkeit gegenüber einem Verstorbenen
vermeiden, die ihm dann allerdings dennoch vorgeworfen
wurde. Und schließlich gewinnt durch die direkte Konfrontation der eigenen Person und Persönlichkeit mit der
Börnes sein eigentliches Anliegen der Gegenüberstellung
zweier unterschiedlicher poetischer und politischer Kon-
zepte ungemein an Anschaulichkeit. Womit das grundsätzliche Problem dieses Textes bereits angesprochen
wird: Denn selbstverständlich ist der Börne, der hier geschildert wird, eine heinesche Kunstfigur, ganz aus Heines
Perspektive entworfen, aus der Perspektive einer poetischen Geschichtsschreibung. Ziel dieser Geschichtsschreibung ist nicht, das hat Heine wiederholt betont, Objektivität im Sinne eines vorgeblich neutralen Standpunktes,
sondern die Zuspitzung der Gegensätze im Blick auf die
Ziele des historischen Prozesses. Es geht ihm deshalb

nicht darum, die Persönlichkeit Börnes einfach nur abzu-
schildern und zu beschreiben, er will Börnes Leben und
Werk konfrontieren mit seiner Vorstellung von Freiheit
und Menschenrechten.

Dass es um eine solche Konfrontation gehen soll, daran
besteht von Anfang an kein Zweifel, auch wenn Heine
den Gegensatz langsam entwickelt und die Figur Börnes
immer auch als ein Produkt der sich ändernden Zeitumstände erscheint. So ist der Börne in Frankfurt am Main,
der »deutsche« Börne des ersten Buches, im persönlichen
Umgang harmlos und angenehm und wird insgesamt als
recht sympathische Figur geschildert. Lediglich einige fa-
natische Züge lassen erahnen, in welche Richtung Heine
die Figur später entwickeln will, vor allem die Gegner-
schaft zu Goethe und der grundlose Hass auf dessen
Künstlertum. Gegen den großen Hellenen Goethe stellt
Heine hier als Kontrast den kleinen Nazarener Börne, der
ganz Geist ist und seine körperlichen Bedürfnisse vernachlässigt und unterdrückt. Heine selbst steht auf der
Seite der Kunst und erscheint auch sonst, etwa in seiner
Einschätzung des Geldes, als gewitzter Dialektiker, der
weiter schaut, als der in seinen Vorurteilen befangene Börne. Genau in diese Richtung ist die Figur hier von allem
Anfang an angelegt: Börne ist Gefangener der eigenen, zu
kurz greifenden republikanischen Ideologie, er ist borniert
und beschränkt, und es fehlt ihm jene Weite und Offenheit des Geistes, die nun gerade Heine für sich selbst re-
klamiert und die ihm sowohl in künstlerischer wie politischer Hinsicht ein vorausschauendes, weitblickendes Urteil gestattet.

Genau diese Überlegenheit über jede ideologische oder
parteiliche Beschränkung will dann auch das zweite Buch
der *Börne*-Denkschrift demonstrieren, jener »Berg«, den
Heine auf Anraten seines Schriftstellerfreundes Heinrich
Laube nachträglich noch in seinem Buch errichtet hat. Es
sind Tagebuchblätter aus dem Helgoland-Urlaub des Juli

1830. Heine hat sich von allem Kleinlichen des Alltags ans Meer zurückgezogen, den klassischen Ort der Selbstfindung und pathetischer Konzentration auf das Wesentliche. Er liest die Bibel und Homer gleichzeitig, die Hauptschriften des Nazarenertums und des Hellenismus, und denkt nach über deren mögliche Versöhnung, über ein mögliches drittes Testament, das ein »Reich der ewigen Freude« zu stiften vermag (11,42): »Wann wird die Harmonie wieder eintreten, wann wird die Welt wieder gesunden von dem einseitigen Streben nach Vergeistigung« (11,40). Vor diesem Hintergrund erscheint die Julirevolution in Paris als notwendiger Schritt auf die ersehnte Harmonie zu, wobei die Nachbemerkung zugleich vor zu viel Optimismus warnt.

Den totalen Kontrast zu der erhabenen Stimmung des zweiten Buches, das auf menschheitliche Interessen hin orientiert ist und ideologisches Gezänk weit unter sich lässt, bildet das dritte Buch der Denkschrift mit der Schilderung des Umfeldes, in dem Börne in Paris lebte, seines Wirkungsbereichs und der durch ihn angezogenen Gesellschaft. Gegenüber dem »deutschen Börne« haben sich die negativen Anlagen weiter verschärft. Börne ist misstrauisch und argwöhnisch geworden, »gallenbitter, blutdürstig und sehr trocken« (11,61). Vor allem aber: Er hat jetzt jede Mäßigung abgelegt und sein Republikanismus hat sich endgültig ins Messianische verrannt. Auch die Gestalten, die ihn umgeben, sind verbohrte Fanatiker, Apostel einer radikalen Gleichheit, die sie bereits durch ihre äußere Erscheinung und ihr unangenehmes Auftreten widerlegen: »ein verwachsener, krummbeiniger Schustergeselle trat auf und behauptete alle Menschen seyen gleich« (11,70). Voller Abscheu schildert Heine den Schmutz und den Tabaksqualm in den Räumen, wo sich die deutschen Radikalen im Pariser Exil versammeln und in denen er nicht zu atmen vermag. Gerade in solchen sinnlichen Gegensätzen wird der Kontrast zwischen dem königlichen Künstler und dem Volk, dem »souverainen Rattenkönig«, und seinen Tribunen deutlich. Immerhin gibt es historische Gründe für die Radikalisierung der Opposition: der gescheiterte polnische Aufstand von 1832 und das unwürdige Verhalten Preußens in dieser Sache; das Hambacher Fest im selben Jahr, die erste machtvolle öffentliche Demonstration des deutschen Liberalismus, und der sich anschließende Terror der Behörden. Aber auch das Exil, das Heine in der *Denkschrift* wie in keinem anderen Werk betrauert und beklagt und dessen schlimme Wirkung er Börne und seinen Anhängern durchaus zugute hält: »Wer das Exil nicht kennt, begreift nicht, wie grell es unsere Schmerzen färbt, und wie es Nacht und Gift in unsere Gedanken gießt« (11,105), heißt es im vierten Buch.

Dort wird die Figur Börnes in die Reihe der übrigen Heine-Feinde gestellt, neben Pfizer und die Schwaben, aber auch neben Menzel, den Gegenstand von Börnes Schrift *Menzel, der Franzosenfresser.* Heine unterstreicht zwar einerseits den Abstand Börnes zu dieser teutomanischen Opposition; er suggeriert dem Leser aber doch auch eine Verbindung zwischen den beiden unterschiedlichen Oppositionen gegen ihn. Denn auch Börne war nicht Kosmopolit wie Heine, dessen Patriotismus sich auf die Menschheitsinteressen richtete, sondern deutscher Patriot, allerdings ein aufrichtiger Patriot des Herzens, während die Menzels nur Patrioten des Kopfes und der Rede, im Herzen aber indifferent sind. Vor allem hat Börne genau wie die Menzel-Partei zum Mittel der Lüge und der Verleumdung gegriffen, um gegen ihn vorzugehen. Hart schlägt Heine, dem Börne einen Hang zu den Pariser Dirnen unterstellt hatte, zurück und gibt die Seelenfreundin Börnes, Jeannette Wohl, und ihren Ehemann Salomon Strauß der Lächerlichkeit preis, ein Schritt, der ihm später selbst Leid getan hat. Aus dieser Verunglimpfung entwickelte sich dann jene Affäre, die 1841 zum Duell mit Strauß und mittelbar auch zur Hochzeit Heines mit Mathilde führte. Nur einen kurzen, eher abschätzigen Blick wirft Heine auf Börnes Schriften. Charakteristisch erscheint ihm die Nähe Börnes zur sozialkatholischen Lehre des Abbé Lamennais, dessen *Paroles d'un Croyant* er übersetzte: Als Spiritualist steht er dem Christentum nahe, als fanatischer Republikaner muss ihn der Fanatismus der Katholiken anziehen.

Das fünfte und letzte Buch bringt dann endlich die lange vorbereitete Auseinandersetzung mit Börnes direktem Angriff auf Heines Vorstellung von Kunst und Politik, und erneut ist der Tenor der, dass die ideologische Verblendung Börne und seine Parteigänger daran hindert, die wirklich wesentlichen Fragen überhaupt wahrzunehmen. Sie haben das Problem zugespitzt auf den Gegensatz von Talent und Charakter, werfen ihm vor, er sei »nur« Poet, und verkennen dabei völlig, worum es eigentlich geht. Denn was bedeutet Charakter, fragt Heine: »Charakter hat derjenige, der in den bestimmten Kreisen einer bestimmten Lebensanschauung lebt und waltet, sich gleichsam mit derselben identifizirt, und nie in Widerspruch geräth mit seinem Denken und Fühlen.« (11,120) Was soviel heißt, dass Charakter ein Kennzeichen von Borniertheit und von kleinen Geistern ist, und »was das Publikum als Charakter in ihren Schriften verehrt, ist am Ende nichts anders als knechtische Hingebung an den Moment, als Mangel an Bildnerruhe, an Kunst« (ebd.). Wahre Künstler, Artisten dagegen leben in permanentem Widerspruch, sind offen, nicht festgelegt durch eine fixe »Lebensanschauung«, sie sind »Meister des Wortes«, beherrschen die Sprache und werden nicht von ihr beherrscht, und »ihr Charakter verräth sich nicht in ihrem Styl« (11,121).

Hier haben wir jetzt den seit dem ersten Buch aufgebauten Gegensatz zwischen den Figuren Börne und Heine, wie sie in der *Denkschrift* modelliert werden, auf den Punkt gebracht. Künstlertum in einem ganz weiten Verstande als Engagement für das Schöne in den Künsten wie auch im Leben, als Eintreten für Freiheit und Menschlichkeit in allen Lebensbezügen, steht einer doktrinären Haltung gegenüber, die Schönheit nicht um ihrer selbst willen, sondern nur als Mittel zulassen will, alles an bestimmte Grundsätze knüpft und diese radikal durchzusetzen sucht. Die abschließende Vision einer Welt, die nach solchen Prinzipien funktioniert, entwirft das Bild einer kapitalistischen Hölle, einer ganz am nüchternen Prinzip der Nützlichkeit orientierten Gesellschaft: »Für die Schönheit und das Genie wird sich kein Platz finden in dem Gemeinwesen unserer neuen Puritaner, und beide werden fletrirt und unterdrückt werden, noch weit betrübsamer als unter dem älteren Regimente.« (11,129) Jeder wird »im Mißgefühl der eigenen Mittelmäßigkeit, alle höhere Begabniß herabwürdigen […] bis aufs banale Niveau« (ebd.). Es ist jene Vision, die Heine zuerst in der Londoner City überkommen und die seine tiefe England-Abneigung seitdem gespeist hat, dessen »öde Werkeltagsstimmung« er ganz Europa bedrohen sieht. Das Königtum der Dichter hat in solch einer einseitig spiritualistischen Welt keinen Platz, und die Harmonie von Geist und Körper, die Erlösung in einem neuen, dritten Testament rückt in weite Ferne. Am Ende des *Börne*-Buches ist es das Bild der exilierten Götter, das Heine benutzt, um dieser Sehnsucht nach weltlicher Erlösung Ausdruck zu geben. Im herbstlich-nebligen Wald begegnet er einer Gruppe fröstelnder Nymphen, die vom Klang des Kirchenglöckchens und den Stimmen des Pöbels tiefer in die Verbannung getrieben werden.

Literatur

B 1: DHA 10 und 11; HSA 4 und 9. Höhn, B 5: 1997, 375–436. Ziegler, B 7.10: 1983; Weber, B 7.10: 1984; Rippmann, B 7.10: 1995, 25–47; Ferner, B 7.10: 1999, 586–597; Kruse, B 7.10: 2000, 2–23; Paulin, B 7.10: 2000, 51–63.

Schriften zur Mythologie

Heines Schriften zu Themen der Mythologie und des Volksaberglaubens der Deutschen sind Teil eines weit größeren Gedankengebäudes, das für sein gesamtes Werk von Bedeutung ist. Die eher bescheidenen Texte, in denen er sich diesen Themen explizit zugewandt hat, von den *Elementargeistern* der 30er- über die Ballettvorlagen *Göttinn Diana* und *Doktor Faust* in den 40er-Jahren bis hin zur kleinen Schrift *Die Götter im Exil* aus dem Jahr 1853, sind stets im Zusammenhang zu sehen mit anderen, umfangreicheren Arbeiten wie den Deutschland-Schriften, *Ludwig Börne* oder *Atta Troll*, in denen Gedanken zu Mythologie und Aberglauben eine wichtige Rolle spielen.

Dabei ist es ein Punkt, der Heine besonders interessiert und um den seine Überlegungen hauptsächlich kreisen: das Verhältnis von Volksmythologie und Christentum. Er sieht dieses Verhältnis vor allem aus zwei Perspektiven, einer historischen und einer diskursiven. Die historische Perspektive erlaubt es, die Ablösung der alten durch die christlichen Glaubensvorstellungen in Europa als einen Prozess sichtbar zu machen, damit Religion als etwas Gewordenes zu betrachten und die mit ihr verbundenen Interessen zu kritisieren. Die Religionskritik, wie sie bereits in den *Reisebildern* und den Deutschland-Schriften artikuliert wurde, bekommt einen zusätzlichen, besonders anschaulichen Begründungszusammenhang. Der Blick auf die Frühzeit zeigt, wie das Christentum deshalb zum herrschenden Glauben wird, weil es zum Glauben der Herrschenden zu werden vermag. Heines kritische Analyse der Volksmythologien unterstreicht das Gebundensein von Religionen an historische Situationen, damit zugleich ihre prinzipielle Veränderbarkeit und schafft Raum für die Vorstellung einer neuen zukünftigen Religion, die Religion

der Freiheit und des Glücks aller Menschen; sie könnte das
Christentum ablösen, so wie das Christentum die Vorgän-
gerreligionen abgelöst hat.

Die zweite, diskursive Perspektive zielt auf die vor allem pantheistischen Inhalte der alten Religionen, die von
den christlichen Inhalten zwar überlagert und verdrängt,
aber doch nicht sofort und gänzlich zum Verschwinden
gebracht werden konnten. Heine entdeckt diese unterdrückten Inhalte in vielfältigen Formen und Gestalten im
Volksaberglauben und seinen Sagen, Märchen und Balla-
den. In immer neuen Variationen zeigen sie, was vor allem
durch das Christentum vertrieben wurde: Das Element
des Körperlichen, die Sinnlichkeit, das Naturhafte des
Menschen. So wie die alten Götter ein Gespensterdasein
fristen in den Trümmern ihrer zerstörten Tempel, so ist
das sinnliche Element der alten Religionen, die heidnisch-
lebensbejahende Glücksvorstellung aus der europäischen
Geistesgeschichte gelöscht worden durch den christlichen
Spiritualismus und seinen lebensfeindlichen Begriff von
einer Erlösung hin zu einer rein geistigen Existenzform.
Die welthistorisch bedeutsame Spannung von Nazarener-
tum und Hellenentum, von Spiritualismus und Sensualismus vermag Heine gerade in diesen zum Aberglauben ab-
gesunkenen und christlich überformten Elementen der
alten Religionen zur Anschauung zu bringen.

Beide Ansätze bringen überraschender Weise die aufklärerischen Seiten dieses an sich obskuren Themas zu Tage.
Die gefährliche Erinnerung, die sich in den alten Mythen
verbirgt, die Erinnerung an ein diesseitiges Glücksverspre-
chen, das sich an alle Menschen richtete, entfaltet in dieser
kritischen Betrachtung ihr in die Zukunft weisendes Potenzial. Insofern ist der Umgang Heines mit der Volksmythologie auch ein gutes Beispiel für seinen Umgang ganz
allgemein mit jener Tradition, die durch die deutsche Romantik ins Bewusstsein zurückgeholt wurde. Während er
den Romantikern vorwirft, sich an einen distanzlosen Ver-

gangenheitskult zu verlieren, bemüht er sich selbst um ein
kritisches Erschließen der Überlieferung im Blick auf die
Moderne.

Heine, der sich in seinem mytho-kritischen Verfahren
einmal mehr als Mitglied der Hegel-Schule erweist, kann
auf vielerlei Vorarbeiten von Kirchenhistorikern, Ger-
manisten und Altertumskundlern zurückgreifen. In den
Jahren zwischen 1832 und 1836, als er an den Deutschland-Schriften und *De l'Allemagne* arbeitete, hat er nachweislich sehr intensive Quellenstudien getrieben, sich tief
eingelassen in die verquere Vorstellungswelt der alten
Überlieferungen und dabei einen Vorrat an Wissen und
Motiven gesammelt, auf den er später immer wieder zurückgreifen konnte. Für den Bereich der frühen Kirchen-
geschichte war es insbesondere Heinrich Gottlieb Tzschir-
ners *Fall des Heidenthums* von 1829, aus dem er sich infor-
mierte; für den Volksaberglauben benutzte er vor allem
Ludwig Ferdinand von Dobenecks *Des deutschen Mittel-
alters Volksglauben und Heroensagen*, das 1815 in zwei
Bänden erschien und eine eher dilettantische Kompilation
vieler älterer Quellen darstellt; die verschiedenen Werke
der Brüder Grimm, insbesondere die *Deutschen Sagen*
(1816/18) und die *Altdänischen Heldenlieder* (1811); sowie
als alte Originalquelle Heinrich Kornmanns Buch *Mons
Veneris* von 1614. Die Forschung hat noch eine Fülle weiterer Quellen aufgelistet und untersucht. In Umfang und
Ausdehnung gehen sie erheblich über das hinaus, was zur
Abfassung der Texte tatsächlich nötig gewesen wäre und
signalisieren so ein Interesse, das weiter reichte als die je-
weilige Recherche. Gegenüber den wissenschaftlich arbei-
tenden Gelehrten bleibt Heines Verfahren natürlich eklek-
tisch und laienhaft. Aber immerhin darf er sich auch in
diesem Feld, wie früher schon in dem der deutschen Philosophie, zugute halten, der Erste gewesen zu sein, der einige
wesentliche Erkenntnisse der Wissenschaft unters Volk ge-

bracht hat, und zwar unter das französische wie unter das deutsche Volk. Denn zuvor waren diese Erkenntnisse eingesargt gewesen »in die hölzernen Mumienkasten« einer »konfusen und abstrakten Wissenschaftssprache. [...] Aus solchen Grüften und Beinhäusern habe ich den Gedanken wieder zum wirklichen Leben heraufbeschworen, durch die Zaubermacht des allgemein verständlichen Wortes, durch die Schwarzkunst eines gesunden, klaren, volksthümlichen Stiles!« (9,126)

Elementargeister

Zunächst lautete Heines Aufgabe aber ganz anders, ging es nicht darum, dem deutschen Publikum versteckte Ideenschätze sprachlich zu erschließen. Der ursprüngliche Ansatz zu den *Elementargeistern*, seiner ersten selbständigen Schrift zur Mythologie, steht in Zusammenhang mit seiner Tätigkeit als Vermittler deutscher Geistestraditionen nach Frankreich. Der Text war um die Wende der Jahre 1834/35 primär für ein französisches Publikum konzipiert und erschien 1835 unter dem Titel »Traditions populaires« als sechster Teil der Schrift *De l'Allemagne*, in der Heine die neuesten Entwicklungen in der deutschen Literatur und Philosophie vorstellte. Der gesamte Themenkreis des Volksaberglaubens war im französischen Publikum bis dahin kaum bekannt. In den 30er- und 40er-Jahren kamen dann allerdings im Zuge der Romantik-Rezeption in Frankreich Vorstellungen zum Tragen, die einmal mehr die alten, von Madame de Staël begründeten Klischees verstärken konnten. Dieser Entwicklung wollte Heine durch eine eigene Darstellung entgegenwirken, die auch die zugrunde liegende ideengeschichtliche Dimension reflektieren sollte. Zugleich zeigte sich aber die Notwendigkeit, dem französischen Leser überhaupt erst einen Eindruck zu geben,

wovon eigentlich die Rede war. Heine entschied sich deshalb, lange Passagen mit Beispieltexten übersetzen zu lassen und in seinen eigenen Text einzurücken. Für die Neuausgabe von *De l'Allemagne* wurden diese Texte 1855
nochmals überarbeitet und ergänzt, und man muss »Traditions populaires« als ein ganz eigenständiges Werk betrachten, wozu auch die eigenständige Weiterentwicklung
der deutschen Fassung und die besonderen Umstände
ihrer Entstehung beitrugen.

Ausgehend von der Vorlage für die französische Übersetzung entwickelte Heine ab Herbst 1835 einen selbständigen deutschen Text zum Abdruck im dritten *Salon*-Band, den er seinem Verleger am 2. Juli 1835 als ein
»kostbares, welterfreuliches Buch«, als »Buch amüsanten
Inhalts« ankündigte. Das Briefdatum ist deshalb bedeut-
sam, weil es noch vor dem Verbot des Jungen Deutschland
im Dezember des Jahres liegt und deutlich macht, dass
Heine nicht, wie gelegentlich vermutet wurde, aus Zensurgründen auf unverfänglichere Themen wie die Mythologie
auswich, sondern diesen Plan bereits früher gefasst hatte.
Dennoch blieb das Verbot, das mitten in die Arbeit an der
deutschen Fassung hineinplatzte, nicht ohne Auswirkun-
gen. Heine wollte weiterem Ärger aus dem Wege gehen und
nahm in einem Akt von Selbstzensur eine ganze Reihe von
Eingriffen in den Text vor. Im Vordergrund steht dabei das
Bemühen, offene Kritik der Religion möglichst zu vermeiden, was zur Folge hatte, dass der deutsche Leser sich mit
Anspielungen und Andeutung zufrieden geben musste, wo
für den französischen Leser noch Klartext geschrieben
wurde. Im Apparat der historisch-kritischen Ausgaben
kann man diesen Prozess im Detail verfolgen. So verschwand, um nur ein Beispiel zu nennen, die Gegenüberstellung von heidnischer und christlicher Glücksvorstellung, wozu es im Manuskript heißt, »der Mensch soll auf
Erden das Glück zu gewinnen suchen. Das süße sonnige
Glück, nicht das Kreuz« (9,262). Gelegentlich gibt Heine

auch deutliche Signale an seine Leser: »Doch es ist mir nicht erlaubt, mit bestimmten Worten hier von allen den Dingen zu reden, worüber ich nachgedacht, und noch weniger ist es mir erlaubt die Resultate meines Nachdenkens mitzutheilen«, heißt es an einer Stelle (9,46). Und in der als Vorrede zum dritten Teil des *Salon* geplanten, dann separat erschienenen Broschüre *Über den Denunzianten* schreibt er:

> [...] alles was ins Gebieth der Politik und der Staatsreligion hinüberspielte, ward gewissenhaft ausgemerzt, und nichts blieb übrig als eine Reihe harmloser Mährchen, die, gleich den Novellen des Dekamerone, dazu dienen könnten, jene pestilenzielle Wirklichkeit, die uns dermalen umgiebt, für einige Stunden zu vergessen. (11,154)

Schon während der Überarbeitung der Vorlage zur französischen Übersetzung beginnt Heine einen ganz neuen zweiten Teil zu den *Elementargeistern* hinzuzuschreiben, den er nicht in die französische Fassung für *De l'Allemagne* übernimmt; dort wird er später den *Göttern im Exil* zugeschlagen. Dieser Teil, der mit dem *Tannhäuserlied* ausklingt, wird im Verlaufe des Jahres 1836 fertig und verdankt seine Entstehung auch dem dringenden Wunsch des Verlegers nach einem größeren Seitenumfang für das geplante Buch wie auch nach zumindest einigen ganz neuen und unpublizierten Texten.

Die deutschen *Elementargeister* zerfallen so am Ende deutlich in zwei Teile. Im ersten Teil bringt Heine einen Überblick über die Welt der Geister in der deutschen Volksmythologie, geordnet nach den Elementen: Auf die Erdgeister folgen die Luft- und Wassergeister, und als einziger Repräsentant der Feuergeister wird schließlich der Teufel vorgestellt. Die Zusammenstellung seiner Lektürefrüchte illustriert Heine auch in der deutschen Version mit recht ausführlichen Zitaten und Belegen, und der Text

macht über weite Strecken einen zusammengesetzten, ge-
stückelten Eindruck, der immer dann aufgelockert wird,
wenn Heine zu kleinen Arabesken und Reflexionen aus-
holt. So etwa wenn er von den Willis berichtet, jenen
tanzwütigen Elfen, bei denen es sich um vor der Hochzeit
verstorbene Bräute handelt. Sie können nicht im Grab liegen, haben noch die Tanzlust in den Füßen, versammeln
sich nachts, und wehe dem jungen Mann, der ihnen in die
Hände fällt: Sie tanzen mit ihm, bis er tot umfällt. »Geschmückt mit ihren Hochzeitkleidern, Blumenkronen und
flatternde Bänder auf den Häuptern, funkelnde Ringe an
den Fingern, tanzen die Willis im Mondglanz, eben so wie
die Elfen.« (9,19) Théophile Gautier entwickelte ausgehend von Heines kurzer Darstellung 1841 das Libretto
zum Ballett *Giselle ou les Wilis*, das in der Musik von
Adolphe Adam seine Popularität bis heute nicht verloren
hat. Das Motiv des Tanzes, das wir bei Heines eigenen
Ballettvorlagen noch näher betrachten werden, ist auch
hier bereits Ausdruck unterdrückter Sinnlichkeit, als sol-
ches Element des Heidnischen.

Die ursprüngliche Brisanz von Heines Schrift, die gerade in diesem ersten Teil nach der einschneidenden Selbstzensur kaum noch zu erkennen ist, lässt sich immerhin
erahnen im Abschnitt über den Teufel, der in Anlehnung
an Dantes »Inferno« als »großer Logiker« apostrophiert
wird:

Der Teufel ist ein Logiker. Er ist nicht bloß der Repräsentant der weltlichen Herrlichkeit, der Sinnen-
freude, des Fleisches, er ist auch Repräsentant der
menschlichen Vernunft [...] er bildet somit den Gegensatz zu Christus, der nicht bloß den Geist, die as-
cetische Entsinnlichung, das himmlische Heil, sondern auch den Glauben repräsentiert. Der Teufel
glaubt nicht, er stützt sich nicht blindlings auf fremde
Autoritäten, er will vielmehr dem eignen Denken

vertrauen, er macht Gebrauch von der Vernunft! Dieses ist nun freylich etwas Entsetzliches, und mit Recht hat die römisch katholisch apostolische Kirche das Selbstdenken als Teufeley verdammt und den Teufel, den Repräsentanten der Vernunft, für den Vater der Lüge erklärt. (9,40)

Solche Sätze hatten dann zur Folge, dass auch *Salon* III mit den *Elementargeistern* in Preußen direkt nach Erscheinen verboten wurde.

Im zweiten Textteil präsentiert Heine dem Leser einen Gelehrten, der Bücher schreibt und dann selbst ihre Widerlegungen betreibt. Diesmal hat er eine Beschreibung vom Triumph des Christentums dem Feuer übergeben, weil ihm aufgefallen war, dass dieser Triumph nicht so glänzend ist angesichts der ungeheueren kulturellen Verluste durch den Zerstörungswahn der Christen. Hier knüpft Heine an, erzählt von den vertriebenen antiken Göttern, die sich jetzt als Gespenster nächtens an »arglose Wandrer« (9,47), meist unerfahrene deutsche Ritter, heranmachen und diese zu umgarnen und zu verlocken suchen. Zwei Beispielgeschichten handeln von der Liebe zu Göttinnen, die sich am Tag in Statuen verwandeln, ein Motiv, das er etwa zeitgleich in den *Florentinischen Nächten* breit diskutiert. Als Quelle für seine Nacherzählungen nennt Heine den *Mons Veneris* von Kornmann, bei dem er auch die alte Version des Liedes vom Ritter Tannhäuser und seiner Reise in den Venusberg zuerst kennen gelernt hat. Als Abschluss der *Elementargeister* liefert Heine seine eigene Fassung dieser Ballade, wobei er im ersten Teil ziemlich genau dem Ablauf der alten Vorlage folgt, im zweiten Teil dann eine burleske Schau auf das in tiefe Depression versunkene Deutschland der Restauration unternimmt. Dem Leser wird so zumindest indirekt die politische Dimension des in dem Paar Venus/Tannhäuser sich verkörpernden diesseitigen Glücksverlangens nahe gebracht.

Die Ballette

Seit den frühen Gedichten zählt der Tanz zu den immer
wiederkehrenden Motiven im Werk Heines. Und es scheinen ihn dabei seit je gerade jene Elemente des Tanzens fasziniert zu haben, die außerhalb des klassischen Regelwer-
kes lagen, die ›wilden‹ Elemente, die aus dem Tanz eine
zwar hochgradig verschlüsselte, aber doch sehr direkte
Ausdrucksform machten, die unvermittelte Sprache der
Körper. Diese Einschätzung ist noch in der ironischen Beschreibung des Balletts in der *Harzreise* zu erkennen, dessen exoterischen und esoterischen Sinn er zu entschlüsseln
sucht, wird dann aber besonders sichtbar in der Darstellung der Tänzerin Laurence aus den *Florentinischen Nächten*, die so etwas wie Heines Idealbild des Tanzes repräsentiert. Laurence ist Ausdruckstänzerin, sie folgt beim
Tanzen ihrer »Natur« und nicht den Vorgaben einer tänzerischen Tradition. Ihr Tanz dient dazu, in einer ganz individuellen Sprache ihre eigene geheimnisvolle Geschichte
nachzuerzählen und den Betrachter mit hineinzuziehen in
dieses Geheimnis. Der Bewunderung Heines für dieses
Modell des Tanzes steht seine Verachtung für das klassische Ballett und dessen Künstlichkeit gegenüber. Nur
Tänzer wie Laurence vermögen den Tanz wirklich zu einer poetischen Form zu machen, und der Unterschied zu
den Tänzern der großen Opernhäuser entspricht dem
zwischen den vielen Virtuosen und einem Paganini, der
ebenfalls eine ganz eigene künstlerische Sprache spricht.
Im Übrigen war Heine auch mit der romantischen Erneuerung des Balletts, wie er sie in den 30er- und 40er-
Jahren an der großen Pariser Oper erlebte, etwa im Zusammenhang mit dem Ballett *Giselle*, nicht zufrieden.
Auch die Rollen jener Elfen und Luftgeister, die in der
damals neu entwickelten Technik des Spitzentanzes ihre
Partner umwirbelten, waren ihm zu sehr festgelegt. Ge-

nau wie dem klassischen Modell fehlte dem romantischen Tanz das Individuelle, das ganz Besondere, was in
Heines Vorstellung jeden künstlerischen Tanz auszeichnen
musste.

Dieses Wegfallen der Regeln war durchaus gemeint als
eine Befreiung des Körpers der Tanzenden zu einem ganz
eigenen Ausdruck, auch zum Wilden, Ungezügelten, Eks-
tatisch-Verzückten. Urbilder solchen Tanzens waren die
antiken Bacchantinnen, aber auch die Luftgeister des
Volksaberglaubens, wie etwa die Willis mit ihrem ent-
hemmten und todbringenden Tanz. Und genau dieser Bezugspunkt zwischen Tanz und Volksmythologie war es
wohl, der Heine dazu veranlasste, Stoffe aus der Mythologie zu wählen, als er im Jahre 1846 aufgefordert war, für
die Londoner Opern-Bühne »Her Majesty's Theatre« zwei
Ballettvorlagen zu konzipieren. Diese Aufforderung kam
vom Direktor des Opernhauses Benjamin Lumley, der sich
Ende des Jahres 1845 in Paris aufhielt und, vielleicht durch
den Erfolg des *Giselle*-Balletts aufmerksam geworden,
Heine um Mitarbeit bat. Da Lumley das erste Stück noch
für die Spielzeit 1846 benötigte, schrieb Heine den Entwurf zur *Göttinn Diana* offenbar sehr kurzfristig nieder,
nach eigenen Angaben sogar in nur wenigen Stunden am
Morgen eines Januartages. Der Text ging handschriftlich
nach London, wo ein wenig Ratlosigkeit herrschte über
die so gar nicht den Konventionen des Balletts gehorchen-
den Vorstellungen des Autors. Zwar hatte er durchaus Ansatzpunkte für eine theatergerechte Umsetzung eingebaut,
Hinweise auf pantomimische und musikalische Elemente
gegeben, aber die sehr eigene Behandlung des mythologischen Stoffes, der zudem im breiten Publikum unbekannt
war, die Mehrschichtigkeit und philosophische Grundie-
rung von Heines Libretto stellte die Theaterleitung vor
Schwierigkeiten. Lumley bat um Erläuterungen, etwa in
Form eines einführenden Textes für das Programmheft, die
Heine aber nicht lieferte. Weitere ungünstige Umstände an

der Londoner Bühne, aber wohl auch die simple Tatsache, dass Heines Vorlage ein Übergewicht männlicher Rollen und nur eine große Frauenrolle enthielt, führten schließlich dazu, dass das Libretto nicht umgesetzt wurde. Der Druck des Textes acht Jahre später im ersten Band der *Vermischten Schriften* von 1854 als Anhang zu *Die Götter im Exil* war für Heine nur eine Verlegenheitslösung, hatten der frühe Text mit seiner Verherrlichung der Lebenslust und der späte mit seiner Zeichnung der völlig heruntergekommenen Göttergestalten doch wenig gemein.

Der kurze, in vier Tableaus gegliederte Text greift auf die Venusberg-Mythe zurück, die Heine aus seinem Studium von Kornmanns *Mons Veneris* im Zusammenhang mit dem zweiten Teil der *Elementargeister* genau kannte. Zu diesem Text gibt es viele Verbindungen: Die Ausgangssituation ist wieder die Verstrickung eines deutschen Ritters in die Netze einer der verbannten Göttinnen, diesmal der Diana, auf die in vielen Quellen Eigenschaften der Venus übertragen wurden. Das erste Tableau endet, nachdem Diana den Ritter vom Selbstmord abgehalten hat, in einem »Zweytanz der trunkensten Lebenslust« (9,70). Dieses bacchantische Element ist durchgängig mit den mythologischen Figuren verbunden, während die Sphäre des Ritters den Stempel der christlichen Domestizierung trägt. Er gerät so in den Zwiespalt von »griechisch heidnischer Götterlust« und »germanisch spiritualistischer Haustugend« (9,72). Schließlich siegt die Lebenslust, der Ritter will der Geliebten wie verabredet in den Venusberg folgen, doch dort wird er von dem Getreuen Eckart, einer Figur aus dem germanischen Sagenkreis und Personifizierung der christlich-mittelalterlichen Tugend, im Zweikampf erschlagen. Das letzte Tableau spielt im Venusberg selbst, dem »Sitz aller Üppigkeit und Wollust« (9,73). Zunächst treten Venus und Tannhäuser auf und zelebrieren einen wilden und frechen Tanz. Schließlich erscheint die weinende Diana mit der Leiche des Ritters, und es ist bezeichnenderweise Bacchus, dem die Wiedererweckung des Toten gelingt. Das Stück endet mit einer Apotheose der Liebenden: »Glorie der Verklärung«, heißt es bei Heine sogar (9,76). Eingestreut sind verschiedene Gruppen von Bacchanten und Elementargeistern, die mit dem zeremoniösen, satirisch überzeichneten Hofstaat des Ritterpaares grell kontrastieren.

Als Grundmuster des kleinen Textes ist der Gegensatz von Sensualismus und Spiritualismus wiederzuerkennen, der Heines Beschäftigung mit der Volksmythologie geprägt hat und den er hier mit seiner durch und durch sensualistischen Vorstellung vom Tanz verbindet. Verkörpert wird dieser Gegensatz im Widerspiel von griechisch-antiker und germanisch-christlicher Überlieferung. Man versteht die Bedenken des Londoner Operndirektors, der diese auf vielerlei Voraussetzungen aufbauende und so unterschiedliche Traditionen vermischende Geschichte seinem an Banaleres gewöhnten Publikum nicht zumuten wollte.

Da lagen die Dinge für den zweiten Stoff, den Heine für das Ballett bearbeitete, anders, war die Faust-Sage doch in England durch Christopher Marlowe zum ersten Mal künstlerisch gestaltet worden und waren es englische Puppenspiele, die zur Wiederentdeckung der Sage in Deutschland führten. Wieder war es Lumley, der Heine zur Ausarbeitung des Librettos aufforderte, dessen Idee der Autor bereits während des Pariser Zusammentreffens von 1845 entwickelt hatte. Auch das verhältnismäßig hohe Honorar hat dazu beigetragen, dass Heine sich erneut sehr rasch an die Arbeit machte, Ende 1846 innerhalb weniger Wochen seinen Text fertigstellte und Lumley, der sich gerade in Paris aufhielt, die Reinschrift im Dezember persönlich übergeben konnte. Komplizierter wurde die Sache allerdings, weil Heine sich diesmal vorgenommen hatte, zum Libretto

einen Erläuterungsteil zu liefern, der allerdings einiges an
Einarbeitung in den weitverzweigten Faust-Stoff verlangte. Dabei konnte er zwar auf seine bestehenden Kenntnisse
der Volksmythologie zurückgreifen, hat aber doch eine
eine ganze Reihe anderer, teilweise neu erschienener Quellen konsultiert. Im Februar 1847 war auch dieser Teil des
Werks abgeschlossen, dem Heine die Form eines Briefes an
den Intendanten Lumley gab. Trotz dieser erläuternden
Bemerkungen kam es auch diesmal nicht zur Aufführung
des Balletts in London. Wieder sind die Gründe vielschichtig, doch stellte sich vor allem erneut das Problem,
mit dem man in London bereits im Zusammenhang der
Göttinn Diana zu kämpfen hatte: Die heinesche Vorlage
war zu komplex und zu anspruchsvoll sowohl für die mit
der Produktion betrauten Theaterleute wie für das Publikum. Lumley hat in seinen Erinnerungen betont, das Stück
sei nicht bühnentauglich gewesen, vor allem weil der
Dichter zu sehr auf die poetische Kraft seiner Imagination
vertraut und nur über sie seine Absichten ausgedrückt, das
Opernpublikum damit aber überfordert habe. Man darf
Lumley in diesem Punkt wohl eher glauben als Heine, der
später in seinem Vorwort zum Buchdruck von Streitigkei-
ten und Theaterintrigen als Ursache für die Nichtrealisie-
rung spricht. Auch weil ihm erneut die Tantiemen für die
Aufführung zu entgehen drohten, bemühte Heine sich in
den folgenden Jahren immer wieder erfolglos, sein Libretto bei Bühnen in Deutschland oder Österreich unterzu-
bringen. 1851 erschien es dann in überarbeiteter Form
unter dem Titel *Der Doktor Faust. Ein Tanzpoem* als selb-
ständiges Buch, nachdem es ursprünglich Teil des *Romanzero*-Manuskriptes gewesen war. Bereits 1847 hatte Heine
aus Gründen, die mit seinen Autorenrechten zu tun hatten, einen französischsprachigen Privatdruck herausge-
bracht. 1852 und 1855 folgten zwei weitere Drucke in einer neuen französischen Übersetzung.

Umschlag für *Der Doktor Faust. Ein Tanzpoem,*
nebst kuriosen Berichten über Teufel, Hexen und Dichtkunst
(Hamburg 1851)
Lithografie nach einem Entwurf von Richard Georg Spiller
von Hauenschild

Mit seinem *Faust* begab Heine sich, er selbst merkt das
in den einleitenden Bemerkungen an, auf ein stark abge-
grastes Feld. Der Stoff war damals bereits in allen möglichen Formen bearbeitet worden, selbstverständlich mehrfach auch als Ballett. Um in diesem Überlieferungsstrom
nicht unterzugehen, kam Heine auf die Idee, dem Teufel
eine weibliche Gestalt zu geben. In den Erläuterungen
heißt es dazu: »Der Teufel ist ein großer Tanzkünstler [...]
und es darf wahrlich niemanden verwundern, wenn er in
der Gestalt einer Tänzerin sich einem verehrungswerthen
Publiko präsentirt.« (9,116) Tatsächlich markiert Heines
Faust durch diesen Schachzug, der unter dem Aspekt der
Gattung Ballett unschätzbare Vorteile bot, einen besonderen Punkt in der Behandlung des Stoffes. Denn in der
Grundstruktur unterscheidet sich sein Faust sonst nicht
wirklich von der üblichen Auffassung, insbesondere der,
die durch den ersten Teil von Goethes Drama kanonisch
wurde. Heine bewunderte diesen Teil, während er den
zweiten Teil des goetheschen Stücks als verstiegen kritisiert. Auch sein Faust wird vor allem vom »ewig Weiblichen« »hinan« gezogen, wird allerdings, anders als bei
Goethe, am Ende nicht gerettet, sondern erbarmungslos
gerichtet. Charakteristisch und konstitutiv für seine Version ist die erneute Gegenüberstellung von heidnischer Sin-
nenlust und christlicher Sublimierung, eine Spannung, die
den Bogen zurückschlägt auch zur *Göttinn Diana*.

Heine hat sein Libretto diesmal in fünf Akte gegliedert:
Es beginnt in der Studierstube mit den Zauberexperimen-
ten, aus denen die Begegnung mit Mephistophela hervor-
geht und der zwischen den beiden geschlossene Kontrakt,
den Faust unter dem Eindruck des Trugbildes einer schönen Herzogin unterschreibt. Mit Hilfe der weiblichen
Teufel wird Faust dann zunächst in einen perfekten Tänzer verwandelt und Mephistophela bringt ihn im zweiten
Akt in die Gesellschaft jener Herzogin, wo allerdings ein
eifersüchtiger Ehemann sich zwischen beide stellt. Erst

während des Hexensabbats des dritten Aktes durchtanzen
die beiden dann alle Stufen einer wilden Liebe, bis Faust
die Herzogin angeekelt von sich stößt. Mephistophela, die
inzwischen mit einem Teufel einen Tanz »der zärtlichen
Lüge, der sich selbst persiflirenden Lüsternheit« (9,91)
aufgeführt hat, lässt das Bild der Helena erscheinen und
bricht gemeinsam mit Faust auf nach Griechenland. Die
Helena-Episode des vierten Aktes bildet das geistige Zentrum des Textes. In den Anmerkungen schreibt Heine der
Wirkung der Helena, die den mittelalterlich-christlichen
Gelehrten aus der Überlieferung als Inkarnation des griechischen Sensualismus entgegentrat, die Entstehung der
gesamten Faust-Sage zu. Die Helena-Umgebung erscheint
als gegen-christliches Paradies:

> Alles athmet hier griechische Heiterkeit, ambrosi-
> schen Götterfrieden, klassische Ruhe. Nichts erinnert
> an ein neblichtes Jenseits, an mystische Wollust- und
> Angstschauer, an überirdische Extase eines Geistes,
> der sich von der Körperlichkeit emanzipirt: hier ist
> alles reale plastische Seligkeit ohne retrospektive
> Wehmuth […]. (9,93)

Erst durch das Eindringen der beleidigten Herzogin
wird die Idylle zerstört, Helena wieder zum Gespenst unter Tempeltrümmern. Im letzten Akt erfolgt das Zusammentreffen Fausts mit der personifizierten Unschuld eines
blonden holländischen Mädchens, dem Inbegriff von »rei-
ner Natürlichkeit, Zucht und Schöne« (9,96). Doch das
Glück wird durchkreuzt durch die unerbittliche Mephistophela, die den Kontrakt präsentiert und Faust aus dem
Hochzeitszug heraus in die Hölle abberuft.

Die Götter im Exil

Ganz am Ende seines Lebens ist Heine noch einmal in einer eigenen Schrift auf das mythologische Thema zurückgekommen. *Die Götter im Exil*, 1852/53 für die französische Zeitschrift *Revue des deux Mondes* konzipiert und zuerst in französischer Sprache erschienen, machen zumindest in ihrer deutschen Version einen geschlosseneren, literarisch stärker durchgestalteten Eindruck, sind weniger Sammlung von Fundstücken und Notizen als etwa die *Elementargeister*. Für den französischen Erstdruck hatte Heine dem neu geschriebenen Text den zweiten Teil der *Elementargeister*, der in deren französischer Version nicht enthalten war, vorgeschaltet und die beiden Teile durch einige Umstellungen am Ende des ersten Teils, der jetzt nicht mehr mit der *Tannhäuser*-Ballade schließt, zusammengefügt. Auch für den erneuten Abdruck im neunten Teil der *De l'Allemagne*-Ausgabe von 1855 bleibt der Textzusammenhang so erhalten, und wir haben hier erneut den Fall, dass ein Text Heines im Französischen eine andere, ganz eigene Gestalt hat. Die Rezeption wurde zunächst von dem Umstand beherrscht, dass vom Abdruck in der *Revue des deux Mondes* unverzüglich unrechtmäßige Rückübersetzungen ins Deutsche hergestellt und gedruckt wurden. Heine hatte das geahnt und versucht, dem durch einen zeitgleichen Abdruck des deutschen Textes zuvorzukommen, was ihm nicht gelang. Ein Zeitungsabdruck unter dem Titel »Die Götter im Elend« verzögerte sich. Im Vorwort zu den *Geständnissen* im ersten Band der *Vermischten Schriften*, in dem dann auch die endgültige deutsche Version der *Götter im Exil* erschien, beklagt er sich bitter über die »Schnapphähne« und »Gauner«, die »ganz straflos den armen Schriftsteller um seinen eben so mühsamen wie kümmerlichen Erwerb bestehlen können« (15,11). In der Tat gab es damals in Deutschland noch keinen wirksamen Schutz von Autorenrechten, und Heine musste noch miterleben, wie zwei unrechtmäßige deutsche Gesamtausgaben seiner Werke erschienen, die für den deutschen Markt bestimmt waren, auch wenn als Erscheinungsorte Amsterdam und Philadelphia genannt sind.

Die Götter im Exil greifen eine der Hauptideen Heines hinsichtlich der Volksmythologie wieder auf, die Vorstellung, dass die alten – diesmal ausschließlich antiken – Götter keineswegs spurlos von der Erde verschwunden sind, sondern als »böse Geister, welche durch den Sieg Christi vom Lichtgipfel ihrer Macht gestürzt, jetzt auf Erden, im Dunkel alter Tempeltrümmer oder Zauberwälder, ihr Wesen trieben« (9,125). In drei geschlossenen Geschichten führt er dem Leser die Beispiele der Götter Dionysos/Bacchus, Hermes/Merkur und Zeus/Jupiter vor. In den ersten beiden Fällen lieferten ihm Sagen aus der *Deutschen Mythologie* von Jacob Grimm den erzählerischen Rahmen, in der Geschichte von Jupiter auf der arktischen Kaninchen-Insel greift Heine möglicherweise auf eine englische Quelle von 1851, Thorpe's *Northern Mythologie* zurück.

Der Bericht über das Schicksal des Bacchus weist am stärksten zurück auf die früheren Texte zur Mythologie. Nicht nur, weil das Personal der Bacchanten und Mänaden, der Faune und Centauren bereits aus dem Ballett *Die Göttinn Diana* bekannt ist, sondern auch, weil es hier wieder um die direkte Konfrontation von heidnischem Kult des Lebens und der Freude und christlicher Entsagungsmentalität geht. Ein Fischer setzt einmal im Jahr drei geheimnisvolle Mönche auf eine Insel über. Er entdeckt schließlich, dass es sich um das Trio Dionysos, Silenus und Priapos handelt, die auf der Insel mit ihrem Gefolge den Kult des Dionysos begehen. Als er seine Entdeckung im nahe gelegenen Kloster beichtet, muss er feststellen, dass der Prior und seine beiden Mitbrüder genau jene geheimnisvollen Mönche sind, die er zur Insel befördert hat.

Heine hat hier auf raffinierte Weise den Palimpsestcharak-
ter der unterdrückten heidnischen Überlieferung ins Bild
gesetzt, indem er die Götter selbst zu Mönchen werden
lässt.

Die zweite Geschichte rankt sich um den Gott Merkur,
der sein kaufmännisches Geschick jetzt in Ostfriesland als
Organisator von Transporten mit den Seelen Verstorbener
zur Weißen Insel unter Beweis stellt. Merkur ist zum Holländer geworden, der statt geflügelter Sandalen Schnallen-
schuhe trägt. Dieser Abstieg einer Figur, die früher mit
den Göttern zu Tische saß und heute mit ostfriesischen
Fischern Handel treiben muss, ist eine neue Variante in
Heines mythologischer Darstellung. Er greift damit einerseits einen Trend auf, der damals in Paris verbreitet war,
wo das Schicksal der Götter und ihre verbürgerlichte Er-
scheinungsform längst zum Gegenstand der Lust- und
Singspiel-Bühnen geworden war – man denke an Jacques
Offenbach –, folgt diesem Trend aber nur bedingt. Denn
dieser Merkur behält bei aller Verbürgerlichung, der er
sich notgedrungen unterworfen hat, eine tragische Aura.
Man darf hinter dieser Darstellung durchaus eine verschlüsselte Klage über das Schicksal des politischen Exils
sehen, ein Schicksal, dessen Folgen Heine nicht nur am eigenen Leibe, sondern auch bei vielen seiner Weggefährten
über die Jahre hatte erleben müssen. Wenn für den Zeit-
schriftendruck noch der Titel »Die Götter im Elend« vorgesehen war, so spiegelt sich darin die Rücksichtnahme
auf die Zensur, die eine offene Auseinandersetzung mit
dem Exil nicht geduldet hätte. Für den Buchdruck nimmt
er diese Rücksicht nicht mehr, und kehrt zum ursprünglichen Titel zurück, den auch der französische Text trägt.

Vom tatsächlichen Elend des Exils, aber auch vom
Elend des Alters handelt auch die letzte der drei Ge-
schichten. Als seine Quelle führt Heine den Walfänger
Niels Andersen an, dessen kuriose Ansichten über die
Wale und deren Religiosität in einem kleinen Exkurs prä-

sentiert werden. Während der Erzähler den Bericht eines Missionars zitiert, demzufolge die Wale sich aus dem Wasser erheben, an die Eisberge lehnen und in dieser aufrechten Haltung Gott preisen, hält Andersen dagegen, diese Posituren nähmen die Tiere nur ein, um sich den Rücken zu reiben, in dessen dicker Fettschicht häufig die Wasserratten ihre Nester bauten. Er erzählt dann von der Kanincheninsel in der russischen Arktis, auf der Seeleute einen hoch gewachsenen alten Mann entdecken, der in beklagenswertem äußeren Zustand in einer verfallenen Hütte von dem lebt, was ihm der Tausch von Kaninchenfellen einbringt. Mit ihm in der Hütte sind ein zerzauster Vogel, den man für einen Adler halten konnte, und eine alte Ziege. Der Alte spricht eine unverständliche Sprache, die ein griechischer Matrose als eine alte Form des Griechischen identifiziert. In einer Nachbemerkung löst Andersen selbst die Identität Jupiters auf, der umgeben von seinem Adler und seiner Amme Amalthea in der Kälte des arktischen Exils dahinvegetiert.

Der Erzähler entschuldigt sich für die Empfindsamkeit seiner Schilderung, ein Hinweis darauf, dass mit dem Porträt des gefallenen Zeus eine Art Selbstbild des todkranken Dichters geliefert wird. In den *Geständnissen*, in den *Vermischten Schriften* direkt vor den *Göttern im Exil* gedruckt, beschreibt Heine, wie er früher in der Vorstellung gelebt hat, dass er »selbst hier auf Erden der liebe Gott sey« (15,35), und wie ihm dieser Glaube im Laufe seiner Krankheit gründlich abhanden gekommen ist. Ähnlich wie der gefallene Zeus muss er jetzt, zum »armen Menschen« geworden, erdulden, wie Gott »die Lauge der Verhöhnung [...] über mich herabgeußt« (15,56). Abschließend verbindet Heine das Bild der abgesetzten Götter mit dem Bild der von Ratten geplagten Walfische: »An jeder Größe auf dieser Erde nagen die heimlichen Ratten, und die Götter selbst müssen am Ende schmählich zu Grunde gehen.« (9,145) Man kann diesen Hinweis durchaus in einem politischen Sinne verstehen, wobei sich dann interessante Parallelen ergeben. Denn so wie die christlichen »Ratten« durch ihr beständiges Nagen die alten Götter zu Fall gebracht haben, so werden die kommunistischen »Ratten« der modernen Zeit einst den christlichen Gott zu Fall bringen und eine neue Zeit mit neuen Göttern begründen, über deren Beschaffenheit in der *Lutezia*, ebenfalls in den *Vermischten Schriften* enthalten, das Nötige gesagt wird.

Literatur

B 1: DHA 9; HSA 9, 12. Höhn, B 5: 1997, 362–368 (»Elementargeister«), 451–455, 466–468 (»Ballette«), 462–466 (»Die Götter im Exil«). Holub, B 7.11: 1981; Küppers, B 7.11: 1994; Winkler, B 7.11: 1995. Holub, B 7.11: ²1997, 314–329; Schlesier, B 7.11: 2001, 93–110.

Autobiographische Schriften

Das Ineinanderschreiben von Weltgeschichte und eigener Lebensgeschichte hat Heine zum Prinzip erhoben. Es ist dieses Schreibprinzip, aus dem seine ganz eigenen Textwelten entstehen. Im Grunde sind deshalb alle seine Texte auch autobiographisch, ohne wirklich Autobiographie zu sein. Eine solche, seit den 1820er-Jahren von Heine immer wieder geplant und angekündigt und als Druckmittel in der Auseinandersetzung mit der eigenen Familie vielfältig benutzt, blieb bis auf zwei Bruchstücke, die *Geständnisse* und die *Memoiren*, ungeschrieben. Heine selbst hat über Jahrzehnte an dem gearbeitet, was die Heine-Forschung heute den »Memoiren-Mythos« nennt. Er sprach immer wieder von großen Manuskriptmengen, die bereits fertig seien, im September 1840 z. B. von einem vierbändigen Memoiren-Manuskript, und schließlich von fremdverschuldeten Verlusten wie selbstverursachter Vernichtung von Textteilen. All das darf man getrost ins Reich der Mystifikation verweisen, die insbesondere zur Zeit des Erbschaftsstreits mit seinem Vetter Carl Teil von Heines letztlich gescheiterter Strategie war.

Als er dann schließlich wirklich an eine Niederschrift ging, entstanden die beiden Texte parallel und in direkter Abhängigkeit, wenngleich aus recht unterschiedlichen Beweggründen. Die *Geständnisse*, schon vom Titel her als Autobiographie, als Schilderung der eigenen inneren Entwicklung angelegt, hatten zunächst den Zweck, so sagt es der Autor selbst zu Beginn seines Textes, eine zu Beginn der 50er-Jahre nötig gewordene Neuausgabe seines französischen Buches *De l'Allemagne* einzuleiten. Sie sollten ursprünglich »Bekenntnisse« heißen und Auskunft geben über die geistigen Voraussetzungen seiner Deutschland-

Heinrich Heine
Bleistiftzeichnung von Marcellin-Gilbert Desboutin
Paris, 1853

Darstellung, sollten aber zugleich die seitdem eingetrete-
nen Veränderungen seines körperlichen wie geistigen Zustandes, »die philosophischen und religiösen Variazionen,
die seit seiner Abfassung im Geiste des Autors vorgefal-
len« (15,15), referieren und reflektieren. In der historisch-
kritischen Ausgabe sind die in diesem Fall besonders auf-

schlussreichen Arbeitsprozesse minutiös nachgezeichnet, die sich in drei Etappen zwischen Ende 1852 und Frühjahr 1854 vollzogen. Aufschlussreich sind diese Arbeitsvorgänge deshalb, weil an ihnen die enge Verzahnung der Manuskripte von *Geständnisse* und *Memoiren* kenntlich wird. Noch in der letzten Arbeitsphase verschob der Autor ein Textstück, das ursprünglich den Anfang der *Memoiren* bilden sollte, an den Schluss der *Geständnisse*. Auch das Schicksal des von Heine selbst so genannten »Waterloo-Fragments« kann man jetzt genauer verfolgen. Es war ursprünglich Teil des *Geständnisse*-Textes, wurde dann ausgeschieden und sollte als eigenständiges Textstück in Band 1 der *Vermischten Schriften* rücken, was der Verleger Campe aus politischen Gründen verhinderte, der Text erschien ihm zu frankreichfreundlich. Der Druck der deutschen Textfassung der *Geständnisse* verzögerte sich so sehr, dass noch vorher ein ins Französische übersetzter Auszug in der *Revue des deux Mondes* erschien, der, wie schon bei den *Göttern im Exil*, sofort wieder die Raubdrucker auf den Plan rief. Eine dieser Rückübersetzungen druckte die Augsburger *Allgemeine Zeitung*, versehen mit gehässigen Randbemerkungen, die die Rezeption der *Geständnisse* in Deutschland nachhaltig behinderten. In der Buchausgabe von *De l'Allemagne* erschien »Aveux de l'auteur« dann nicht als Einleitung, sondern als Abschluss des gesamten Buches, und zwar in überarbeiteter, von der deutschen Fassung leicht abweichender Version.

Parallel dazu arbeitete Heine an einem *Memoiren*-Fragment, das dann erst 1884, ein Jahr nach Mathilde Heines Tod, aus dem Nachlass herausgegeben wurde. Auch der Titel *Memoiren* stammt nicht von Heine, sondern vom ersten Herausgeber Eduard Engel. Die Forschung geht heute davon aus, dass es keine weiteren Memoirenteile gibt und das vorliegende Fragment sogar dem kompositorischen Willen des Autors entspricht. Auch die Lücke im Text, die man lange für einen Eingriff infolge des Ein-

spruchs der Verwandtschaft hielt, hat sich als vom Autor
selbst zu verantwortende Verschiebung herausgestellt: das
dort ausgeschnittene Textstück wurde den *Geständnissen*
zugeschlagen. Im Unterschied zu diesen, die mit ihrer
Nachzeichnung des inneren Bildungsganges eher dem Typus der Autobiographie entsprechen, gehört das Fragment
zur Memoirenliteratur, insofern es den Schwerpunkt mehr
auf die Geschehnisse legt, die mit dem Lebensweg des Autors verbunden sind, seinen äußeren Werdegang.

Dem eigentlichen Memoirenfragment ist eine kurze Vorrede vorgeschaltet, in der der Autor eine Dame anredet, die
Auskunft über sein Leben verlangt hat. Er beklagt familiäre
und religiöse Rücksichten, die ihn dazu gezwungen haben,
große Teile der bereits fertigen Memoiren zu verbrennen
und bietet als Ersatz einige Blätter an, die er in der Absicht
zusammengestellt hat, »das Mährchen meines Lebens«
(15,60) zu erzählen. Schon diese Einleitung steckt voller
Stilisierungselemente, die schließlich in dem Wort »Mährchen« zusammenlaufen. Als Heine dann beginnt zu erzählen, deutet er auch die Stilisierungsrichtung an: »Aus den
frühesten Anfängen erklären sich die spätesten Erscheinungen«, heißt es (15,60). Offenbar soll das Fragment, das
sich ganz auf die Kinderzeit und frühe Jugend in Düsseldorf konzentriert, mehr sein als Sammlung »biographischer Notizen« (15,59), es soll zugleich eine Lesart der Person des Autors einleiten und befördern. Zu den Schwierigkeiten und Gefahren von Porträts und gar Selbstporträts
hat Heine zu Anfang der *Geständnisse* festgestellt, dass jeder »dem Publikum in einer andern Farbe erscheinen«
möchte, »als die ist, womit uns die Fatalität angestrichen
hat« (15,15), dass es andererseits aber auch dumm wäre, die
eigenen Schwächen zu sehr hervorzuheben. Schwächen
stellt er dann keine heraus, er entwirft vielmehr die Porträts
der wichtigsten Personen, mit denen er im Verlauf seiner
Düsseldorfer Zeit in Berührung gekommen ist.

Zunächst wendet sich die Schilderung der Familie der Mutter zu, den »de Gelderns«, wie Heine meist schreibt, auf diese Weise einen (nicht vorhandenen) Adelstitel andeutend. Als Erste erscheint die tatkräftige, engagierte und kluge Mutter mit ihren hochfliegenden Plänen, die ihn zum Kirchenmann, Juristen, Kaufmann machen will und schließlich zum Jurastudium schickt, und die nichts so sehr fürchtet, als dass er ein Dichter werden könnte: »das wäre das Schlimmste, sagte sie immer, was mir passiren könne« (15,62). Sie steht für jenen Teil seiner Person, der von Vernunft und gesundem Gefühl regiert wird und mehr der Wissenschaft als der Poesie zugewandt ist. Für Romantik, Phantasie und Poesie waren zwei andere Mitglieder der van Gelderschen Sippe zuständig, die Heine im Anschluss vorstellt: der kauzige Onkel Simon, in dessen wunderkammerartiger Dachstube die Phantasie des kleinen Harry reichlich Nahrung findet, und der Großonkel Simon de Geldern, der Morgendlandfahrer und Chevalier des 18. Jahrhunderts, der dem Nachkömmling als eine Mischung aus Abenteurer und Gelehrten erscheint und mit dem er sich in seinen Tagträumen als seinem »morgenländschen Doppeltgänger« (15,73) identifiziert. Nimmt man die Nebenbemerkungen zum früheren Reichtum und der Bedeutung der Familie van Geldern, ihrer festen Verwurzelung in der rheinischen Aufklärung mit Filiationen bis hin zu Helden der Französischen Revolution hinzu, hat Heine sich einen respektablen Hintergrund geschaffen, der ihn einbindet in eine Tradition und seinem Auftritt das nötige Gewicht verleiht. »Jede Generazion«, schreibt er selbstbewusst, »ist eine Fortsetzung der andern und ist verantwortlich für ihre Thaten« (15,74).

Festzuhalten ist, dass es im Zusammenhang mit der van Geldernschen Familie stets um die Bildung des Geistes und der Einbildungskraft des Knaben geht, um literarische Anregungen und wissenschaftliche Beiträge, um Aufklärung, Politik und die große weite Welt. Dem steht auf Seiten der

Familie Heine, die beinahe ausschließlich durch den Vater
repräsentiert ist – die Familie des Onkels Salomon wird
nur mit einigen auffällig devoten Bemerkungen gestreift,
die einzige indirekte Anspielung auf den Familienzwist um
die *Memoiren* –, die praktische, sittliche und soziale Bildung gegenüber, konzentriert auf den überschaubaren
Raum der engeren Düsseldorfer Heimat. Vom Vater, »von
allen Menschen derjenige den ich am meisten auf dieser
Erde geliebt« (15,82), lernt der kleine Harry zu feiern und
zu schenken, er lernt Toleranz im Umgang mit Menschen,
er lernt eine gute Aussprache des Deutschen, aber auch
verstehen, was Lebenslust ist. Im Zusammenhang mit der
Schilderung des väterlichen Charakters liefert Heine zusätzlich Genrebildchen aus dem Leben der Kleinstadt Düsseldorf zu Beginn des 19. Jahrhunderts, die dem Text Farbe
und Lebendigkeit geben: der Pferdeäpfel einsammelnde
»Dreckmichel« mit seinem Esel, den er immer mit dem
Ruf »Harrüh« antreibt, was die Straßenjungen dazu bringt,
den Vornamen »Harry« zu verballhornen; die alte Frau
Flader und ihr Sohn Jupp, der dem kleinen Heine, seinem
ärgsten Feind, die Hand küssen muss; die Schnaps-Hanne
und Zippel, die Amme der Familie. Anders als in der abge-
hobenen Sphäre der mütterlichen Familie geht es im Umkreis des Vaters bodenständiger zu, bleibt der Kontakt zu
den einfachen Leuten erhalten. Während Onkel Simon die
alten Weiber, die ihn wegen medizinischer Ratschläge be-
lästigen, vertreibt, ist der Vater als Verwalter der Armen-
kasse stets höflich und zuvorkommend.

Beide Elemente, die volksverbundene Lebenslust und die
anspruchsvolle Anregung aus dem Geiste der Aufklärung,
prägen die Entwicklung des Knaben Harry, und beide finden ihren Ausdruck in dem Ereignis, mit dem die Kindheit
Heines zu Ende geht und sein Eintritt in die Erwachsenen-
welt erfolgt. Die Begegnung des Sechzehnjährigen mit dem
»roten Sefchen«, der rothaarigen Schönheit aus einer verru-

fenen Scharfrichterfamilie, mit der die *Memoiren* schließen, beschreibt der Autor rückblickend als eine Art Selbstbefreiung zu den beiden Hauptleidenschaften seines Lebens, »die Liebe für schöne Frauen und die Liebe für die französische Revoluzion« (15,99). Die Vorzüge der Schönheit und der Revolution, beides verkörpert die Scharfrichternichte in geradezu emblematischer Weise. Ihre poetische Aura entwickelt der Autor aus dem Wust an Volksaberglauben und sonstiger Volksüberlieferung, mit dem sie umgeben ist; aber auch aus ihrer Figur, ihrer Gestalt, deren Bewegungen, wie es heißt, »die Rhythmen ihres Leibes, ich möchte sogar sagen die Musik ihrer Seele« (15,93) offenbaren. In diesem Punkt ist Josefa verwandt mit heineschen Figuren wie der geheimnisvollen Tänzerin Laurence aus den *Florentinischen Nächten* oder der Lady Mathilde aus den *Reisebildern*, in denen sich das Reich der Poesie gewissermaßen körperlich offenbart. Und das bedauernswerte Schicksal, das sie ihrer Herkunft wegen zur Außenseiterin macht, lässt ihn die Notwendigkeit einer Veränderung der alten Gesellschaft hautnah erfahren. Der erste Kuss wird so zur poetisch-politischen Initiation: »ich küßte sie nicht bloß aus zärtlicher Neigung sondern auch aus Hohn gegen die alte Gesellschaft und alle ihre dunklen Vorurtheile« (15,99).

Wie in Goethes *Dichtung und Wahrheit*, ein Vorbild, auf das der Text nicht nur direkt, sondern auch in der Schilderung des Kontrastes von väterlicher und mütterlicher Sphäre anspielt, wobei die Akzente in der Familie Heine genau anders herum liegen, ist in Heines *Memoiren* ein starker Wille zur Stilisierung spürbar. Der präzise Aufbau des Fragments, der gleichsam auf diesen Schlussakt zuläuft und den Leser teilhaben lässt daran, wie ein junger Dichter zum Bewusstsein seiner selbst kommt, unterstreicht noch einmal die Literarisierung der biographischen Elemente.

Im letzten Abschnitt des *Memoiren*-Fragments kommt Heine auf den Atheismus zu sprechen, von dem sein Vater sagt, dass er schlecht fürs Geschäft sei und auch deshalb

328 Autobiographische Schriften

»eine große Sünde« (15,100). Das spricht dafür, dass einmal
der Plan bestand, an das Fragment den Text der *Geständnisse* anzuschließen, in denen die Atheismus-Frage ganz im
Mittelpunkt steht. Die *Geständnisse* sind sicher die spekta-
kulärere der beiden autobiographischen Schriften. Zunächst geht es hier wie angekündigt um das Verhältnis seiner Deutschland-Schriften zum Buch *De l'Allemagne* der
Frau von Staël, gegen das, wie Heine offen zugibt, sein eigenes Buch, das in der französischen Ausgabe denselben Titel trägt, »aus polemischer Absicht« (15,15) gerichtet ist. Interessant ist dabei noch nicht einmal so sehr seine Kritik an
der Tendenz des de Staëlschen Buches, »das den deutschen
Spiritualismus als das Ideal aller Herrlichkeit feyern sollte«
(15,16), und in dem Deutschland als ein »nebelhaftes Geis-
terland« erscheint, »wo die Menschen ohne Leiber, ganz
Tugend, über Schneegefilde wandeln, und sich nur von Moral und Metaphysik unterhalten« (15,17f.). Diese Art Kritik
kennt man bereits aus früheren Äußerungen Heines.

Von besonderem Interesse ist die eigenartige Verknüp-
fung dieser Kritik mit der Beziehung der Frau von Staël
zu Napoleon: »Der Haß gegen den Kaiser ist die Seele
dieses Buches ›de l'Allemagne‹« (15,18), behauptet Heine.
Dem ganz Gegenwart und Zukunft zugewandten Kaiser,
dem »Sultan der Materie« und »Gonfalonière der Demokratie«, setzt sie, die »Sultaninn des Gedankens« (15,17f.,
188), ein ganz der Vergangenheit zugewandtes Deutsch-
landbild entgegen. Heine selbst sieht sein Buch dagegen
als einen Vermittlungsversuch zwischen Romantik und
Moderne, sich selbst als denjenigen, der die bewahrens-
werten Anteile der romantischen Überlieferung freigelegt
und mit den Problemen der Gegenwart vermittelt hat, als
Zerstörer (der schlechten) und Erneuerer (der guten) romantischen Traditionen. Und so wie er die Position der
Frau von Staël im Positiven überwindet, so hat er auch einen Partner gefunden, der ebenfalls die Rolle seines Vor-
gängers im positiven Sinne weiterentwickelt hat: Napole-

on III., durch den Staatsstreich vom 2. Dezember 1851 an die Macht gelangt, erscheint als natürlicher Verbündeter Heines, der in einem kleinen Exkurs erläutert, wieso er als Düsseldorfer in ihm seinen ihm gewissermaßen durch Geburt zugewiesenen Herrscher sehen kann. Seine Einschätzung Napoleons III. ist insgesamt merkwürdig diffus und gebrochen. Zwar kritisiert er ihn teilweise im Blick auf die Innenpolitik; doch er ist zugleich legitimer und moderner Nachfolger von Napoleon I., der dessen unvollendetes Befreiungswerk weiter vorantreibt. Das von Heine »Waterloo. Fragment« betitelte Textstück entwirft einen Überblick über die politische Landschaft Frankreichs von der Niederlage Napoleons I., Niederlage der Demokratie gegen die »schlechte Sache« der Aristokratie (15,188), über die Zeit der Juli-Monarchie mit dem friedliebenden und geschickten Regenten Louis-Philippe bis hin zu der durch die Februar-Revolution von 1848 eingesetzten provisorischen Regierung: »Nie hat das Volk, das große Waisenkind, aus dem Glückstopf der Revoluzion miserablere Nieten gezogen« (15,190). Und erst der 2. Dezember 1851 mit dem Staatsstreich Napoleons III. bringt endlich die Aussöhnung mit der Niederlage von Waterloo, die Rehabilitierung Napoleons I. und der durch ihn vertretenen Ideale, die in den 20er-Jahren dem Dichter Heine, der sie in Gedichten und *Reisebildern* betrieb, noch so viel Feindschaft eingetragen hatte. Das Missverhältnis des Paares de Staël / Napoleon I. wird ausgeglichen durch das Paar Heine / Napoleon III.; Heine rückt sich ein in die Geschichte des Fortschritts als jemand, dem es, im Gegensatz zu de Staël, mit seiner Darstellung gelungen ist, die tatsächliche Rolle und Bedeutung der deutschen Romantik, ihrer Literatur und Philosophie, im historischen Prozess des Übergangs von der alten, vorrevolutionären in die neue, nachrevolutionäre Welt zu verdeutlichen. Die endliche Wiederkehr eines Napoleon als jüngste Etappe in diesem Prozess kann Heine als Bestätigung seiner eigenen Anstrengung

interpretieren: Seine kritische Erneuerung der romantischen Tradition verläuft parallel zur Wiedererweckung der
durch den alten Kaiser verkörperten Ideale in seinem
Nachfolger.

Den Anschauungsunterricht für diese Ideale und damit
den Schlüssel zur kritischen Lektüre der deutschen Tradition hatten ihm die Franzosen mit der Revolution von
1789 geliefert, und zwar bereits in seiner deutschen Zeit,
erst recht aber nach seiner Übersiedlung nach Paris. Und
entsprechend enthusiastisch fällt die Beschreibung seiner
ersten Begegnung mit der Stadt und ihren Bewohnern aus,
changierend zwischen dem Einzug Jesu in Jerusalem und
Tannhäusers Einzug in den Venusberg. Auch hier liefert
Madame de Staël wieder den direkten Kontrast, die nach
Napoleons Niederlage im Gefolge von wüsten Franzosen-
fressern und germanischen ›Bluthunden‹ in Paris einrückt
und damit erneut die reaktionäre Lesart der Geschichte
verkörpert.

Diese Schilderung der ersten Pariser Zeit, in der die Artikel entstanden, die die Grundlage für *De l'Allemagne* bildeten, markiert etwa in der Mitte des Textes den Übergang
zwischen den beiden Teilen der *Geständnisse.* Heine
kommt jetzt auf jene »philosophischen und religiösen Variazionen« zu sprechen, die seit Abfassung der Deutschland-Schriften mit ihm vorgegangen sind und lenkt das Interesse auf den Atheismus der deutschen Philosophie, ihr
»Schulgeheimniß«, das er als Erster den Franzosen ausge-
plaudert hat. Die neuesten deutschen Philosophen rissen
»schonungslos und mit bacchantischer Lebenslust den
blauen Vorhang vom deutschen Himmel, und riefen: sehet,
alle Gottheiten sind entflohen« (15,29). Diese Zuspitzung
der idealistischen Philosophie auf das Atheismus-Problem
erscheint sehr einseitig, und zwar sowohl der Sache nach
wie auch in Betracht von Heines Philosophie-Schrift. Offensichtlich benutzt Heine die Haltung zur Gottesfrage

hier primär als Unterscheidungskriterium zwischen zwei verschiedenen Denkweisen: Der Atheismus, so schildert er es allgemein, aber auch in Bezug auf seine eigene Person, ging einher mit dem Prozess der Selbstvergottung: Ausdrücklich fordert Heine in *Zur Geschichte der Religion und Philosophie* im Namen der neuen Philosophen die Errichtung eines prächtigen, genussseligen »Götterreiches« auf Erden. Erste Bedenken kamen ihm, als er sich durch diese Forderungen plötzlich in sehr zweifelhafter Gesellschaft sah: Der Atheismus hatte sich mit dem Kommunismus, dem »ganz feigenblattlosen, communen Communismus« verbündet und begann, »nach Käse, Branntwein und Tabak zu stinken« (15,30). Während einer Begegnung mit dem Handwerkerkommunisten Weitling in Hamburg, der ihn, gerade aus der Haft entlassen, wie seinesgleichen behandelt, schaudert ihm bei dem Gedanken an ein »Nebeneinander-gehenktwerden« (15,33). Bei aller Abneigung gegen die kommunistischen »Cohorten der Zerstörung, [...] deren Axt das ganze gesellschaftliche Gebäude bedroht«, bei allen Vorbehalten insbesondere als Künstler, der die jahrhundertealten Traditionen der Kultur abreißen sieht, hebt Heine auch an dieser Stelle doch die Berechtigung der Forderungen des Volkes nach radikalen Veränderungen hervor. Später ruft er dafür auch noch Christus als Zeugen auf: »Es giebt wahrhaftig keinen Socialisten, der terroristischer wäre als unser Herr und Heiland« (15,46).

Hatten ihn die Erfahrungen mit dem Handwerkerkommunismus zwar vom Atheismus, aber nicht von den mit diesem verbundenen Zielen abgebracht, so kam die wirkliche Kehre Heines in der Gottesfrage nach seiner Darstellung erst unter dem Eindruck der Ereignisse des Februars 1848 zustande, als einerseits sein endgültiger körperlicher Zusammenbruch erfolgte, andererseits die Revolution ausbrach. Gerade dieser lang erwartete und prophezeite Umsturz des Regimes der Juli-Monarchie sollte ja einen wichtigen Schritt bringen in Richtung auf jenes irdische »Götterreich«, dessen Erscheinen Heine in *Zur Geschichte der Religion und Philosophie in Deutschland* voller Enthusiasmus prophezeit hatte. Aber jene Revolution, in der »die Weisheit der Klügsten zu Schanden gemacht und die Auserwählten des Blödsinns aufs Schild gehoben wurden« (15,36) und deren Vertreter Heine in »Waterloo. Fragment« heftig kritisierte, brachte von all dem nichts. Sie stellte die Welt auf den Kopf, und er, der vorher auf dem Kopf stand, fand sich in der verkehrten Welt plötzlich auf den Füßen wieder. Seine Konsequenz, in der ihn sein desolater Gesundheitszustand bestärkte, bestand darin, das alleinige Ziel der Errichtung eines »irdischen Himmelreiches« samt der Idee der eigenen Göttlichkeit aufzugeben, damit auch endgültig dem Atheismus abzuschwören, und zur Vorstellung eines außerhalb der materiellen Welt befindlichen Gottes zurückzukehren. Heine inszeniert seine Rückkehr zu Gott als eine Rückkehr zum Geist, zur Geistigkeit, zum Buch: Die Bibel ist das Zentrum jenes »religiösen Gefühls« (15,43), das er für sich wieder entdeckt hat, sie stiftet die Einheit im großen Reich des Geistes. Der Verherrlichung des – atheistischen – Sensualismus in den Deutschland-Schriften steht in den als Einleitung dazu gedachten *Geständnissen* jetzt als Erfahrung des alten, kranken und von der Revolution zutiefst enttäuschten Heine die Wiederentdeckung des Spiritualismus gegenüber. Das ist durchaus keine Revision der alten Ansichten, es ist eine Korrektur ihrer Einseitigkeit. Ohne die spirituelle Dimension, das ist Heines neue Einsicht, kann die Emanzipation, die weiterhin das große Ziel bleibt, nicht funktionieren. Insofern stellt der Autor sich jetzt in die Tradition des »edlen Hauses Israel« und ist stolz darauf, »ein Abkömmling jener Märtyrer« zu sein, »die der Welt einen Gott und eine Moral gegeben, und auf allen Schlachtfeldern des Gedankens gekämpft und gelitten haben« (15,42). Dieses Bekenntnis zum Judentum, aber auch die breit ausgeführten Respektsbezeugungen in

Richtung der beiden christlichen Konfessionen, tragen nicht den Charakter der Rückkehr eines reuigen Sünders, sondern unterstreichen den Stellenwert des Geistigen im historischen Prozess. Dass die geistigen Bedürfnisse mindestens so existentiell sind wie die materiellen und sogar direkt aus den körperlichen Voraussetzungen erwachsen können, demonstriert Heine dann gleich an seinem eigenen Beispiel, dem er noch einige vergleichbare historische Musterfälle – Hiob, den aussätzigen Mönch aus der Limburger Chronik – an die Seite stellt. Der leidende, kranke Mensch ist im irdischen »Götterreich« der Materialisten nämlich nicht vorgesehen; der berühmte Dichter, dessen Lieder ganz Deutschland pfeift, sitzt derweil in der Einöde und kann nicht wirklich teilhaben an seinem Ruhm, der ihm wenig nutzt. Ihn tröstet das Gespräch mit einem persönlichen Gott, den es schon aus diesem Grund geben muss.

Die *Geständnisse* enthalten so als Teil von *De l'Allemagne* in mehrfacher Hinsicht Leseanweisungen für ein neues Verständnis der Deutschland-Schriften; als Teil der *Vermischten Schriften* werfen sie eine interessante Beleuchtung auf Texte wie *Die Götter im Exil*, *Gedichte. 1853 und 1854* oder die *Lutezia*. Zusammen mit dem »Nachwort zum Romanzero« dokumentieren sie Heines Neubewertung des religiös-spirituellen Elements in der welthistorischen Spannung von Sensualismus und Spiritualismus, eine Neubewertung, die mit der Erfahrung von Leid und Krankheit eng zusammenhängt.

Literatur

B 1: DHA 15; HSA 12. Höhn, B 5: 1997, 485–499. Siehe die Literatur zur Biographie, B 7.1.

Epilog

Kein anderer unserer großen Dichter hat es so schwer gehabt unter den Deutschen wie Heinrich Heine. Von allem Anfang an stand seine Aufnahme bei der Kritik wie beim Publikum unter einem doppelten Missverständnis: Man verehrte, lobte und liebte ihn als Verfasser einer geistreich-witzigen Prosa und sentimental-romantischer Verse, ohne den Stachel zu bemerken oder doch bemerken zu wollen, der unter all den Rosen verborgen war. Gleichzeitig beschimpfte und hasste man ihn als Verfasser von Texten, in denen er die höchsten Güter der bürgerlichen Gesellschaft – Gott, König, Vaterland, Eigentum – spöttisch und ironisch in Frage stellte, ohne die Verzweiflung zu sehen, die ihn dabei umtrieb. Der gute und der böse Heine: diese Unterscheidung zieht sich durch Literaturgeschichten und Darstellungen von der Mitte des 19. bis weit in die zweite Hälfte des 20. Jahrhunderts hinein, sie zeigt sich auch an den Erfolgsgeschichten von Werken wie dem *Buch der Lieder* und manchem Reisebild, insbesondere der *Harzreise*, und der Misserfolgsgeschichte solcher Bücher wie *Französische Zustände* oder den *Salon*-Bänden. Derselbe Bürger, der während seiner Rheintour voller Enthusiasmus die *Loreley* intonierte, schimpfte gleichzeitig auf den gottlosen Nestbeschmutzer, Freund der Franzosen und Vaterlandsverräter, den ›Juden Heine‹. Sogar die nationalsozialistische Kulturpolitik brauchte viel Zeit und Intendantenrunden für die Frage, wie mit den Heine-Liedern von Franz Schubert und Robert Schumann im Rundfunk zu verfahren sei, auch dies ein Nachklang der Unterscheidung vom guten und bösen Dichter; und noch die Artikel in bundesrepublikanischen Zeitungen zu Heines 100. Todestag 1956 werden von dieser Unterscheidung geprägt. Damals traute man sich in Westdeutschland immer noch

nicht so recht, den Namen Heine öffentlich auszusprechen, benannte seine Geburtsstadt Düsseldorf einen anlässlich seines 150. Geburtstages 1947 gestifteten Litera-
turpreis lieber nach Karl Immermann, so wie schon unter
den Nazis. Dass der ›böse‹, der politische Heine eher das
Bild des ›guten‹, des poetischen eintrübte, als dass dieses
jenes aufhellte, versteht sich. Auch hier geht es wieder im
doppelten Sinne missverständlich zu: Rechte und linke
Kritiker trafen sich in dem Verdacht gegen die Liebeslyrik
– alles nur Pose, Täuschung, keine wahren Gefühle, heißt
es bei dem konservativen Schwabendichter Gustav Pfizer
ebenso wie beim Junghegelianer Arnold Ruge, bei den
Antisemiten Adolf Bartels und Heinrich von Treitschke
ebenso wie bei Karl Kraus und im George-Kreis. Ähnlich
bei den politischen Texten: Der Republikaner Ludwig
Börne wirft Heine ebenso seine Gesinnungslosigkeit vor,
das Haschen nach Effekten auf Kosten der Überzeugung,
wie der nationalkonservative Wolfgang Menzel, und
Friedrich Engels ist ebenso empört über das *Börne*-Buch
wie Karl Gutzkow.

Der gute und der böse Heine: besonders greifbar werden sie in der überschwänglichen Verehrung des Lieder-
dichters einerseits, der von Musikern weltweit mit beinahe
10 000 verschiedenen Vertonungen geehrt wurde – ein Gedicht wie *Du bist wie eine Blume* wurde allein 388-mal
vertont, *Ein Fichtenbaum steht einsam* immerhin noch
209-mal –, und in der antisemitischen Schmähung andererseits, die bereits zu Lebzeiten einsetzte und erst nach
1968 zumindest öffentlich ihr Ende gefunden hat. Auch
wenn jene Geschichte vom »Dichter unbekannt«, das angeblich nach 1933 statt einer Verfasserangabe unter dem
Abdruck der *Loreley* in deutschen Schullesebüchern gestanden haben soll, offensichtlich nicht stimmt, bei Licht
besehen auch nicht stimmen kann, und lediglich eine jener
nach 1945 vielfältig erfundenen Entlastungsmythen ist, so

bildet sie doch das Problem des deutschen Publikums mit diesem Dichter ganz genau ab: Er lebte stets ein wenig im Untergrund und hatte doch gleichzeitig mit einem bestimmten Teil seines Werkes ein Massenpublikum.

Ein besonders anschauliches Feld, um diesen Zustand zu demonstrieren, ist die Geschichte der Heine-Denkmäler. Die Absurdität und tragische Komik dieser Geschichte zeigt die Verkrampfung im Verhältnis der Deutschen zu ihrem großen Dichter überdeutlich. Der einzige Erinnerungsort, der von dieser Verkrampfung ausgenommen blieb, war stets das Grab auf dem Montmartre-Friedhof. 1901 umgestaltet zu einer wirklichen Gedenkstätte mit einer Büste nach dem Denkmal des dänischen Bildhauers Louis Hasselriis, hat es auch die deutsche Besetzung von Paris unbeschadet überstanden, war sogar, wie die Erinnerung manches Emigranten belegt, ein Ort des stillen Widerstandes. Der Blick auf die übrigen Denkmäler zeigt nur Verworrenes. Das erste, zum 100. Geburtstag für seine Geburtsstadt Düsseldorf gedachte Denkmal – ein betont unverfänglicher Loreley-Brunnen – landet 1899 in New York und erhält die Aufschrift: »Ihrem großen Dichter die Deutschen in Amerika«. Er dient später als Treffpunkt für Dealer, verkommt bis zur Unkenntlichkeit und wird erst zu Heines 200. Geburtstag aufwändig restauriert. Die Feier zu seiner Wiederaufstellung in einem Park der Bronx direkt vor dem Polizeirevier muss wegen eines plötzlichen Regensturms abgebrochen werden. Ein paralleles Denkmalsprojekt entwickelt sich noch komplexer. Kaiserin Elisabeth von Österreich (Sisi), eine glühende Heine-Verehrerin, die bereits den Brunnen mitfinanziert hat, stellt sich 1891 eine nachdenkliche, sitzende Heine-Figur von Louis Hasselriis in den Garten ihres Anwesens auf der Insel Korfu. 1907 wird das Anwesen von den Hohenzollern gekauft, und Heine muss selbstverständlich unverzüglich ›abreisen‹. Ein Nachkomme des Heine-Verlegers Campe kauft das Denkmal und stellt es an einem Büro im Ham-

Heines Grab auf dem Friedhof Montmartre, Paris
Fotografie, um 1970 (Heinrich-Heine-Institut, Düsseldorf)

burger Stadtzentrum auf. Bereits 1925 muss es durch Ein-
schalung vor Vandalismus durch Antisemiten und Natio-
nalisten geschützt werden. 1939 wird es dann auf Initiative
einer in Paris ansässigen Nachfahrin Campes erneut einge-
schifft und ans Mittelmeer zurückgebracht. Während des
Krieges liegt es im Kunstdepot der Stadt Toulon, 1956
wird das Denkmal in einem Park in Toulon-Mourillon
aufgestellt. Ein anderes Hamburger Denkmal wird 1933
entfernt und später eingeschmolzen – eine originalgetreue
Replik steht seit 1994 vor der Universitätsbibliothek der
Heinrich-Heine-Universität Düsseldorf, während die
Hamburger sich bereits 1982 eine modernisierte Fassung
auf den Rathausplatz gestellt haben. Ein Frankfurter Hei-
ne-Denkmal wird 1933 ebenfalls entfernt, dann aber als-
bald auf einem neuen Sockel als *Frühlingslied* wieder aufgestellt.

Und während man sich auch nach 1945 in der Bundesrepublik zunächst herumquälte und 1958 etwa in Düsseldorf
einen Mädchen-Torso von Aristide Maillol zum Heine-
Denkmal erklärte, war in der DDR von Anfang an alles
anders gewesen. Hier kam es 1953 zur Aufstellung eines
veritablen und erkennbaren Heine-Denkmals durch Wal-
demar Grzimek, allerdings an wenig prominenter Stelle in
einem Ostberliner Park, entsprach doch das Porträt des
freundlichen, die Hand ausstreckenden Herren nicht dem
offiziellen, kämpferischen Bild des radikaldemokratischen
Freundes von Karl Marx. Heine war in Ostdeutschland
dem zentralen Kern des so genannten »kulturellen Erbes«
zugeschlagen worden; er war Teil der Lehrpläne in Universitäten und Schulen, seine Werke wurden in leicht zugänglichen Ausgaben gedruckt, die große historisch-kritische Heine-Säkular-Ausgabe der Werke und Briefe, zunächst noch unter bundesdeutscher Beteiligung geplant,
später dann in Kooperation mit Frankreich durchgeführt,
begann 1970 zu erscheinen. In Sachen Heine hatte die
DDR einen erheblichen Vorsprung.

Denn in der Bundesrepublik dauerte es bis zu jenem Aufbruch, den man mit dem studentischen Protest der 68er-Bewegung verbindet, bis Heine wieder ins Bewusstsein einer größeren Öffentlichkeit rückte. Zuvor gab es kaum seine Werke zu kaufen, an den Universitäten und in den Schulen spielte er so gut wie keine Rolle, und die 1956 gegründete Düsseldorfer Heine-Gesellschaft führte zunächst noch ein stiefmütterliches Dasein. Es ist heute nur mehr schwer vorstellbar, wie tief die antisemitischen Vorurteile und die Scheu, sich mit den von den Nazis verfemten Traditionen zu beschäftigen, ins kollektive Bewusstsein eingegraben waren. Noch Mitte der 60er-Jahre beschwerten sich Eltern bei Deutschlehrern, wenn diese Heine-Texte in den Unterricht holten. 1968 erschien der erste Band der Heine-Ausgabe von Klaus Briegleb im Hanser-Verlag, in der dem westdeutschen Publikum endlich der ganze Heine mit ausführlichem Kommentar zugänglich gemacht wurde. Von jetzt an ging es stetig bergauf mit der Heine-Rezeption, wobei die Gedenktage die markanten Einschnitte setzen: 1972 wurde zu Heines 175. Geburtstag ein großer Kongress in Düsseldorf ausgerichtet und endlich ein hoch dotierter Heine-Preis ausgelobt, nachdem die Heine-Gesellschaft bereits 1965 eine erste Ehrengabe an Max Brod vergeben hatte. 1973 erschien der erste Band der historisch-kritischen Düsseldorfer Heine-Ausgabe der Werke, so dass jetzt zwei große Ausgaben in den beiden deutschen Staaten herauskamen, ein weiteres groteskes Element in der Rezeptionsgeschichte Heines. 1970 richtete die Stadt Düsseldorf ein Heinrich-Heine-Institut ein, in dem der überwiegende Teil des Heine-Nachlasses – ein weiterer Teil liegt in der Pariser Bibliothèque Nationale, einzelne Sammlungen verstreut in Bibliotheken und Archiven in aller Welt – und eine vollständige Heine-Bibliothek betreut und für die Forschung bereit gehalten werden. Mit seinem Archiv, seiner Büchersammlung, seinem Museum, den verschiedenen von ihm betreuten Buchreihen, darun-

ter auch das seit 1962 erscheinende Heine-Jahrbuch, wurde
das Heine-Institut zum Zentrum einer weltweiten Heine-
Forschung. Nachdem Düsseldorf 1981 mit dem *Fragemal*
von Bert Gerresheim endlich auch ein wirkliches Heine-
Denkmal erhalten hatte, gab es mit dem zweimaligen
Scheitern der Benennung der Düsseldorfer Universität
nach Heine 1972 und 1982 einen nicht mehr für möglich
gehaltenen Rückschlag, der schließlich erst 1988 mit sanfter
Nachhilfe für die Professorenschaft korrigiert werden
konnte. In den 90er-Jahren ist dann ein weiteres deutliches
Anschwellen der Heine-Literatur und der öffentlichen
Wirkung zu verzeichnen. 1990 gelangt das Heine-Geburts-
haus in der Bolker Straße mitten in der Düsseldorfer Alt-
stadt endlich in öffentlichen Besitz und beherbergt seitdem
u. a. das Literaturbüro NRW und die Heine-Gesellschaft.
Den absoluten Höhepunkt der Rezeption bildete 1997 die
buchstäblich weltweite Feier von Heines 200. Geburtstag.
Die Kongresse und Tagungen auf allen Kontinenten; die
monatelangen Feiern in Düsseldorf und Paris mit zwei
großen Ausstellungen als Höhepunkten, die von mehr als
60 000 Heine-Freunden besucht wurden; die Heine-Zitate
aus Mündern, aus denen sie vor Zeiten nicht möglich gewesen wären, machten auch dem Letzten klar: Heine ist
endgültig bei den Klassikern angekommen.

Epilog

Unser Grab erwärmt der Ruhm,
Thorenworte! Narrenthum!
Eine beßre Wärme giebt
Eine Kuhmagd, die verliebt
Uns mit dicken Lippen küßt
Und beträchtlich riecht nach Mist.
Gleichfalls eine beßre Wärme
Wärmt dem Menschen die Gedärme,

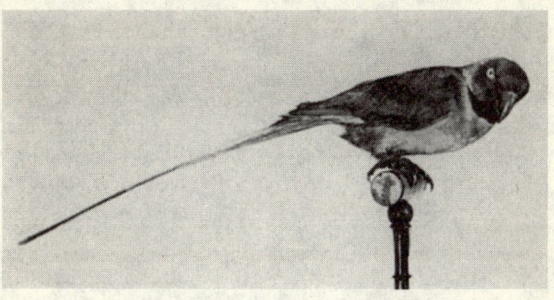

Mathildes (ausgestopfter) Papagei Cocotte
Fotografie

Wenn er Glühwein trinkt und Punsch
Oder Grog nach Herzenswunsch
In den niedrigsten Spelunken,
Unter Dieben und Halunken,
Die dem Galgen sind entlaufen,
Aber leben, athmen, schnaufen,
Und beneidenswerther sind,
Als der Thetis großes Kind –
Der Pelide sprach mit Recht:
Leben wie der ärmste Knecht
In der Oberwelt ist besser,
Als am stygischen Gewässer
Schattenführer seyn, ein Heros,
Den besungen selbst Homeros.
(3,236)

Literatur

Peters, B 7.12: 1990; Gutmann, B 7.12: 1997; Kortländer, B 7.12: 1998, 29–40; Wolf/Schopf, B 7.12: 1998. Schubert, B 7.12: 1999.

Bibliographie

Im Werk wird auf die nachfolgend verzeichneten Titel der Bibliographie (B) mit dem Verfassernamen bzw. – bei Sammelbänden – mit dem Titel, der Nummer des bibliographischen Abschnitts, dem Publikationsjahr und gegebenenfalls der Seitenzahl verwiesen.

1. Ausgaben

Alle Werkzitate entstammen der Düsseldorfer Ausgabe (DHA) unter Angabe der Band- und der Seitenzahl. Die Briefe werden nach der Säkularausgabe (HSA) unter Angabe des Briefdatums zitiert.

Historisch-kritische Gesamtausgabe der Werke. Düsseldorfer Ausgabe. Hrsg. von Manfred Windfuhr. 16 Bde. Hamburg: Hoffmann und Campe, 1973–97. [Zit. als: DHA.]

Werke, Briefwechsel, Lebenszeugnisse. Säkularausgabe. Hrsg. von den Nationalen Forschungs- und Gedenkstätten der klassischen deutschen Literatur in Weimar und dem Centre National de la Recherche Scientifique in Paris. 27 Bde. Berlin/Paris: Akademie-Verlag und Editions du CNRS, 1970 ff. [Zit. als: HSA.]

Sämtliche Schriften. (Hanser-Ausgabe.) Hrsg. von Klaus Briegleb. 6 Bde. München: Hanser, 1968–76.

Sämtliche Schriften. Neuauflage. 4 Bde. München: Winkler, 1992–94.

Sämtliche Gedichte. Hrsg. von Bernd Kortländer. Stuttgart: Reclam, 1997.

2. CD-ROM

Heinrich Heine: Zeit, Leben, Werk. Hrsg. von Harald Gerlach, Waltraud und Jürgen von Esenwein [u. a.]. Stuttgart 1997. [Enthält u. a. den kompletten Text der Hanser-Ausgabe und der 1. Aufl. des *Heine-Handbuches* von Gerhard Höhn; vgl. B 5: 1997.]

3. Quellenwerke

Dichter über ihre Dichtungen. Heinrich Heine. Hrsg. von Norbert Altenhofer. 3 Bde. München 1971.
Begegnungen mit Heine. Berichte der Zeitgenossen. Hrsg. von Michael Werner. 2 Bde. Hamburg 1973.
Heinrich Heines Werk im Urteil seiner Zeitgenossen. Bde. 1–6 hrsg. von Eberhard Galley und Alfred Estermann. Hamburg 1981–92. – Bde. 7–12 hrsg. von Christoph auf der Horst und Sikander Singh. Stuttgart/Weimar 2002 ff.
Die französische Heine-Kritik. Rezensionen und Notizen zu Heines Werk. Hrsg. von Hans Hörling. Bd. 1 ff. Stuttgart/Weimar 1996 ff.

4. Bibliographien

Eine fortlaufende Bibliographie erscheint im *Heine-Jahrbuch* (s. auch unter B: 6).

Wilhelm, Gottfried / Galley, Eberhard: Heine-Bibliographie. Tl. 1: Primärliteratur 1817–1953; Tl. 2: Sekundärliteratur 1822–1953. Weimar 1960.
Seifert, Siegfried: Heine-Bibliographie 1954–1964. Berlin/Weimar 1968.
– / Volgina, Albina A.: Heine-Bibliographie 1965–1982. Berlin/Weimar 1986.
Wilamowitz-Moellendorff, Erdmann von / Mühlpfordt, Günther: Heine Bibliographie 1983–1995. Stuttgart/Weimar 1998.

Sammons, Jeffrey L.: Heinrich Heine. A Selected Critical Bibliography of Secondary Literature 1965–1980. New York / London 1982. [Sammons hat diese kommentierte Bibliographie für den Berichtszeitraum 1990–98 fortgeführt innerhalb der umfassenderen Bibliographie: The Romantic Movement. A Selective and Critical Bibliography. Hrsg. von David V. Erdman. West Cornwall 1991–99.]
Metzner, Günther: Heine in der Musik. Bibliographie der Heine-Vertonungen. 12 Bde. Tutzing 1989–94.

5. Einführungen in die Forschung

Brummack, Jürgen (Hrsg.): Heinrich Heine. Epoche – Werk – Wirkung. München 1980.

Höhn, Gerhard: Heine-Handbuch. Zeit – Person – Werk. Stuttgart/Weimar ^{2}1997 (1. Aufl. 1987)

Liedtke, Christian: Heinrich Heine. Reinbek bei Hamburg 1997. (rowohlts monographien.)

Sammons, Jeffrey L.: Heinrich Heine. Stuttgart 1991. (Sammlung Metzler.)

Schnell, Ralf: Heinrich Heine zur Einführung. Hamburg 1996.

6. Sammelbände

Altenhofer, Norbert: Die verlorene Augensprache. Über Heinrich Heine. Hrsg. von Volker Bohn. Frankfurt a. M. / Leipzig 1993.

Aufklärung und Skepsis. Internationaler Heine-Kongreß 1997 zum 200. Geburtstag. Hrsg. von Joseph A. Kruse u. a. Stuttgart/Weimar 1999.

Betz, Albrecht: Der Charme des Ruhestörers. Heine-Studien. Ästhetik und Politik II. Aachen 1997.

A Companion to the Works of Heinrich Heine. Hrsg. von Roger F. Cook. Rochester 2002.

»Dichter unbekannt«. Heine lesen heute. Internationales Symposion Bonn. Hrsg. von Dolf Oehler und Karin Hempel-Soos. Bonn 1998.

Differenz und Identität. Heinrich Heine (1797–1856). Europäische Perspektiven im 19. Jahrhundert. Hrsg. von Alfred Opitz. Trier 1998.

Heine gehört auch uns. Tagung des Internationalen Heine-Symposiums 97 Beijing. Hrsg. von Zhang Yushu. Beijing 1998.

Heine le médiateur. (Sonderheft.) – In: romantisme 101 (1998).

Heine und die Weltliteratur. Hrsg. von T. J. Reed und Alexander Stillmark. Oxford 2000.

Heine voyageur. Hrsg. von Alain Cozic [u. a.]. Toulouse 1999.

Heine-Jahrbuch. Jg. 1. 1962 ff. Hrsg. vom Heinrich-Heine-Institut der Landeshauptstadt Düsseldorf. [Bis 1994: Hamburg, seit 1995: Stuttgart/Weimar.]

Heinrich Heine. (Sonderheft. Hrsg. von Karl-Heinz Götze [u. a.])
  – In: Cahiers d'Études Germaniques 34 (1998).

Heinrich Heine. (Sonderheft.) – In: Text + Kritik 18/19 (⁴1982).

Heinrich Heine. Hrsg. von Helmut Koopmann. Darmstadt 1975.
  (Wege der Forschung.)

Heinrich Heine 1797–1856. Trier 1981. (Schriften aus dem Karl-
  Marx-Haus 26.)

Heinrich Heine (1797–1856) nel II centenario della nascita / Heinrich Heine (1797–1856) zur 200. Wiederkehr des Geburtstages.
  XVIII Simposio di studi italo-tedeschi / XVIII. internationales
  Symposium deutsch-italienischer Studien. – In: Studi italo-tedeschi / Deutsch-Italienische Studien. Merano 1997. S. 5–270.

Heinrich Heine. Ästhetisch-politische Profile. Hrsg. von Gerhard
  Höhn. Frankfurt a. M. ²1997 (1. Aufl. 1991).

Heinrich Heine. Artistik und Engagement. Hrsg. von Wolfgang
  Kuttenkeuler. Stuttgart 1977.

Heinrich Heine. Neue Wege der Forschung. Hrsg. von Christian
  Liedtke. Darmstadt 2000.

Henri Heine. Poésie et histoire. (Sonderheft.) – In: Revue Germa-
  nique Internationale 9 (1998).

Heinrich Heine and the Occident. Multiple Identities, Multiple
  Receptions. Hrsg. von Peter-Uwe Hohendahl und Sander L.
  Gilman. Lincoln/London 1991.

Heinrich Heine, Cittadino d'Europa / Heinrich Heine als Europäer. Hrsg. von Alida Fliri Piccioni. Milano 1999.

Heinrich Heine im Spannungsfeld von Literatur und Wissenschaft.
  Hrsg. von Wilhelm Gössmann und Manfred Windfuhr. Essen
  1990.

Heinrich Heine's Contested Identities. Politics, Religion, and Na-
  tionalism in Nineteenth-Century Germany. Hrsg. von Jost Hermand und Robert C. Holub. New York [u. a.] 1999.

Heinrich Heine und das neunzehnte Jahrhundert: Signaturen.
  Hrsg. von Rolf Hosfeld. Berlin 1986.

Heinrich Heine und die Religion, ein kritischer Rückblick. Hrsg.
  von Ferdinand Schlingensiepen und Manfred Windfuhr. Düsseldorf 1998.

Heinrich Heine und die Romantik / and Romanticism. Hrsg. von
  Markus Winkler. Tübingen 1997.

Heinrich Heine und Europa. Hrsg. von Pavel Petkov [u. a.] Sofia
  1997.

Hermand, Jost: Mehr als ein Liberaler. Über Heinrich Heine. Frankfurt a. M. ²1995.

»Ich Narr des Glücks«. Heinrich Heine 1797–1856. Bilder einer Ausstellung. Hrsg. von Joseph A. Kruse. Stuttgart/Weimar 1997.

Interpretationen. Gedichte von Heinrich Heine. Hrsg. von Bernd Kortländer. Stuttgart 1995.

Das Jerusalemer Heine-Symposium. Gedächtnis, Mythos, Modernität. Hrsg. von Klaus Briegleb und Itta Shedletzky. Hamburg 2001.

The Jewish Reception of Heinrich Heine. Hrsg. von Mark H. Gelber. Tübingen 1992.

Kruse, Joseph A.: Denk ich an Heine. Biographisch-literarische Facetten. Düsseldorf 1986.

– Heine-Zeit. Stuttgart/Weimar 1997.

Lectures d'une Œuvre. Reisebilder de Heinrich Heine. Hrsg. von René Anglade. Paris 1998.

Mayer, Hans: Der Weg Heinrich Heines. Frankfurt a. M. 1998.

Mende, Fritz: Heinrich Heine. Studien zu seinem Leben und Werk. Berlin 1983.

Paintings on the Move. Heinrich Heine and the Visual Arts. Hrsg. von Susanne Zantop. Lincoln/London 1989.

La poésie de Heinrich Heine. Hrsg. von Michel Espagne und Isabelle Kalinowski. Paris 2000.

Preisendanz, Wolfgang: Heinrich Heine. Werkstrukturen und Epochenbezüge. München 1975.

Reich-Ranicki, Marcel: Der Fall Heine. Stuttgart 1997.

Der späte Heine 1848–1856. Hrsg. von Wilhelm Gössmann und Joseph A. Kruse. Hamburg 1982.

Von Dichtung und Musik. »Heinrich Heine«. Ein Lesebuch. Tutzing 1995.

Wiese, Benno von: Signaturen. Zu Heinrich Heine und seinem Werk. Berlin 1976.

Windfuhr, Manfred: Rätsel Heine. Autorprofil – Werk – Wirkung. Heidelberg 1997.

7. Forschungsliteratur
(Auswahl wichtiger neuerer Sekundärliteratur zu Heine)

7.1 Zur Biographie

Folkerts, Menso: Wer war Heines »Mouche«? – In: Heine-Jahrbuch 1999. S. 133–151.

Futterknecht, Franz: Heinrich Heine. Ein Versuch. Tübingen 1985.

Hädecke, Wolfgang: Heinrich Heine. Eine Biographie. München 1985.

Hansen, Volkmar: Johannes der Täufer. Heines bedingter Bonapartismus. – In: Der späte Heine, B 6: 1982, S. 69–96.

Hauschild, Jan-Christoph / Werner, Michael: »Der Zweck des Lebens ist das Leben selbst«. Heinrich Heine. Eine Biographie. Köln 1997.

– Heinrich Heine. München 2002. (dtv-portrait.)

Horst, Christoph auf der / Labisch, Alfons: Heinrich Heine, der Verdacht einer Bleivergiftung und Heines Opium-Abusus. – In: Heine-Jahrbuch 1999. S. 105–131.

Justis, Diana Lynn: The Feminine in Heine's Life and Oeuvre: Self and Other. New York [u. a.] 1997.

Kaufmann, Hans: Heinrich Heine. Geistige Entwicklung und künstlerisches Werk. Berlin/Weimar ⁴1983.

Kruse, Joseph A.: Heinrich Heine. Leben und Werk in Daten und Bildern. Frankfurt a. M. ²1992.

– »Sehr viel von meiner mütterlichen Familie« (H. Heine). Geschichte und Bedeutung der van Gelderns. – In: Kruse, B 6: 1997, S. 1– 44.

Kuschel, Karl-Josef: Gottes grausamer Spaß? Heinrich Heines Leben mit der Katastrophe. Düsseldorf 2001.

Lutz, Edith: Der »Verein für Cultur und Wissenschaft der Juden« und sein Mitglied H. Heine. Stuttgart/Weimar 1997.

Mende, Fritz: Heinrich Heine. Chronik seines Lebens und Werks. Stuttgart ²1981.

Montanus, Henner: Der kranke Heine. Stuttgart 1996.

Pawel, Ernst: Der Dichter stirbt. Heinrich Heines letzte Jahre in Paris. Berlin 1997.

Prawer, Siegbert S.: Heine's Jewish Comedy. A Study of his Portraits of Jews and Judaism. Oxford 1983.

Raddatz, Fritz J.: Taubenherz und Geierschnabel. Heinrich Heine. Eine Biographie. Weinheim/Berlin 1997.

Sammons, Jeffrey L.: Heinrich Heine. A Modern Biography. Princeton / New Jersey 1979.

Schlingensiepen, Ferdinand: Heines Taufe in Heiligenstadt. – In: Heinrich Heine und die Religion, B 6: 1998, S. 81–126.

Trilse-Finkelstein, Jochanan: Gelebter Widerspruch. Eine Heine Biographie. Berlin 1997.

Werner, Michael: Genius und Geldsack. Zum Problem des Schriftstellerberufs bei Heinrich Heine. Hamburg 1978.

Windfuhr, Manfred: Heinrich Heine. Revolution und Reflexion. Stuttgart ²1976.

Ziegler, Edda: Heinrich Heine. Leben – Werk – Wirkung. Zürich 1993.

– Julius Campe. Der Verleger Heinrich Heines. 1976.

7.2 Zu Heines Selbstverständnis

Bierwirth, Sabine: Heines Dichterbilder. Stationen seines dichterischen Selbstverständnisses. Stuttgart/Weimar 1995.

Briegleb, Klaus: Opfer Heine? Versuche über Schriftzüge der Revolution. Frankfurt a. M. 1986.

– Bei den Wassern Babels. Heinrich Heine, jüdischer Schriftsteller in der Moderne. München 1997.

Bürger, Peter: Zweite Aufklärung. Ein Versuch über Heine. – In: Aufklärung und Skepsis, B 6: 1999, S. 19–32.

Grobe, Horst: Traum und Narr als zentrale Motive im Werk Heinrich Heines. Bochum 1994.

Habermas, Jürgen: Heinrich Heine und die Rolle des Intellektuellen in Deutschland. – In: Merkur 448 (1986) S. 453–468.

Hessing, Jakob: Auf Tod und Leben. Heinrich Heine zwischen autonomer und politischer Literatur. – In: Aufklärung und Skepsis, B 6: 1999, S. 451–463.

Höhn, Gerhard: Heinrich Heine. Un intellectuel moderne. Paris 1994.

– »Wissenschaft der Freiheit« und jesuitische Falschmünzerei. Zu Heines Politikbegriff. – In: Aufklärung und Skepsis, B 6: 1999, S. 33–46.

Hofstaetter, Ursula: Langeweile bei Heinrich Heine. Heidelberg 1991.

Hohendahl, Peter Uwe: Heine's Critical Intervention: The Intellectual as Poet. – In: Heinrich Heine's Contested Identities, B 6: 1999, S. 175–199.

Hosfeld, Rolf: Die Welt als Füllhorn: Heine. Das neunzehnte Jahrhundert zwischen Romantik und Moderne. Berlin 1984.

Kortländer, Bernd: »... in der Kunst wie im Leben ist die Freyheit das Höchste.« Heinrich Heine – Politik und Poesie. – In: Heinrich Heine (Cahiers d'Études Germaniques 34), B 6: 1998, S. 169–186.

Mayer, Hans: Außenseiter. Frankfurt a. M. 1977.

Neubauer, Kai: Heinrich Heines heroische Leidenschaften. Anthropologie der Sinnlichkeit von Bruno bis Feuerbach. Stuttgart/Weimar 2000.

Robertson, Ritchie: Heine. Wien 1997.

Roche, Mark William: Dynamic Stillness. Philosophical Conceptions of »Ruhe« in Schiller, Hölderlin, Büchner, and Heine. Tübingen 1987.

Sammons, Jeffrey L.: Heinrich Heine. The Elusive Poet. New Haven / London 1969.

Stein, Peter: Epochenproblem »Vormärz« (1815–1848). Stuttgart 1974.

Voigt, Jürgen: O Deutschland, meine ferne Liebe ... . Der junge Heinrich Heine zwischen Nationalromantik und Judentum. Bonn 1993.

Wirth-Orthmann, Beate: Heinrich Heines Christus-Bild. Grundzüge seines religiösen Selbstverständnisses. Paderborn 1994.

Würfel, Bodo: Der produktive Widerspruch. Heinrich Heines negative Dialektik. Bern 1986.

Zimmermann, Moshe: Von der Verbrennung von Büchern und Menschen. – In: Aufklärung und Skepsis, B 6: 1999, S. 195–209.

7.3 Zu Lyrik und Versepen

Altenhofer, Norbert: Ästhetik des Arrangements. Zu Heines »Buch der Lieder«. – In: Altenhofer, B 6: 1993, S. 154–173.

Bellmann, Werner (Hrsg.): Erläuterungen und Dokumente. Heinrich Heine: Deutschland. Ein Wintermärchen. Stuttgart 1980 [u. ö.].

Bianchi, Danilo: Die unmögliche Synthese. Heines Frühwerk im Spannungsfeld von petrarkistischer Tradition und frühromantischer Dichtungstheorie. Bern 1983.

Cook, Roger F.: By the Rivers of Babylon. Heinrich Heine's Late Songs and Reflections. Detroit 1998.

Fingerhut, Karlheinz: Heinrich Heine – der Satiriker. Eine Darstellung mit Texten und Erläuterungen. Stuttgart 1991.

Grab, Walter: Heinrich Heine als politischer Dichter. Frankfurt a. M. ²1992.

Hallensleben, Markus: Heines »Romanzero« als Zeit-Triptychon: Jüdische Memorliteratur als intertextuelle Gedächtniskunst. – In: Heine-Jahrbuch 2001. S. 79–93.

Hermand, Jost: Vom »Buch der Lieder« zu den »Verschiedenen«. Heines zweimalige Partnerverfehlung. – In: Heinrich Heine. Ästhetisch-politische Profile, B 6: ²1997, S. 214–235.

– Erotik im Juste milieu. Heines »Verschiedene«. – In: Hermand, B 6: ²1995, S. 111–126.

Hinck, Walter: Die Wunde Deutschland. Heinrich Heines Dichtung im Widerstreit von Nationalidee, Judentum und Antisemitismus. Frankfurt a. M. ²1991.

Interpretationen. Gedichte von Heinrich Heine; siehe B 6.

Jokl, Johann: Von der Unmöglichkeit romantischer Liebe. Heinrich Heines »Buch der Lieder«. Opladen 1991.

Kaufmann, Hans: Politisches Gedicht und klassische Dichtung. Berlin 1958.

Kortländer, Bernd: Poesie und Lüge. Zur Liebeslyrik des »Buchs der Lieder«. – In: Heinrich Heine. Ästhetisch-politische Profile, B 6: ²1997, S. 195–213.

– Nachwort. – In: Heinrich Heine: Gedichte. Stuttgart 1993. S. 187–204.

Kruse, Joseph A.: Heinrich Heine – Der Lazarus. – In: Heinrich Heine. Ästhetisch-politische Profile, B 6: ²1997, S. 158–275.

Landwehr, Helmut: Der Schlüssel zu Heines »Romanzero«. Hamburg 2001.

Mayser, Erich: H. Heines »Buch der Lieder« im 19. Jahrhundert. Stuttgart 1977.

Perraudin, Michael: Heinrich Heine. Poetry in Context. A Study of »Buch der Lieder«. Oxford [u. a.] 1989.

Pistiak, Arnold: »Ich will das rote Sefchen küssen«. Nachdenken über Heines letzten Gedichtzyklus. Stuttgart/Weimar 1999.

La poésie de Heinrich Heine; siehe B 6.

Prawer, Siegbert S. Heine: Buch der Lieder. London 1960.

– Heine The Tragic Satirist. A Study of the Later Poetry 1827–1856. Cambridge 1961.

Schneider, Sabine: Die Ironie der späten Lyrik Heines. Würzburg 1995.

Steinecke, Hartmut: »Wir stammen von Schlemihl«. Jüdische Dichter-Bilder in Heines Spätwerk von Jehuda ben Halevy bis Rabbi Faibisch. – In: Aufklärung und Skepsis, B 6: 1999, S. 303–321.

Suhr, Geertje: Venus und Loreley. Die Wandlungen des Frauenbildes in der Lyrik Heinrich Heines. Düsseldorf 1998.

Woesler, Winfried: Heines Tanzbär. Historisch-literarische Untersuchungen zum »Atta Troll«. Hamburg 1978.

7.4 Zu den Dramen

Fendri, Mounir: Halbmond, Kreuz und Schibboleth. Heinrich Heine und der islamische Orient. Hamburg 1980.

Jäger, Anne Maximiliane: »Besaß auch in Spanien manch' luftiges Schloß«. Spanien in Heinrich Heines Werk. Stuttgart/Weimar 1999.

Matt, Peter von: Der Mythos vom Mord an der Liebe. Heines »Ratcliff«. – In: Das Jerusalemer Heine-Symposium, B 6: 2001, S. 79–92.

Reeves, Nigel: From Battlefield to Paradise: A Reassessment of Heinrich Heine's Tragedy »Almansor«, its Sources, and their Significance for his Later Poetry and Thought. – In: Heine und die Weltliteratur, B 6: 2000, S. 24–50.

7.5 Zu Poesie und Prosa

Preisendanz, Wolfgang: Der Funktionsübergang von Dichtung und Publizistik. – In: Preisendanz, B 6: 1975, S. 21–68.

Sengle, Friedrich: Biedermeierzeit. Deutsche Literatur im Spannungsfeld zwischen Restauration und Revolution 1815–1848. 3 Bde. Stuttgart 1971–80.

Werner, Michael: Der Journalist Heine. – In: Heinrich Heine. Ästhetisch-politische Profile, B 6: ²1997, S. 295–313.

7.6 Zu den Reisebildern

Altenhofer, Norbert: Harzreise in die Zeit. Zum Funktionszu-
sammenhang von Traum, Witz und Zensur in Heines früher
Prosa. Düsseldorf 1972. – Dass. in: Altenhofer, B 6: 1993, S.
7–57.
Brüggemann, Heinz: »Aber schickt keinen Poeten nach London!«
Großstadt und literarische Wahrnehmung im 18. und 19. Jahr-
hundert. Reinbek bei Hamburg 1985.
Erhart, Walter: Heinrich Heine: Das Ende der Geschichte und
»verschiedenartige« Theorien zur Literatur. – Aufklärung und
Skepsis, B 6: 1999, S. 489–506.
Heine voyageur; siehe B: 6.
Hermand, Jost: Der frühe Heine. Ein Kommentar zu den »Reise-
bildern«. München 1976.
– Heine contra Platen. Zur Anatomie eines Skandals. – In: Her-
mand, B 6: ²1995, S. 43–56.
Hildebrand, Olaf: Emanzipation und Versöhnung. Aspekte des
Sensualismus im Werk Heinrich Heines unter besonderer Be-
rücksichtigung der »Reisebilder«. Tübingen 2001.
Kortländer, Bernd: Berlin-Hamburg-London-Paris. Bilder der
großen Stadt bei Heinrich Heine. – In: Heinrich Heine, Cittadi-
no d'Europa, B 6: 1999, S. 65–78.
Lectures d'une Œuvre. Reisebilder de Heinrich Heine; siehe B: 6.
Liedtke, Christian: »Das Leben ist weder Zweck noch Mittel; das
Leben ist ein Recht.« Heines Kritik des teleologischen Denkens.
– In: Aufklärung und Skepsis, B 6: 1999, S. 598–614.
Mayer, Hans: Der Streit zwischen Heine und Platen (1975). – In:
Mayer, B 6: 1998, S. 18–36.
Neuhaus, Stefan: Warum sollen keine Poeten nach London fahren?
Zur Intention literarischer Reiseberichte am Beispiel von Hein-
rich Heines »Englischen Fragmenten«. – In: Heine-Jahrbuch
1997. S. 22–39.
Pabel, Klaus: Heines »Reisebilder«. Ästhetisches Bedürfnis und
politisches Interesse am Ende der Kunstperiode. München 1977.
Perraudin, Michael: Irrationalismus und jüdisches Schicksal. Die

thematischen Zusammenhänge von Heines »Ideen. Das Buch Le Grand«. – In: Aufklärung und Skepsis, B 6: 1999, S. 279–302.

Prawer, Siegbert S.: Frankenstein's Island. England and the English in the Writings of Heinrich Heine. Cambridge 1986.

Stauf, Renate: Der problematische Europäer. Heinrich Heine im Konflikt zwischen Nationenkritik und gesellschaftlicher Utopie. Heidelberg 1997.

Stein, Peter: »Prototyp einer Denk- und Schreibweise«. Heinrich Heines »Reisebilder« als Auftakt zur »Julirevolution der deutschen Literatur«. – In: Heinrich Heine. Ästhetisch-politische Profile, B 6: ²1997, S. 50–65.

Wülfing, Wulf: Schlagworte des Jungen Deutschland. Berlin 1982.

7.7 Zur erzählerischen Prosa

Arendt, Dieter: Aus den Memoiren des Herren von Schnabelewopski oder Ein Pikaro am Jungfernstieg. – In: Heine-Jahrbuch 1997. S. 40–69.

Bodenheimer, Alfred: »Die Engel sehen sich alle ähnlich«. Heines »Rabbi von Bacherach« als Entwurf einer jüdischen Historiographie. – In: Heinrich Heine und die Religion, B 6: 1998, S. 49–64.

Calvié, Lucien: »Aus den Memoiren des Herren von Schnabelewopski«. Autobiographie, Parodie, Kunstperiode und Politik. – In: Aufklärung und Skepsis, B 6: 1999, S. 783–798.

Die von Geldern Haggadah und Heinrich Heines »Der Rabbi von Bacherach«. Hrsg. von Emile G. L. Schrijver und Falk Wiesemann. Wien/München 1997.

Drux, Rudolf: Mit romantischen Traumfrauen gegen die Pest der Zeit. Heinrich Heines »Florentinische Nächte« im »dritten Teil des Salons«. – In: Literatur und Politik in der Heine-Zeit. Die 48er Revolution in Texten zwischen Vormärz und Nachmärz. Hrsg. von Hartmut Kircher und Maria Klanska. Köln 1998. S. 49–64.

Hosfeld, Rolf: Nachtgedanken. Heinrich Heines »Florentinische Nächte«. – In: Heinrich Heine und das neunzehnte Jahrhundert, B 6: 1986, S. 73–90.

Jäger, Anne Maximiliane: Bacherach – Frankfurt – Toledo. Heines Rabbi von Bacherach als literarisches Projekt der jüdischen

Aufklärung. – In: Aufklärung und Skepsis, B 6: 1999, S. 334–351.

Knauer, Bettina: Heinrich Heines »Florentinische Nächte«. Form und Funktion novellistischen Erzählens und esoterischer Allegorik. – In: Aufklärung und Skepsis, B 6: 1999, S. 819–832.

Windfuhr, Manfred: Florentinische Nächte: Zensur und Selbstzensur nach dem Bundstagsbeschluß. – In: Windfuhr, B 6: 1997, S. 303–327. [Zit. als: 1997a]

– Der Erzähler Heine. »Der Rabbi von Bacherach« als historischer Roman. – In: Heinrich Heine. Ästhetisch-politische Profile, B 6: ²1997, S. 276–294. [Zit. als: 1997b]

7.8 Zu den Deutschland-Schriften

Ansel, Michael: Auf dem Weg zur Verwissenschaftlichung der Literaturgeschichtsschreibung: Heines Abhandlungen »Zur Geschichte der Religion und Philosophie in Deutschland« und »Die Romantische Schule«. – In: Internationales Archiv für Sozialgeschichte der Literatur 17/2 (1992). S. 61–94.

Boerner, Maria-Christina: »Die ganze Janitscharenmusik der Weltqual«. Heines Auseinandersetzung mit der romantischen Theorie. Stuttgart/Weimar 1998.

Clasen, Herbert: Heinrich Heines Romantikkritik. Hamburg 1979.

Espagne, Michel: Federstriche. Die Konstruktion des Pantheismus in Heines Arbeitshandschriften. Hamburg 1991.

Ferner, Jürgen: Versöhnung und Progression. Zum geschichtsphilosophischen Denken Heines. Bielefeld 1994.

Götze, Karl-Heinz: Grundpositionen der Literaturgeschichtsschreibung im Vormärz. Frankfurt a. M. [u. a.] 1980.

Heinrich Heine und die Romantik / and Romanticism; siehe B: 6.

Höpfner, Christian: Romantik und Religion. Heinrich Heines Suche nach Identität. Stuttgart/Weimar 1997.

Lefebvre, Jean-Pierre: Der gute Trommler. Heines Beziehung zu Hegel. Hamburg 1986.

Peters, George F.: »Der große Heide No. 2«. Heinrich Heine and the Levels of His Goethe Reception. New York [u. a.] 1989.

Sembdner, Winfried: Heine und die Hegelschule. Die Entstehung und Veränderung von Heines Hegelbild im Kontext zeitgenössi-

scher Philosophie und Philosophiekritik. Frankfurt a. M. [u. a.]
1994.

7.9 Zu den Frankreich-Schriften

Betz, Albrecht: Ende oder Anfang? Heines Blick auf die französi-
    schen Maler nach der Julirevolution. – In: Betz, B 6: 1997, S.
    51–64.
Booß, Rutger: Ansichten der Revolution. Paris-Berichte deutscher
    Schriftsteller nach der Juli-Revolution 1830. Köln 1977.
Brendel-Perpina, Ina: Heinrich Heine und das Pariser Theater zur
    Zeit der Julimonarchie. Bielefeld 2000.
Dedner, Burghard: Politisches Theater und karnevalistische Revo-
    lution. Zu einem Metaphernkomplex bei Heinrich Heine. – In:
    Heinrich Heine und das neunzehnte Jahrhundert, B 6: 1986, S.
    131–161.
Gamper, Michael: Übersetzung oder Interpretation? Heinrich
    Heines Gemäldekommentare und ihre Auseinandersetzung mit
    der romantischen Kunsttheorie. – In: Heine-Jahrbuch 1998. S.
    59–86.
Horst, Christoph auf der: Heinrich Heine und die Geschichte
    Frankreichs. Stuttgart/Weimar 2000.
Lämke, Ortwin: Heines Begriff der Geschichte. Der Journalist
    Heinrich Heine und die Julimonarchie. Stuttgart/Weimar 1997.
– Heine, »Lutèce« et le communisme. Une nouvelle conception de
    l'histoire après 1848? – In: Henri Heine. Poésie et histoire, B 6:
    1998, S. 89–102.
Morawe, Bodo: Heines »Französische Zustände«. Über die Fort-
    schritte des Republikanismus und die anmarschierende Weltlite-
    ratur. Heidelberg 1997.
– Juni 1832: Heine und der Aufstand. – In: »Dichter unbekannt«.
    Heine lesen heute, B 6: 1998, S. 81–108.
Netter, Lucienne: Heine et la peinture de la civilisation parisienne
    1840–1848. Frankfurt a. M. [u. a.] 1980.
Oehler, Dolf: Pariser Bilder 1 (1830–1848). Antibourgeoise Ästhe-
    tik bei Baudelaire, Daumier und Heine. Frankfurt a. M. 1979.
– Ein Höllensturz der alten Welt. Frankfurt a. M. 1988.
Oesterle, Ingrid: Les »lettres de Paris«: un genre heinéen. – In:
    Heine le médiateur, B 6: 1998, S. 73–84.

Preisendanz, Wolfgang: Der Sinn der Schreibart in den Berichten aus Paris 1840–1843 ›Lutezia‹. – In Preisendanz, B 6: 1975, S. 69–98.

Schwamborn, Frank: Maskenfreiheit. Karnevalisierung und Theatralität bei Heinrich Heine. München 1998.

7.10 Zu den Schriften zu Literatur und Politik

Enzensberger, Hans Magnus (Bearb.): Ludwig Börne und Heinrich Heine. Ein deutsches Zerwürfnis. Frankfurt a. M. 1997.

Ferner, Jürgen: Theatrum historiae: Anmerkungen zur Mäuseparabel in »Shakspeares Mädchen und Frauen«. – In: Aufklärung und Skepsis, B 6: 1999, S. 586–597.

Kruse, Joseph A.: »In der Literatur wie im Leben hat jeder Sohn einen Vater«. Heinrich Heine zwischen Bibel und Homer, Cervantes und Shakespeare. – In: Heine und die Weltliteratur, B 6: 2000, S. 2–23.

Paulin, Roger: Heine and Shakespeare. – In: Heine und die Weltliteratur, B 6: 2000, S. 51–63.

Rippmann, Inge: Börne und Heine. – In: Heinrich Heine 1797–1856, B 6: 1981, S. 98–119.

– »Sie saßen an den Wassern Babylons«. Eine Annäherung an Heinrich Heines »Denkschrift über Ludwig Börne«. – In: Heine-Jahrbuch 1995. S. 25–47.

Weber, Johannes: Libertin und Charakter. Heinrich Heine und Ludwig Börne im Werturteil deutscher Literaturgeschichtsschreibung 1840–1918. Heidelberg 1984.

Ziech, Petra: Entlarven und Heucheln. Formen des Zynischen und ihre Wirkung im Werk Heinrich Heines. Aachen 1997.

Ziegler, Edda: Literarische Zensur in Deutschland 1819–1848. Materialien, Kommentare. München 1983.

7.11 Zu den Schriften zur Mythologie

Holub, Robert C.: Heinrich Heine's Reception of German Grecophilia: The Function and Application of the Hellenic Tradition in the First Half of the Nineteenth Century. Heidelberg 1981.

– Heine als Mythologe. – In: Heinrich Heine. Ästhetisch-politische Profile, B 6: ²1997, S. 314–329.

Kruse, Joseph A.: Nachwort. – In: Heinrich Heine: Der Doktor Faust. Hrsg. von Joseph A. Kruse. Stuttgart 1991. S. 83–
116.

Küppers, Markus: Heinrich Heines Arbeit am Mythos. Münster /
New York 1994.

Martin, Ralph: Die Wiederkehr der Götter Griechenlands. Zur
Entstehung des »Hellenismus«-Gedankens bei Heinrich Heine.
Sigmaringen 1999.

Oesterle, Günter: Heinrich Heines »Tannhäusergedicht« – eine
erotische Legende aus Paris. Zur Entstehung eines neuen lyrischen Tons. – In: Heinrich Heine und das neunzehnte Jahrhundert, B 6: 1986, S. 6–48.

Reitter, Paul: Heinrich Heine and the Discourse of Mythology. –
In: A Companian to the Works of Heinrich Heine, B 6: 2002,
S. 201–226.

Schlesier, Renate: Heinrich Heines exilierte Götter. – In: Das Jerusalemer Heine-Symposium, B 6: 2001, S. 93–110.

Winkler, Markus: Mythisches Denken zwischen Romantik und
Realismus. Zur Erfahrung kultureller Fremdheit im Werk Heinrich Heines. Tübingen 1995.

7.12 Zum Epilog

Füllner, Bernd: Heinrich Heine in deutschen Literaturgeschichten.
Eine Rezeptionsanalyse. Frankfurt a. M. [u. a.] 1982.

Goltschnigg, Dietmar: Die Fackel ins wunde Herz. Kraus über
Heine. Eine »Erledigung«? Texte, Analysen, Kommentar. Wien
2000.

Gutleben, Burkhard: Die deutsch-deutsche Heine-Forschung.
Kontroversen und Konvergenzen 1949–1990. Frankfurt a. M.
1997.

Gutmann, Thomas: Im Namen Heinrich Heines. Der Streit um die
Benennung der Düsseldorfer Universität 1965–1988. Düsseldorf
1997.

Kortländer, Bernd: Le poète inconnu de la »Loreley«: le médiateur
supprimé. – In: Heine le médiateur, B 6: 1998, S. 29–40.

Kröger, Ute: Der Streit um Heine in der deutschen Presse

1887–1914. Ein Beitrag zur Heine-Rezeption in Deutschland. Aachen 1989.

Peters, George F.: The Poet as Provocateur. Heinrich Heine and His Critics. Rochester 2000.

Peters, Paul: Heinrich Heine »Dichterjude«. Die Geschichte einer Schmähung. Frankfurt a. M. 1990. (Neuauflage unter dem Titel: Die Wunde Heine. Zur Geschichte des Heine-Bildes in Deutschland. Bodenheim 1997.)

Schubert, Dietrich: »Jetzt wohin?« Heinrich Heine in seinen verhinderten und errichteten Denkmälern. Köln [u. a.] 1999.

Wolf, Hubert / Schopf, Wolfgang: Die Macht der Zensur. Heinrich Heine auf dem Index. Düsseldorf 1998.

Personenregister

Zum Autor

BERND KORTLÄNDER, geboren 1947. Studium in Münster und Freiburg; Promotion mit einer Arbeit zu Annette von Droste-Hülshoff. Seit 1977 Lehraufträge an den Universitäten Osnabrück, Münster und Düsseldorf in den Fachbereichen Germanistik und Romanistik. Seit Oktober 1979 Mitarbeiter am Heinrich-Heine-Institut in Düsseldorf, ab 1986 als dessen stellvertretender Leiter. Ausgedehnte Publikations- und Vortragstätigkeit mit Schwerpunkten zu Heine, Droste-Hülshoff und der Literatur des 19. Jahrhunderts; zum deutsch-französischen Literaturtransfer sowie zuletzt verstärkt auch zur Literatur und Kultur des Rheinlands um 1900. Herausgeber des lyrischen Gesamtwerks von Heinrich Heine im Reclam-Verlag.